KB267083

예배와 설교
그리고 교회

예배와 설교 그리고 교회

지은이 | 최성수

펴낸이 | 원성삼

책임편집 | 홍순원

표지디자인 | 강민주

펴낸곳 | 예영커뮤니케이션

초판 1쇄 발행 | 2018년 1월 10일

등록일 | 1992년 3월 1일 제 2-1349호

주소 | 04018 서울시 마포구 동교로 55 2층(망원동, 남양빌딩)

전화 | (02)766-8931

팩스 | (02)766-8934

홈페이지 | www.jeyoung.com

ISBN 978-89-8350-982-6 (93230)

값 19,000원

이 도서의 국립중앙도서관 출판예정도서목록(CIP)은 서지정보유통지원시스템 홈페이지
(http://seoji.nl.go.kr)와 국가자료공동목록시스템(http://www.nl.go.kr/kolisnet)
에서 이용하실 수 있습니다.(CIP제어번호: CIP2017035028)

모든 인간은 하나님의 형상을 닮은 존귀한 존재입니다. 사람은 인종, 민족, 피
부색, 문화, 언어에 관계없이 모두 다 존귀합니다. 예영커뮤니케이션은 이러한
정신에 근거해 모든 인간이 존귀한 삶을 사는 데 필요한 지식과 문화를 예수 그리스도의
사랑으로 보급함으로써 우리가 속한 사회에 기여하고자 합니다.

예배와 설교
그리고 교회

최성수 지음

예영커뮤니케이션

이 책을

29년의 인생 여정을 함께해 온

사랑하는 아내 고영미에게 바칩니다.

먼저 하나님께 감사드리며, 출간과 관련해서 개인적으로 고마움을 전해야 할 분들을 언급하고자 합니다. 글의 출판을 결정해 주신 예영 커뮤니케이션 사장님과 많은 양의 원고를 꼼꼼하게 편집해 주신 직원들께 감사의 말씀을 드립니다. 그리고 어려운 환경에서도 필자로 하여금 목사로서 소명을 유지할 수 있도록 기도로 후원해 주신 여러 분들이 있습니다. 일일이 소개하지 못하지만 이 자리를 빌어 감사의 말씀을 드립니다.

집필하는 데에 필요한 마음의 안정에는 가정의 평안이 무엇보다 중요했는데, 아무 문제없이 잘 살아 준 가족(아내, 하은, 하람, 하진) 모두에게 또한 감사를 전합니다.

이 책의 가치를 인정하시고 출판이 가능하도록 재정적인 도움을 주신 분들이 있습니다. 최명식 장로님과 임창환 사장님입니다. 두 분의 뜻 깊은 후원 때문에 마지막 단계에 이르러 집필에 전념할 수 있었고 또한 책을 출판할 기회를 얻을 수 있었습니다.

　그리고 필자가 어려움을 겪을 때마다 큰 도움을 베풀어 주신 최언자 전도사님에게도 감사를 드립니다. 그밖에 알게 모르게 필자에게 도움을 주신 모든 분들께 이 자리를 빌어 다시 한 번 감사드립니다.

　오직 하나님께 영광!

기독교는 계시 종교다. 종교는 신과 인간의 연결을 본질적인 과제로 삼는다. 그런데 종교로서 기독교는 계시를 출발점으로 삼기 때문에 인간의 노력을 통한 양자의 연결이나 결합을 지향하지 않는다. 인간의 노력으로 얻는 경험이 아니라 하나님에게서 비롯하는 계시에 대한 경험을 전제한다. 기독교는 믿는 자들이 스스로 당신을 나타내시는 하나님에게 그리고 하나님의 영광에 합당하게 전 인격적으로 반응할 수 있도록 돕는다.

성경이 실증적으로 증거하는 계시와 이것에 대한 인간의 반응을 가장 분명하게 구현하는 사건이 예배다. 곧 예배는 인간의 의식행위이기 이전에 계시하시는 하나님의 임재를 믿고 의식(상징)을 매개로 그분의 은혜와 말씀 그리고 행위에 반응하는 일이다.

공적 예배는 하나님의 나타나심과 임재와 은혜에 대해 인간이 마땅히 보여야 할 반응들을 의식을 통해 상징적으로 재현하는 것이다. 다시 말해서 오늘날의 예배는 의식행위를 '관조하는 것'이 아니라 계시와 반응의 과정에 상징을 매개로 '전인격적으로 참여하는 것'이고 또한 의식을 매개로 일련의 사건들을 재현한다. 이런 의미에서 기독교는 예배의 종교다. 예배 없는 기독교는 생각할 수 없다. 단지 의식적인 예배를 말하지 않고 일상에서 전인격적으로 반응하는 의미에서 예배를 말한다. 하나님의 계시에 반응함으로써 인간은 하나님께 예배하고, 하나님은 당신의 뜻을 이루시면서 인간의 예배에 반응하신다. 물론 가인과 아벨의 경우에서 볼 수 있듯이, 받기도 하시고 받지 않기도 하신다. 예배에서 인간은 하나님의 임재에 인격적으로 반응하고 또한 나타나심을 기대하며 합당한 반응을 보인다. 그렇지 않은 것은 올바른 예배가 아니다. 그러므로 예배의 핵심은 하나님의 임재를 믿고 그분의 위엄과 영광에 합당하게 전인격적으로 반응하는 것이다.

엄밀히 말해서 기독교인은 하나님에게서 분리되어 있지 않다. 임마누엘은 생명의 영으로서 항상 함께 계시는 하나님을 의미한다. 따라서 만남을 겨냥한 의도적인 의식(엑스터시)은 불필요하다. 예배행위를 통해서 하나님을 만나려는 사람들은 자신들이 원치 않는 결과 때문에 실망할 수 있지만, 계시에 반응함으로써 예배하는 사람, 곧 하나님께 합당한 반응을 보이며 예배하는 자, 곧 참된 예배자는 결코 실망하지 않는다. 예배의 위기를 말하는 사람들은 흔히 '예배에서 하나님과의 만남이 이뤄지지 않는다.'라고 비판한다. 언뜻 들으면 옳은 말처럼 보여도, 기독교의 본질을 크게 오해하고 하는 말이다.

예배는 만남을 위한 시간만이 아니라 임재하시는 하나님에게 인간으로서 마땅하고 또 적합한 반응을 보이는 시간이다. 예배는 믿음을 전제한다. 오히려 예배의 위기는 하나님의 영광에 합당한 반응을 하지 못하는 것이며, 설령 반응을 했다 해도 그것을 지속하지 못한 것이다. 이것을 오해하면 인간의 예배행위 자체를 중시한다. 그래서 예배의 형식에 집착하고 예배하는 자의 자세와 태도와 마음가짐을 문제 삼는다. 이것은 오해에서 비롯한 진단과 처방이다. 예배의 위기를 말할 수 있다면, 그것은 예배의 현장에서 하나님의 임재와 행위를 인정하지 않고 또 그분의 나타나심을 적절하게 인지하지 못하는 것이다. 관건은 믿음이며 하나님의 행위를 인지하는 것이고 또 그분에 합당하게 반응하는 것이다. 여기에서 실패하면 아무리 많은 노력을 기울여 예배한다 해도 하나님 경험이 일어나지 않는다. 설령 그렇게 보인다 해도 다만 이성적인 깨달음이나 감정적인 흥분에 불과하다. 삶을 변화시킬 힘을 얻지는 못한다. 하나님의 임재도, 그의 행위도 인지하지 못하는데 어떻게 하나님 경험이 일어날 수 있겠으며, 어떻게 삶이 변할 수 있겠는가? 이 사실을 통해 우리는 예배의 회복을 위해 신학이 어떻게 기여할 수 있는지를 가늠해 볼 수 있다. 곧 신학의 회복은 예배의 회복을 위해 반드시 필요하다.

신앙생활은 하나님에게 반응하며 사는 일체의 삶을 말한다. 여호와 하나님의 계시에 대한 인간의 자발적이고 전인격적인 반응과 관련해서 볼 때, 과거에는 신과 권력이 서로 연결되어 있었기 때문에 권력의 인정을 받지 못할 때는 기독교 신앙이 금지 당했다. 권력에 방해가 된다고 생각될 때 기독교 신앙은 폭력에 희생되었다. 이때를 가리켜 박해시대라 한다면, 지금은 '비판의 시대'라 말할 수 있다. 교회는 비판의 대상이 되었다. 다른 신을 믿지 않기 때문이 아니고 또한 권력에 방해가 되기 때문이 아니다. 오히려 권력에 야합하기 때문이다. 박해시대에 교회는 타종교나 권력에 의해 신앙생활에 제약을 받았고, 박해에 굴복해 배교하지 않도록 인내해야 했고, 동시에 다른 신앙을 강요받을 때는 신앙의 정절을 지키기 위해 죽음을 각오했다. 이에 비해 교회비판은 교회가 하나님과 그분의 계시에 합당한 반응을 하지 않기 때문에 초래한 결과다. 비판의 시대에 기독교의 과제는 인내하면서 복음을 전하는 데에만 있지 않다. 관건은 하나님에 대한 잘못된 반응을 스스로 교정하고 개선하면서 올바르게 반응할 수 있도록 스스로를 돕는 데에 있다. 복음을 받아들이는 것이 중요하지만, 비판의 시대에는 복음을 제대로 알고(바른 신학) 또 삶을 통해 제대로 드러내는 것이 중요하다. 어쩌면 오늘날 교회의 자기개혁과 복음 전도는 동의어일지 모른다. 교회가 교회를 개혁하며 또한 교회가 교회를 향해 복음을 전해야 할 때다.

교회비판은 목회자의 자질과 윤리와 관련해서 드러나는 문제들, 투명하지 못한 교회 행정, 욕망의 분출구가 되어버린 교회, 그리고 교인들의 기복주의와 세속주의 그리고 나태함 등으로 대표되는 교회의 잘못 때문인 경우가 대부분이나, 일부는 오해에서 비롯한다. 사실에 근거하든 아니면 오해에서 비롯하든 기독교에서 가나안 성도는 속출하고 있고, 교인들의 수평적인 대이동은 통제 수준을 넘었다.

단순한 비판을 넘어 교회의 '위기'로까지 여겨지는 이런 불운한 상황에 직면해서, 필자는 먼저 신학자로서 교회에 대한 비판을 염두에 두고 교회 갱신을 위한 글을 쓰려고 했다. 그 첫 시도가 2014년에 출판된『목사, 술을 권하다』(예영커뮤니케이션)이다. 이 책을 통해 필자는 주로 목회자의 일상과 영적인 삶 그리고 윤리에 관해 살펴보았다. 그리고 오늘날의 한국 신학과 교회의 현실에 대한 책임에서 신학이 자유로울 수 없다고 판단해, 2015년에『신학문화』(도서출판 자우터)를 통해 한국 신학의 신학함(doing-theology)의 여러 행태들을 비판적으로 살펴보았다. 한국 신학에는 기독교문화를 형성할 능력이 결여되어 있음을 지적하였다. 그 이유는 신학이 문제 해결을 지향하지 않고 있고, 또한 한국기독교와 교회의 생명활동을 신학적으로 인지하려고 하지 않은 채, 서구 신학에 지나치게 의존해 있으며, 교회를 위한 신학이라고 하지만 실제적으로는 현장목회로부터 외면당하고 있기 때문이다. 간단하게 말해서 신학의 생산과 유통과 소비 과정 등 모든 분야에서 문화를 형성할 수 있는 구조를 갖추지 못하고 있다. 신학이 생명을 소통하기보다는 다른 데에 목적이 있다는 느낌을 받았다.

그 후에는 좀 더 구체적인 작업으로 설교와 예배를 생각하였다. 신학대학교 신대원 학생들 그리고 교회와 기관 목회자들과 더불어 2년 넘게 가진 '설교스터디'로 설교의 회복을 위한 구체적인 방법들을 실천해 오면서, 동시에 미디어와 SNS(소셜 네트워크 서비스)를 통해 회자하는 설교와 예배에 대한 비판의 글들을 접할 수 있었는데, 청중으로서 그리고 신학자와 목회자로서 반응할 필요가 있다고 판단해 글을 쓰게 되었다. 그 첫 번째 결실이 2017년 2월에『어떻게 하면 설교를 바르게 들을 수 있을까-청중을 위한 설교학』(이화)으로 출간되었다. 이 책은 '청중을 위한 설교학'을 겨냥하는데, 설교의 목적은 설교자와 청중의 협업에 성령의 기름부음으로 이뤄진다는 주장을 담고 있다. 이번에 출간되는 책은 두 번째 결과로 조직신학적인 성찰을 바탕으로 설교와 예배 그리고 양자의 상호 관계에 초점을 맞추어 쓴 것이다. 신학과 목회의 상호보완 관계를 꾸준히 성찰한 결과이다.

교회 갱신은 예배의 회복으로부터 시작해야 한다는 생각에서 먼저 예배에 관해 집필했다. 정확하게 말하자면 예배가 전제하고 있는 신학에 대한 성찰이다. 특히 목회를 하면서 그리고 신학교육 현장 경험에서 예배에서 어떤 일이 일어나는지를 구체적으로 다루어 볼 필요를 간절히 느껴 이 부분을 중심으로 서술하였다. 그리고 신앙을 소통하는 중요한 미디어이며 또한 소통의 광장으로서 설교의 참 모습을 밝히기 위해 필자는 먼저 설교에 대한 비판자들의 오해를 극복할 필요를 절실하게 느꼈다. 또한 바른 설교를 위해 설교자들을 도울 필요성을 강하게 느끼게 되었다. 이런 동기로 글을 쓰기 시작했지만, 모든 사람들의 관심을 다 충족시킬 수 없기 때문에 책의 내용은 부족할 수밖에 없다. 이와 관련한 책임은 전적으로 필자에게 있다고 생각한다. 계속적인 연구를 위한 하나의 시론(時論)으로 여겨주기를 바라며 끊임없는 편달을 기대한다.

이 글들을 필자는 1부와 2부로 나누었다. 1부는 "예배에서 무엇이 일어나는가?"란 제목을, 2부는 "설교는 이떤 의미에서 하나님 말씀인가?"란 제목을 붙였다. 설교는 예배 안에서 일어나는 일이며 또한 예배행위의 하나이기 때문에 서로 연결되어 있다. 종교개혁 전통의 교회가 설교를 중시하는 것은 당연하지만, 가톨릭교회의 미사 전통에서 벗어나려 했기 때문에 설교에 비해 상대적으로 예전을 소홀히 여겼다. 예전 회복 운동과 더불어 예배의 중요성이 다시 강조되고 있는데, 비록 예전의 지나친 강조는 다시금 미사의 전통으로 돌아갈 위험을 내포하고 있다 해도, 그렇지 않은 범위에서는 바람직한 현상이라 볼 수 있다. 교회 행위의 여섯 가지(예배, 교육, 선교, 교제, 봉사, 최근의 교회론 연구를 통해 '행정'도 교회 행위 가운데 하나로 포함되어야 한다는 생각을 하게 되었다. 잘못된 행정으로 교회가 무너지는 모습을 많이 보았기 때문이다.) 중에 다른 부분들이 함께 수록되지 못한 것은 아쉬운 일이지만 다른 기회로 미루기로 하였다. 그리고 이 책의 처음을 "세속화"로 시작하는 것은 이것이 교회가 비판받는 중심 이유라고 생각했기 때문이다. 세속화에 대한 개괄적인 윤곽을 갖고 예배와 설교에 관해 고민할 필요가 있다고 생각했다.

여기에 수록된 글들은 3년에 걸쳐 진행된 노력의 결실이다. 그동안 기독교 언론과 각종 SNS를 통해 들을 수 있는 각종 교회비판들을 접한 후에 쓴 것들이며, 이중의 일부는 「뉴스앤조이」에 기고한 것으로 책의 성격에 맞게 수정 보완하였음을 밝힌다. 원래는 "청중을 위한 설교학" 부분이 포함되어 있었으나, 책이 너무 두꺼워져 독자들에게 부담을 줄 수 있겠다는 염려에서 이것을 분리해서 『어떻게 하면 설교를 바르게 들을 수 있을까』(이화, 2017)란 제목으로 먼저 출판하였다. 이 책을 함께 살펴보면 설교를 입체적으로 이해할 수 있을 것이다.

세속화는 교회가 욕망에 사로잡힐 때 나타나는 현상

세속화(secularization)는 원래 중세 말 교회의 소유였던 토지가 국가에 귀속되는 과정을 지칭한다. 중세의 기독교 권력이 와해되는 과정에서, 특히 경제적인 측면에서 나타난 결과다. 국가 권력에 비해 교회 권력이 약화되면서 교회의 소유가 국가에 이양되는 과정을 주로 가리킨다. 하나님에게 바쳐졌다는 이유로 '교회와 교회의 소유'를 신성시했던 시대를 전제한다. 교회 쪽에서 볼 때는 엄청난 상실이고, 국가 쪽에서 보면 개혁이었다.

오늘날 세속화를 많이 말하지만, 엄밀한 의미에서 세속화는 아니다. 왜냐하면 교회가 소유한 땅을 국가에 귀속하거나 혹은 교회 권력이 국가 권력에 비해 약화되는 현상을 말하지 않기 때문이다. 만일 세상을 하나님의 피조물로 생각한다면, 교회의 영역이 축소하고 사회에서 차지하는 교회의 역할이 점점 줄어드는 것에 비해 국가의 역할이 커지고 또 세상의 가치관이 더욱 확산되는 것을 두고 세속화라고 말할 수 있을지 모르겠다. 비슷한 맥락에서 동방교회 신학자 알렉산더 슈메만(Alexander Schmemann)은 『세상에 생명을 주는 예배』에서 서구문화를 각인했던 기독교적 경험과 세계관으로부터 현대문화가 빠르게 멀어져 가는 현상을 세속주의라고 했다. 특히 세속화의 본질을 인간학적인 관점에서 고찰했는데, "인간이 예배하는 존재라는 것, '호모 아도란스(homo adorans)라는 것에 대한 부정이다."[1]라고 말했다. 교회가 아무리 세상에서의 영향력을 높이려 노력한다 해도 인간을 하나님과의 관계에서, 무엇보다 예배와의 관계에서 이해하지 않고 행한다면, 그것을 세속화된 예전으로 간주할 수 있다고 했다. 어찌되었든 세속화는 근본적으로 권력의 문제로 힘의 이동과정에서 생긴 부대현상인데, 하나님과의 관계에서 멀어져가는 현상을 말하고, 무엇보다 교회비판의 시대에 주도적인 역할을 하고 있다.

독일 신학자 판넨베르크(Wolfhart Pannenberg, 1928-2014)는 소책자 『*Christentum in einer säkularisierten Welt*(세속화된 세계에서 기독교)』에서 근대적인 의미에서 세속화의 시작을 유럽의 로마 가톨릭교회와 개신교 사이에서 벌어진 30년 종교 전쟁에서 찾았다. 종교개혁 이후 기독교에 대해 높아진 기대가 30년 전쟁 후에 급속도로 추락했다는 점에서 그렇게 본 것이다. 그런데 일반적으로 근대적인 의미에서 세속화는 하나님의 속성들이 인간의 자아에 대한 개념으로 대체된 사실을 말할 때 사용되면서 시작했다고 본다. 그동안 하나님에게 주어진 주체의 역할이 인간에게 옮겨간 것이다. 인간이 하나님의 자리를 차지하고, 세계를 합리적으로 이해하고 설명하길 원했던 이신론자는 (deist) 인과율을 신봉해 하나님은 더 이상 세상일에 간섭하지 않는다

---

1 Alxander Schmemann, *For the Life of the World*, 이종태 역, 『세상에 생명을 주는 예배』(서울: 복있는사람, 2008), 171.

고 주장했다. 세상을 움직이는 힘을 신앙이 아닌 이성에서 찾은 것이다. 더는 하나님을 말하지 않고도 인간을 말함으로써 행동의 주체로서 설명이 가능해진 사실을 가리켜 세속화라 했다.

이런 의미의 세속화는 데카르트(Rene Descartes, 1596-1650)의 생각하는 주체로서 자아 개념에서 출발했고 칸트(Immanuel Kant, 1724-1804)로부터 시작한 독일 관념론을 거쳐 신학을 인간학으로 환원하려 한 포이에르바흐(Ludwig Feuerbach, 1804-1872)와 신의 죽음을 외친 니체(Friedrich Nietsche, 1844-1900)에게서 절정에 이르렀다.

이에 비해 현대적인 의미에서 세속화는 교회 밖에서 적용되는 원리와 가치관이 아무런 이의 없이 교회에서 통용되는 현상을 말한다. 단순히 통용되는 수준이 아니다. 교회의 동력으로 작용함으로써 교회의 본질을 왜곡하고 복음의 정신을 흐린다. 그러면서도 그것을 쉽게 간파하지 못한다.

예컨대, 현대적인 의미에서 세속화의 대표적인 경우는 배금주의 사상(맘몬이즘, mammonism)이다. 돈의 가치를 복음의 가치보다 더 중시하며, 하나님보다 돈에 더 의지하는 현상이다. 성령의 능력보다 돈의 능력에 더 신뢰를 두고 하나님의 뜻이 이뤄지는 것보디 세상의 뜻, 곧 인간의 욕망이 성취되는 것을 더욱 좋게 보는 현상이다. 배금주의 현상이 교회에서 지배적임에도 그것을 전혀 간파하지 못하는 것 자체가 세속화된 교회의 대표적인 현상이다. 교회의 세속화는 신학과 목회 그리고 성도들의 삶의 세속화를 포괄한다.

오늘날 통치행위의 주체인 국가는 더 이상 존재하지 않는다고 말할 정도로 자본주의사회는 경제중심의 구조로 재편되고 있다. 쉽게 말해서 돈의 가치가 정치 이념보다 더 중시되는 사회가 되었다. 정치적인 혼란에 대해서는 무관심한 사람들이라도 경제적 혼란에는 극도로 민감하게 반응하는 것도 경제중심의 사회이기 때문이다. 권력보다 자본의 힘에 의지하는 사람들이 더욱 많아졌고, 특히 한국 사회에서 어렵지 않게 볼 수 있는 현상이다. 정치적인 결정력은 여전히 중요하지만, 정치적인 판단에서 경제 의존도는 매우 높다.

번영과 성공을 하나님의 축복으로 보고, 또한 이와 관련해서 자본주의 사회에 걸맞게 돈의 가치를 우선하는 풍조가 교회로 유입되면서, 교회는 급속히 타락하기 시작했다. 신학교가 바른 인재를 양성하기보다는 외형적인 성과를 높이려 하고, 교회가 사역 중심으로 활동하고, 결과적으로 돈을 필요로 하는 일을 많이 만들면서 발생한 현상이다. 이것은 신학교의 발전과 교회의 성장이라는 이름으로 포장되었고, 그 안에는 물량주의와 배금주의가 득세했으며, 신학의 자본화와 교회의 기업화는 빠른 속도로 이뤄졌다. 돈의 힘을 알고 돈의 가치를 추구했던 신학과 교회는 비판 및 자정 능력을 상실하고 돈의 지배를 받게 되었다. 특히 신학교가 돈을 필요로 함으로써 신학의 대형교회 눈치 보기 및 의존도는 높아질 수밖에 없다. 돈이 필요한 것은 부정할 수 없는 현실이라도 돈의 논리에 종속되어 신학의 비판 및 자정능력을 상실한 것은 세속화의 대표적인 케이스이다.

문화적인 측면에서도 마찬가지다. 대중문화는 교회문화의 일부가 되었다. 대중문화가 필요 없다고 말하거나 대중문화를 평가절하하는 것은 옳지 않다. 그러나 기독교문화는 원래 기독교인 혹은 교회가 유기적인 생명활동을 함으로써 그 결과로 형성되는 것인데, 기독교문화 생산이 저조할 뿐 아니라 기독교문화보다 오히려 대중문화에 더 큰 가치를 부여하는 현실은 분명히 문제다. 질적 수준에서 차이가 심하기 때문이긴 하다. 심각한 일은 교회 밖의 대중들이 자신들의 생명 활동을 통해 만들어낸 문화를 교회 안에서 의심 없이 소비하고 있어도 아무 문제의식을 갖지 않는 것이다. 기독교 대중문화를 생산하는 활동을 고무하기보다 생산된 문화콘텐츠들을 기부 혹은 헌신이라는 이름으로 열정페이를 요구하거나 불법복제 등의 방식으로 활용할 기회만을 생각하다보니 기독교문화 종사자들은 문화 생산의 의욕을 잃을 수밖에 없다. 또한 기독교문화를 유통하며 건전하게 소비하는 대신에 기독교 문화는 소통 능력이 없다고 단정 짓고는 성급하게 대중문화에 손을 뻗는 경향들이 지배적인 것도 문제다.

교회정치적인 측면에서 세속화 역시 빠르게 진행하고 있다. 최근 교계에서 유행처럼 번지는 소위 민주적인 교회운영은 세속화에서 얼마나 자유로운가? 효율성이라는 이름으로 회사 경영 방식이 도입되는 것은 물론이고, 민주적인 운영이라는 이름으로 민주주의 원리가 교회운영에 도입되고 있는 것도 엄연히 세속화의 한 부분이다. 그것이 잘못이라고 판단하기 이전에 신학적인 성찰이 없는 상태에서 단지 교회 타락을 예방하기 위한 필요에 따라 도입되고 있는 현실을 비판적으로 돌아보아야 한다. 물론 그간에 적지 않은 사례에서 드러났듯이, 목회자들이 윤리적인 측면은 물론이고 교회운영과 교회재정에서 모범적이지 못했을 뿐만 아니라 교회의 혼란을 야기할 정도로 비리가 많았기 때문에 그렇게 놀랄 일은 아니다. 이런 점에서 앞서 교회의 전통적인 다섯 행위에 행정을 포함시켜야 한다고 본 것이다. 바른 행정을 통해 얼마든지 복음을 실천할 수 있다. 또한 소수의 당회원 중심의 독점적인 운영방식에도 문제가 많았는데, 그 원인이 목회자 혹은 당회의 비윤리적 혹은 비민주적인 절차에 있었기 때문에 생긴 자연스런 현상이다. 스스로 의식이 있다고 여기는 목회자는 민주적인 운영 절차를 자발적으로 도입하는 추세다.

그러나 문제의 본질은 목회자와 당회원의 자질에 있는 것은 아닌가? 의견수렴과 결정과정에 있는 건 아닌가? 교회는 마지막 순간까지 하나님과의 관계에서 스스로를 비판적으로 돌아볼 기회를 제공해야 하는 곳이 아닐까? 민주적인 운영이 과연 올바른 교회를 보장할 수 있을까? 수많은 법을 갖고 있는 민주주의 국가는 과연 올바로 운영을 보장받고 있는가?

민주적인 운영이라는 이름으로 행해지는 일들을 살펴보면 긍정적으로 대답할 수만은 없다. 민주적인 결정 과정에서 기대되는 합리성은 이미 개인의 욕망에 밀려난 지 오래다. 정치적으로 무엇이 옳으냐의 질문은 이제 개인과 집단의 욕망을 충족시켜주느냐의 여부에 따라 결정된다. 민주적인 운영이 교회에 도입될 경우 신앙적인 결단이나 결정보다 성도들의 욕망에 더욱 우선하는 가치를 부여할 수 있다. 진리의 문제가 아니라 다수에 의한 결정이 우선시되고, 경우에 따라서는 다수에 의한 폭력이 정당화될 수 있다. 실제로 일어나는 경우도 없지 않으니 결코 바람직하다고 볼 수 없다. 교회 운영에서 목회자의 전횡과 독주를 막을 수 있는 장치를 마련하는 것은 필요하고 또 이것은 반드시 있어야 할 일이지만, 교회는 성령이 사역하시는 곳임을 잊어서는 안 된다(사도신경, "나는 거룩한 공교회를 믿습니다."). 성령께서 일하실 여지를 법으로 채워 넣으려는 것은 배금주의 사상에 의한 세속화와 달리 정치 및 행정적인 세속화의 또 다른 사례는 아닐까? 성령의 사역을 합리성에 제한시키거나 신앙적인 결단보다 제도적인 규제방식을 우선하는 것은 가당치 않은 일이다.

세상은 욕망의 추구를 기본 전제로 하기 때문에 욕망으로 발생하는 갈등을 사전에 억제하는 제도를 반드시 갖추기 마련이다. 세상의 각종 제도와 법은 이것을 염두에 두고 제정된다. 누구도 이익을 독식해서는 안 되기 때문이다. 이것이 자발적으로 되지 않으니 법과 제도를 만들어 모두가 공유할 수 있도록 하는 것이다. 욕망을 스스로 내려놓는 것을 전제하지 않고, 인간이 욕망을 추구할 것을 당연시하고 이것을 규제하기 위해 마련된 것이 법과 제도이다.

그러나 교회는 법을 기초로 세워지지 않는다. 오직 예수 그리스도에 대한 신앙고백을 바탕으로 성령의 능력으로 세워진다. 욕망을 내려놓는 것을 전제로 하고 또 그것을 지향한다. 이것은 법으로 하는 것이 아니고 또 그렇게 할 수도 없다. 교회에서는 욕망을 내려놓는 작업이 우선되어야 하는데, 그것은 회개하고 또 예수 그리스도의 은혜로 만족하는 삶을 사는 것이다. 교회 운영은 은혜 안에 거하고 은혜로 만족하는 삶을 바탕으로 한다. 이것이 교회에서 성령사역이 일어날 수 있는 터전이다. 예수 그리스도에 대한 믿음과 복음이 지배적일 때 성령의 역사가 일어나기 때문이다.

과거 잘못된 사례를 예방하기 위해 혹은 목회사역을 통제할 목적으로 제정된 정관으로 교회를 운영하려는 것은 시대적인 관점에서 필요해 보이고 또 외부적인 시각에서 보기에는 좋을지 몰라도 교회 운영을 성령의 역사보다 인간의 제도에 기초하려는 위험에 쉽게 노출된다. 기존의 교회법과 회계가 투명하고 재정 사용의 투명성을 보장하는 원칙 그리고 민주적인 회의 운영에 대한 원칙 정도로 얼마든지 목회자의 독주와 전횡과 헌금의 불법적인 사용을 막을 수 있다. 노회와 총회에서 제정된 법만으로는 충분하지 않아서 정관이 필요하다고 생각된다면, 노회에 헌의하든가, 아니면 개 교회 정관 제정을 허용하는 규정을 노회에 요구하고 그 허락 하에 정관을 만드는 것은 가능하다고 생각한다. 교회가 민주적인 운영을 이유로 노회법과 총회법을 어기는 일은 없어야 할 것이다.

만일 그럼에도 불구하고 정관기반의 교회운영을 원한다면, 국가의 경우처럼 3권 분립이 필연적으로 요청된다. 입법 기능을 하는 기구와 사법 기능을 하는 기구 그리고 법에 근거해서 행정을 관할하는 기구가 있어야 한다. 이것을 과연 교회라고 할 수 있을까? 교회라고 한다면 어떤 의미에서 그런가?

교회의 여러 영역에서 일어나는 세속화가 민주적인 운영의 필요성을 강하게 요청했던 건 사실이다. 그러나 민주적인 운영을 이유로 지나치게 법을 앞세우게 되면서 교회는 더는 성령이 이끄는 교회가 아니라 주권을 상실한 상태, 곧 자유인이 아니라 세상의 포로가 된다. 교회가 현상적으로 존재하긴 하나 식민통치를 받고 있다고 말할 수 있을 정도다. 세속과 거룩함은 도가 지나칠 정도로 혼합되어 있고, 세상의 가치가 지배적이며, 더 이상 하나님 나라의 현존과 작용 그리고 능력을 증거하는 곳이 못되고 있다. 다만 생존을 보장받는 조건으로 세상에 유폐되어 있는 것 같이 보인다. 누구를 탓하기보다 기독교인 모두의 책임으로 여기고, 나로부터 개혁이 이뤄지기 위한 노력을 실천해야겠다.

제1부

예배에서는 어떤 일이 일어나는가?

제1장

예배는 신앙과 신학의 시금석이다

기독교 예배는 신앙과 신학의 시금석이다. 예배를 통해서 신앙을 진단할 수 있고, 신학의 현실을 평가할 수 있다. 신앙의 표현은 예배로 나타나고, 신학은 예배 안에서 출발점을 삼기 때문이다. 뿐만 아니라 예배 안에서 신앙은 학습되고 신학은 안식을 얻는다. 예배의 본질에 대해서는 앞서 간략하게 언급하였고, 또 앞으로 계속해서 살펴보겠으나 이곳에서는 '신앙과 신학의 시금석'으로서 예배의 의미에 국한해서 살펴보려고 한다.

1. '예배의 위기'?

여러 목회자들과 신학자들로부터 '예배의 위기'를 자주 듣는다. 그들이 말하는 '예배의 위기' 아래 흔히들 다음과 같은 사실들이 거론된다.

목회자의 눈치를 보며 주일을 빠졌던 성도들이 이제는 별다른 문제

의식도 없이 예배를 뒤로하고 당당하게 주말여행을 떠난다, 졸고 앉아있는 성도들, 일상적 삶의 문제에 골몰하며, 예배에 집중하기보다는 교회의 부서 활동 등에 더 큰 관심을 기울이는 것, 설교를 들어도 아무런 감동을 느끼지 못하고, 주의 몸을 먹고 또 주의 피를 마시는 의식에서조차도 경건의 모양만 있을 뿐, 성찬의 감격과 정신은 쉽게 발견할 수 없다, 교회의 정기적인 행사로만 여겨지기도 한다, 예배에 대한 기대보다는 의무감에만 사로잡혀 있고, 하나님을 만나고 그의 음성에 귀를 기울이기보다는 목회자들로부터 더 많은 관심을 얻고 또 그들과의 친밀한 관계에 더 큰 관심을 기울인다, 교회 밖을 나서면서 삶의 용기나 기쁨 혹은 하나님의 사명을 품거나 소망을 갖기보다는 오늘 할 일을 다 했다고 생각한다, 삶 속에는 예수 정신이 배어 있지도 또 우러나오지도 않고 오히려 세상 사람들의 조롱거리만 되고 있다, 교회 안과 밖의 삶에 아무런 변화가 나타나지 않는다. 목회자들은 빠르게 변화하는 사회 속에서 예배를 어떻게 준비해야 할지 도무지 감을 잡지 못한다, 자극적인 문화에 익숙해져 있는 현대인들에게 공감을 불러일으킬 수 있는 예배를 위해 어떤 매개체가 동원되어야 하고 또 어느 정도의 강도를 갖고 자극을 주어야 하는지….

목회자들로부터 듣는 이야기들을 주섬주섬 모아보았다. 거두절미하고, 예배의 정신에서 크게 벗어나 있다는 말이겠다. 예배의 본질적 두 축을 이루는 "영과 진리(요 4:24)", 곧 하나님의 임재와 인간의 응답, 하나님의 계시와 인간의 고백과 순종이라는 상관관계가 바람직하게 이루어지고 있지 않은 현실을 보여 준다.

예배학자들의 말들을 굳이 인용하지 않더라도 예배가 기독교에서 얼마나 중요한지를 조금이라도 아는 사람들은 이러한 현상들이 무엇을 의미하는지를 안다. 그야말로 교회의 위기에 대한 경고라 볼 수 있다. 기독교는 예배하는 종교이기 때문이다. 히브리 민족의 출애굽 사건이 직접적으로는 해방의 의미를 갖지만, 궁극적으로는 하나님께 예배하기(제사를 드리기) 위한 것이었다(출 3:12). 그러므로 앞서 지적한 현상들은 한국 교회와 신학을 되돌아보게 하는 것들임에 분명하다. 설교학자들은 설교와 설교학에서 원인을 보고, 예배학자들은 전통적인 예전과 예배신학의 결여, 그리고 전통(토착)문화적 상황에 적합한 예배가 실천되고 있지 않은 현실을 '위기'라고 진단하고 적절한 처방을 강구하고 있다. 혹자는 초대교회의 모형으로 돌아가려고 하고, 혹자는 예배의 본질에 합당한 예전의 도입을 시도하려고도 한다. 심지어는 파격적인 형식의 예배를 지향하기도 한다. 그 결과 '열린 예배'가 나타났고 전국적으로 유행의 물결을 일으켰다. 일시적인 효과는 있었지만 본질적인 문제는 여전히 해결되지 않았다는 지적이 많다. 혹자는 예배의 토착화를 주장하고, 혹자는 엘리트적 예배로부터 민중예배로의 회복을 부르짖고, 혹자는 성만찬이 결여된 예배를 문제 삼으며 성만찬의 횟수를 늘리기도 한다. 혹자는 찬양사역을 강조한다. 혹자는 예전의 회복을 호소한다. 혹자는 예배의 신학을 강조한다. 어떤 형태로 이루어지든 위기를 슬기롭게 극복해 나가기 위해서 먼저 염두에 두어야 할 것은, 책임을 특정인 혹은 특정분야에 전가시키지 않아야 한다는 것이다. 책임이 예배 인도자나 설교자 등의 목회자에게만 있는 것도 아니고, 또 그렇다고 해서 신학자나 성도들에게만 있는 것도 아니다. 그 책임을 예배의식의 부재나 설교로부터만 찾는 것도 무리다. 예배행위는 공동체적인 사건이기 때문이다.

예배의 문제를 직시하고 그것을 해결하기 위해 기울여지는 일련의 노력들 가운데 세 가지 공통점을 발견할 수 있다. 신학적인 근거가 부족하거나 혹은 교파의 차이로 인해 발생한 다양한 예전들을 통일하고, 전통에서 벗어난 경험주의적 경향을 극복하며, 그리고 예배에 참석하는 성도들로 하여금 전통과의 연계 속에서 하나님의 임재에 대한 경험을 보다 강력하게 느끼도록 하려는 것이다.

하나님과의 만남에서 흔히 기대되는 것은 다음과 같다. 즉, 구원의 기쁨과 감격을 경험하게 되며, 은혜를 깨닫게 되고, 삶의 문제가 해결되며, 치유와 치료가 나타나고, 인격이 변화되고 일상 속에서 기쁨과 평안을 느낄 수 있을 뿐만 아니라 주변사람들을 변화시킬 수 있는 힘을 얻게 된다.

예배가 회복되기를 바라는 마음은 이러한 경험이 예배 안에서 일어나기를 원한다는 뜻이 담겨져 있다. 학자들의 노력으로 예배의 중요성에 대한 인식은 많이 개선되었고, 또 전자매체 및 영상시대에 걸맞는, 예컨대 열린예배, 방송예배나 사이버예배와 같은 21세기 문화에 부합된 새로운 예배의 형태가 만들어지기도 했다. 그럼에도 불구하고 많은 교회가 여전히 위기를 직감하지 못하고 있고, 일부 교회는 위기적 현상으로 심각한 몸살을 앓고 있다.

예배가 여전히 회복되지 않은 듯이 보이는 데에는 예배에 대한 잘못된 기대와 예배경험에 대한 그릇된 인식이 한 몫을 한다. 예배 경험은 강렬한 체험으로만 이루어지지 않기 때문이다. 기대와 소망도 예배의 한 경험이다. 기도가 예배의 요소 가운데 하나인 것은 바로 이런 이유이다. 예배의 개혁을 외치는 글 가운데서 기도의 중요성이 간과되고 있는 것은 매우 유감스런 일이다. 사실 목회자와 신학자들

사이에서 부정적으로 회자하는 예배의 위기가 '예배' 자체의 위기는 아니다. 그것은 단지 현상일 뿐이고 본질은 다른 곳에 있음을 알 만한 사람들은 다 안다. 그러므로 '예배의 위기'를 좀 더 심층적으로 분석해 볼 필요가 있다. 겉으로는 예배에 대한 적극적인 참여가 이루어지지 않고 또 성도들이 하나님 임재에 대한 경험을 갖지 못한다는 것이기는 하지만, 좀 더 자세히 들여다본다면, 차라리 신앙의 위기라고 말하는 것이 더 적절하다. 모양 면에서는 예배의식이 참석자들에게 점점 더 소원해져 가는 것이지만, 실제적으로는 성도들이 예배의식을 공감적으로 이해하거나 그것에 참여하지 못하고 또 하나님 임재를 바로 의식하지 못하는 것이다.

역사적으로 보면 성도들의 삶과 교회 안에 하나님부재의 경험이 만연했을 때 성도들은 신앙의 위기를 경험했고, 자유주의 사상가들은 교회를 교육기관으로 만들었으며, 심지어 '하나님의 죽음'과 같은 개념으로 교회와 신학을 혼동으로 몰아갔다. 예배의 위기란 예배와 삶이 이어지지 못할 때, 삶 속에서 하나님을 경험하지 못할 때, 혹은 오직 열정적인 몰아적 행위나, 혹은 아무런 공감이 없는 건조한 의식 행위만으로 예배를 '드렸다'고 믿게 될 때 찾아오게 된다.

예배의 회복을 위해 실천적인 의미를 깃는 두 가지를 살펴보고, 그 후에 신학적인 의미를 반추해보도록 하겠다. 하나는 성도들이 예배에 대해 공감적으로 이해하고 또 참여할 수 있기 위해서 성도들에게 상징에 대한 교육을 시켜주어야 한다는 것이고, 다른 하나는 하나님과의 관계뿐만 아니라 인간과의 관계가 온전하게 되고 또 회복되기 위해서 노력해야만 한다는 것이다.

2. 예배회복을 위한 실천적 조치들

1) 예배에서의 공감적 이해를 위한 교육이 필요하다

예배는 하나님을 표현하고 또 하나님을 인식하기 위한 여러 상징들로 구성된다. 교회는 이미 오래 전부터 하나님의 임재를 나타내고 그것을 표현하기 위한 상징체계들을 사용하여 왔다. 여기에는 성경 읽기, 신앙고백, 성시교독, 설교와 찬송, 그리고 기도와 같은 언어적 상징이 있는가 하면, 십자가와 같은 조형물이나 성화 등과 같은 예술적 상징, 그리고 세례나 성찬과 같은 의식적인 행위를 통한 상징도 있다. 이러한 점에서 예배란 하나님 임재에 대한 믿음을 전제하거나, 혹은 하나님의 오심을 기대하며 행해지는 인간의 반복되는 의식행위이다.

하나님을 만나는 것이 예전이 갖추어진 예배에서만 이루어지는 것은 아니다. 예배란 성도들이 일상에서 하나님을 만날 수 있다는 것을 환기시켜줄 뿐만 아니라, 만남에 합당한 태도, 곧 하나님께 영광을 드리는 방식을 배우는 곳이면서, 또한 만남이 실제적으로 일어나는 곳이다. 초월자에 대한 경험이 놀람, 두려움, 불안, 전율, 기쁨 등과 같은 감정을 동반하는 일상에서와는 달리 예배 안에서는 만남과 그에 합당한 태도가 주로 상징을 통해 표현된다. 현상적으로 볼 때 그렇다는 말이다. 의식행위라 함은 예배 안에서 하나님의 행위와 말씀이 상징을 통해 나타난다는 말이다. 하나님께 드려지는 것이라고 해서 비의적일 수 없고, 인간의 의식행위라고 해서 순전히 인간학적인 차원에만 제한될 수도 없다. 태도에 있어서는 하나님 중심적인 것이 되어야 하면서도 의사소통을 위해서는 인간학적인 차원이 배제되어서는 안 된다.

그러므로 상징들에 대한 바르고 정확한 지식이 요구된다. 설교자들이 사용하는 상징들이 듣는 자들이 이해할 수 없는 것이라면 어떻게 의사소통이 가능하겠는가. 상징에 대한 공유된 지식이 결여될 때 예배는 공허하게 된다. 삶을 예배의 상징 속으로 흡수시키지 못하게 되고, 상징을 삶의 현장과 연결시킬 수 없게 된다. 공감적인 참여를 위해 종교적 상징들에 대한 교육은 필수적이다. 예컨대 십자가의 의미를 알지 못하면 삶 속에서 일어나는 사건을 어떻게 십자가 사건과 연결시킬 수 있을 것이며, 예배의식 속에서 날마다 듣고 또 보는 십자가의 의미를 어떻게 삶 속에서 발견할 수 있겠는가! 그런데 10년 넘게 신앙생활을 해온 성도들도 예배에서 이루어지는 상징들을 이해하지 못하는 경우가 허다하다. 예배 시작과 더불어 이루어지는 성가대의 송영이 무엇을 의미하는지를 아는 성도들이 얼마나 될까? 세례를 단순히 입교의식으로만 이해하고, 성찬식에서 사용되는 빵과 포도주의 의미를 제대로 이해하지 못하는 성도들도 많다.

일전에 신학대학원 박사과정 학생들과 더불어 '성례론'을 연구하는 가운데 발견한 충격적인 사실이 있었다. 세미나는 담임목사와 부목사, 그리고 전임전도사들로 구성되어 있었다. 그들에게 성찬식이나 세례식과 관련된 경험을 물어보았을 때 소위 '성찬 경험', '세례 경험'이라고 할 만한 어떤 것도 없었다는 말을 들었다. 신학적 의미는 알고 있었지만 '성례전적 경험'으로서 그것이 도대체 무엇인지를 들어보지도 못했다고 한다. 목회자들이 성찬을 집례하거나 성찬에 참여하면서, 혹은 세례를 집례하면서 아무런 '하나님 경험'도 하지 못했다면 성도들의 경우는 어떠할 것인가. 그러나 성례론에 대한 연구를 통해 역사적 배경을 살펴보고 또 상징들에 대한 신학적 인식이 깊어지면서 성찬과 세례의 의미를 다시 볼 수 있게 되었다고 한다. 새로운 하나님 경험을 할 수 있게 되었다는 고백도 세미나를 마친 후에 들게 되었다. 이것은 무엇을 말해 주는가? 예배에서의 하나님 경험은 상징에 대한 깊은 이해를 전제로 한다. 교회와 예배과정 안에 가득 차 있는 상징들, 이 상징들에 대한 바른 이해는 종교적 경험, 곧 성도들이 하나님의 임재에 대한 경험을 함에 있어서 큰 도움을 준다.

예배에서 사용되는 여러 상징들에 대한 이해의 중요성을 깨닫지 못할 때, 예배는 습관적이 되고, 예배의 효과를 설교나 찬양에서만 찾으려는 경향이 높아진다. 특히 개혁교회에서는 말씀중심의 예배를 지향하고 있어서 예배에서 설교가 차지하는 비중이 상대적으로 높다. 설교가 점차적으로 쉬워지는 이유 가운데 하나로 필자는 언어적 상징들에 대한 공유가 이루어지지 못하기 때문이라고 본다. 여하튼 예배에서의 하나님 경험이 대부분 설교를 통해 이루어지는 것은 사실이지만 설교가 예배의 전부가 아니라면, 예배는 예배로서의 의식을 갖추어야 한다. 찬양중심의 예배를 통해서 예배의 효과를 높이려는 노력도, 비록 긍정적인 측면이 많이 있다 해도, 그것이 예배의 전부가 아닌 한에 있어서 한계를 가질 수밖에 없다. 예배를 구성하는 모든 요소들이 제자리를 차지하는 것은 바른 예배의 필요조건이 된다. 그럼으로써 예배 참석자들의 다양한 경향과 신앙적 기질들을 흡수할 수 있는 기회가 마련된다.

한편, 예전의 갱신에 대해 대부분의 예배학자들은 공감하고 있다. 이는 예배에 전통적인 예전을 접목시키거나 혹은 새롭게 도입하려는 노력이다. 그러나 상징들을 이해시키려는 노력이 병행되지 않고 있는 것은 매우 유감이다. 예배로부터 또 다시 성도들을 소외시키는 원인이 될 수 있기 때문이다. 엘리트 중심의 예배, 비의적인 예배가 될 수도 있다. 만일 그렇다면 종교개혁의 의미는 사라지고 또다시 중세

로 돌아가는 것이다. 공감적인 참여가 가능한 예배가 되기 위해서 상
징의 의미는 반드시 공유되어야 한다.

루터가 성경을 라틴어 본문으로부터 민중의 언어인 독일어로 번
역한 것은 상징의 엘리트적 이해를 지양하고 보편적 이해에로 나아
가려는 노력의 한 방편이었다. 칼뱅의 '기독교 강요' 역시 전문적인
신학서적이라기보다는 성경을 이해하기 위한 신학적인 주제들을 설
명하고 또 예배에서 사용되는 상징들에 대한 기본교육을 위한 것
(catechism)이었다.

상징에 대한 교육은 교회학교에서부터 이루어지는 것이 바람직하
나, 성인들을 위한 재교육 과정도 필요하고 또 처음 그리스도를 영접
한 사람들에게는 새 가족 교육 등을 통해 전달해 주어야 한다. 새신
자들을 위한 교재들을 살펴보면, 단순히 복음의 핵심만을 전달해 주
는 것이 많다. 간혹 기독교인으로서 숙지해야할 기본적인 교리와 개
념들, 그리고 교회생활을 돕기 위한 여러 지침들도 있다. 예배는 그
모든 것의 중심에 서 있다. 기독교인이 된다는 것은 예배 참석에 기
쁨을 느낄 수 있는 사람이 된다는 말로 이해될 수 있다. 그럼에도 불
구하고 적극적이고 공감적인 예배 참석을 위해 필요한 상징에 대한
교육을 어떻게 소홀히 할 수 있겠는가? 기독교인의 징체싱이 '예배하
는 자'로 이해될 수 있다면, 예배에 공감적으로 참여할 수 있기 위한
노력은 끊임없이 기울여져야 한다.

2) 공감적 참여를 위해 온전한 관계의 회복에 집중하라

예배학에서 끊임없이 제기되는 문제 가운데 하나는 제도적 교회의
예배의식과 일상 속에서 이루어지는 경건한 삶으로서 예배와의 관계
설정이다. 제도적 교회의 예배의식이 결코 일상의 경건한 삶과 동일

시될 수 없고, 예배 역시 일상적 삶과 분리될 수 없기 때문이다. 이것은 신앙에 있어서 개인과 공동체의 관계로 환원되어 이해된다. 개인은 공동체 안으로 흡수되어 양육되며, 공동체는 전통을 전수해 주고 신앙의 정체성을 확립해 주고 또 강화시켜준다. 그러므로 의식으로서 예배에서는 개인의 삶이 공동체 안으로 수렴될 수 있도록 구성되어야 하며, 개인은 삶 속에서 공동체적 경험을 지향해야만 한다. 이렇게 될 때 양자는 서로 분리되지 않고 상보적인 위치에서 공감적인 예배형성에 기여할 수 있다. 상보적 관계의 목적은 하나님과의 관계 속에서 하나님의 형상을 회복하고, 인간관계 속에서 인격성과 공동체성을 회복하는 것이다.

성경으로부터 예배의 위기 혹은 제사의 위기로 간주될 수 있는 사례들은 이사야서, 예레미야서, 에스겔서, 아모스서 그리고 말라기서 안에서 발견된다. 이사야 선지자를 통해 하나님은 "너희가 내 앞에 보이러 오니 그것을 누가 너희에게 요구하였느뇨 내 마당만 밟을 뿐이니라 헛된 제물을 다시 가져오지 말라 분향은 나의 가증히 여기는 바요 월삭과 안식일과 대회로 모이는 것도 그러하니 성회와 아울러 악을 행하는 것을 내가 견디지 못하겠노라(사 1:12-13)."고 말씀하셨다. 말라기 선지자는 심지어 성전의 문을 닫았으면 좋겠다는 하나님 자신의 말씀을 전해 주고 있다(1:10). 하나님 스스로 예배를 거절하신 것이다. 위기의 수준을 넘어서서 이미 붕괴된 상태였다. 멸망을 결정하셨기 때문이다. 하나님이 그토록 분노하신 까닭은 이스라엘 백성들이 하나님 없는 삶, 곧 그들 자신의 뜻대로 살았고, 깨끗하지 못한 제물을 드리고, 예배를 번폐스럽게 생각한 때문이었다. 하나님과의 관계가 이러했을 때 그들의 인간관계는 부정과 불의로 심하게 얼룩져 있었다. 하나님 없는 삶을 살 때 인간은 정직하지 못하게 되고, 인간관계는 불의와 부정으로 가득 차게 되며 그리고 하나님이 원하시는 예배가 될 수 없음을 단적으로 말해 준다. 반대로 하나님의 뜻대로 사는 삶은 사정상 제도적인 예배의 시간과 공간을 확보하지 못한다고 해도 하나님이 기뻐하시는 예배로 간주된다. 예수님은 사마리아 여인과의 대화를 통해서 이 부분을 분명하게 지적하셨다(요 4:24). 영과 진리로 예배하라고 말씀하신 것이다. 하나님과의 만남은 교회 예배를 통해서만이 아니라 성령의 임재와 진리의 말씀이 있는 삶 속에서도 가능하다 함이다. 마태복음 15장 8-9절에서 예수님은 마음으로 드리지 않고 형식에 매여 드리는 경배는 헛된 것이라고 말씀하셨다. 예레미야가 전해 주는 하나님의 심판 역시 백성들의 잘못된 일상의 삶을 겨냥하고 있다. 마침내 하나님의 성전은 무너지게 되었다. 놀랍게도 이 일을 위해 하나님은 이방민족의 왕인 느부갓네살을 도구로 사용하셨다. 하나님 스스로 성전예배를 거부하신 것이었다. 하나님과의 잘못된 관계의 결과였다.

이처럼 성경에서 전해 주는 잘못된 관계는 크게 두 가지 방향으로 나타나고 있다. 하나는 인간과의 관계요, 다른 하나는 하나님과의 관계이다. 자연과 인간의 잘못된 관계에 대해 성경은 구체적으로 언급해 주고 있지는 않지만 인간과 하나님의 관계가 잘못됨으로써 나타난 결과로 보고 있다. 오늘날과 같이 생태계가 파괴되어 인간의 생존 자체가 위협을 당하는 현실에서는 당연히 인간과 자연의 잘못된 관계 역시 예배의 위기를 초래할 수 있다. 그래서 교회의 주변 환경을 배려하면서 예배에서 새로움을 추구하려는 노력도 나타나고 있다. 유행하고 있는 전원교회들은 최소한 그러한 것을 겨냥한다.

예배가 세워지느냐 무너지느냐 하는 것이 인간과 인간, 인간과 하나님 그리고 인간과 자연과의 관계를 인간이 어떻게 맺어나가느냐에 따라 결정될 수도 있다고 한다면, 기독교인들의 일상적 삶은 예배의 진정성을 결정하는 요소가 된다. 그렇기 때문에 주님은 제단에서 하나님을 생각하기 전에 먼저 인간관계의 회복을 원하신 것이다(마 5:23). 사도들의 가르침으로 알려진 디다케에서는 "너희 형제와 다툰 자는 서로 화해할 때까지는 너희 모임에 참여할 수 없다. 너희 제물이 더럽혀지지 말아야 한다."고 말해 사도들이 예배에 있어서 인간관계의 회복을 중시하였음을 보여 준다. 흔히 예배를 말함에 있어서 하나님을 우선적으로 생각하게 되지만 하나님과의 관계는 인간과의 관계에서 그 참모습이 드러나게 된다. 인간으로 오신 성육신 사건을 통해서, 그리고 마태복음 25장 31-46절의 양과 염소의 비유에서, 그리고 요한일서 4장 20절에서 이웃에 대한 사랑과 하나님 사랑을 불가분의 관계로 보는 것을 통해서 알 수 있다. 야고보서 1장 26-27절에서는 하나님께 드려지는 예배는 회개와 사랑의 행위에 있음을 말하고 있다. 이 말을 달리 이해해 본다면, 일상적 삶 속에서 인간과 맺어지는 바른 관계를 중요하게 여기지 않거나, 혹은 손상된 관계의 회복에 관심을 기울이지 않는 사람들은 예배에서 감격과 감동을 얻지 못할 수 있다는 말이다. 삶과 예배가 분리된 상태에서 눈가림하는 이중적인 삶이 경우에 따라서는 가능하기도 하고, 또 인간들이 생각지도 못하는 일을 이루시는 성령의 사역을 생각한다면 예외적인 경우가 있기는 하겠지만, 감추어져 있던 것들은 예배를 통해 드러난다. 이것을 우리는 가인의 경우에서 확인할 수 있다. 원칙적 기독교인은 관계회복을 위해 삶 속에서 자신을 포함한 이웃을 늘 돌아보아야 한다. 예수님이 말씀하시는 신앙의 기초는 말씀 자체가 아니라 말씀에 대한 실천이다(마 7:24-27). 예배의 위기에서 벗어나 예배에서 분명한 하나님 경험을 원하는 목회자는 목회활동을 바로 이 부분에 집중해야 한다. 성도들이 교회 생활에 익숙해지는 것이 소중한 만큼, 자신과 이웃을 돌아보는 것도 중요하다. 예를 든다면, 때로는 성도들이 이웃에 대해 행한 잘못을 회개하게 하고, 반면에 상처를 받게 될 때에는 하나님께 위로를 구하기도 하지만, 그들을 용서할 수 있는 능력을 사모하도록 해야 한다. 때로는 어려움을 겪는 이웃을 위해 기도를 하고 때로는 그들을 직접 도울 수 있는 길을 모색해 볼 수 있게 하는 교육이 필요하다. 삶과 더불어서 예배에 참석한 자들과 아무 것도 가져오지 못하고 그저 의무감에 참석하는 자와는 '하나님 경험'에 있어서 질적으로 차이가 있게 마련이다. 이것은 필자 스스로의 경험이기도 하지만 수많은 성경공부에서 성도들의 삶의 경험을 들어서 얻은 결론이다. 예배에 빈손으로 오지 말라는 말씀(신 16:16)이 구체적으로 헌금을 가리키고 있으나, 로마서 12장 1절에서 말하고 있는 '하나님이 기뻐하시는 거룩한 산 제물'이라는 말의 내포적 의미에서 본다면, 일상적 삶의 모습, 곧 포장되지 않은 삶의 모습을 하나님 앞으로 가져오라는 말로도 이해할 수 있다. 삶이 교회 밖이나, 예배 밖에만 머물러 있지 않고 예배의 현장으로 가져와야 한다는 말이다. 특히 그것은 하나님 경험과 관련된 삶이어야 한다. 회개하고, 용서받고, 용서하고, 감사하고, 기뻐하며 찬양하는 삶 말이다.

3. 예배는 신앙의 시금석

김남준 목사는 『예배의 감격에 빠져라』에서 바른 예배를 모색하는 작업을 시작하면서 문제를 다음과 같이 정리하고 있다. "교회가 어떻게 예배드리고 그 예배 안에서 그 백성들이 무엇을 추구하며 그 예배를 통해 무엇을 얻게 되는지에 주목한다면 우리는 숨길 수 없이 드러나는 그 시대의 교회와 기독교인의 영적인 상태에 대하여 알게 된다는 것입니다." 이는 다시 말해서 예배와 그 예배에 대한 성도들의 기대와 바람을 알게 된다면 교회 및 성도들의 신앙을 알게 된다는 말로 이해된다.

필자는 이러한 관계를 가리켜 '기독교인들에게 있어서 예배는 신앙생활의 시금석이다.'고 말한다. 신앙이 일정한 상징을 매개로 해서 예배로 표현되지만, 일상적 삶의 진면목이 예배행위를 통해서 드러나기 때문이다. 예배를 구성하는 요소에 찬양(고백), 기도, 설교, 성찬 그리고 봉헌이 있지만, 어느 것 하나도 삶과 관계를 갖지 않는 것이 없다. 그러므로 예배는 하나님께 드려진다는 제물의 개념만으로 일관될 수 없고, 하나님이 동행해 주셨던 한 주간의 삶(그것이 성한 것이든, 아니면 실패한 것이든)과 현실이 반영되는 현장이어야 한다. 예배 인도자의 역할은 성도들로 하여금 지난 한 주간을 돌아보며 그것을 공동체적 경험 안으로 수렴시키고, 새로운 삶을 기대하도록 돕는 것이다. 이는 예배에의 부름으로부터 시작해서 축도로 마치는 시간까지 예배의 전 과정을 통해서 이루어진다. 예배가 신앙의 시금석이 되는 이유를 좀 더 자세하게 살펴보자.

1) 일상적인 삶을 돌아보게 할 이유가 있다

가인과 아벨 두 사람은 모양과 내용에 있어서 서로 구별되는 것으로 하나님께 예배(제사)하였다(창 4:3-4). 하나님은 가인의 예배와 아벨의 그것에 대해 상반된 반응을 내리셨다(창 4:4-5). 안색이 변할 정도로 가인의 충격은 대단했다. 그러자 하나님은 당신의 평가에 대해 가인이 평소에 선을 행치 않았기 때문이라고 해명해 주셨다(창 4:7). 히브리서 11장 4절에서는 그것을 믿음의 차이로 이해했다. 그런데 예배를 계기로 자신의 일상적 삶이 낱낱이 폭로된 가인은 동생인 아벨에게 자신의 분노를 쏟아 부었다. 아벨을 돌로 쳐서 죽인 것이었다. 요한서신서의 기자는 요한일서 3장 12절에서 아벨의 행위는 의롭고 악에 속해있던 가인의 행위는 악하였기 때문이라고 보았는데, 이를 심리학적으로 이해한다면, 가인은 강한 시기심에 사로잡혀 결국 충동적으로 아벨을 죽인 것이 된다.

인류 최초의 살인행위로 기록되고 있다는 점에서도 놀라운 일이지만, 이 사건의 기록을 읽거나 듣는 기독교인들을 더욱 큰 두려움에 사로잡히게 하는 이유가 있다. 이 사건이 예배의 결과로 인해 발생했기 때문이다. 아쉽게도 하나님이 기쁘게 받으신 예배와 그렇지 않은 예배 사이에 어떠한 차이가 있었는지를 우리는 더 이상 알 수는 없다. 유다서에 보면 '가인의 길'이라고 해서 그것이 이성 없는 짐승과 같이 본능으로 살아가는 사람들을 가리키는 것으로 나타나고 있다. 그것은 잘못된 가르침에 따른 삶의 방식을 가리키기도 하지만, 부도덕한 삶을 사는 사람들을 일컫는다. 유대 문헌에 따르면 가인은 모든 이단자들의 조상이나 영적 존재들을 무시하는 자들의 대표로 인식될 정도이다. 이로 미루어보건대 예배에 대한 하나님의 평가는 예배자의 이성과 감성으로 어우러지는 일상적인 삶, 특히 올바른 가르침과 선한 삶과 결코 무관하지 않음이 분명하다.

가인과 아벨의 사건을 통해서 우리가 확인해 볼 수 있는 또 하나가 있다. 물론 항상 그런 것은 아니겠지만 잘못된 예배, 곧 하나님과 바르지 못한 관계는 어긋난 인간관계로 나타날 수 있다는 점이다. 끝으로 살인의 결과 가인은 하나님 곁을 떠나 유리하게 되었다('예배가 없는 삶'으로 이해될 수 있다). 이때 나타나는 현상은 인간에 대한 두려움이었다(창 4:13-14). 그리고 그 두려움으로부터 자신의 안전을 도모하기 위한 방어 작업을 시작했다는 것이다(창 4:16-17). 문화와 문명을 일구는 일이었다. 이와 같이 인류의 갖가지 문화들이 결국에는 가인의 후예들로부터 비롯된 것으로 보여 줌으로써 성경은 인간의 문화나 문명이 하나님 앞에서의 삶(신앙)과 갖는 갈등관계를 암시해 주고 있다.

가인과 아벨의 예배행위와 결과로부터 몇 가지 교훈적인 의미를 되새겨보면서 우리가 반드시 확인하고 넘어가야 할 점은 기독교인들의 일상적 삶의 모습은 하나님이 기뻐 받으시는 예배가 되느냐 그렇지 않느냐에 결정적인 영향을 미치게 된다는 사실이다. 사도 바울이 로마서 12장 1절에서 "그러므로 형제들아 내가 하나님의 모든 자비하심으로 너희를 권하노니 너희 몸을 하나님이 기뻐하시는 거룩한 산 제물로 드리라 이는 너희의 [드릴] 영적 예배니라."라고 말한 이유가 바로 여기에 있는 것이다. 히브리서 13장 15-16절에서도 이러한 예배를 강조한다.

> 이러므로 우리가 예수로 말미암아 항상 찬미의 제사를 하나님께 드리자 이는 그 이름을 증거하는 입술의 열매니라 오직 선을 행함과 서로 나눠주기를 잊지 말라 이같은 제사는 하나님이 기뻐하시느니라.

이상으로부터 우리는 예배의 과제 가운데 한 가지를 얻을 수 있다. 성도들로 하여금 일상에서의 삶을 돌아보게 하는 기회가 예배에서 제공되어야 한다는 것이다. 우리 옛 선배들도 성도들로 하여금 예배를 준비하도록 시킬 때 주일 아침 눈을 뜨면서 지난 엿새 동안의 생활을 돌아보게 하였다. 삶을 돌아보는 일들이 예배 참석하기 전에 이루어질 것을 권고하는 것이 다수를 이루고 있지만 사실 예배의 의식 행위를 통해서도 가능하다. 개혁주의 전통의 예배 의식에서는 이 부분을 '참회의 기도'와 '사죄의 선언'이라는 형식으로 표현하고자 했다. 시편 34편 18절에서 "여호와는 마음이 상한 자에게 가까이 하시고 중심에 통회하는 자를 구원하시느니라(참고, 시편 51:17)."는 말씀을 생각하면 모든 인간은 죄인이기 때문에 하나님 앞에 나서기 위해 참회를 하고 죄 용서를 받는 것이 당연한 일이다. 그런데 성도들의 삶이 어찌해서 참회할 일뿐이겠는가! 삶의 기쁨을 나누며 감사할 일은 없는가? 참회만을 강조하는 것으로부터 필자는 예배를 삶으로부터 분리해내려는 의도가 담겨져 있지 않은가 생각한다. 죄로 물든 삶으로부터 거룩한 곳으로 나아간다는 의미를 담고 있기 때문이다. 때로는 상처받은 마음을 부둥켜안고 위로를 구할 수도 있고, 이웃의 고통과 고난을 함께 느끼면서 그들의 구원을 위한 간절함으로 시작할 수도 있다. 찬송으로 예배를 준비하는 것도 좋겠지만, 예배 전에 갖는 묵상도 예배를 도울 수 있다. 묵상의 결과들이 예배로의 부름에서 공동체가 이해할 수 있는 언어로 표현된다면 공감적 참여도는 더욱 높아진다. 이러한 대표성을 띤 행위는 성도들에 대한 지속적인 관심과 하나님의 말씀에 대한 깊은 통찰려을 가지고 있을 때 기능한 일이지만, 성실한 예배 준비작업(기도와 말씀 묵상, 그리고 성도들과의 목회상담적 대화)을 통해서도 얻어질 수 있다.

2) 소망 안에서 새로운 삶을 기대하게 할 이유가 있다

기독교는 새로운 삶을 지향한다. 문명화된 삶이 아니라 깨어 있는 삶, 성숙한 삶을 말한다. 자신의 삶을 현재에만 제한시키지 않고, 하나님에 대한 강렬한 체험만을 지향하지도 않는다. 미래에 분명하게

나타날 모습에 큰 기대를 갖는다. 소망 가운데 새로운 것을 바라보며 기쁨을 느낀다. 믿음의 본질 역시 장차 오실 그리스도와 그에 의해서 새롭게 빚어질 모습과 상관하고 있다. 따라서 성도들의 관심은 자연스럽게 이 부분에 집중한다. 예배를 통해 새로운 삶의 모습을 기대할 수 있게 되고 또 새로운 삶에 대한 용기를 얻게 된다면 성도들은 예배의 전 과정에 자신이 참여하고 있다는 느낌을 갖는다.

필자는 생동감이 넘치고 감동적인 예배들로부터 공통적인 요소를 몇 가지 발견한다. 그 중에 하나는 '예배로의 부름' 시간에 인도자가 예배 참석자들에게 하나님의 기대를 전해줌으로써 예배를 통해 자신의 새로운 모습과 비전을 보도록 하는 것이다. 그럼으로써 성도들의 집중력을 높여줄 수 있다. 대개는 예배가 일정한 주제의식에 따라 구성되어 있어서 찬송, 성시교독, 성가대의 찬양, 공 기도 및 말씀이 일관되고 통일된 모습을 갖는다. 예배가 이렇게 시작되고 진행될 때 이미 예배로의 부름을 통해 갖게 된 성도들의 기대는 예배가 진행되면서 지속적으로 성장해 나간다. 예배의 주제는 하나님의 행위를 지시해 주고 또 성도들의 일상적 삶을 비춰준다. 따라서 주제가 있는 예배를 통해 성도들의 삶, 관심, 그리고 비전은 긴장과 이완의 과정을 겪는다. 특히 말씀을 통해서 선포되는 하나님의 행위와 말씀, 그리고 그의 뜻은 그것을 듣는 자들로 하여금 소망을 갖게 하고 그 소망에 대한 확실한 이유를 얻게 한다. 마지막 축도를 통해서 기독교인으로서의 삶의 용기를 다질 수 있다.

일정한 주제를 갖지 않는 예배는 없다. 그러나 현실적으로 보면 주제에 따라 일관성을 갖고 구성된 예배를 만나보기가 쉽지 않다. 교회력에 따라 구성되는 서구의 예배와는 달리 한국 교회에서는 특별한 절기에서나 만나볼 수 있고, 대개는 설교주제와 관련해서 결정되는

것이 대부분이다. 그것도 찬송은 주제에 맞추어져서 선택되지만 성
가대의 찬양이나 공 기도는 많은 경우에 있어서 주제와 무관하게 이
루어진다. 특별히 성가대의 찬양은 찬양에 필요한 연습시간 때문에
주제를 맞추기가 쉽지 않은 것이 사실이다. 그러나 잘 준비된 예배
의 경우에는 설교본문과 예배의 주제가 미리 결정되고, 성가 지휘자
는 곡뿐만 아니라 가사에 대한 연구를 통해 주제에 맞는 곡을 선별한
다. 찬송은 예배 참석자 모두가 함께 드리는 기도이며 고백의 행위다.
찬송가를 1절부터 마지막 절까지 부르는 것이 관행이지만, 예배의 주
제를 부각시켜 주는 절만을 선택하는 것도 의미가 있다. 시간에 쫓겨
예배진행을 서두르는 잘못을 미리 방지할 수도 있다. 사도 바울이 권
했던 화답하는 찬송(엡 5:19)이 중세시대에는 성가대의 독점물이었고,
회중들의 적극적인 예배참석이 가능해진 것은 종교개혁 이후였다.
성가대와 회중, 혹은 인도자와 회중 사이에 화답하는 찬송이(성시교독
이외에) 한국 교회에 도입된다면 신선함을 줄 수 있을 것으로 기대된
다. 사실 한국 교회의 예배에는 찬송을 부르는 것 이외에는(통성 기도
중에 반주를 넣는 것도 있지만) 어떤 의식에서도 리듬을 사용하지 않는
다. 예배 의식에 리듬을 사용하고 있는 가톨릭의 미사나 루터교의 예
배에 참석해 본 성도들은 그리힌 의식에 감동을 받느나는 말을 전해
준다.

3) 예배준비와 예배순서에 평신도를 참여시켜라

예배의 주제가 어떻게 선택되고 결정되든 그것은 예배를 구성하고
준비하는 자들의 결정에 맡겨지겠지만, 중요한 것은 모든 순서들을
주제에 집중시키는 것이다. 이를 위해서는 성가대 지휘자, 공 기도 담
당자, 설교자 등으로 구성된 '예배위원회'와 같은 것이 구성되어 있

어서 최소한 한 주전부터 일정한 주제에 따른 예배를 준비하게 하는 것이 바람직하다. 예배가 제도화되면서부터 평신도들은 예배과정에 서 수동적이 되었고 대신 교역자가 주도하는 예배로 바뀌게 되었다. 그러나 사도 바울은 평신도들의 예배참여는 은사에 따라 이루어지되 덕을 세우는 것을 목적으로 삼으라고 권했다(고전 14:26). 예배에의 관 심을 높이기 위해 평신도의 능동적인 참여를 유도하는 것은 예배학 에서 해결해야 할 중요한 과제다.

예컨대 공 기도나 성경봉독이 언제나 당회원들에 의해서만 이루어 져야 한다는 것은 성경적인 혹은 신학적인 근거를 갖고 있지는 않다. 실제적인 경험상 그것이 바람직하다고 생각되기 때문에 생긴 관례 일 뿐이다. 당회원들이 주일예배에서 대표 기도자나 성경 봉독자로 선임되는 것은 대체로 교회 사정과 형편에 밝다는 것을 전제로 한다. 평신도들에게 성경을 봉독할 기회를 줌으로써 성경에 대한 인식을 바꿀 뿐만 아니라 예배에 대한 관심을 높일 수도 있다. 특히 공 기도 에서는 교회의 형편뿐 아니라 평신도들의 삶으로부터 우러나오는 내 용도 포함되어야 한다. 그런데 많은 경우에 있어서 개인적인 기대가 공 기도 속에 반영되기도 하지만, 더욱 안타까운 것은 성도들의 실존 적인 측면에서 아무런 관심도 불러일으키지 못하는 기도가 드려지는 것이다. 개인기도 수준의 공 기도가 적지 않다. 뿐만 아니라 오직 교 회의 필요에 대해서만 기도되고 있을 뿐 교회 밖의 일에 대해서는 침 묵하는 경우가 대부분이다. 다른 교회들을 위한 기도는 손가락으로 꼽을 정도다. 문화나 기질적인 측면을 생각해 본다면 쉽게 비교될 성 질의 것은 아니지만 독일의 교회들은 주변 교회들과 세계 교회들을 위한 기도를 거의 매주일 드린다. 독일 교회의 공 기도에서는 자신의 교회를 위해서보다는 다른 교회들을 위해서, 그리고 이웃과 고통 받는 자들을 위해서 드려지는 기도를 들을 수 있었다. 특히 아시아 내의 고통 받는 여성들을 위한 기도나, 아시아의 민주적인 정치의 정착을 위한 기도를 할 때는 조국을 생각하며 눈시울을 적신 적도 있었다. 이런 경험이 다음 예배에 대한 기대와 관심을 높여 주리라는 것은 두말할 여지가 없을 것이다. 한국 교회도 이제는 서로의 벽을 허물고 서로에 대해 기도해 주는 자세가 필요하다.

진정 하나님께 드려지는 예배 안에서는 경쟁관계를 넘어서 상생을 위한 노력이 나타난다. 중요한 것은 공 기도의 내용을 위해 미리 교회 사정을 잘 아는 사람(대부분은 목회자들이겠지만)들로부터 자문을 구해 예배에 참석하는 사람들이 진심으로 함께 드릴 수 있는 기도가 되도록 해야 하는 것이다.

4. 예배는 신학의 시금석

신학은 예배에서 시작하고 예배 안에서 안식을 얻는다. 예배는 하나님에 대한 고백이 실행되는 곳이기 때문이다. 신학이 하나님에 대한 고백을 대상으로 삼는 한에 있어서 신학은 예배로부터 출발한다. 예배는 하나님을 고백히고 또 그를 소망하며 고백하기를 배우는 현장이기 때문이다. 예배가 기존의 신학적 정통성을 확인하려는 작업으로 이루어지는 것만큼 지루한 것은 없다. 예배는 본질적으로 열려져 있는 것이기 때문이다.[1] 다른 생각을 가진 신학자나 과거에 분열되었던 교파들이 한 자리에 만나 토론하기는 어려워도, 예배 안에서

---

1 다음의 글을 참조하라. "예배의 본질로서 '열려 있음'의 신학적 근거", 『기독교사상 논단 2』, 서울: 대한기독교서회, 2001, 223-254.

는 함께 만나 한 분 하나님을 고백할 수 있다. 기독교인은 예배 안에서 하나가 되며 또 새로운 것들과 만나게 된다. 비록 많은 기독교인이 서로 다른 삶의 상황 속에서 서로 다른 모양으로 경험한 하나님 인식을 가지고 온다 해도 예배 안에서 새로운 하나님의 행위를 배울 수 있고 경험할 수 있게 된다. 만일 이 일이 일어나지 않고 또한 서로 다름에 대한 관용의 태도가 없다면 다른 사회보다도 갈등이 더욱 자주 일어날 수 있는 곳이 교회이다.

그러나 삶을 돌아보며 지금과는 다른 하나님을 경험하면서 흥분하고, 새로운 삶을 기대하면서 새로운 역사를 일으키실 하나님을 기대한다면, 성도들은 예배 안에서 새로운 경험을 얻을 수 있다. 교계와 학계에서 회자하는 '위기'는 오늘날의 예배에서 그러한 일이 일어나지 않기 때문은 아닌가? 교의적인 진술들은 처음부터 신학적 사고를 통해 얻은 것이 아니다. 신학적 사고에 대한 동기는 예배 안에서 고백되는 내용과 삶의 문제와 관련된 이단적 움직임들을 통해서 얻어졌고, 그것의 정당성은 합리적인 사고를 통해서 논의되고 설명되었고 체계화되었다. 이것이 신학함(doing-theology)이었고 이러한 신학함의 결과로서 교리가 정리된 것이었다.

예컨대 초대 기독교의 예배는 처음부터 삼위일체적인 구조를 갖추고 있었다. 성도들은 예배를 하나님을 경배하는 것으로 이해했고, 이를 가능하게 하신 분은 중보자 되신 예수 그리스도요, 하나님의 임재를 나타내고 교회로 하여금 하나님에 대한 경배를 돕는 존재로 성령을 고백하였다. 이러한 삼위일체적인 구조와 유일신 하나님에 대한 믿음과 관련해서 삼위일체 논쟁이 나타난 것이었다.

사정이 이와 같다면 예배의 위기로부터 신학의 위기를 엿볼 수 있다. 이는 예배 안에 새로운 것이 없다는 것이고, 신학은 더 이상 할 일이 없다는 말과 같다. 예배는 신학의 시금석이기도 한 것이다. 이 말은 신앙에 대해서 말한 것과 마찬가지로 잘못된 신학은 잘못된 예배로 이어지고, 잘못된 예배는 잘못된 신학을 반영한다는 것이다. 사도 이후 시대의 교회가 예전의 확립을 위해 노력한 것도 이단적인 신학에 근거한 예배에 대한 반응이었다. 예배의 토착화를 말하면서 서구 문화 지향의 신학을 비판하게 되는 것도 바로 이러한 이유이다. 한국 교회에서 회자하는 '예배의 위기'는 한국 신학의 문제를 지적하는 현상으로도 이해할 수 있다. 하나님의 새롭게 역사하시는 행위를 인식할 만한 안목을 신학이 열어주지 못할 때 예배는 식상해질 수 있기 때문이다. 성도들의 삶, 그들의 현실문제가 예배 안에서 수렴되지 않는 것은 현실에 대한 신학적 이해를 제시해 주지 못하기 때문일 수도 있다. 현실 경험과 무관한 신학, 연역적 구조의 신학, 새로운 것을 열어 주기보다는 기존의 것들에 고착된 사고, 비판적인 사고보다는 어떤 입장에 서 있음을 자부하는 사고 등은 '예배의 위기'와 전혀 무관하지 않다. 신학은 예배로부터 사유의 대상을 얻기 때문이다.

또한 신학은 예배에서 안식을 얻는다. 서로 다르고 때로는 갈등을 일으키는 수많은 의견들로부터 신학자들이 할 수 있는 일이 무엇이겠는가? 과거에는 편협한 사고로 인해 갈등을 극복하지 못하고 결국에는 교회의 분열로 이어졌지만, 오늘날 그것이 옳은 결정이었다고 생각하는 사람들은 그렇게 많지 않다.

사도 바울이 고린도 교회에 보내는 편지에서 말한 것과 같이 지금 우리가 아는 것은 단지 부분적이고 거울을 보는 것과 같이 희미한 것일 뿐이다(고전 13:12). 그렇다면 마땅히 그날을 기다려야 할 것이다. 온전함이 나타날 때까지 서로를 인정하며 대화하면서 설령 갈등관계 속에 있다 해도 주 안에서 이미 하나 되게 하신 하나님을 고백하는 것이 마땅하다. 신학함에 있어서 편협하고 성급한 판단은 지양되어야 한다. 심지어 교종마저도 종교개혁 시대에 행했던 당시의 비관용적인 결정과 태도에 대해 사과하지 않았던가!

어거스틴의 참회록 안에는 그의 신학의 핵심이 담겨져 있다. 그런데 그의 참회록은 기도로 시작하며 기도로 마치고 있다. 이해를 추구하는 신앙을 신학의 과제로 삼았던 안젤름도 마찬가지였다. 신학은 모든 것 되시는 하나님을 고백할 때 서로의 다름에 대해 인내할 수 있다. 예배는 신학의 다양한 목소리를 고백의 형태로, 혹은 기도의 형태로, 혹은 소망의 형태로 수용함으로써 서로에 대해 관용할 수 있게 하는 장이다. 그러므로 초대교회 안에서 볼 수 있었던 예배의 종말론적 구조를 다시금 회복할 필요가 있다. 그것은 단지 시대적인 상황에 (임박한 재림에 대한 기대)만 제한되지 않는 것이다.

5. 예배의 위기는 신앙과 신학의 위기

위기현상은 붕괴직전의 표시일 뿐이지 붕괴 그 자체는 아니다. 우리 민족 모두가 걸어왔던 경제위기는 경제활동이 멈추었다기보다는 그 직전의 단계에 이르렀다는 말이었다. 모라토리움의 상태라면 붕괴상황이라고 볼 수 있다. 그러나 우리는 IMF(국제 통화 기금)의 도움과 구조조정이라는 각고의 노력을 통해서 위기상황을 모면할 수 있었다. 마찬가지로 '위기'를 느끼는 사람들은 그것이 누구로부터 비롯되었느냐에 대해 왈가왈부할 것이 아니라 힘을 합쳐 극복을 위해 노력할 필요가 있다. 문제는 방향이다. 어떤 방향으로 극복의 노력이 기울여져야 하느냐 하는 것이다.

최근에 서점가에서 기독교를 비판하는 글들이 많은 것은 기독교인들의 삶에 문제가 많다는 사실을 말해 준다. 필자는 이러한 비판을 하나님의 음성으로 듣는다. 원래 선지자가 아닌 자들이라도 하나님의 음성을 전한 예가 구약에서 없지 않기 때문이다. 심지어는 이스라엘 백성들이 원수로 생각하는 이방족속의 왕을 통해서도 하나님의 음성은 들려졌다. 그렇다고 한다면 기독교 비판의 소리를 무심코 흘려버리거나 불신자들의 음성이기 때문에 무시하면서 완고한 마음을 가질 것이 아니라, 그것이 기독교 현실의 일부를 반영해 주는 것이라면 겸허하게 받아들여 스스로를 돌아볼 기회로 삼을 수 있어야 한다.

예배는 그 비판을 충분히 수렴할 수 있다. 예배의 질이 교회의 규모나 교인들의 수에 좌우될 수는 없다. 신앙과 신학의 영역에서 나타나는 여러 징후들이 말해 주듯이, 하나님 임재에 대한 확실한 경험과 기대가 없어지고 진리가 바르게 선포되지 못하게 되는 것이 위기의 본질적 부분이다. 하나님 임재에 대한 경험이나 진리 선포를 위해 인간으로서 할 일은 사실 없다. 그것은 성령의 주체적인 사건이기 때문이다. 그러나 하나님의 약속, 곧 그가 우리와 함께하심을 믿는다면 이제 우리는 삶과 신학을 돌아보아야 한다. 약속을 믿는 신앙에 비추어 볼 때 '예배의 위기'란, 신앙적 삶 속에서, 그리고 신학 안에서 하나님 임재가 확인되지 못하고 또 진리의 형태로 바르게 표현되지 못하고 있다는 것을 말하기 때문이다. 따라서 지금은 성령의 사역을 분명하게 인식하고 그것이 진리로 나타남을 기도할 때이다.

예배는 신앙과 신학의 시금석이다. 영과 진리의 두 축으로 구성되기 때문이다. 예배의 위기가 교계와 학계, 그리고 신앙의 삶 속에서 자주 회자된다고 한다면, 그것은 혹시 한국의 신앙과 신학이 붕괴 직전의 모습을 반영해 주는 것은 아닐까?

글을 마감하면서 2002 월드컵 경기에서 한국팀을 이끈 히딩크 감독이 우리 국민에게 일깨워 준 교훈을 되새겨 보고 싶다. 축구의 기초에 대한 그의 강조는 축구의 승리에 목마른 사람들로부터 많은 비판을 받았지만, 결국 그의 방법과 전술이 옳았다는 것이 월드컵 경기에서 입증되었다. 축구 경기는 선수들의 기량이 평가되는 곳이지 결코 담금질하는 곳은 아니다. 승리의 영광 이전에 담금질의 과정이 선행되어야 한다. 경기 자체는 선수들의 기량들을 확인하고 새롭게 담금질할 자료를 제공해 준다. 이처럼 예배는 한국 신학과 신앙의 시금석이다. '예배의 위기' 현상은 지금이 한국의 신앙과 신학의 기초를 든든히 다져야 할 때임을 가리킨다. 이것은 예전의 갱신보다 선행되어야 하는 작업이다. 그래야 신앙과 신학이 올바르게 자리매김 되는 예배가 다시 살아나게 될 것이다. 다시 살아난다 함은 삶 속에서, 예배 안에서 하나님의 임재를 경험하고, 그를 기대하며 찬양할 수 있게 되고 그의 말씀을 듣고 삶을 변화시킬 수 있는 능력을 얻게 됨을 의미한다.

|제2장|

주일예배, 신앙의 잣대 될 수 없다
- 주일예배는 목회자의 영성과 자질이 드러나는 시간

예배를 생각하면서 다소 부정적인 의문으로 시작해보자. 주일예배 출석을 성도들의 신앙을 평가하는 잣대로 삼는 관행은 정당한가? 이 질문에 대답하는 방향으로 글을 전개해 보겠다.

교회의 공적 예배는 의식행위다. 흔히 예전이라고 하는데, 상징과 상징행위들로 구성되어 있다. 달리 말해서, 교회의 예배는 구속사적 스토리텔링, 곧 삼위일체 하나님의 구속사적인 경륜을 이야기하고 또 응답하는 상징과 상징행위를 통해 하나님과 인간이 소통하는 과정을 재현하는 의식이다. 하나님과의 소통은 단지 정보교환의 차원이 아니라 존재의 교류가 일어나기 때문에 인간에게 변화가 일어난다. 예배는 일종의 유기체다. 겉에서 볼 때는 아무렇지 않게 보여도 안에서는 수많은 작용이 일어나는 현장이다. 따라서 참여자로서가 아니면 예배에서 무엇이 일어나고 있는지를 말하기 쉽지 않다.

예배에서 가장 크게 기대되는 것은 임재하신 하나님과 그의 은혜이며 또한 그의 영광과 은혜에 합당한 인간의 반응이다. 그리고 이런 상호관계의 결과로 나타나는 인격의 변화다. 예배에서 일어날 이 일은 비록 일상에서 다시 원위치로 되돌아간다 해도 결코 무의미하지 않다. 예배의 경험을 통해 인격의 변화가 무엇인지를 알았다는 것만으로도 언젠가 변화가 현실로 나타날 것을 기대할 수 있다. 변화가 없는 하나님 지식은 선을 알고도 행하지 않는 것이며, 야고보서 기자는 이것을 죄라고 했다(약 4:17).

인간은 변하는 것 같다가도 변하지 않는 모습을 반복하고, 그래서 그런 미지근함을 바라보는 사람은 답답하고 때로는 절망하는 심정으로 죄 용서 횟수를 묻지만, 예수님은 무한한 용서를 말씀하시며 대답하신다. 온전한 변화와 함께 거룩함이 드러나는 동안 몇 번이고 반복된다 해도 하나님의 인내를 갖고 기다리는 것이 예배와 일상의 삶을 대하는 바른 태도이다.

하나님과의 소통이 실제로 이뤄졌는지는 오직 신앙 및 삶을 통한 고백과 생각의 변화 그리고 삶의 변화로만 알 수 있고, 성도들은 다만 그런 기대감을 갖고 예배에 참석할 뿐이다. 소통에 대한 기대가 현실이 될 조건은 전적으로 하나님의 은혜에 달려 있지만, 무엇보다 먼저는 예배하는 자가 하나님의 존재를 인정하고 또 그분의 말씀과 은혜의 행위에 반응할 수 있어야 한다.

하나님이 나타나셨지만 알아보지 못하고 영접하지 못하는 일은 얼마나 많은가? 믿지 못하기 때문에, 혹은 욕망에 사로잡혀 있기 때문에, 혹은 두려움 때문에 지나치거나 피하는 경우가 얼마나 많은가?

따라서 예배에 참여하는 자는 무엇보다 먼저 믿음이 필요하고 그 후에 예배에서 사용되는 상징과 상징행위들을 숙지하여 내면화해야 한다. 예배 순서는 구속사적인 스토리텔링을 이끌어가는 매개로써 상징이기에 예배의식의 의미작용을 이해하는 일에서 절대적으로 필요하기 때문이다. 예배에서 무슨 일이 일어나는지를 아는 것은 예배의 본질과 예배의식을 얼마나 인지하고 있느냐에 따라 달라진다. 아직 믿음이 성숙하지 않은 성도일수록 예배의식에 대한 교육은 필요하다. 이것에 관해서는 앞장에서 언급했지만 다음에 이어지는 "예배와 하나님 인식"에서 상세하게 다뤄질 것이다.

하박국 선지자는 2장 20절에서 "오직 여호와는 그 성전에 계시니 온 땅은 그 앞에서 잠잠할지니라."고 선포했다. 성전을 교회와 직접적으로 연결할 수 없다면, 여기서 성전은 예배하는 현장으로 이해될 수 있다. 다시 말해서 오직 여호와는 예배 가운데 참 하나님으로 높임을 받으신다.

이처럼 예배는 하나님의 현존을 전제하지만, 정작 예배에서 어떤 일이 일어나는지 혹은 예배에 참여하면서 무엇을 기대해도 되는지를 말할 수 있는 성도는 얼마나 될까? 상징을 매개로 이뤄지는 일이기 때문에 예배하는 성도로서 마땅히 상징의 의미와 기독교 상징들이 어떻게 의미작용을 일으키는지에 관해 숙지해야 하지만, 안타깝게도 교회 교육 과정에서 간과되고 있다. 예배를 위한 교육이 없지 않으나 주로 예배자의 자세 및 예배의 신학적인 의미만을 강조할 뿐이다.

예컨대, 예배가 이런 것이니, 예배하는 자는 마땅히 이런저런 자세를 갖춰야 한다는 식이다. 예배의 신학은 예배자의 윤리로 곧잘 탈바꿈한다. 교회가 광장의 역할을 했던 때나 한 방향 소통으로 충분했던 시기에는 충분히 가능했겠지만, 양방향을 넘어 다채널 양방향 소통이 이뤄지는 현대에는 더 이상 적합하지 않다.

성도들은 예배에 참여하면서 진행되는 순서를 따라갈 뿐, 각각의 순서가 갖는 의미를 잘 모르기 때문에 자신에게 가장 관심이 가는 순서만을 중시하는 오류를 범한다. 설교만을 중시하거나 혹은 찬양만을 중시하는 해프닝이 생긴다. 궁극적으로는 예배에 관한 교육의 부재가 가장 큰 문제이고, 이것을 간과한 교회교육은 예배경험의 부재를 부추긴다. 교회는 앞으로 새로운 시대에 걸 맞는 예배교육을 개발해야 할 것이며, 또한 교육의 책임을 지고 있는 교역자의 신학적인 능력을 향상하도록 해야 한다.

예배 의식과 관련해서 예배 순서가 갖는 의미작용과 예배 안에 함의된 신학적인 주제들 그리고 그것의 의미를 자세히 살펴보아야 하겠지만, 지면 관계상 이곳에서는 간단하게만 언급하고 다음에 순서별로 살펴보겠다.

한국 교회는 교단이 있어도 과하다 싶을 정도의 개교회주의 때문에 교회마다 다른 예배 의식을 갖고 있다. 예전을 통해 교회의 성격을 파악하는 것은 막스 베버(Max Weber, 1864-1920)가 실천한 종교사회학적 연구 방법 중 하나인데, 한국 교회 상황에서는 그런 방식의 연구가 가능하지 않다. 교회별로 다르고 또 많은 것들이 혼합되어 있기 때문이다. 따라서 필자는 이곳에서 가능한 한 많은 교회들이 실천하고 있는 예배의식들 중에서 공통적이라 여겨지는 순서들만을 다루겠다.

그중에 대표적인 것으로 예배로의 부름, 송영, 참회의 기도, 사도신경, 교독문, 기도 인도(대표기도), 찬양, 설교, 성례(성찬 및 세례), 헌금, 광고, 축도 등이 있다. 현상적으로 볼 때 주일예배는 주일 오후 혹은 저녁 예배 및 다른 날의 예배와 확연히 구분되는데, 주일예배 이외의 예배는 대체로 약식의 형태를 갖추고 있다. 예배신학적인 특별한 이유가 있기 때문은 아니다. 다만 한국 교회가 다른 예배에 비해 주일

오전예배를 얼마나 중시하고 있는지를 잘 보여 주는 현상이다. 같은 예배임에도 불구하고 주일오전예배가 주일 오후예배, 수요예배(혹은 수요기도회), 금요기도회, 구역예배, 새벽기도회 등에 비해 훨씬 중시되는 것 같은 인상을 불러일으키는 이런 현상을 어떻게 설명할 수 있을까. 예전이 아닌 말씀 중심의 예배에 치중한 결과는 아닐까?

1. 왜 주일오전예배를 특별하게 생각할까?

기독교에서 일요일(주일) 오전예배를 특별히 여기는 이유를 생각해 보자. 기독교가 다른 날에 비해 일요일을 특별하게 여기는 이유는 무엇보다 안식일 계명과 관련이 있다. 비록 구약의 안식일 규정을 더 이상 지키지 않는다 해도 안식일 정신을 유지하는 일을 당연하게 여기기 때문이다.

사도들과 성도들이 일요일에 모인 까닭이 유대교와 차별화를 선언하기 위한 것이라는 증거는 없고, 다만 그렇게 추정될 뿐이다. 오랫동안 유대교 전통에 익숙해 있던 제자들이 안식일 규정을 지키지 않았다는 사실 자체가 당시로서는 매우 충격적인 사건이었다. 그래서 차별화를 생가하는 사람들이 있는 것 같다. 그러나 예수의 제자들은 예수를 주 혹은 그리스도 혹은 하나님의 아들이라 고백함으로써 유대인들에게는 첫 번째 계명을 위반한다는 비난을 받았다. 예수를 믿는 신앙 때문에 유대 공동체로부터 배척당할 수밖에 없는 상황이었다. 그러니 제자들은 굳이 일요일 모임으로 유대교와 차별화할 필요가 없었다. 왜냐하면 그들 역시 안식일을 중요하게 여겼기 때문이다. 따라서 필자는 이미 신앙 때문에 이뤄진 차별화가 현실적인 필요에 따라 일요일에 모이면서 이것이 '주일' 전통으로 굳어졌다고 본다.

2. 주일예배는 종말론적인 성격을 갖는다

일요일 모임의 필요성은 다른 맥락에서 생각해 보아야 한다. 곧, 일요일이 당시 로마인들에게 태양신 제사를 위해 유일하게 쉬는 날이기도 했지만, 예수님이 부활하신 날이기도 해서 성도들은 부활을 기념할 뿐 아니라 재림을 기대하며 이날에 모여 복음을 소통하고 성찬을 거행하였다. 사도들과 성도들이 정해진 시간과 장소에 모여 복음을 소통하고 기도하며 성찬을 거행하였다는 사실은, 더 이상 회당에서의 모임이 어려웠기 때문에 다른 장소를 필요로 했으며 또 그들이 그만큼 정기적인 모임 자체를 필요로 했다는 것을 증거한다(참고: 히 10:25). 대부분 가정에서 모였지만, 박해를 받는 동안에도 성도들은 지하로 들어가 교회의 모임과 신앙행위를 계속 이어나갔다.

주일 모임을 불필요하게 여기며 교회를 비판하는 사람들의 말처럼, 초대교회 성도들이 다만 일상의 삶만 중요하게 생각했다면, 박해 중에 위험을 감수하면서까지 모일 이유는 없었을 것이다. 어떤 이유에서든 그들은 공동체의 모임을 필요로 했고, 이를 위해 위험을 감수하면서까지 모이기를 힘썼다. 모이는 일과 복음을 듣는 일 그리고 복음에 대한 설명과 구약에 대한 기독론적인 이해 그리고 신앙인의 삶을 위한 권고를 듣는 일은 중요했다. 예수의 부활을 기념하기 위해 모이는 행위는 임박한 재림에 대한 기대감으로 더욱 큰 동력을 얻었다. 이것은 장차 있을 성도들의 부활에 대한 기대로 이어졌고, 결국 '주의 날'은 종말론적으로 확장되어 이해되었다.

이것은 주일예배의 기독론적이고 종말론적인 성격을 갖도록 하는 데에 크게 기여한다. 특히 주일예배의 종말론적인 성격은 로마의 공인과 함께 급격하게 사라졌고, 오늘날의 예배에서는 거의 찾아볼 수 없을 정도다. 또한 이렇게 되면서 기독론적인 성격마저 희미해졌고, 다만 인간의 의식행위만 두드러졌다. 주일예배의 종말론적인 이해는 단지 마지막 날에 대한 기대만이 아니라 일상의 경험을 반영한다. 이 점을 좀 더 언급하고 넘어가자.

유럽 기독교 문화는 비교적 최근까지도 7일의 순환과정에서 매주 금요일을 마음가짐에서부터 음식(생선을 먹었다)에 이르기까지 다른 날과 구별하였는데, 왜냐하면 예수님의 십자가를 묵상하며 보내는 날이었기 때문이다. 그러니까 매주 금요일에 예수님의 죽음을 기억하고 일요일에는 교회에 모여 부활의 기쁨을 함께 축하하면서 장차 있을 부활을 소망하였다. 죽음과 부활에 대한 생각은 특별한 절기에만 있지 않았고 성도들의 일상에서 매주 반복되었다. 과거 한국 기독교는 이런 정신을 금요 구역예배와 금요(철야)기도회를 통해 어느 정도 표현하였다고 생각한다. 그러나 지금은 퇴색되어 흔적만 남아 있는데, 이것마저 점점 사라지는 추세다.

금요일과 주일의 반복이 갖는 신앙적인 의미를 결코 간과해서는 안 된다. 요한복음 2장 19-22절의 말씀에 따르면, 예수님은 당신의 육체와 성전을 동일시하셨다. 사도 바울은 에베소 교회에 보내는 편지에서 "교회는 그의 몸(1:23)"이라고 보고, 고린도전서 6장 19절에서는 성도의 몸을 "성령의 전"이라고 말한다. 이처럼 구약의 성전과 현대의 교회가 비록 동일하지 않아도 유비적인 관계에서 이해할 수 있다면, 성전과 교회는 예수 그리스도의 몸이며 또한 그리스도를 믿음으로 말미암아 하나님께서 주신 성령이 거하시는 전, 곧 성전이다. 비일(Gregory K. Beale)은 『성전신학』(새물결플러스, 2014)에서 성전전통의 맥락에서 교회를 이해했다.

이것을 다시금 예수 그리스도의 수난과 죽음 그리고 부활의 맥락에서 이해한다면, 오늘 기독교인과 교회가 어떤 일상을 살아야 하는 지, 주일의 의미가 무엇인지가 분명해진다. 다시 말해서 예수께서 금 요일에 돌아가시고 사흘 후에 부활하셨다는 사실은 단지 역사적인 일회적 사건으로만 그치지 않는다. 그리스도의 삶과 말씀은 그를 구 세주로 믿고 제자로 따르는 사람들에게는 하나의 규범으로 작용한 다. 왜냐하면 하나님의 형상으로서 사셨던 예수 그리스도를 따르며 예수의 형상으로서 예수 그리스도를 세상 가운데 나타내기를 결단한 사람이 기독교인이기 때문이다. 그러므로 예수 그리스도의 고난과 죽으심 그리고 부활은 그분의 몸으로서 성전 곧 성도와 교회 역시 고 난과 죽음을 경험하는 일상을 살 수밖에 없음을 시사한다.

기독교인의 일상은 원칙적으로 하나님의 말씀에 순종하는 삶이기 때문에, 세상이 쉽게 인정할 수 없고 심지어는 오해와 편견, 심하면 박해까지 받는 삶이다. 결과적으로 기독교인은 일상에서 신앙 때문 에 받는 최악의 상황을 예상하되 결코 고난을 피하지 않는 삶을 살게 된다. 이런 삶이 금요일까지 이어지면서 절정을 이루면, 그 후 주일까 지는 침묵의 시간이 이어진다. 하나님에게 고통을 호소하면서 하나 님의 구원을 기도할 수밖에 없다. 낮아지고 고난 받는 상태에서 주일 의 영광을 준비하는 시간이다. 하나님은 죽음의 권세에서 예수를 일 으켜 주셨듯이, 우리를 다시금 일으켜 세워 주신다. 반복되는 일상에 서 수난의 금요일을 거쳐 온 성도들은 주일예배에서 새로운 창조를 경험한다. 곧 성도들은 금요일을 지나 주일예배에 참여하면서 예수 그리스도의 고난과 죽음에 동참하고 또 새로운 생명으로 거듭나는 것을 예배의 의식을 통해 경험한다.

교회는 예배 중에 주님의 죽으심과 부활을 환기하는 일을 반복한 다. 성찬예식을 통해서 뿐만 아니라 죄의 회개와 기도 그리고 말씀

선포를 통해서 그리한다. 그래서 서두에 예배는 구속사적인 스토리 텔링을 의식을 통해 재현한다고 말한 것이다. 그럼으로써 예배자로 하여금 일주일의 삶이 어떠했는지를 스스로 돌아보게 한다. 은혜와 고난이 없는 삶이었다면, 예배를 계기로 다시금 자신의 삶을 돌아볼 수 있는 기회를 주고, 그 후에 부활의 영광을 소망하면서 기쁨과 감사로 예배하는 것이 마땅하다. 초대 교회는 성찬을 거행함으로써 주의 죽으심과 부활 그리고 다시 오심을 증거했지만, 오늘날처럼 간헐적으로 행하는 상황에서는 '예배로의 부름'을 통해 혹은 '설교'를 통해 혹은 주제가 있는 '찬양'을 통해 예배 참여자들이 분명하게 상기할 수 있도록 해야 한다.

물론 기독교인의 일상에서 고난만 있는 것은 아니다. 기도가 응답되고 은혜를 경험함으로써 기쁨과 감사가 넘치는 삶을 산다. 그러나 사람들과 더불어 살며, 나누어 살며, 혼자 차지하기보다는 내어 놓고 공유하는 삶을 진지하게 받아들인다면, 혼자 행복한 경험을 했다고 감사와 기쁨에 빠지는 일은 가능하지 않다. 주일예배에는 성도의 기쁨과 감사와 은혜를 표현하는 시간이 있지만, 이것들을 기쁨으로 축하하며 또한 함께 공유하는 의식과 실천이 있어야 한다. 비판의 시대를 극복하기 위해선 예배의 기독론적이고 종말론적인 성격을 회복해야 한다.

3. 주일예배와 다른 날의 예배는 왜 다른가?

유독 한국 교회에서만 볼 수 있는 주일 저녁(오후) 찬양예배의 유래는 선교사들이 제정했다는 사실 이외에 더 이상 확인할 수 있는 정보가 없다. 개인적인 생각으로 말한다면, 과거 화란의 개혁주의 전통의 교회들이 주일 오전과 오후, 두 번을 예배로 모였다는 점에 비추어 볼 때, 경건주의 전통의 선교사들이 안식일의 하루를 마무리하면서 일정한 의식을 거행하는 유대교 전통에 착안해서 만든 것은 아닌지 싶다. 곧, 안식일 처음과 마지막 시간에 일정한 의식을 거행했던 유대교 전통을 본받아 주일 아침과 저녁에 예배하는 시간을 만든 것 같다.

여하튼 주일 오전예배에 강조점을 두는 이유는 안식일 전통에서 유래한다고 말할 수 있다. 오늘날 이것이 계속 유지되어야 하는지와 관련해서 논란이 없지는 않다. 농사하는 사람들의 삶의 리듬에 맞춰 정해진 11시 예배를 고집하는 전통에 대해서도 조금씩 의문을 갖기 시작했다. 더 이상 안식일을 지키지 않을 뿐 아니라 의미적으로나 태도에 있어서 더 이상 유대교의 안식일과 비교할 수 없는 개신교 주일예배 전통을 고수해야만 할까? 주5일 근무제에 맞게 토요일 예배를 만들어서 성도들에게 편의를 제공하는 교회도 있는 현실에서 주일예배를 고수하는 것은 시대에 맞지 않다고 주장하는 사람들이 있다. 사실 개신교 예배전통을 고려의 범위에서 배제하면, 반드시 일요일에 예배시간이 있어야 한다는 주장은 설득력을 얻기가 어려워졌다. 오히려 현대인의 삶과 생활리듬에 맞게 정하는 것이 바람직해 보인다.

그럼에도 불구하고 일요일은 한국 사회에서 다수의 성도들에게 쉬는 날로 정해져 있다. 주5일 근무제라 해도 토요일에 쉬지 못하는 사람들이 여전히 많다. 초대교회 성도들이 일요일에 모인 까닭은 부활을 기념하기 위함도 있었지만, 무엇보다 그날이 공식적으로 쉬는 날이기 때문이었다. 따라서 원리상으로는 '주일'예배의 필연성을 주장하긴 쉽지 않아도 전통에 맞고 또 현대사회에서 가장 많은 사람들이 쉬는 날로 여기는 날이니만큼 일요일을 주일로 여기며 이날에 예배 시간을 정하는 관행에 대해 크게 문제 삼을 이유는 없을 것 같다.

문제는 주일예배 참석을 신앙을 평가하는 잣대로 여기는 관행이다. 필자는 과거 한 달에 두 번 일주일에 근무한다는 이유로 정직한 신앙을 위해 직장을 그만두라는 목회자의 충고를 듣고 용기 있게 퇴사한 한 여성을 알고 있다. 어렵게 얻은 공직을 목회자의 충고를 듣고 퇴사한 것은 좋았지만, 퇴직 후 그녀는 더 이상 원하는 직장을 구하지 못한 채 전전긍긍하다 이런저런 직장을 옮겨 다녔고, 결국 교회를 떠났다. 지금은 어떻게 되었는지 모르지만, 그렇게 충고했던 목사는 오히려 끝까지 인내하지 못하고 교회를 떠난 성도가 문제라고 말했다. 진정 겨우 스무 살 안팎의 그녀가 문제일까, 아니면 그만두라고 말하면서도 아무런 사후 대책도 마련할 생각을 하지 않은 목회자가 문제일까?

주일예배를 위해 직장도 그만 두어야 하고, 주일예배를 위해 사람들과의 관계도 포기해야 한다고 강요하는 상황은 대부분의 성도들에 의해 신앙의 진정성을 시험하는 기회로 받아들여지지만, 솔직히 성도들은 목회자들의 그런 가르침 때문에 많은 고통을 겪는다. 더군다나 요즘 같이 직장을 구하기 힘든 시기엔 특히 그렇다. 이런 상황에서 고민하는 성도들을 하나님과 세상 사이에서 결정할 수밖에 없는 갈등 상황으로 의도적으로 이끌어가는 것은 얼마나 바람직할까? 목회자들은 성도들의 상황을 교리적으로만 평가하지 말고 공감적으로 이해할 필요가 있다. 목회자는 영적 지도자이지 평가하는 자는 아니다. 그들이 어떤 현실에서 신앙생활을 하고 있는지를 다양한 방식을 통해 살펴보고 돌보아야 하지 않을까.

신앙은 공동체적인 성격을 갖는 것이라도 하나님과의 관계에서 결정해야 하는 몫은 철저히 개인에게 있다. 그리고 교회는 성도들의 갈등 상황에서 바람직한 결정을 내리도록 도와주어야 할 뿐 아니라, 개인의 결정을 존중해 주고 또 공동체로서 짐을 나눠질 수 있어야 하지 않을까 생각한다. 참석하지 않았다고 지적하기 이전에 그들이 예배할 수 있는 기회를 마련해 주는 것이 바람직할 것 같다.

주일성수를 신앙의 잣대로 삼는 것은 율법적인 사고에서 비롯한다. 영화 "불의 전차(휴 허드슨, 1981)"는 1924년 파리 올림픽 육상 부분에서 금메달을 땄던 두 선수를 중심으로 전개되는 이야기로 실화다. 그중 에릭 리델은 해롤드 아브라함과 함께 100미터 경기에 참가하였는데, 일요일에 100미터 예선경기가 치러지는 일정 때문에 3년 동안 준비한 올림픽 출전을 포기하려 했다. 포기를 결정했던 순간에 친구가 400미터 경기를 포기하고 대신 리델을 뛰게 했다. 이렇게 해서 뛰게 된 에릭 리델은 400미터 경기에서 우승하여 금메달을 획득했다. 주일성수에 대한 확고한 믿음과 율법적인 사고가 가져온 기적 같은 일이었다.

그러나 소위 주일을 거룩하게 지내야 한다는 이유로 모든 것을 포기하고 주일예배에 참석해야 한다는 주장은 현대사회에서 더 이상 받아들이기 쉽지 않다. 개인의 결정에 맡길 일이지 그것을 신앙의 기준으로 삼아 평가해서는 안 된다는 말이다. 그럼에도 주일예배 참석을 의무규정으로 정하고 개인의 신앙을 판단하는 잣대로 사용하면 이때문에 겪는 성도들의 불만은 머지않아 교회 비판으로 변하고 가나안 성도를 양산할 뿐이다. 예배 참석이 중요하긴 하나 오늘날 오직 주일예배만을 중요하게 생각하는 것이나 또 예배 참석만을 바탕으로 신앙을 평가하는 일은 없어야겠다. 본인이 원치 않게 일요일에 일을 해야 하는 상황이 해결되지 않음에도 불구하고 교회로부터 계속 판단을 받게 되면 성도들은 부담스럽게 여겨 교회를 떠나기도 한다. 이 것은 이미 현실로 나타나고 있다.

강제가 아닌 자발적인 선택이 되도록 하면 주일예배의 의미는 퇴색할까? 예배는 은혜의 시간이다. 성도들이 예배를 하나님의 은혜로 여겨 기쁨으로 참여할 결심을 하도록 동기를 부여해 주는 몫은 목회자에게 있다. 강요가 먹히는 때는 이제 지난 것 같다. 물론 주일예배가 불필요하다고 말하는 것은 아니다.

주일 오전예배만을 중시하는 경향을 좀 더 생각해 보자. 이미 한국교회에는 오후예배나 저녁예배가 있고, 수요예배 혹은 수요기도회나 금요기도회, 그리고 구역 예배도 있기 때문에 예배자의 진정성을 주일예배에서만 찾으려는 태도는 오히려 교회에 대한 불만을 야기하는 요인이 된다고 생각한다. 뿐만 아니라 이것은 목회자와 성도들이 오직 주일예배의 설교만 중시하고 다른 예배의 설교는 경시하는 풍조를 낳는다.

예컨대, 모든 예배가 동일하게 중요한 만큼 설교 역시 동일한 비중으로 준비되어야 하지 않을까? 만일 이것이 교회 사정상 혹은 설교에 대한 부담 때문에 불가능하면 예배의 횟수를 줄이든가, 아니면 다른 교역자들과 나누든가, 아니면 오늘날 잘못된 관행으로 지적받고 있는 '설교 중심의 예배'를 과감히 포기해야 한다.

만일 모든 예배에 같은 비중을 두고 주일예배에 참석하지 못한 성도들을 위한 예배를 마련한다면 그 예배의 설교는 주일예배 설교를 반복해도 무관하다. 또한 만일 모든 예배에 같은 비중을 둔다면, 목회자는 성경을 연구하고 설교를 준비하며 성도들을 돌보기에도 시간이 부족하다보니 교회정치에 참여할 시간을 갖기는 어려울 것이고, 또한 담임목사가 설교를 독차지하기보다 다른 교역자들과 설교 시간을 나누는 일은 자연스레 일어나지 않을까? 준비 없는 설교는 불필요한 말을 낳을 뿐이며, 이것은 일차적으로는 설교에 대해 그리고 더 나아가서는 예배에 대한 불신으로 이어진다. 성도들이 어떤 힘겨운 상황에서 시간을 내어 예배에 참석하고 있는지를 생각한다면, 아무 준비 없이 혹은 남의 것을 베껴서 영혼 없는 설교를 하는 일은 줄어들지 않을까? 주일예배가 신앙생활에서 중요한 의미를 갖고 있지만, 주일예배를 더 이상 성도들의 신앙을 평가하는 잣대로 삼아서는 안 될 것이다. 오늘날 가나안 성도들 사이에선 주일예배가 목회자의 영성과 자질을 폭로하는 시간으로 인지되고 있다는 사실을 잊지 말자. 최선을 다해 준비해야 할 것이다.

제3장

예배는 하나님 인식을 실천한다[1]
- 기원에서 축도까지, 예배 의식에 담긴 의미들

예전은 삼위일체 하나님의 스토리텔링(storytelling)이다. 특별히 삼위일체 하나님의 구속사적인 스토리텔링을 지향한다. 그렇다고 해서 창조-타락-구속-완성의 구조만을 의미하지 않는다. 구속사적인 스토리텔링이라 함은 우선은 예배에 주제가 있다는 말이며, 또한 예배가 삼위일체 하나님의 행위를 인지하고 또 경험할 수 있도록 구성되어 있다는 것이다. 예전적인 스토리텔링을 통해 하나님 인식을 실천하고, 하나님을 경험하며, 그리고 하나님을 새롭게 인식하는 일이 일어난다.

스토리텔링은 일반적으로 줄거리(plot), 캐릭터, 그리고 시점이 드러나도록 구성된다. 스토리텔링으로서 예배의 특징은 현장성이다. 과거에 어떻게 진행되었든 혹은 미래에 어떤 모습을 갖든 그것은 별다

---

1 이 장은 『어떻게 하면 설교를 바르게 들을 수 있을까』(이화, 2017)에서 약간의 차이를 갖고 다루어진 내용이다. 청중이 설교를 듣는 일은 예전에 참여하는 일과 깊은 연관이 있기 때문에 청중이 설교를 이해하기 위해 필요하다고 생각했다. 큰 틀에서 보면 같은 내용이지만, 앞의 책은 설교에 중점을 두고 썼고, 이 책은 예배에 초점을 두고 썼기 때문에 내용에서는 조금 다르다.

른 의미가 없다. 지금 이곳에서 일어나는 하나님의 이야기이며 또한 사건이고, 그것에 대한 반응으로서 인간의 이야기가 전개된다. 하나님의 이야기는 예배에서 각종 의식을 매개로 하나의 사건이 된다. 스토리텔링을 통해 예배는 유기체로서 면모를 갖춘다. 관찰의 대상이 아니라 참여를 통해 성도들에게 경험을 얻게 한다. 예배 밖에서 보는 것과 예배에 참여하여 직접 경험하는 것 사이에는 큰 차이가 있다.

예배자는 예배를 하나의 제사로 여겨 드리거나 보는 것이 아니라 상징행위들을 통해 하나님의 사건에 참여한다. 예배를 제사로 여기면서 "드리는 것"이 아니라 예배한다. 지정의(知情意) 통합적인 경험을 지향하면서 영적인 지각능력을 깨우고 하나님의 임재에 대해 전인격적으로 반응한다. 예배에는 특정인의 시점과 경험이 두드러지지 않고 또 그렇게 되어서도 안 된다. 왜냐하면 예배의 주체는 하나님이시기 때문이다. 인간이 감히 하나님의 시점을 말할 수는 없지만, 예배는 상징을 매개로 하나님의 시점에서 조명되고 또 구성된다. 따라서 같은 시간과 장소에 모인 성도들이 같은 하나님 앞에 서서 하나님이 행하시는 일들을 기억하고 재현하면서 그리고 그것에 전인격적으로 반응하는 시간이 예배다.

스토리텔링으로서 예배는 주제에 맞게 잘 짜인 한편의 드라마와 같다. 하나님과 인간, 인간과 인간이 소통하는 드라마다. 최근에 생태 환경에 대한 관심이 커짐으로 자연과 동물 환경도 예배를 구성하는 하나의 변수로 여겨지고 있다. 예배순서는 예배의 주제(주제는 궁극적으로 하나님의 행위를 지향한다.)와 관련해서 성도들과 소통할 수 있도록 구성될 때 성도들의 역동적인 예배참여를 유도할 수 있다. 하나님의 행위와 말씀에 공감각적으로 집중하게 하고, 하나님 이야기를 공유하는 동안 성도들이 자신을 재인식할 수 있도록 돕는다. 잘 구성된 예배는 스토리메이커로도 작용한다. 다시 말해서 스토리텔링 과정에서 소통되는 하나님의 이야기는 성도가 자신을 재인식하도록 해 줄 뿐만 아니다, 또한 타인과의 관계에서 혹은 일상에서 자신들의 이야기를 적극적으로 만들어가도록 동기를 부여한다. 이때문에 필자는 아무리 일상 예배가 중요하다 해도 교회의 공적 예배를 결코 포기할 수 없다고 본다. 의식을 통한 예배는 하나님을 섬기는 방식을 훈련할 뿐만 아니라 실제로 성도들로 하여금 하나님과 함께하는 새로운 이야기를 만들어나가도록 고무하기 때문이다. 예배는 우리가 하나님이 누구인지를 아는 것에만 머물러 있게 하지 않고, 오히려 하나님을 아는 지식을 실천하도록 한다.

이를 위해 예배는 기승전결의 구조까지는 아니라도 첫 송영과 마지막 송영에 이르기까지 하나님과 그분의 행위가 잘 드러나고 또 모든 참여자가 적절하게 반응할 수 있도록 주제에 맞게 잘 짜여 있어야 한다. 만일 아무런 리듬감도 또 생동감도 없는 예배를 경건이라는 이유로 혹은 전통이라는 이름으로 고수하려 한다면, 굳이 잘못이라고 판단할 순 없어도, 시대의 흐름에 맞지 않다고 말할 수 있다. 성도들이 예배 참석을 꺼리게 만드는 이유 중에 하나가 될 수 있다. 교회가 세상의 유행을 따라가는 것은 바람직하지 않고 또 사실 세상을 따라갈 여력도 안 되지만, 스토리텔링을 중시하는 시대에 전통이라는 이름으로 교회가 이것을 애써 무시하는 것 역시 권장할 만한 일은 아니다. 예배는 기존의 의식들을 활용하여 주제에 적합하도록 기획되어야 한다.

예배의 주제는 대개 교회력에 따라 이미 설정되어 있다. 교회력에 따르지 않는 경우, 예배의 주제는 대체로 설교의 주제에 맞춰지는데,

왜냐하면 설교의 주제는 임의로 설정하기보다(이 경우엔 주제설교가 된
다) 주로 성경 해석(본문설교)을 통해 얻어지기 때문이다. 주제는 하
나님과 그분의 행위와 관련된 개념이다. 성경본문에서 주제를 파악
하는 일은 신학적인 혹은 성경적인 주제를 숙지하고 있지 않으면 쉽
지 않은 일이다. 게다가 주제를 숙지하고 있다 해도 많은 설교자들
이 급한 시간을 쪼개어 설교를 준비하기 때문에 일정한 주제를 반영
하는 예배를 미리부터 준비하기가 쉽지 않다. 예배의 회복이 설교의
회복과 맞물려 있다는 사실은 결코 잊지 말아야 하겠다. 회중 찬양과
성가대 찬양의 주제를 통해 예배를 구성할 수도 있다. 예배의 스토리
텔링은 각각의 예배순서를 매개로 하는데, 이것의 의미를 알아야 스
토리텔링 구조를 실천할 수 있다. 이제 예배의식 각각의 의미에 대해
살펴보도록 하자.

1. 기원, 송영, 예배로의 부름

예배의 시작에는 예배 인도자를 통해 이뤄지는 '기원'이 있다. 하
나님의 임재를 바라고 또 하나님이 공동체와 함께하시길 기원하고,
찬양대의 '송영'으로 혹은 악기 반주로 하나님의 임재에 합당한 찬양
을 드린다. 기원과 다음에 이어지는 '예배로의 부름'에는 예배의 주
제, 곧 우리가 하나님의 어떤 은혜와 행위를 기억하며 예배하는지가
밝혀지고 또한 예배의 주체는 인간이 아니라 하나님임이 분명하게
드러난다.

하나님의 임재는 인간의 기도에 좌우되지 않는다. 하나님의 뜻에
달려 있다. 하나님이 원하시는 시간과 장소에 임하실 때 인간은 예배
할 수밖에 없게 된다. 하나님이나 사자들을 부지중에 만난 사람들이

어떤 태도를 보였는지를 보라. 그들은 자신의 죄 때문에 죽음의 두려움에 사로 잡혀 그 앞에 엎드렸다. 비록 하나님의 사자에게라도 예배의 태도를 보였다면, 하나님의 영광이 나타나면 어떠하겠는가. 그럼에도 불구하고 기도하는 것은 하나님의 임재를 사모하고 또 그와 더불어 일어나는 일들을 간절히 바란다는 공동체의 뜻을 밝히는 것이다. 다시 말해서 교회는 다른 무엇보다 하나님의 나라를 갈망하며 하나님의 임재를 열망하는 사람들의 모임임을 밝힌다. 하나님의 임재와 더불어 마땅히 일어나는 일이 예배이다. 예배는 하나님의 임재를 전제하기 때문에 천국의 잔치를 상징적으로 재현한다. 우리가 예배하는 하나님은 당신의 임재를 바라는 사람들의 기도를 들으시는 분이며 또한 예배 받기에 합당하신 하나님이시다. "하나님께 나아가는 자는 반드시 그가 계신 것(히 11:6)"을 믿어야 한다.

하나님의 임재에 합당한 반응으로 우선적인 것은 송영이다. 송영은 영광송이며 예배 시작에 있는 송영은 일종의 맞이하는 노래라고 보면 되겠다. 단지 예배의 시작을 알리는 순서로만 여겨질 수 없을 정도로 깊은 의미를 갖는다. 영이신 하나님이 공동체의 모임 가운데로 오심을 상징하며, 또한 영광으로 임하시는 하나님을 맞이하는 노래이다. 예배의 장소에 임하신 하나님과 그분의 영광에 합당한 찬양이다. 그러므로 송영과 함께 예배 인도자가 앞으로 나아가는 일은 신학적으로 대단히 문제가 있는 행위다. 예배 인도자를 맞이하는 노래로 오해할 수 있기 때문이다. 송영은 영으로 임재하시는 하나님을 맞이하는 행위를 상징한다. 그리고 하나님이 임재하심으로써 예배가 하나님의 충만한 때임을 알린다. 하나님은 존귀와 위엄 때문에 찬양 받기에 합당하신 분이시기 때문이다.

또한 이 의식은 일상에서 이뤄지는 하나님 경험의 본질적인 측면을 암시한다. 곧 우리가 하나님을 불러들이는 것이 아니라 매순간 하나님의 오심을 맞이할 때 하나님 경험이 이뤄진다는 사실을 암시한다. 하나님은 언제나 우리의 생각과 행동에 앞서 행하신다. 인간은 자신의 삶의 필요를 위해 하나님을 불러들이려 하나, 예배함으로써 하나님과 인간의 관계는 정돈된다. 예배자가 되면서 그리고 송영 의식을 통해 인간은 자신의 노력과 행위를 바탕으로 하나님을 경험하려는 시도가 처음부터 배제됨을 인정하고 또 고백한다. 하나님 경험은 오직 하나님의 오심을 바라고 기대하는 중에 하나님의 주권적인 자유에 따라 임하심으로 일어난다. 하나님의 주권적인 자유를 이렇게 말할 수 있다. 하나님은 당신이 원하는 시간과 장소에, 당신이 원하시는 방법으로, 당신이 원하시는 사람에게, 당신이 원하시는 일을 행하신다.

예배의 첫 송영에 담긴 이런 의미는 예배에 지각하는 하는 것을 대수롭지 않게 생각하는 성도들이 특히 명심해야 할 일이다. 비록 상징적인 의미라도 최고의 권위를 가진 자보다 늦는 일은 그 마음이 평소에 하나님을 존귀하게 여기지 않고 있다는 사실을 폭로하는 건 아닐까? 피치 못한 사정 때문이라면 모르지만, 그렇지 않고 상습적으로 지각하는 일은 반드시 지양해야 할 악습이다.

소위 열린 예배나 열린 집회에서는 송영 대신에 회중과 함께 찬양함으로 시작하는데, 이것 역시 영으로 임재하신 하나님을 믿음으로 전제하고 행하는 일이다. 따라서 여기에서 예배는 찬양이 끝나고 난 후가 아니라 찬양과 함께 시작하는 것이다. 찬양 인도자가 찬양 인도를 마치면서 예배를 '시작한다'고 말하는 것은 찬양을 무의미하게 만드는 안타까운 일이다. 예배를 위한 찬양에는 하나님의 오심과 예배로의 부름 그리고 영광을 노래하는 곡이 반드시 포함되어야 한다. 그리고 예배를 기획하는 과정에서 전체 주제에 맞는 선곡이 이뤄질 수 있도록 협의하는 것이 바람직하다.

송영이나 임재를 기원하는 기도 외에 "예배로의 부름"이 있다. 대체로 예배 인도자(목사만이 아니라 일반 성도들도 가능하다.)가 담당하고, 또 적당한 성경 구절을 낭송하는데, 사실 '예배로의 부름'은 영으로 임재하신 하나님이 성도들을 일상으로부터 예배의 현장으로 부르시는 행위를 상징한다. 이로써 성도는 예배의 방관자가 아니며 하나님의 행위에 동참하는 자가 됨을 선언한다. 세상에 있는 성도들을 하나님 앞으로 불러내는 호명 행위로 이해할 수 있고, 때로는 하나님의 잔치에 초대하는 행위로 이해할 수 있다. 성도들로 하여금 하나님과의 관계맺음을 준비하게 한다. 이를 통해 성도는 크로노스(세상의 시간)에서 카이로스(하나님의 시간)로 옮겨지며, 하나님의 충만한 시간에서 안식을 경험하도록 초대를 받는다. 세속에서 거룩한 곳으로 초대된다. 교회는 실제로는 거룩한 곳이 아니나 의식을 통해 하나님이 임하시는 시간이며 하나님이 거하는 곳으로 재현되면서 하나님께 바쳐진 곳, 곧 거룩한 곳을 상징하고, 실제 예배의 현장에서는 거룩한 곳으로 기름부음을 받는다.

하나님의 안식이 예배에서 현실이 되는 순간을 잘 말해 주는 이야기가 있다. 1차 세계대전 시기에 프랑스 북부 지역에서 영국과 프랑스 군은 독일군을 상대로 치열한 전투를 벌이고 있었다. 그러던 중에 1914년 성탄절 이브를 맞이하게 되었는데, 독일군 진영에서 먼저 성탄절 트리가 세워졌고, 이어서 양 진영은 전쟁을 멈추고 성탄절 노래를 함께 불렀다고 한다. 다윗이 시편 23편에서 "원수의 목전에서 상을 베푸시고."라고 말했는데, 바로 이런 상황을 말하는 것은 아닐까 생각해 본다.

하나님을 예배하는 시간은 하나님의 시간이며 성도들에겐 안식의 시간이다. 안식일을 '날'에만 제한할 것이 아니라 하나님의 시간에 주목하는 것이 바람직하다. 일상에서도 믿음으로 하나님의 충만한 시간을 경험할 때 우리는 안식을 경험할 수 있다.

'예배로의 부름'은 예배가 인간이 주도하는 일이 아니고 하나님께서 먼저 은혜로 베푸신 것임을 분명하게 보여 주는 의식이다. 우리가 예배하는 하나님은 은혜와 사랑을 베풀기 원하시는 하나님임을 나타낸다. 동시에 예배가 은혜의 시간임을 선포한다. 하나님이 예배로 부르시는 것은 은혜를 주시기 위함이기 때문이다. 예배를 부담으로 느끼는 순간은 하나님의 부르심에 부담을 느끼는 일이며, 자신의 이유를 대고 잔치에 참여하지 않는 사람과 크게 다르지 않다. 목회자는 성도들이 예배를 부담이 아니라 은혜와 기쁨의 잔치로 느낄 수 있게 할 책임이 있다. 예배로의 부름이 비록 순서적으로는 예배의 처음에 있지만, 지난 주 예배에서 성도를 세상으로 파송하는 의식과 깊은 연관을 갖는다. 다시 말해서 교회 예배에서 '예배로의 부름'은 일상의 삶으로부터 성도들을 호명하는 하나님의 행위를 상징하고, 예배를 마무리하며 이뤄지는 '축도'는 하나님이 함께 계실 것이라는 약속과 함께 예배자들을 일상으로 파송하는 행위를 상징한다. 그렇기 때문에 예배자는 다시금 크로노스로 돌아가지만, 그 안에서 카이로스를 경험하며, 세속으로 돌아간다 해도 그 안에서 거룩함을 경험할 것을 기대할 수 있다. 결국 교회의 예배와 일상의 예배는 서로 분리되지 않고 하나의 원형을 이루며 계속 반복되는 구조를 갖는다. 성도를 세상으로부터 하나님 앞으로 부르고(예배로의 부름) 또 세상으로 파송하는(축도) 일이 예배에서 일어난다.

2. 참회와 신앙고백은 왜 하는가?

예배에는 "고백"의 시간이 있다. 교회에 따라 다르지만 예배에는 죄를 회개하는 참회의 순서가 있다. 하나님의 현존을 믿고 나가는 일이니 먼저 정결한 마음으로 하나님 앞에 나아가기를 원하는 마음을 표현한다. '예배로의 부름' 이후에 참회의 시간을 갖는다면, 이것은 하나님 앞에 죄를 고백하고 용서를 받는 과정을 재현한다. 우리는 용서받은 죄인으로서 예배한다. 참회의 순서를 통해 하나님은 죄를 용서하시는 분임을 고백한다. 따라서 부름에 앞서 회개의 순서를 넣든, 부름 이후에 회개의 순서를 넣든, 관건은 하나님에게 나아가는 자는 반드시 예수 그리스도를 통해 계시된 하나님의 죄 용서를 인정하고 또 받아들이지 않으면 안 된다는 사실을 숙지하는 것이다. 시간과 공간이 기름부음을 받으면서 하나님의 시간과 공간에 합당한 존재로의 변화를 상징한다.

참회의 시간을 통해 예배자는 하나님을 심판의 주님이시며 또한 용서의 하나님이심을 인정하고 또 증거한다. 참회는 단순히 잘못을 회개한다는 의미만 갖지 않고, 우리의 예배를 받으시는 하나님은 어떤 분인지를 증거하는 의미가 있다. 그러므로 참회는 예배 중에서 빠져서는 안 되는 의식이다. 간혹 참회의 순서가 없는 경우 '기도 인도자(혹은 대표 기도자)의 기도에서 참회를 한다. 그러나 만일 참회의 시간이 있다면, 대표기도에서 그것을 반복할 필요는 없다.

하나님 앞에서 우리는 '사도신경'으로 신앙을 고백한다. 일상의 삶에서 성도는 자신도 모르게 여호와 하나님이 아닌 것들을 섬기며 살아간다. 예배로 부름을 받은 자는 신앙고백을 통해 일상의 삶에서 자신이 누구를 믿고 살아왔는지를 반성하며, 또한 자신이 진정으로 누구를 믿어야 하고 또 누구를 예배하는지를 분명하게 밝힌다. 대상이 분명하지 않은 예배행위는, 사도 바울이 이름을 알지 못하는 신을 섬기는 아테네 시민들에게 이미 말한 바 있듯이, 다만 우상숭배에 불과할 뿐이다. 비일(Gregory K. Beale)은 『예배자인가 우상숭배자인가?』(새물결플러스, 2014)라는 제목의 책에서 구약과 신약에 등장하는 다양한 형태의 우상숭배를 말하고 있는데, 세속적이고 또 종교다원주의적인 사회일수록 신앙고백은 더욱 더 중요한 의미를 갖는다. 기독교는 여호와 하나님을 고백하기 때문이다. 신앙고백은 여호와를 참 하나님으로 인정하고 그의 모든 말씀과 행위가 옳다고 시인하는 언어행위다. 또한 신앙고백을 통해 성도들은 그동안 성경이 증거하는 여호와 하나님 이외의 다른 것을 믿고 살았던 사실이 있을 경우 이것을 반성한다.

현대 그리스도인의 신앙고백은 주로 '사도신경'을 통해 이뤄진다. 사도신경의 두드러진 특징은 삼위일체 신앙의 구조를 갖는 것이다. 우리가 예배하는 대상은 단순히 '신'이 아니라 '삼위일체 하나님'이다. 그래서 삼위일체 주일에는 특별히 '니케아-콘스탄티노플 신경'으로 신앙을 고백하기도 한다. 이에 비해 정교회는 평소에도 '니케아-콘스탄티노플 신경'으로 신앙고백을 한다. 니케아 공의회(325)와 콘스탄티노플 공의회(381)는 삼위일체 신앙을 기독교 신앙의 핵심으로 고백할 수 있도록 확립했기 때문이다.

사도신경은 성경을 기록한 사도들의 신앙전통을 반영하기 때문에 '사도신경'으로 불리는데, 사도신경이 세례문답 형식으로 된 '로마신경'에서 유래하고 또한 로마가톨릭교회의 잔재라 여겨 예배에서 사용하지 않으려는 교회도 있다. 예배형식을 중시하지 않는 교회도 생략하려고 한다. 그러나 대부분의 교회들은 사도신경을 사용한다. 이로써 전 세계의 교회가 같은 믿음을 갖고 있을 뿐 아니라 공동의 소망을 갖고 있음을 인정하고 또 나타낸다. 물론 동방교회는 사도신경이 아니라 니케아-콘스탄티노플 신경을 사용하기 때문에 교회 연합을 추구하는 WCC 예배에선 종종 니케아-콘스탄티노플 신경을 사용하여 신앙을 고백한다.

신앙고백은 기도가 아니다. 반드시 눈을 감고 할 이유가 없다. 자신의 신앙을 공동으로 고백하면서 그 의미를 되새기는 신앙행위다. 이런 까닭에 일어서서 행하는 것이 바람직하다. 영국에는 마치 선서하듯이 손을 들고 행하는 교회들이 있다고 한다. 그만큼 신앙고백은 하나님과 성도들 사이의 신뢰관계를 밝히는 일이다. 너무 익숙해져서 무의미하게 반복하는 일을 피하고 그 의미를 묵상하기 위해 눈을 감는 거라면 상관없지만, 신앙고백은 기도가 아니다. 사도신경을 나의 고백으로 내면화하기 위해 사도신경의 신학적인 의미를 숙지하도록 하는 일은 새 가족 교육과정에 필수적으로 포함해야 한다. 그뿐 아니라 기존의 성도들에게도 교육이나 실교를 통해 의미를 거듭 환기하는 것이 필요하다. 사도신경은 우리가 누구를 믿고 또 무엇을 소망하는지를 밝히고 있기 때문이다.

3. 찬양은 무엇인가?

예배에는 찬양이 있다. 기독교 예배 전통에서 기도와 함께 가장 오래된 의식이라 말해도 과언이 아니다. 찬양이란 여호와 하나님, 삼위일체 하나님을 참 하나님으로 인정하고 높이는 행위이기 때문이다. 칼뱅은 모세의 찬양(신 32장)을 말하면서 "하나님을 확실히 드러내 주는 밝은 거울(기독교강요 I.8.7)"이라고 표현했다.

성경에 보면 찬양은 하나님의 구원과 은혜를 경험한 사람들에게서 나온다. 창세기 1장이 시적 표현으로 되어 있는 것 역시 찬양 전통을 반영한다. 요한계시록이 기도로 마치고 있는 것을 바탕으로 생각해 보면, (찬양으로 시작하고 또 다시 오실 주님을 기원하는 형식은) 찬양은 신앙의 처음과 나중을 의미한다고 볼 수 있다. 신앙은 하나님이 찬양받기에 합당하신 분임을 알면서 시작하고, 신앙의 본질은 다시 오실 주님을 기다리는 것에 있다. 대표적인 것은 이스라엘 백성들이 홍해를 건넌 후에 드린 모세의 찬양(출 15장)과 이스르엘 평야의 결전에서 승리한 후에 사사 드보라와 그녀의 행동을 생각하며 지은 찬양(삿 5장)이다. 하나님을 믿는 사람들이 놀라운 사건을 경험했을 때 혹은 과거에 행하신 일들을 기억하면서 그것을 기대하며 하나님을 높이는 행위가 찬양이다.

찬양을 통해 성도는 하나님의 덕을 기리며 그분의 옳은 행위를 칭찬하면서 높여드리는 일을 실천한다. 그러나 비록 아무런 구원과 은혜의 경험을 하지 못했고 심지어 어려움을 겪는 동안이라 해도 자신의 형편이나 처지와 무관하게 하나님이 마땅히 찬양받을 만한 분임을 인정해야 할 때도 있다. 주로 과거에 행하신 일들을 기억하면서 이뤄지나, 무엇보다 하나님은 찬양 받기에 합당하신 분이기 때문이다. 히브리서 기자는 찬양을 하나의 제사로 보고, 이것을 "그[하나님의] 이름을 증언하는 입술의 열매(히 13:15)"로 보았다. 그러므로 많은 문제를 갖고 있는 성도들이나 기쁨과 감사가 넘치는 성도들이나 모두 찬양 시간을 통해 하나님을 인정하고 높여 드린다. 이런 까닭에 찬양을 리듬이 있는 기도라고 말하는 것이다. 모든 일에서 하나님을 참 하나님으로 인정하지 않는 사람들은 진심으로 찬양할 수 없다. 자신의 환경과 처지에 따라 수시로 바뀐다. 예배 시간에 찬양이 포함된 이유는 하나님이 마땅히 찬양받으실 분이시기 때문이지만, 찬양함으로써 다시 한 번 자신의 형편과 처지를 돌아보고 부정적인 상황이라 할지라도 하나님의 도움을 기대할 기회를 가질 수 있기 때문이다.

한편, 찬양이 너무 감성적인 측면으로만 기울다보니 태도의 측면에서 아무런 변화도 없이 가사와 멜로디에 도취하는 경향이 자주 목격된다. 다른 사람들을 찬양하게 하면서 정작 자신은 소리를 내어 찬양하지 않는 찬양 인도자도 있다. 찬양하는 순간엔 열정을 보이더라도 그 모습을 찬양 후까지 지속하지 못하는 사람들이 많다. 이런 현상은 반드시 지양되어야 한다. 지성과 감성의 관계에서 감성 작용이 우선적으로 일어나고 또 감성 상태에 따라 지성 작용이 달라진다는 뇌 과학 연구 결과들을 볼 때, 찬양은 우리의 마음을 여는 일에서 매우 중요한 역할을 한다. 그러나 찬양의 의미와는 상관없이 이것을 음악적으로만 이용하는 사례들이 있고 또 생각과 삶에 아무런 변화가 없이 오직 찬양만으로 종교적인 만족을 누리려는 사람들 때문에 감정적인 찬양은 그 진정성에서 종종 의심을 받는다. 그렇다고 감정을 배제하고 오직 경건한 맘으로 찬양하라는 말은 그레고리안 성가 시대로 돌아가라는 말과 다르지 않다.

찬양에는 임재하신 하나님과 그분의 영광을 높이는 것과 주신 은혜와 사랑에 감사하는 고백, 그리고 인간의 회개, 의지, 결단과 간구 그리고 소망을 표현하는 것들이 있다. 비록 예배에 필요한 모든 주제를 다 포괄하고 있진 않아도 찬송은 예배의 주제에 맞도록 선별된다. 교회에서는 찬송가와 복음성가를 부른다. 복음성가는 성경말씀이나 신앙 간증에 곡을 붙여 현대인들이 부르기 쉽게 만든 것이다. 최근에 유행하는 CCM(Contemporary Christian Music)은 내용뿐만 아니라 리듬에 있어서 모던적인 요소를 많이 가지고 있다. 간혹 세속 음악의 리듬을 그대로 차용한 곡들이 있어 예배를 위한 찬양으로 적합하지 않다는 비난을 받는다. 그뿐 아니라 내용적으로 하나님을 찬양하기보다 자신의 감정을 표현하는 것들 때문에 비판을 받기도 한다. 형식과 내용에서 찬양에 적합한 노래가 될 수 있도록 해야겠다. 한편으로는 기독교 문화생산이 저조하여 세상 문화를 따라갈 수밖에 없는 현실을 고려할 때 지나친 비판은 삼가야 하지만, 다른 한편으로는 세상 문화를 따르는 현상을 긍정적으로 볼 수도 있다고 생각하는데, 왜냐하면 그것이 세상과의 소통 가능성을 유지하는 방식일 수도 있기 때문이다. 우리가 온전하지 않은 채 세상에서 살고 있듯이, 찬양 역시 비록 기독교적인 관점에서 온전하다 볼 수 없는 리듬일지라도, 만일 그것이 하나님을 찬양하는 데 사용된다면, 어느 정도는 그것으로 만족하는 것이 바람직하다. 특히 기독교적으로 새로운 문화를 생산하지 않는 한 그렇다. 그러나 장기적으로는 기독교문화 생산이 활발해질 수 있도록 노력하자.

이외에도 찬양은 다양해질 필요가 있다. 국악 찬송이 숫자적으로 많아졌는데, 이는 신앙표현의 토착화와 관련해서 볼 때 매우 바람직한 현상이다. 그리고 음악을 통한 찬양만 고집하는 것은 단조롭게 느껴질 수 있다. 시편의 전통을 생각해 본다면, 때때로 시와 그림 그리고 몸의 움직임을 통한 찬양도 가능하다. 예배는 비록 일정한 의식에 따른다 해도 경직될 필요는 없으며 역동성을 가질 수 있다. 생동감 넘치는 예배가 될 수 있도록 다양한 방법들을 모색해야겠다. 무엇보다 한국적 정서에 맞는 리듬의 곡과 노랫말에 대한 지속적인 생산 활동이 성공적으로 이뤄지길 기대한다.

4. 성시교독은 왜 하는가?

성시교독은 과거에는 찬양 전통에 포함되어 있던 것이다. 시편을 음악적인 리듬에 맞춰 서로 교독하였기 때문이다. 시편의 내용을 가사로 삼아 곡을 붙인 찬양을 생각하면 된다. 그러나 오늘날 개신교 예배에서 더 이상 리듬을 사용하지 않고 또 내용에 있어서도 하나님을 찬양하는 것만이 아니기 때문에 찬양으로 보기가 어렵다.

'성시교독'은 이미 정해져 있는 '교독문'을 예배 인도자와 회중이 서로 교독하는 일이다. 찬송가 뒷부분에 교회력에 따라 수록해 놓았다. 성시교독은 시와 노래로 하나님을 찬미하는 교회전통에 따른 것이다. 회당전통에서는 쉐마 낭독이 있었고, 그 후에 십계명 낭독도 있었다. 중세에는 시편 교독문으로 대체하였는데, 오직 수도사와 사제들만이 할 수 있었다. 종교개혁 당시에는 이런 특권을 철폐하고 대신에 성도들이 함께 부를 수 있는 코랄(오늘날의 찬송가)이 등장하였다. 그런데 언제부터인가 성시교독이 찬양과 함께 다시금 예배 안에 자리를 잡았다. 반드시 있어야 하는 것은 아니라도 건전한 신앙에 해를 끼치지 않는다면 전통으로 자리 잡은 일을 굳이 제거할 이유는 없다고 본다. 문제는 교독문을 왜 하는지에 대한 성도들의 인식이 부족한 것이다. 회당전통에서 볼 수 있듯이, 교독문은 신앙에서 반드시 기억해야 할 사항들을 반복하는 일이었다. 이것이 중세 가톨릭교회에서는 신앙인들에게 하나님 경험을 상기하고 되새기는 시간이었다.

오늘날 개신교 예배에서 성시교독은 왜 하는 것일까? 신앙의 선배들은 하나님의 각종 은혜와 심판의 행위에 대한 경험들을 시의 형태로 기록했다. 성시교독은 하나님이 행하신 일들을 상기하면서 고마워하고, 때로는 회개하면서, 때로는 간구하는 가운데, 때로는 탄원으로 하나님을 말하고 또 기대하는 의식이다. 하나님은 단지 초월해 계신 분이 아니라 삶 속에서 우리와 동행하시는 분이심을 성도들은 교독문을 통해 인지한다. 시와 노래로 찬양하는 전통에 따른 의식이다.

찬양이 일반화되어 있는 현실에서 그리고 성경에 없는 것일 뿐 아니라 가톨릭에서 유래한 것이라고 해서 성시교독을 불필요하다고 생각하는 사람도 있지만, 신앙전통 가운데 가톨릭에서 유래하지 않은 것을 찾는 일은 쉽지 않다. 교회 전통으로 전해 내려오는 것이기 때문에 신학적으로 잘못되었다고 평가를 받거나 혹은 상급기관에서 폐지를 결정하지 않는 한 중단할 이유는 없다. 예배의식은 역사적인 변천 과정을 거쳐 형성된 것이다. 진지한 토론을 거치지 않고 목회자의 취향에 따라 결정하는 일은 삼가는 게 좋겠다. 최근에는 시가 아니라도 주제에 맞는 성경 구절들을 모아 놓고 교독문으로 사용하고 있다. 경우에 따라서는 예배의 주제에 맞게 기도나 신앙경험을 표현한 글을 교독문으로 사용하는데, 교독문이 반드시 성경 구절이어야 할 이유가 없다는 사실을 나타낸다. 모든 예배에서 반드시 해야만 하는 것도 아니다. 교독문은 대부분 주일예배 순서에만 놓고 있다. 시대에 따라 달라지는 것은 당연하나, 개인적으로는 십계명을 교독하는 일이 자주 있으면 좋겠다는 생각을 한다. 교독문에 담긴 하나님 경험을 숙지할 수 있도록 교육하는 것도 예배 교육을 위해 필요하다.

성시교독은 자칫 형식적인 순서로 끝나기 쉽다. 아무 생각 없이 순서에 따라 교독문을 읽는 일이 일어나기 때문이다. 이 의식을 통해서 예배자가 반드시 염두에 두어야 할 일은 그 안에서 어떠한 하나님의 행위가 고백되고 있는지를 잘 살펴보면서 화답하며 교독하는 것이다. 따라서 낭독은 비록 리듬을 붙이진 않는다 해도 의미가 소통될수 있도록 하는 게 좋다. 성시교독은 신앙의 선배들이 하나님을 만나고 난 후에 하나님의 행위나 자신들의 경험을 시와 노래로 표현한 것이기 때문이다. 그것을 오늘 우리가 반복함으로써 하나님을 인정하고 또 하나님을 새롭게 경험할 수 있기를 기대한다. 다소 리듬감을갖고 낭독하는 일은 가톨릭교회에서는 자주 들을 수 있으나 개신교전통에선 거의 찾아볼 수 없는 현상인데, 그들의 상황을 공감하며 소통할 수 있는 교독의 시간이 되면 좋겠다.

5. 예배에서의 기도와 일상의 기도는 무엇이 다른가?

기도는 찬양과 더불어 예배 전통에서 가장 오래된 의식이다. 성경에 보면 제사 중에 기도를 드리는 일은 특별한 계기에만 있었던 것같은데, 솔로몬은 예루살렘 성전을 건축한 후에 성전 안에서 드리는기도와 성전을 향한 기도의 중요성을 강조했고, 예수님은 성전이 기도하는 집이라고 말씀하실 정도로 성전에서 기도하는 일을 중요하게여기셨다.

기도란 호흡과 같다고 했다. 기도가 없다면 이 세상에서 성도로서살아갈 수 없다는 의미이다. 왜 그럴까? 기도란 무엇이기에 '호흡'으로 여겨지는 것일까? 사실 기도란 인간이 자신의 말과 생각을 하나님께 말하도록 허용된 유일한 언어행위(talk to God)이다. 하나님과 인간의 관계에서 하나님은 말씀하시고 인간은 듣는다. 두 관계는 결코 뒤집히지 않는다. 그럼에도 인간이 감히 하나님에게 말하도록 허락받은 유일한 기회가 기도이다. 인간은 거룩하신 하나님 앞으로 도저히 나아갈 수 없는 죄인이지만, 예수 그리스도를 통해 죄가 용서받았기 때문에 은혜의 보좌 앞에 담대히 나갈 수 있게 되었다. 기도는 바로 이런 특권을 행사하는 일이다.

기도에는 기도문을 통한 기도가 있고 자유기도가 있다. 신앙 선배들의 기도를 통해 우리가 무엇을 기도해야 하고 또 기도할 수 있는지 그리고 어떻게 기도할 것인지를 배운다. 자유기도는 기존의 기도문을 따르지 않고 드리는 기도이다. 한국 교회는 대부분 자유기도를 실천한다. 예수님이 제자들에게 가르쳐 주신 기도문은 '주의 기도'라 불리는데, 제자들이 어떻게 기도해야 할지 모를 때 가르쳐 주신 것이다. 교회는 이 기도를 예배에서 사용하지만, 특히 축도를 대신해서 예배의 마무리를 알리는 의미에서 사용하는 것은 문제다. 주의 기도는 모범적인 기도로서 의미를 갖기 때문에 마땅히 기도로서 드려져야 한다. 예배의 마지막에 드리는 것이 잘못은 아니지만 예배의 끝을 알리는 기호로 사용하는 것을 지양해야 한다는 말이다. 축도할 목사가 부재하다면, 민수기 6장 24-26절("여호와는 네게 복을 주시고 너를 지키시기를 원하며 여호와는 그의 얼굴을 네게 비추사 은혜 베푸시기를 원하며 여호와는 그 얼굴을 네게로 향하여 드사 평강 주시기를 원하노라.")을 성도들이 함께 읽을 수 있고, 또 찬양으로 마칠 수도 있다.

예배 중에 있는 기도는 보통 공 기도라고 해서 개인기도와 구분하는데, 특히 공 기도는 예배자가 누구에게 간구해야 하는지 또 누구를 신뢰해야 하는지 또 무엇을 기도해야 하는지를 분명히 한다. 우리가 기도하는 대상은 삼위일체 하나님이시고, 우리는 그분에게서 우리의 필요를 공급받는다. 이런 기도를 통해 성도는 일상에서도 하나님을 신뢰하고 하나님에 의해 필요가 채워짐을 배우고 또 알게 된다. 예배의 경험을 보통은 감동과 깨달음 그리고 결단에서 찾는데, 기도는 예배의 경험 가운데 기대와 소망도 있음을 가장 분명하게 보여 주는 의식이다. 예배 속 기도를 통해 신앙공동체가 무엇을 공동으로 소망하고 있고 또 소망해도 되는지를 분명히 안다. 의식으로서 예배를 일상과 이어 주는 끈이다. 기도에서 표현된 것들이 일상에서 어떻게 현실이 되는지를 기대하고 소망하게 한다.

하나님은 성도들에게 마땅히 있어야 할 것들이 무엇인지 모두 알고 계신다. 그리고 우리의 생각과 계획에 늘 앞서 행하신다. 그런데 성도들로 하여금 기도하라고 하셨다면, 그것은 무엇 때문일까? 인간들이 하나님께 말하게 되는 때, 곧 기도하는 때는 언제인지 생각해 보면 조금은 짐작이 가능하다.

우리는 어려울 때, 낙심될 때, 도움이 필요할 때, 필요한 것이 있을 때, 기쁘고 감사할 때 기도한다. 다시 말해서 우리가 기도함으로써 먼저는 우리가 하나님이 아니라 인간임을 인정한다. 또한 반드시 기도해야 한다면, 이는 성도들이 오직 하나님만을 의지해야 한다는 말이다. 마지막으로, 우리에게 일어나는 모든 일들은 하나님으로부터 비롯된다는 의미이다. 기도하지 않는다는 것은 그 반대의 경우가 된다. 교만의 대표적인 경우는 기도하지 않는 것이다. 그래서 하나님은 교만을 가장 미워하신다. 하나님과의 관계에서 자신이 피조물임을 인정하지 않는 일이기 때문이다.

기도에는 찬양(하나님의 행위와 업적을 기리는 기도), 중보기도(다른 사람들을 위해서 비는 기도로 도고가 더욱 정확하다. 중보라는 의미는 원래 예수 그리스도의 중보자로서 사역에만 사용되는 개념으로 사용을 자제해야 하나, 이미 교회 안에서 자주 사용되고 있기 때문에 이중적인 의미로 이해되어야 한다), 회개(엄밀히 말해서 기도가 아니라 하나님 앞에서 죄인임을 인정하는 고백이다. 기도 중에 행하기 때문에 보통 회개하며 드리는 기도라는 의미에서 회개 기도로 불리고 있다), 감사(하나님이 행하셨음을 인정하는 일이며 또한 주신 은혜에 감사하는 기도) 그리고 간구(개인적인 필요를 위한 기도)가 있다. 그리고 탄원이 있는데, 이것은 자신의 고통을 하나님께 호소하는 기도이다. 경건하지 않은 듯이 여겨지는 부분이 있지만, 하나님의 존재에 대한 신뢰가 없이는 가능하지 않은 기도이다. 욥기와 시편 그리고 예레미야 애가에서 자주 발견된다.

예배 속 기도에는 성도를 대표해서 기도하는 '기도 인도'가 있고 또 마지막에 행해지는 '축도'가 있다. 공중예배의 기도는 기도자의 개인적인 관심을 표현하는 시간이 아니다. 공적인 관심을 반영해야 하는데, 예배를 위한 기도, 교회를 위한 기도, 타자를 위한 기도, 곧 중보기도가 되어야 마땅하다. 중보기도란 나 아닌 타인을 위해 기도하는 것이다. 출석하고 있는 교회나 혹은 자신과 관계하는 사람들만을 위해서 드리는 것이 아니라 나라를 위해서, 병든 자들이나 연약한 자들을 위해서, 그리고 그리스도를 같은 주님으로 섬기고 있는 교회들을 위해서도 기도해야 마땅하다. 의미와 관련해서 볼 때 중보기도는 하나님께서 나 아닌 다른 사람들에게도 은혜를 베풀 것을 믿고 기도하는 것이다. 이것은 예수 그리스도를 믿음으로 타 교회와 지역사회와 연합되어 있음을 드러낸다. 하나님이 우주의 주인임을 인정하면서 그의 인도하심을 구하는 것이다. 교회의 공교회성을 실천하는 일이다. 그러므로 중보기도는 그리스도 안에 있는 모든 교회들이 서로 연합을 실천하는 일로 매우 중요한 예배행위다.

예배의 마지막에 있는 '축도'는 참석한 모든 사람들을 세상으로 파송하면서 그들이 그날에 들은 말씀에 순종하며 살아갈 수 있도록 하

나님이 그들을 인도하시고 또 동행하실 것을 원하면서 하는 목회행
위다. 하나님은 복을 주시는 분임을 나타내며, 하나님의 행위를 의식
적으로 대행하는 것일 뿐이지 목회자의 권위에서 나오는 의식은 결
코 아니다. '축도'는 좋은 말을 하다 혹은 복을 비는 기도라는 뜻을
가지고 있지만, 사실 기도보다는 목회적인 관심에서 행하는 일이고,
또 민수기 6장의 말씀에 따르면, 하나님의 지시에 따라 행하는 선언
이다. 하나님이 행하실 일을 하도록 인간에게 위임된 것이다. 일반적
으로 소원의 형태를 취하는 축도가 있고('-축원합니다'), 선언으로 하
는 축도가 있는데('-할지어다'), 교회를 떠나는 성도들을 향한 목회적
인 기대와 사랑을 표현하는 시간이라 볼 수 있다. 다시 말해서 축도
는 일상으로 부르심, 곧 세상으로의 파송을 재현하는 시간이다. 축도
와 함께 성도들은 하나님에 의해 일상으로 파송되며, 목회자는 하나
님이 그들의 여정에 함께하실 것을 축도를 통해 확증해 준다.

축도는 하나님이 성도들에게 복과 은혜를 베풀고 또 세상으로 나
가는 성도들과 동행하길 바라며 행하는 일이지, 목사가 복을 베푸는
행위는 아니다. 축도는 관례적으로 목사가 하지만, 그렇다고 축복권
이 목사에게만 있다는 뜻은 아니다. 축복의 권한은 모든 성도에게 있
지만, 예배 의식에서 축도는 목사가 하도록 위임되어 있다. 교회 질서
와 의식상 그렇다는 말이지 목사만이 축복의 주체로 생각하는 일은
없어야 한다. 이점 역시 신앙 교육에 반드시 포함되어야 오해를 피할
수 있다.

축도와 관련해서 목사만이 해야 하느냐와 관련해서 많은 논란이
있는데, 교회 전통을 무시할 수 없지만, 적어도 지나치게 강화된 사
제들의 권한을 축소시킨 종교개혁 전통을 고려해야 할 일이다. 축도
가 목사에게만 허락되었다고 보는 것은 법적이고 의식적인 의미에

서 그런 것이지, 엄밀히 말해서 신학적인 의미에서 목사에게만 제한할 수 없다. 목사의 고유권한으로 주장하는 것은 축도를 통해 하나님의 행위를 대행할 뿐이라는 사실을 망각한 결과다. 예배를 의식이라는 맥락에서 진행하다가 축도에서 행위의 주체를 부각시켜 특정인에게 권한을 부여하는 것은 설득력이 없다. 먼저 물어야 할 일은 축도가 예배 시간에 반드시 필요한 일인가 하는 것이다. 의식으로서 예배에 필요하다면, 목사가 부재하는 교회에선 예배 인도자가 민수기 6장 24-26절 본문을 읽는 방식으로 행해, 하나님이 성도들을 세상으로 부르시면서 동시에 그들을 보호해줄 것이라는 음성을 듣게 하는 것은 결코 잘못이 아니다. 축도가 예배 의식에서 필요하기 때문에 있는 것이라면, 이것은 누군가를 통해 이뤄지도록 해야 한다. 따라서 교회의 책임 있는 교역자를 통해서 이뤄지도록 해야 한다. 교역자가 없는 교회에선 책임 있는 평신도가 설교할 수 있듯이, 축도 역시 책임 있는 교역자나 평신도가 행할 수 있다. 왜냐하면 그것이 예배 가운데 있어야 한다면, 의식으로서 하나님의 행위를 나타내는 일은 누군가에 의해서 이뤄져야 하기 때문이다. 그러나 목사가 있는 곳에서는 교회 질서를 고려하여 목사에게 위임된다.

6. 예배 안에 설교는 왜 있어야 하는가?

설교는 예배의 스토리텔링에서 주제가 가장 분명하게 드러나는 시간이다. 설교에 관해선 뒤에서 자세하게 다룰 것이기 때문에 이곳에선 예배의 의식으로서 의미만을 간단하게 다루도록 하겠다. 설교는 종교개혁 이후 개신교 예배에서 가장 중시되고 있는 예전이지만, 또한 그 내용 때문에 가장 문제가 많은 순서이기도 하다. 잘못된 내용을 전하는 설교나 표절 설교 때문에 설교 자체의 의미가 많이 손상되었고 심지어는 예배에 대한 태도에도 부정적인 영향을 미쳤지만, 그렇다고 없어져야 할 일은 아니다. 설교는 예배 순서적으로는 '하나님이 말씀하시는 시간' 혹은 '하나님의 말씀을 듣는 시간'이기 때문이다. 설교는 무엇보다 나의 생각에서 벗어나서 타자로부터 오는 말에 귀를 기울이는 시간이다. 듣기에 좋은 말씀이든 그렇지 않든 '들음'을 실천한다. 따라서 설교자는 성경해석에서 올바르고, 또 전하는 과정에서 듣는 자에게 오해가 일어나지 않도록 해야 한다.

설교는 하나님이 말씀하시는 사건을 상징한다. 설교를 통해 우리는 나 아닌 타자에게 들음으로써 하나님과 소통함을 배운다. 말하고 보고 듣는 일에서 내가 주체가 되는 시간이 아니라는 말이다. 일상의 삶에서 우리는 스스로를 주체로 생각하는 경향이 있으나, 하나님은 타자를 통해 말씀하시며, 우리는 그 말에 귀를 기울일 때 성령을 통해 역사하시는 말씀을 기억하고 또 들을 수 있다. 하나님이 말씀하시는 순서로서 설교의 상징적인 의미는 아무리 강조해도 결코 지나치지 않는다. 하나님과 인간의 관계에서 일어나는 실패는 하나님이 주체가 아니라 나를 주체로 삼는 데에서 나타나기 때문이다. 그렇기 때문에 설교에 대한 태도는 예배에 대한 태도에도 영향을 미칠 수밖에 없다. 말이 많은 시대에 다른 사람들의 말을 경청하는 것은 하나의 덕목으로까지 여겨진다. 예배의 설교는 하나님과의 관계에서 하나님은 말씀하시는 분이며, 인간은 듣는 자로서 정체성을 가진다는 사실을 환기한다. 그렇기 때문에 설교는 충실하게 준비되어야 하며, 설교자는 스스로를 하나님의 말씀을 성도들보다 먼저 듣는 자로 자리매김할 필요가 있다.

설교가 중시되는 것은 종교개혁 성격상 당연한 현상이었다. 그러나 오늘날 설교에 지나친 가치를 부여하여, 설교자 스스로가 마치 설교를 하나님 말씀인 것처럼 주장하는 태도는 바람직하지 않다. 부정적인 사례를 아무리 강조한다 해도 바뀌지 않고 있다. 게다가 하나님의 말씀을 듣는 순간이기 때문에 청중은 어쩔 수 없이 받아들이고 있다. 하나님의 말씀을 듣는 시간이 중요하다 해도 '예배=설교를 듣는 시간'으로 생각하는 일은 없어야 하겠다. 설교중심의 예배에서는 설교를 듣고 난 후 예배를 마쳤다고 생각해서 예배의 자리를 떠나는 사람들이 발생한다.

예수 그리스도는 말씀 그 자체이시다. 말씀이 육신을 입고 오신 분이다. 그러므로 말씀을 선포한다함은 예수 그리스도 곧 복음을 전하는 일이다. 예수 그리스도와 함께하신 하나님을 전하고, 예수 그리스도의 모든 역사 속에서 나타난 하나님의 뜻을 선포한다. 간단히 말하자면, 하나님께서 예수 그리스도를 통해 우리들을 위해서 무엇을 하셨고 또 그 일을 어떻게 이루셨는가에 대해서 전한다. 뿐만 아니라 성령 안에서 우리를 향해 어떤 뜻과 계획을 가지고 계시는지를 하나님께서 주신 약속에 근거해서 선포한다. 그럼으로써 설교를 통해서 우리들은 시대와 때를 따라서 어떻게 하나님을 섬겨야 하고 또 어떻게 살아가야 하는지에 대한 교훈을 얻는다. 설교를 듣는 바른 자세는 나에게 주시는 말씀으로 듣는 것이다.

7. 예배에서 헌금(봉헌)은 왜 하는가?

마지막으로 예배에는 헌금(봉헌)이 있다.[2] 교회에 처음 오신 분들이

---

2 헌금은 모든 예배에 있지 않고 오직 주일예배와 특별 예배에만 순서로 정해져 있

나 현대 신앙인들이 교회 예배에서 가장 어렵게 여겨지는 부분이 헌금순서라고 한다. 사실 일부 몰지각한 목회자들이 온갖 명목의 헌금을 강요해 교회 전체의 이미지가 심하게 손상되었다. 교회 헌금을 잘못 사용하여 헌금할 마음마저 빼앗는 교회와 목회자가 없지 않다. 교회 이미지를 회복하기 위해선 반드시 지양되어야 한다. 그리고 예배 인도자가 따로 있으면서도 헌금 기도를 담임목사가 하도록 하는 교회들이 많다. 개인적으로 몇몇 교회에서 그 이유를 알아보았는데, 성도들이 담임목사의 기도를 받고 싶어 하는 마음에서 그렇게 한다는 말을 들었다. 보기에는 크게 잘못한 것은 없어 보일지 모르지만, 이것은 성도들의 신앙을 타락시키게 만드는 요인 중 하나다. 예배 인도를 담임목사가 한다면 모르지만, 설교만 하면서도 헌금 기도를 담임목사만이 하도록 되어 있다면, 그만큼 물질을 중시한다는 사실을 스스로 폭로하는 것이다. 배금주의적 신앙의 한 형태이다.

헌금은 크게 네 가지 의미에서 이해할 수 있다.

하나는 세상을 창조하신 하나님을 인정하는 예배행위다. 하나님은 우리를 주관하시는 분으로서 우리의 가장 귀한 것을 받으시기에 합당하신 분이다. 헌금함으로써 하나님과의 관계에서 우리가 그분에게서 은혜를 받고 또 다스림을 받으며 그의 종임을 드러낸다.

다. 예배에 차별을 두는 일이긴 하나, 사실 성경의 정신에 따르면, 모든 공적 예배는 동등한 가치를 가지며, 따라서 모든 예배에 봉헌순서를 두어 성도들이 자발적으로 참여하도록 하는 것이 옳다. 그러나 오늘날처럼 예배가 많은 때에 예배에 참여할 때마다 헌금을 하도록 하는 건 오히려 부작용만을 일으킬 뿐이다. 그러나 결코 강요하지 않는 조건하에 교회 입구에 헌금함을 설치하면 주일예배 때에 헌금하지 못했거나 혹은 예배에 참석하면서 마음이 동한 성도들이 자발적으로 참여할 수 있다.

다른 하나는 물질에 매여 살 수밖에 없는 인간에게 있어서 헌금은 모든 것이 주께로부터 왔다는 것을 인정하는 예배행위다. 인간이 결코 물질에 매여 있지 않음을 드러내는 행위이며 또한 결코 보상을 기대하는 의미에서 행해져서는 안 된다. 또 그런 일이 일어날 수도 없다. 이렇게 되면 무속이나 다른 종교에서 흔히 볼 수 있는 기복신앙으로 전락된다. 하나님의 영광을 가릴 뿐이다. 이런 의미에서 헌금은 단순히 교회를 위해서만이 아니라 하나님의 피조물이 인간답고 또 건강한 삶에 기여하는데 사용되어야 한다.

이것과 연결해서 셋째는 교회가 건강하게 유지되고 또 교회가 마땅히 해야 할 사역을 감당하기 위해 필요한 기금을 모으는 일이다. 기부의 의미를 갖는 헌금이다. 곧 헌금은 교회가 교회의 활동을 위해 필요한 경비를 조달하는 행위다. 교회 유지(건물 임대 혹은 구입을 위한 경비와 유지를 위한 경비)와 교회 행위(선교, 구제, 장학, 교육, 친교, 봉사, 예배 등)에 필요한 경비로 사용되고 그리고 교회에서 일하는 직원과 교역자들에게 주는 사례비 등을 위해 사용된다. 교회에서 헌금을 드리는 것은 교회 유지와 교회 행위 그리고 발전 및 성장을 위해 뜻을 모으는 행위다. 쉽게 말해서 기부하는 행위다. 교인으로서 형편이 됨에도 불구하고 헌금하지 않는 것은 교회의 목적과 교회 행위에 동의하지 않는 것이다. 신입 교인인 경우는 몰라서 그렇다고 해도, 알고 있음에도 불구하고 헌금에 참여하지 않는 것은 교인으로서 최소한의 의무를 이행하지 않는 인색한 경우이다. 교회의 존재 이유와 교회 행위의 목적에 큰 의미를 두지 않고 있다는 것을 의미한다.

이런 의미에서 교회에서 헌금을 해야 하느냐의 문제는 교회와 교회 행위에 얼마나 큰 가치를 두느냐의 문제이다. 교회의 존재 이유와 목적에 동의하지 않는 사람에게 헌금을 강요하는 것은 오히려 역효과만 일어날 뿐이다. 헌금이 교회의 유지를 위해 필요한 일이지만, 사람들이 헌금 설교를 싫어하는 이유는 그동안 잘못된 목회자들의 강요 때문이다. 그러나 다른 한편으로는 교회를 지나치게 신학적인 맥락에서만 생각했기 때문이다. 헌금을 위한 동기부여가 없이 단지 헌신의 의미로써 헌금을 강조하는 것은 부담으로 작용한다. 다시 말해서 만일 교회로부터 아무런 기대를 하지 않거나, 교회의 목적에 동의하지 않는다면 헌금할 이유가 없게 된다. 헌금은 교회와 교회의 목적 그리고 교회 행위에 대한 자발적인 동의가 전제되어야 한다. 이것을 알고 있음에도 불구하고 헌금에 인색한 태도를 보이는 것은 공동체 의식이 문제이다. 교회가 정상적으로 유지되는 일에 관심이 없다는 뜻이다.

교회의 사역을 위해 필요한 기금을 조달하는 방식인 헌금은 예결산은 물론이고 사용과 확인하는 과정에 공동체가 참여할 수 있도록 해야 한다. 성도들의 헌금을 사용하기 때문에 교회의 사역은 엄정하게 선별되어야 한다. 예산 수립과 집행은 특정인의 생각에 좌우될 성격이 아니다. 무엇보다 하나님을 세상 가운데 드러낼 분명한 목적을 갖고 또 실천해야 하며, 그 과정은 공정하고 투명해야 한다. 헌금에 대한 태도는 교회에 어떠한 가치를 두느냐에 따라 달라진다. 따라서 헌금을 말하기 이전에 먼저 교회의 가치와 추구하는 목적에 대해 공감할 수 있도록 설명하는 일이 선행되어야 한다.

넷째는 예수 그리스도의 희생을 재현한다. 헌금을 예수 그리스도의 희생과 동일시하는 것이 아니라 헌금으로 예수 그리스도의 희생을 상기한다. 레위기에 나오는 각종 제사는 오늘날에는 더 이상 행하지 않지만, 그렇다고 그것의 의미마저 사라진 것은 아니다. 만일 그렇다면 레위기는 신약 이후의 공동체에게는 불필요한 책일 것이다. 히브리서는 예수 그리스도를 대제사장이면서 또한 희생 제물로 말하고 있다. 레위기의 제물은 많은 경우 예수 그리스도의 희생을 상징한다. 그런데 제물이 화폐로 바뀌면서 희생의 의미가 사라지는 것 같다. 화폐로 제물을 대신하긴 해도 의미는 여전히 유효하다. 다시 말해서 헌금은 예수 그리스도의 희생을 증거한다. 예배 중에 헌금 시간이 있는 것은 예수 그리스도를 증거하고 또 내면화하는 한 방식이다. 성찬을 행하면서 그의 고난과 죽으심을 기억하듯이, 헌금하면서 성도들은 예수 그리스도의 희생을 간접적으로 증거하고 또 어떤 의미에선 구원을 위한 사역에 참여한다. 왜냐하면 헌금을 통해 세상의 구원을 위한 사역을 감당하기 때문이다. 자신이 써야 할 것을 아껴서 헌금하는 건 구원 사역을 위한 목적 때문이다. 그렇기 때문에 헌금을 개인용도로 유용하는 것은 예수 그리스도의 희생을 헛되게 만드는 행위라 볼 수 있다.

헌금하는 데 있어서 반드시 지켜져야 할 원칙이 있다. 헌금은 각각 그 마음에 정한대로 해야지 인색한 마음으로 혹은 억지로 해서는 안 되고 또 강요해서도 안 된다. 왜냐하면 하나님은 기쁜 마음으로 내는 것을 원하시기 때문이다. 드릴 것이 없다고 해서 하나님은 결코 꾸짖거나 싫어하지 않으신다. 하나님은 동전 하나를, 만일 그것이 정성이 담긴 것이라면 수억의 헌금보다 더 소중하게 여기신다. 모든 것이 하나님의 것인데 하나님이 무엇이 부족해서 헌금을 강요하겠는가? 헌금하는 사람들이 잊지 않아야 할 일이지만, 무엇보다 먼저는 목회자가 이 점을 명심해야 할 것이다. 교회 운영의 어려움 때문에 성도들의 헌금을 기대할 수밖에 없지만, 수입과 지출을 보고하는 과정에서 성도들 스스로 헤아려서 판단하도록 해야 할 것이며, 또한 재정적으로 튼튼한 교회가 그렇지 않은 교회를 도우면 헌금을 강요하는 일은 사라지지 않을까? 교회를 떠나는 사람들 가운데 일부는 재정적으로 열악한 교회에서 이뤄지고 있는데, 그 이유는 재정의 어려움을 호소하는 말을 들었기 때문이라고 한다. 이렇게 교회를 나온 사람들은 대개 헌금의 부담이 없는 대형교회로 옮긴다. 그러니 대형교회가 먼저 지역의 어려운 교회를 도우면 헌금 때문에 마음에 부담을 느껴 교회를 이탈하는 교인들의 수를 줄일 수 있지 않을까? 물론 목회자가 헌금을 투명하게 관리한다는 전제하에서 하는 말이다.

또 다른 원칙은 헌금은 결코 그에 따른 반대급부를 기대하며 해서는 안 된다는 것이다. 많이 드리면 많은 복을 받고, 적게 드리면 적은 복을 받는 논리는 결코 성립되지 않는다. 형편과 처지에 따라 해야 하겠지만, 무엇보다 하나님이 창조주이심과 주재자이심을 증거하고 또한 예수 그리스도의 희생을 증거하는 행위로써 드리는 것이기 때문에, 오직 헌금은 증거하는 행위이어야 하고 또한 하나님의 은혜에 대한 감사의 표현이어야 한다.

헌금의 의미를 모르기 때문에 헌금을 안 하는 경우가 없도록 그리고 잘못된 의도로 헌금하지 않도록 목회자는 새 가족 교육에서 반드시 헌금에 대한 교육을 하면 좋겠다. 헌금은 그 자체로 하나님의 은혜와 예수 그리스도의 희생을 증거 할 뿐만 아니라 하나님의 뜻이 교회를 통해 현실이 되도록 순종하는 신앙생활의 하나이기 때문이다.

끝으로 십일조에 관해 생각해 보자. 십일조는 구약의 전통에 속한 것으로 오늘날에는 더 이상 교인의 의무가 아닌가? 십일조 문제와 관련해서 전개되는 많은 논쟁의 핵심은 십일조가 구약 전통에 속한 것이어서 오늘날 제사법과 함께 폐지되어야 하는지, 아니면 오늘날에도 여전이 유효한 전통인 것인가 하는 것이다. 오늘날에는 더 이상 유효하지 않다고 보는 사람들이 제시하는 기준은 신약에서 예수 그리스도와 사도들에 의해 추인 여부에 있다. 예컨대 십계명의 경우엔 예수 그리스도에 의해 추인되었기 때문에 여전히 유효하지만, 그렇지 않은 것은 더 이상 유효하지 않다는 것이다. 그 중에 하나가 십일조다. 십일조에 관해선 예수 그리스도나 사도들에 의해서 아무런 언급을 하지 않고 있기 때문에 더 이상 지켜야 할 조항이 아니라고 주장한다. 사실 십일조 전통은 바벨론에 의해 나라가 멸망한 후로 희미해졌다. 성전이 무너지고, 레위지파의 의미가 사라진 시기이니 당연한 현상이었다.

구약의 율법은 신약에 와서 폐기된 것이 아니다. 예수 그리스도를 통해 주신 하나님의 사랑을 받은 사람들, 곧 예수 그리스도를 믿는 사람들은 자신의 의를 세우기 위해서가 아니라 오직 하나님의 은혜와 사랑에 대한 반응으로 자발적으로 율법을 준수한다. 이것은 이웃 사랑에서 가장 잘 나타난다. 다시 말해서 하나님의 사랑은 믿는 자들에게 능력으로 작용하여 이웃 사랑을 가능하게 하면서 자발적으로 율법을 지키게 한다는 말이다. 이것을 인간의 행위에 앞서 주어지는 은혜, 곧 선행하는 은혜라 한다. 율법을 폐기하기 위함이 아니라 온전케 하기 위해 오셨다는 예수님의 말씀은, 하나님의 은혜는 율법을 폐기하지 않고 율법이 요구하는 것을 이룰 수 있게 한다는 의미로 이해할 수 있다. 구약의 율법들은 성전 제사와 관련된 것이 아니라면-성전 제사와 관련한 것이라도 비유적인 의미로 오늘날에도 여전히 유효하게 적용된다-지켜져야 할 것들이다. 여기에는 십일조도 포함된다. 예수 그리스도를 통해 나타난 하나님의 사랑은 율법을 지키기 위해 억지로 십일조를 하지 않고 자발적으로 행하게 한다. 그러나 더 많은 복을 얻기 위한 투자의 의미에서 이해해서는 안 되며, 오히려 인간의 소득은 모두 하나님의 은혜로 주어진 것임을 인정하는 행위로 이해되어야 한다. 십일조를 함으로써 성도는 물질이 하나님의 피조물인 것을 인정하며 또한 자신이 얻은 것이 하나님의 은혜로 주어진 것임을 인정하고 감사한다.

관건은 십일조 자체가 아니라 그것을 어떻게 사용하느냐이다. 사실 그동안 십일조를 두고 전개된 논란의 핵심은 십일조가 교회의 크기를 늘리고 목회자의 축재에 사용된 것에 있다. 십일조가 바르게 사용된다면 성도들의 소비생활을 절제할 수 있는 방법이 될 수 있고, 또한 교회의 구제와 선교사역을 통해 부가 사회의 약자들에게 재분배되는 길이 될 수 있다.

8. 예배에서 스톨은 왜 사용하는가?

주일예배에서 사회자나 설교자로 강단에 서는 목사는 가운 위에 목 뒤에 걸쳐서 사용하는 것으로 양 어깨로 늘어뜨린 2.5미터 길이의 스톨을 목에 두른다. 한자어로 영대(領帶, 목에 두르는 띠)라고 하지만 영어 표현인 스톨을 더 많이 사용하고 있다. 교회력에 따라 녹색, 붉은색, 보라색, 흰색, 검은 색의 스톨을 사용한다. 이것은 신분과 직무를 가리키는 하나의 기호로서 목사만 착용하며, 또한 예배행위와 관련해서만 사용된다. 스톨의 유래는 2-3세기부터 행해진 기록이 있는데, 9세기에는 스톨의 착용이 일반화되었던 것 같다. 가톨릭교회의 사제들에게 스톨은 예수 그리스도의 멍에를 의미하였다. 그래서 스톨 전달은 사제 서품예식의 한 순서를 차지하였다.

종교개혁 이후에 태어난 개신교(특히 개혁교회)는 가톨릭의 예식과 관습을 많이 버렸는데 비해 루터교회는 미사의 많은 부분을 보존하였다. 그중에 하나가 가운과 스톨이다. 루터는 이것들에 대해서 성경에 불일치하지 않으면서 또한 구원을 위해 반드시 필요한 것은 아니라고 보았다. 해도 되고 안 해도 된다는 말이다. 일부에서는 가톨릭의 권위주의와 신분주의를 복원한다고 보아 비판하여 사용하지 않을 것을 주장하는데, 이미 만인제사장론이 일반적으로 받아들여지고 있는 상황에서 그런 비판은 일부 권위주의적인 목회자들에게만 해당한다고 생각한다. 그들에 대한 비판 때문에 교회의 좋은 전통을 포기해야 할 이유는 없다.

가운과 스톨은 오직 예배행위임을 반영하는 것이고, 비록 예배 집례자인 목사만 착용하도록 허락되었다고 해서 그것을 평신도와 성직자를 구분하는 기준으로 여기는 건 아니다. 미사에서 사제에게 부여된 특권이 목사에게도 주어진다는 것도 아니다. 다만 가운과 스톨을 착용함으로써 예배행위임을 환기할 뿐이며, 또한 김명실이 '한국기독공보(2014년 4월 8일자 2942호)'에 기고한 글에서 소개된 11세기에 스톨 착용과 함께 드렸던 기도("주여, 정의의 스톨로 내 목을 감싸시고, 죄의 모든 타락으로부터 내 영혼을 맑히소서.")에서 알 수 있듯이, 예배 집례자가 하나님 앞에서 스스로 삼가는 태도를 환기하는 의미를 갖기도 한다. 또한 교회력에 따라 달라지는 색(흰색, 붉은 색, 녹색, 자주색)을 통해 예배 의식에 변화를 줄 수 있고, 예배에서 색을 상징으로 사용함으로써 시각적으로 예배에 참여할 가능성을 높여준다는 점에서 사용하는 것이 사용하지 않는 것보다 더 좋은 효과가 있다고 생각한다.

그런데 총회장과 노회장, 노회장과 일반 목회자, 그리고 담임목사와 부교역자 사이에 가운의 차이를 두는 경우가 종종 목격되는데, 마치 신분을 구별하는 것처럼 보여 바람직하지 않다. 아무리 좋은 의도로 시작했다 해도 옳지 않으며, 시각의 차이가 인지의 차이로 이어져 교회 내 신분의 차이로 인식할 가능성이 크다. 하나님 앞에서 섬기는 자로서 신분의 차이를 의도적으로 드러내는 일은 반드시 지양해야 한다.

스톨의 색은 다음의 의미를 가지고 있으며, 절기에 따라 구별하여 사용한다.

흰색은 성탄절, 부활절, 결혼예식, 그리고 모든 그리스도의 절기와 각종 기념일 등에서 사용하는데, 순결, 완전, 기쁨, 빛, 그리고 즐거움을 표현한다. 예수님의 생애에서 예수님의 수난일을 제외하고 주요 절기를 나타내는 색이다.

녹색은 축제 혹은 참회 사이에서 중립적인 색으로 소망과 번영과 영적인 성장을 암시한다. 성장과 희망과 발전을 강조하는 주일과 주현절 이후 그리고 삼위일체 주일 이후에 사용한다.

붉은 색은 주로 그리스도의 보혈과 성령의 불, 그리고 하나님의 사랑과 승리, 희생과 순교를 표현하며, 성령강림절, 종교개혁기념주일, 목사안수 및 임직예식, 노회 및 총회, 감사절 등에 사용하는데, 영적인 성장과 희망과 성결 그리고 생명을 상징한다.

보라색은 오시는 왕의 위엄과 존엄을 의미하며, 상대적으로 인간의 참회를 상징한다. 사순절과 대강절에 사용한다.

스톨은 보통 네 개의 색으로 표현하지만, 특별히 검은 색을 사용하는 경우도 있는데, 검은 색은 슬픔 혹은 애도와 회개를 표현하기 때문에 예수의 수난일(성금요일)이나 장례예식에서 사용한다. 그러나 보통은 검은 색을 사용해야 할 때는 보라색을 사용한다.

9. 예배에서 색 사용에 대해

이제 예배에서 시각적인 효과에 대해 생각해 보자. 질문은 이렇다. 예배에서 시각적인 것은 예배의 목적에 어떻게 기여하는가? 실제로 기여하는가, 아니면 단순한 장식에 불과한 것으로 오히려 성도들의 예배집중을 방해할까?

구약의 장막부터 성전 그리고 회당을 거쳐 가정교회 혹은 지하교회를 거쳐 교회로 정착되는 과정에서 알 수 있듯이, 제사든 예배든 모든 신앙행위는 일정한 공간을 필요로 했다. 일단 공간이 마련되면, 공간은 사람이 단지 머무는 장소의 의미를 넘어 소통을 매개하는 의미를 갖는다. 다시 말해서 하나님과 인간, 인간과 인간 사이에서 신앙행위가 원활하게 이뤄질 수 있도록 공간은 디자인 된다. 이를 위해 고려되는 중요한 요소는 건축 미학이며 또한 공간의 위치와 규모, 빛과 어둠의 균형, 소리의 공명과 적절한 색감 등이다. 예배실의 창문에 사용된 스테인드글라스는 빛을 통해 예배 공간에서 다양한 색감을 느낄 수 있도록 하는 데에 많이 활용되었다.

과거 개신교 교회에서는 소리가 소통의 매체로 중심적인 역할을 했지만, 현대사회는 영상문화의 시대다. 사람들이 소통하는 데 있어서 시각적인 매체를 선호하는 경향을 고려하지 않을 수 없다. 곧 현대인은 단순히 듣는 문화와 환경보다는 시청적 활동이 가능한 환경을 더욱 선호한다. 이런 현상은 시각적인 요소가 예배에서 어떤 의미를 가질 수 있음을 시사한다. 예배에서 사용되는 중심 매체가 주로 소리였던 과거와 달리 이제는 시각적인 것도 매체로써 고려되어야 한다. 예배에서 시각적인 매체를 사용하면 좋은 까닭은 예배 참여자의 감성을 자극할 수 있기 때문이다.

과거에도 개신교에서는 예전적인 기능을 위해 시각적인 것들을 사용했다. 강단 위의 십자가와 성경책이나 촛불 그리고 성화 등이 대표적이다. 물론 루터교회의 경우이고 개혁주의 전통의 교회에서는 그림은 물론이고 십자가조차도 없애 성도들이 오직 말씀과 예배에만 집중할 수 있도록 했다.

이에 비해 시각적인 예전 행위를 위해 색에 포인트를 두고 사용하는 경우는 드물게 나타나고 있다. 강대상 보(褓)나 스톨 그리고 꽃 이외에는 색을 사용하는 예전행위는 거의 없는 것 같다. 대강절에 사용되는 초의 사용이 전부가 아닐까 생각한다. 색을 사용할 때 나타나는 문제는 상징성 때문에 충분한 소통이 이뤄지지 못할 수도 있는 것이다. 이것은 예배 참여자에게 필요한 예배교육이 이뤄지지 못했기 때문에 발생하는 것이고, 모든 성도들에게 색의 상징적인 의미에 관해 교육을 한다면 소통에는 큰 문제가 없다. 엄밀히 말해서 예배의 순서역시 마찬가지다. 예배 의식은 예전으로서 상징적인 의미가 있지만, 성도들은 그 의미를 알지 못하면서도 예배에 참여한다. 이것은 예배에 참여하면서도 예배가 지향하는 목적에 이르지 못하는 결과로 이어질 수 있다. 참으로 안타까운 일이며 하루속히 지양해야 할 일이다. 다시 말해서 예배 의식의 상징적인 의미에 관한 교육과 예배에서 사용되는 색의 상징적인 의미에 관한 교육은 반드시 이뤄져야 한다. 뿐만 아니라 신학적으로는 예배에서 색을 사용하는 일과 색을 어떻게 사용하는 것이 심리적으로나 감성적으로 효과적인지를 연구할 필요가 있다.[3, 4]

예배 환경에서 사용되는 색과 관련해서 가장 우선적으로 고려되는 것이 교회 건물 외벽의 색과 예배실의 내벽의 색 그리고 예배당 안에서 사용되는 스크린의 영상과 조명색이다.

교회 건물 외벽의 경우는 도시와 농촌 혹은 주택가와 상가 등의 주변 환경을 고려하여 정하는 것이 가장 바람직하다. 과거에는 주로 붉은 벽돌을 사용하였는데, 최근에는 시멘트 색깔을 그대로 드러내어 소박하고 투박한 이미지를 내는 교회 건축이 많아지고 있다. 예배실의 조명은 예배에 감성적으로 참여할 수 있는 환경을 조성한다. 조명이 너무 밝거나 어둡지 않고 또 차갑게 느끼지 않도록 한다. 화려한 조명은 오히려 시각적 만족도를 떨어뜨린다. 따뜻한 색의 조명은 친근하고 안정된 느낌을 주어 시각적 만족도를 높여 준다. 예배 공간의 색은 조명에 많은 영향을 받지만, 소박한 느낌을 주는 색이면 좋겠다. 예배 공간의 색은 교회력에 따라 꾸며지는 것이 바람직하다. 예배 공간에 현수막을 붙이면서 색감을 드러내는 경우도 있는데, 개혁주의 전통의 교회는 예배 공간에 현수막을 거는 것을 좋아하지 않는다. 그것이 하나님에게 집중하지 않고 인간의 행위를 강조한다고 생각하기 때문이다. 현수막은 주로 교회 밖에서 볼 수 있도록 하는 것이 바람직하나, 예배 공간에서는 최소한의 범위에서 사용하되 예배 집중을

3　다음을 참고: 김지나/이지현/김수영, "교회 예배 공간의 조명환경에 대한 감성 반응 및 시각적 만족도 분석", 「한국생활환경학회지」 제20권 제7호(2013), 887-897.

4　이정구, "예배 공간에서 빛과 색에 관한 신학적 의미", 「신학과 실천」 제26호 1권(2011), 83-103.

방해되지 않도록 지나치게 화려한 색은 지양하자.

지금까지 예배는 하나님 인식을 실천한다는 주장을 의식하면서 살펴보았다. 정리해 보자.

예배는 하나님 인식을 실천하고 또 하나님을 새롭게 인식하는 현장이기 때문에 어떤 특정 순서로 환원할 수 없고, 또 특정한 인물이나 그의 관심에 집중해서도 안 된다. 세상의 근심과 염려로부터 떠나 하나님 앞으로 부름을 받은 성도들이 하나님과 성도들과 함께 보내는 은혜의 시간이고 또 가능한 한 그런 시간으로 경험될 수 있어야 한다. 이것은 인간의 노력을 통해 결코 촉발될 수 없는 하나님의 사건이며, 성령께서 행하시는 일이다. 우리는 다만 임재하시는 하나님을 만날 기대와 또한 그분에게 합당한 반응을 할 마음으로 참석할 뿐이고, 충실하게 준비된 예배를 통해 복합적으로 일어나는 하나님과의 소통을 기대하며 영과 진리로 예배할 뿐이다. 그 안에서 무슨 일이 일어나는지는 결코 예측할 수 없고 다만 의식에 적극적으로 참여함으로써 기대할 수 있을 뿐이다.

제4장

예배로서 성찬과 세례 그리고 절기

1. 성찬

예배를 말할 때 빠지지 않아야 할 예전은 성찬과 세례이다. 이 두 가지는 초대교회 시기부터 매우 중시되었는데(로마가톨릭은 7개 성사 [세례성사, 성찬성사, 견진성사, 고해성사, 결혼성사, 사제서품성사, 종부성사] 를 지켜왔는데) 종교개혁 이후 프로테스탄트(개신교) 교회가 유일하게 그 가치를 인정하여 포기하지 않은 것이다. 가치라 함은 크게 두 가 지이다. 하나는 예수님이 직접 제정하시고(성찬) 또 인정하신 것(세 례)이며, 다른 하나는 '하나님의 은혜를 보이는 말씀'이라는 것이다. 보이는 말씀이란 듣는 말씀으로서 설교를 염두에 두고 한 표현이다. 다시 말해서 하나님은 말씀하시는 분인데, 들을 수 있도록 말씀하시 지만, 볼 수 있는 매개(빵과 포도주)를 통해서도 말씀하신다는 말이다.

개인적으로 하나님의 말씀을 지각하는 방식과 관련해서 예배에 서 오감 모두를 사용하는 의식을 개발하는 것이 필요하다고 생각한 다. 다른 지각 방식(시각, 청각, 촉각, 미각)들은 이미 어느 정도 사용되고 있지만, 후각(향)을 사용하는 의식은 개신교에서는 없는 것 같다. 예배에서 후각이 어떤 의미작용을 하는지와 관련해서 연구가 필요하다고 생각한다. 무속이나 유교의 제사의식에서 향을 사용하기 때문에 향에 대한 부정적인 이미지를 갖고 있으나[1], 구약에서도 사용했고, 정교회나 가톨릭에서 향을 피우는 것은 오랜 예배 전통을 가지고 있다. 또 사실 과거 기독교 전통에서도 향을 사용하였다는 사실을 명심하자. 바울은 성도를 가리켜 "그리스도의 향기(고후 2:15)"라고 했는데, 예배에서의 후각 작용과는 상관없는 일이라 해도, 삶으로서의 예배에서 이해될 수 있는 표현이다. 향기로 자신을 기독교인임을 알리는 일은 삶으로서 예배에서 일어나는 일이다. 따라서 교회 예배에서 아름다운 향기를 사용하여 후각을 자극하는 것은 예배의 의미작용에 적지 않은 기여를 할 것으로 생각한다.

개신교에서 성찬은 세례와 함께 성례, 곧 거룩한 예식으로 여겨진다. 가톨릭교회가 지키는 다른 것들은 비록 신앙에 의미 있는 일이라 해도 다 인위적으로 고안한 것으로 본다. 특히 유아세례를 받은 자들의 입교를 위한 교육이며, 성찬에 참여할 수 있는 자격을 얻는 과정으로 여겨지는 견진례(입교교육 confirmation)는 비록 성례로 여기지는

---

1 후각은 동물의 가장 원초적인 감각이다. 동물에게서 나는 냄새는 위협을 피하거나 상대를 경고하기 위해서나 짝짓기를 위한 유혹의 수단으로, 또한 동물 상호 간의 의사소통을 위한 수단으로 사용된다. 이것은 인간사회에서도 마찬가지인데, 비록 다른 동물에서처럼 특성화되어 있지는 않지만, 인간에게서 나오는 냄새 역시 다양한 기능을 수행한다. 다른 동물과는 달리 인간은 특정 목적을 위해 의도적으로 향을 만들어 사용하기도 한다. 오늘날에는 향이 인간에게 미치는 영향을 이용하여 경제적인 효과를 노리는 향 마케팅도 활성화되고 있다. 그뿐 아니라 아로마테라피도 향을 이용하여 치료효과를 높이는 일이다. 이런 관점에서 본다면 예배에서 향을 사용하는 일에 지나치게 부정적인 반응을 보일 이유는 없다고 생각한다.

않아도 개신교에서 그 중요성에 대한 인식이 점점 커지고 있다. 구미 지역에서는 교육의 한 과정으로 여겨 실시하고 있다. 독일의 경우 유아세례를 받은 청소년들은 견진례를 준비하기 위해 주 1회에 참석하여 1년 동안 교육을 받는다.

성례로 번역된 그리스어는 신비의 의미를 갖는 '미스테리온'인데, 이것이 라틴어 *sacramentum*(사크라멘툼)으로 번역되면서 우리말로 '성례(가톨릭은 '성사')', 곧 거룩한 예식으로 번역되었다. 세례와 성찬이 신비로 이해된 까닭은 감각적인 것과 의식행위를 통해 보이지 않는 하나님의 은혜가 전해진다는 믿음 때문이다. 다시 말해서 세례와 성찬은 하나님의 은혜를 물과 포도주 그리고 빵을 매개로 성도들에게 전달하는 교회 행위다. 하이델베르크 요리문답은 성례를 이렇게 정의한다.

> "성례란, 복음의 약속을 더욱 충만히 선포하시고 우리에게 인치시고자 하는 의도로 하나님께서 지정하신 바, 눈에 보이는 거룩한 표와 인(印)인데, 복음의 약속이란 그리스도께서 십자가에서 이루신 단 한 번의 제사에 근거하여 하나님께서 은혜로 우리에게 죄 사함과 영생을 베푸신다는 것이다."

하이델베르크 요리문답이 정의하는 성례는 성례를 통해 어떤 은혜가 전달되는지를 말하고 있다.

1) 성찬과 성찬 경험-하나님의 행위가 일어나는 시간과 장소
성찬(聖餐)은 거룩한 음식을 말한다. 일상적으로 먹는 음식으로부

터 특별히 구별된 것이다. 물론 거룩하게 구별하시는 분은 하나님이다. 영어 표현은 eucharist 혹은 communion이다. eucharist는 '좋다'는 의미의 eu와 '은혜'를 뜻하는 charis(카리스)의 합성어로 "좋은 은혜"란 뜻으로 감사의 의미가 들어 있고, communion은 '함께'란 의미의 com과 '강화하다'는 의미가 있는 munire(무니레)의 합성어다. "함께 강화하다, 옹호하다, 튼튼하게 하다"는 뜻을 갖는다. 성찬의 공동체적인 성격을 잘 드러내는 표현이다. 다시 말해서 성찬은 참여하는 자가 감사하지 않을 수 없는 은혜를 받는 일이고 또한 참여자 모든 사람의 공동체성을 강화하는 일이다.

'성찬'은 예수님의 마지막 만찬을 염두에 두고 있다. 한자어 번역이지만, 애찬이나 다른 식사와 구별하기 위해 선택되었다. 시기적으로는 예수님이 잡히시기 전날 밤, 그러니까 목요일 저녁에 제자들과 함께 마지막으로 드신 만찬을 가리키고, 의식적으로는 제자들과 함께 마지막 만찬을 드시면서 행하시고 말씀하신 것을 기억하고 기념하며 반복하는 것인데, 특별히 모일 때마다 이것을 행하면서 예수님을 기념하라는 말씀에 따라 지키게 되었다.

원래 성찬은 유월절 절기 때에 먹는 보통의 저녁식사였다. 유대인들은 유월절을 맞이해서 어린 양을 잡아서 먹었다. 요시야 임금이 제사를 예루살렘 한 곳에 집중시키고 개혁을 단행한 후로(왕하 22-23장) 이 예식은 거주지가 아니라 오직 예루살렘에서만 거행할 수 있었다. 이때문에 유대인들은 유월절 절기를 제대로 지키기 위해 예루살렘을 순례할 수밖에 없었다. 예루살렘 거주자들은 순례자들에게 유월절 음식을 함께 할 의무가 있었다. 이런 관습을 통해 우리가 알게 되는 사실이 있다. 유대인들은 율법을 지키는 일을 결코 개인의 문제로만 여기지 않고 공동체적으로 인지했다는 것이다. 유월절을 맞이해서 예수님이 제자들과 마지막으로 함께 나눈 식사를 마지막 만찬으로 불렀고, 이것이 갖는 거룩한 의미 때문에 성찬, 곧 거룩한 음식이라 부른 것이다.

그런데 이것을 모일 때마다 기념하여 행하라는 말씀에 의거해서 제자들과 기독교인들은 예배로 모일 때마다 성찬을 가졌다. 그러다 나중에는 보통의 식사와 구별하여 특별히 세례자만 참석하는 의식으로 거행하였다. 성찬을 일상의 식사로부터 구별하게 만드는 요인은 식사 행위나 혹은 집례 행위 자체가 아니라 저녁 식사 때에 행하신 예수님의 말씀에 있다. 예수님의 말씀, 곧 '모일 때마다 기념하여 행하라'는 말씀과 '이것은 나의 몸이고 이것은 너희를 위해 흘리는 나의 피 곧 언약의 피다.'라는 말씀이 일상의 저녁식사를 특별하게 만든 것이지, 가톨릭이 주장하듯이, 사제의 집례 행위 자체에 특별한 의미가 있는 것은 아니다. 그렇다고 모여서 함께 교제하며 식사를 나누었다는 데에 의의를 찾아서도 안 된다. 성찬은 내연에 있어서 더 이상 확장이 불가능할 정도로 이미 예수님에 의해 확정되어 있다.

재차 강조하여 말한다면, 첫째, 성찬은 일상의 저녁식사에 특별한 의미를 부여히며 기념하는 의식이다. 일상을 거룩하게 경험하도록 한다. 둘째, 성찬을 성찬 되게 만든 것은 예수님의 말씀이지 교역자의 집례 행위가 아니다. 성찬을 누가 집례해야 하느냐의 문제와 관련해서 담임목사만 해야 하는 법은 없다. 교회법에 따라 규정된 자이면 모두가 가능하다. 일반적으로 만인사제직을 염두에 두는 경우 공동체에 의해 위임된 사람이라면 누구나 가능하다고 볼 수 있다. 셋째, 일상의 저녁 식사가 예수님의 말씀에 의해 특별한 의미를 갖게 되면서 성찬으로 불렸는데, 고린도전서 11장에서 바울이 지적하고 있듯이, 공동체 안에서 여러 폐단이 생기면서 애찬, 곧 저녁식사를 함께 나누는 일과 성찬은 분리되었다. 그러니까 성찬은 공동체적인 애찬의 배경에서 이뤄지며, 예수님의 말씀에 의해 거룩하게 여겨지는 식사이고, 공동체의 애찬을 종교적인 의식으로 제정된 형태이다.

2) 성찬 집례자의 자격과 성찬 참여자의 자격?

여기서 성찬 집례자는 반드시 목사이어야 하는지에 관한 질문을 생각해 보자. 교회운영의 민주화를 주장하는 사람들에게서 종종 듣는 비판이고, 성직자 중심으로 교회행위를 이해하는 대표적인 부정적 사례 중 하나로 여겨지는 부분이기 때문이다. 오랜 전통을 가진 것이라 너무 당연하게 여겨지고 있지만 성도들 사이에선 의문이 제기되기에 목회적인 관점에서 진지하게 고려해 볼 만하다.

성찬은 말씀선포와 함께 이뤄지기 때문에, 성찬 집례자는 다만 의식을 집행하는 기능만이 아니라 말씀을 선포하는 일과 연관되어 있다. 따라서 성찬 집례자의 자격은 말씀을 선포하도록 부르심을 받은 자와 연계해서 고려된다. 설교가 굳이 목사만 하는 것이 아니듯이, 성찬 집례자가 굳이 목사이어야 할 이유가 없다고 보는 비판적인 관점은 이런 생각에서 나온다.

가톨릭교회에서와 달리 개신교에서 성찬의 효력은 집례자에 좌우되지 않고 오직 말씀에 근거를 둔다고 앞서 말했다. 여기에 한 걸음 더 나아가서 성찬 집례자가 반드시 목사여야 한다는 주장은 어떻게 생각해야 할까? 사실 성찬 집례자가 반드시 목사이어야 한다는 규정은 교회법에 따른 것일 뿐 성경에 근거하고 있지는 않다. 초대교회 전통에서도 집례의 권한을 특정인에게 위임하는 내용을 찾을 수 없다. 당시 성찬에 대한 오해가 있어서 참석자를 세례자에 제한함으로 다소 특별한 소속감을 가질 수는 있었겠지만, 그렇다고 집례자의 자격을 규정하고 있지는 않다. 다만 순교자 저스틴(Justin Martyr, 100-165)이 쓴 성찬에 관한 기록에서 집례자로서 교회의 책임 있는 지도자를 언급한 것이 유일한 것이고, 그것을 교회가 법적으로 수용하여 자격을 성직자에게 제한하였을 뿐이다. 그 후로 종교개혁 이후 오늘날까지 성찬 집례자는 안수 받은 목사이어야 했다. 저스틴이 말한 것을 꼭 안수 받은 목사로 제한해야만 할까? 교회의 질서를 위해 반드시 필요한 일이겠지만, 오지에 위치해 있어서 목사가 없는 교회에서까지 성찬집례를 목사에 제한해야만 할까? 교회의 책임교역자면 되지 않을까?

반드시 목사가 집례를 해야 한다는 주장에는 종교개혁 이전에 사제에게 부여했던 권한과 역할을 연상케 한다. 하나님의 은혜는 오직 목사를 통해 수여되는 걸까? 만일 목사에게 과거 사제들에게 주어진 권한과 자격을 부여하는 것이 옳지 않다고 생각한다면, 반드시 목사가 집례를 해야 한다는 주장은 "교회의 책임교역자"라는 완화된 표현으로 바꿀 것을 제안한다.

이것과 직접적인 연관은 없지만, 다음의 질문도 함께 생각해 보자. 하나님의 은혜를 전달하는 수단인 성찬 참여에 자격을 제한해야만 할까? 자격을 제한하는 관행은 사실 교회가 국가로부터 공인을 받기 전 박해를 받는 시기에 '아이를 먹는다.'는 등의 갖가지 오해와 비난을 피하기 위해 성찬을 위한 모임을 예배 후에 따로 가졌는데, 참석자의 자격을 세례자로 제한한 것에서 유래한다. 세례 자격은 엄격할 수밖에 없었다. 현재는 교회규정에 따른다. 곧 성찬의 의미를 모른다는 이유로 또 아직 죄를 고백하고 세례를 받지 않았다는 이유로 성찬 참여를 법으로 제한하고 있다. 분리된 자리가 아니라 예배 중에 행하다 보니 소외감을 토로하는 성도들이 있다. 과거 세례자로 참여자격을 제한한 이유가 사라졌음에도 여전히 자격을 세례자로 제한하는 것은 하나님의 주권적인 은혜를 인간이 제한하는 건 아닐까? 세례를 받은 성도라도 성찬의 의미를 숙지하고 있는 사람은 얼마나 될까? 만일 성찬의 의미를 숙지하고 또 죄를 고백하고 그리스도를 주로 고백하고 영접한다면 비록 세례를 받지 않았다 해도 참석할 자격이 주어져야 하지 않을까?

성찬 집례자의 자격이나 성찬 참여의 자격에 대한 정당성은 다만 전통에 있을 뿐 성경적으로나 신학적으로 뒷받침할 수 있는 근거는 없다. 그러나 성경에서도 명시되어 있듯이, 성찬의 오용과 남용은 반드시 피해야 한다. 바울은 고린도교회에 보내는 편지에서 하나님은 무질서의 하나님이 아님을 강조하여 말했다. 만일 아무나 성찬을 집례 할 수 있게 한다면, 얼마나 무질서해질 것이며, 구속사적인 상징행위인 성찬을 아무 의미도 모르고 참여한다면 그것 역시 하나의 주술적인 종교행위로 전락할 뿐이다. 유아세례를 받았다 해도 입교식을 거친 후에 성찬에 참여할 수 있도록 한 것도 성찬의 오용을 막고 성찬의 의미가 퇴색되는 것을 방지하기 위함이다. 따라서 성경적으로 확실한 근거는 없고 또 신학적로도 정당한 근거를 제시할 순 없어도, 예배 전통에 따라 성찬 집례자는 목사이고, 성찬참여 자격은 세례자로 제한할 뿐이다.

전통을 바꾸고 싶지 않다면 문제가 되고 있는 성찬 집례자나 성찬 참여자에 대한 생각을 바꿀 수밖에 없다. 곧 성찬 집례자는 특권을 가진 자가 아니라 섬기는 자에 불과하다. 게다가 개혁주의 전통에서 그것은 예수님의 마지막 만찬을 재현하는 상징행위다. 물론 상징행위만이 아니라 성령의 임재를 믿고 기념하는 일로 실제로 성찬을 통해 은혜가 주어진다고 믿는다. 그런데 성찬을 집례하신 예수님은 종의 모습으로 제자를 섬기지 않았던가! 그러니 성직자로서 목회자의 특권을 주장하는 맥락에서 성찬집례 자격을 말하는 일은 없어야 할 것이다. 오히려 섬기는 자임을 더욱 분명하게 드러나는 예식이 되어야 하지 않을까?[2]

무엇보다 성찬의 효력은 성찬 집례자에 좌우되지 않는다는 사실을 명심하자. 또한 성찬참여 자격과 관련해서 개인적으로는 성찬의 의미도 배우고 또 그리스도를 주로 고백하고 영접했어도 특별한 이유 때문에(박해상황이나 혹은 개종 사실이 밝혀지면 실존의 위기를 겪을 수 있기 때문에) 세례를 미루고 있는 사람이라면 성찬에 참여할 수 있도록 열어놓는 것은 그렇게 큰 문제가 아니라고 생각한다. 하나님의 은혜를 막을 수 있는 자는 아무도 없기 때문이다. 다시 말해서 성찬은 하나님의 은혜를 보이는 말씀이기 때문에 인간이 하나님의 은혜를 막는 일은 없어야 하겠기 때문이다. 뿐 아니라 목사가 오랫동안 부재하는 교회에선 예외적으로 책임교역자가 성찬을 집례해도 괜찮지 않을까 생각한다. 안수 받은 목사가 부재한 지역에서 임시당회장이 일

---

2 성찬이 권력 관계를 반영한다는 비난도 없지 않다. 예컨대 교회의 징계인 수찬정지는 단지 잘못으로 인해 은혜에서 배제하는 행위이지만 종종 교회법을 해석하고 집행하는 과정에서 정치적인 고려가 전혀 없지 않기 때문에 권력을 위한 수단으로 오해될 소지가 많다. 뿐만 아니라 오직 목사 혹은 담임목사만 성찬식을 집례할 수 있도록 하는 것은 성찬과 권력의 상관관계를 의심하게 만드는 요인임에는 분명하다.

년에 한 번 방문하는 기회에 성찬을 거행하도록 한다면 성찬을 강조하는 신학의 의미가 무색해진다. 순교자 저스틴이 언급한 것도 교회의 책임 있는 자였지 정확하게 안수 받은 성직자라고 규정하지는 않았다. 만일 성찬의 중요성을 강조하고 또 전통을 고수해야 한다고 생각한다면, 시찰회에 속한 목사가 자주 순회하여 성찬식을 집례해야 하지 않을까? 성찬의 중요성을 강조하면서도 성찬을 받을 기회를 주지 않는다면 실천하지 않는 지식에 불과하다. 만일 형편상 그럴 수 없다면, 예외 규정을 두어 책임교역자가 성찬을 집례할 수 있도록 하는 것은 어떨까?

3) 성찬의 관행은 괜찮은가?

바울이 고린도교회에 보내는 편지에서 언급한 성찬 관행(고전 11:17-34)은 애찬과 성찬이 특별한 구별 없이 행해지던 시기에 일어난 것인데, 고린도 교회의 성찬 관행과 관련해서 바울은 성찬의 의미를 재차 환기하는 마음으로 편지를 썼다. 먼저 고린도 교회에서 일어났던 일을 정리하면 이렇다.

예수님의 마지막 만찬은 원래 유월절 식사이고, 성찬은 이것을 기반으로 제정된 것이다. 당시에는 예수님이 베푸신 모범에 따라 애찬을 나누면서 성찬을 행했다. 그런데 고린도 교회에선 부자와 가난한 자의 애찬이 서로 분리되어 있었던 것 같다. 애찬에는 각자 가져온 음식을 나누어 먹었다. 포도주도 일상처럼 마셨다. 부자라서 일을 할 필요가 없거나 일찍 일을 마친 사람들은 먼저 애찬을 마칠 수 있었고, 저녁 늦게까지 일을 해야만 했던 사람들은 늦은 시간에 와서 겨우 애찬을 나눌 수 있었다. 가난한 사람들은 가지고 온 음식이 없어서, 만일 먼저 시작한 사람들이 남겨 놓지 않고 이미 다 먹어버렸다면 굶어야 했다. 일찍 마친 사람들 중에는 포도주를 많이 마셔 이미 취해 있는 사람도 있었다. 간단히 말해서 고린도 교회의 애찬은 일상의 거룩함을 경험할 수 없었을 뿐만 아니라 교회의 공동체성도 확인할 수 없을 정도였고, 더욱 안타까운 일은 이것에 대한 심각성을 전혀 느끼지 못한 것이었다. 바울 사도가 주목하여 지적한 것은 바로 이런 현실이다.

바울은 다시 한 번 성찬의 의미를 되새겨 줄 필요를 느꼈다. 그래서 첫 번째 성찬 당시의 예수님의 말씀을 상기하였다. 이 내용은 복음서에 나오는 것과 크게 다르지 않은데, 바울은 마지막 만찬에 참석하지도 않았으면서도 "주께 받은 것(고전 11:23)"이라고 하면서 성찬의 진정성과 권위를 강조하였다. 성찬과 관련한 전통이 당시에 교회의 전통으로 굳게 자리 잡고 있었음을 알 수 있다.

바울의 편지에서 핵심은 성찬의 의미를 되새기고 또 성찬의 행위를 바로 잡는 데에 있었다. 다시 말해서 성찬이 비록 애찬의 형태로 이뤄진다 할지라도 함부로 참여하거나 남용해서는 안 될 일이며, 또한 성찬에 참여하면서 자신의 죄를 회개하지 않고 혹은 자기 멋대로 행해서는 안 된다는 것이다. 또한 성찬의 공동체적인 의미가 훼손되어서는 안 되었다. 더욱 놀라운 사실은 고린도 교회의 성도들 가운데 아픈 사람들이 있었는데, 바울이 그 원인을 성찬의 남용에서 찾은 것이다. 바울이 이런 사실을 언급한 것은 성찬이 비록 의식으로 거행되는 저녁식사이지만, 하나님의 행위를 염두에 두고 경건하게 지켜져야 하며, 또 그 효력에 있어서 우리의 일상과 얼마나 밀접한 관련이 있는지를 강조하기 위함이었다.

다음으로 분병과 분잔의 관행에 관해 생각해 보자. 관행적으로 행해지고 있는 방식은 크게 두 가지다. 비교적 규모가 큰 교회는 먼저 집례자의 기도에 이어 장로들에게 분병 분잔을 하고, 그 후에 장로들이 회중석을 돌아다니면서 성도들에게 나누어 준다. 일어서서 받든 앉아서 받든 그것은 그렇게 중요하지 않다. 다른 하나는 중소규모의 교회에서 행해지고 있는데, 집례자가 서 있는 곳으로 나와서 받는 것이다.

예수님의 만찬을 생각한다면, 굳이 무엇이 옳은 방식인지를 물을 이유는 없지만, 개혁교회 전통에 근거한 예식은 성도들이 앞으로 나와서 받는 것을 권고하고 있다. 다만 사람이 많기도 하고 또 시간 관계상 장로들로 하여금 회중석을 순회하며 나눠줄 뿐이다. 교회가 대형화되면서 일어난 부작용이다. 할 수 있는 한 분병과 분잔은 앞으로 나와서 받도록 하면 좋을 것 같다. 숫자가 많아 어렵다면 할 수 있는 길을 택해야 하지 않을까? 교회의 온전성을 판단함에 있어서 전통적으로 성찬이 바르게 집행되고 복음이 바르게 선포되는 것을 중요한 기준으로 보고 있는데, 성찬을 온전히 거행할 수 있기 위해서라면 교회의 규모를 과감하게 줄이는 결단도 생각해 볼 만하다. 전통을 중시하여 집례자와 참여의 자격을 제한하는 것을 마다하면서 분병과 분잔의 전통은 편의에 따라 하는 것은 정당할까? 교회 행위가 일관되지 못하면 성도들의 신뢰를 얻지 못한다.

한편, 성찬 경험은 구체적으로 무엇을 말하는 것일까? 이를 위해 먼저 성찬 경험을 가능하게 하는 성찬의 의미에 관해 생각해 보자.

4) 성찬의 의미를 알고 참여합시다

성찬에 관해서는 복음서에 기록되어 있다(마 26:17-29; 막 14:12-26; 눅 22:7-23). 바울도 복음서 전통에 근거해서 성찬에 대해 말했다. 복음서가 전해 주는 성찬예식과 그것의 의미는 그만큼 중요하다.

첫째, 복음서 본문에서 성찬은 종말론적인 지평을 갖는다. 마태복음 26장 29절(막 14:25; 눅 22:18)에 보면 "그러나 너희에게 이르노니 내가 포도나무에서 난 것을 이제부터 내 아버지의 나라에서 새것으로 너희와 함께 마시는 날까지 마시지 아니하리라…." 마지막 만찬을 제자들과 함께 나누면서 아버지의 나라에 대한 기대감을 갖게 했다. 성찬을 거행하면서 종말론적인 소망을 가질 수 있다.

둘째, 성찬의 자리에서 가룟 유다의 배반 행위가 드러났다. 이것은 성찬 전에 죄를 회개하는 일과 성찬 참여 사이에 서로 밀접한 관련이 있음을 말한다. 이것을 통해 바울은 자신을 돌아보지 않고 성찬에 참여하는 것이 오히려 자기 자신에게 화로 작용했다는 것을 자신 있게 말할 수 있었다. 포도주와 빵은 단순한 물질이 아니라 성령의 작용을 통해 거룩한 효과를 갖는 것임을 환기한 것이다. 성찬의 순간에 우리의 죄는 하나님 앞에 더욱 분명하게 드러난다. 우리 죄 때문에 죽으셨다는 사실을 끊임없이 되새기게 하기 때문이다. 따라서 성찬 전에 회개하는 일이 반드시 있어야 한다. 독일을 중심으로 일어난 경건주의 시기에는 비록 모양은 달라도 성찬 전 일주일 동안 매일 한 끼 혹은 하루 혹은 삼일 정도 금식하며 회개하면서 경건한 시간을 보냈다.

셋째, 성찬은 예수님의 죽음이 구원의 의미를 갖고 있음을 선포한다. 그것은 단순히 먹는 행위가 아니라 하나님의 구원을 선포하는 행위다. 성찬에 참여하는 것 자체가 선포라는 것인지, 아니면 성찬을 집례하면서 선포행위를 하는 것인지가 분명하지 않다. 그러나 문맥상으로는 집례행위가 아니라 성찬에 참여하여 먹고 마시는 행위 자체가 선포하는 행위라고 보았다. 떡과 포도주를 나누는 것으로 하나님의 구원을 선포한다는 말이다. 그래서 예수님은 제자들이 모일 때마다 이것을 기념하여 행하라고 말씀하셨다. 왜냐하면 의식에 참여하는 일 자체가 구원을 선포하는 일이기 때문이다. 행위 자체를 통해 구원을 선포하는 일이니 참으로 신비한 일이다.

참고로 이와 관련해서 언급할 점은 개신교에서 성찬 집례자가 자기 스스로 떡을 먹고 또 포도주를 마시는 모습을 종종 볼 수 있는데, 가톨릭의 미사에선 가능할지 몰라도 더 이상 사제의 의미와 전통을 계승하지 않는 개신교의 관점에서 볼 때는 옳지 않다. 타인이 건네주는 떡을 받고 잔을 받는 것이 바람직하다. 이것은 베푸는 자가 집례자가 아니라 예수 그리스도임을 나타내고 또 성찬이 갖는 선포의 의미 때문인데, 하나님의 구원을 스스로에게 선포한다고 말할 수는 없기 때문이다.

넷째, 바울이 고린도교회에게 보낸 편지에서 강조하는 내용은 성찬의 공동체성이다. 사실 이것은 바울의 독창적인 생각은 아니다. 원래 유월절 음식 자체가 공동체적이다. 다시 말해서 유월절 절기 음식을 먹을 때 가장은 빵을 들고 감사 기도를 한 후에 참여한 사람들 모두에게 나눠주었는데, 이것은 유월절 음식이 원래부터 공동체성을 갖고 있음을 말한다. 바울은 유월절 음식에서 이런 점을 고린도교회의 상황을 고려하여 성도들에게 재차 확인시켜 주었다.

복음서에는 예수님의 말씀과 행위가 중심을 차지하고 있는 데에 비해, 고린도전서에는 공동체성이 강조되어 있다. 그러니까 누구나 함께 할 수 있고 또 모두가 함께하는 식사라는 의미를 바울은 강조하였다. 또한 성찬을 단지 의식적인 행위로만 받아들여서는 안 된다는 사실을 강조하였다. 특히 성찬이 의식의 차원을 넘어 일상에 미치는 효과에 대해서도 강조하였다.

다섯째, 바울이 전하는 성찬의 전통에서 중요한 것은 성찬 자체가 예수님의 죽으심을 전하는 행위라는 것이다. 그러니까 성찬에 참여함으로써 우리는 과거의 사건을 상기한다. 주님의 죽으심의 의미, 곧 세상을 구원하시기 위해 우리의 죄를 대신해서 짊어지셨고, 그럼으로써 우리의 죄가 용서받았음을 다시 한 번 듣고 또 확인하게 된다. 성찬 참여 자체는 과거 종말을 선취하신 예수 그리스도의 사건을 현재화하는 것이며, 우리가 회개한 죄가 용서받았음을 확인하는 행위다. 그런데 만일 우리가 우리의 형제자매들이 지은 잘못을 용서하지 않으면 어떻게 될까? 성경의 의미에 따르면, 성찬은 아무 의미가 없게 된다. 왜냐하면 마태복음 18장에서 용서가 철회된 종 이야기를 통해 알 수 있듯이, 그것은 하나님의 죄 용서가 자신에게 나타나기를 스스로 거부하는 행위이기 때문이다. 따라서 성찬에 참여하기 전에 서로의 잘못을 용서하고 그것을 실천하는 의미에서 화해하는 의식을 행하는 것이 좋겠다.

5) 성찬 경험이 있습니까?

성찬 경험이란 복음서와 고린도전서에서 나타난 의미들을 바로 알고 성찬에 참여할 때, 일어날 수 있는 사건, 곧 신앙경험이며 하나님을 경험하는 것을 말한다. 성찬을 의식적으로 행하는 것에만 의미를 두는 성도가 많다. 물론 앞서 말했듯이 성찬 참여 자체가 하나의 선포 행위로 이해될 수 있기 때문에 결코 간과할 수 없다. 그러나 성찬의 의미를 알지도 못한 채 참여하는 것은 문제다. 성찬의 신학적인 의미를 잘 모르거나 성찬의 의미에 대한 성찰을 하지 않으면 성찬을 무의미하게 만들고 단지 주술적인 종교행위로 여기게 만들 수 있다.

성찬 경험은 종말을 선취한 예수 그리스도의 십자가 사건을 상기함으로써 현재화하는 것이며, 가룟 유다에게서 볼 수 있듯이 예수 그리스도를 오해할 수 있는 경험이기도 하고 또한 죄인으로서 경험임과 동시에 죄의 용서에 대한 경험이고, 함께함 곧 성도의 공동체성에 대한 경험이며, 구원의 약속을 재확인하는 경험이고, 종말론적인 기대감을 갖는 경험이다. 이것에 대한 간절한 기대와 소망을 갖고 성찬에 참여할 때 성령의 인도하심에 따라 일어나는 경험이 바로 성찬 경험이다.

성찬 경험의 대표적인 사례는 엠마오로 가는 두 제자의 이야기와 고린도 교회에 보낸 편지에서 살펴볼 수 있다. 엠마오로 가는 두 제자들에게 성찬은 자신들과 동행한 사람이 바로 부활의 예수님임을 알아보는 계기로 작용한다. 물론 성찬만이 아니라 말씀을 풀어 주는 일도 있었지만, 이것을 바탕으로 함께 나눈 성찬의 순간에 그들은 눈이 밝아져 예수님임을 알아보았다. 성찬은 예수님의 임재를 경험하게 한다. 이에 비해 바울은 고린도교회에 보내는 편지에서 성찬 경험에서 부정적인 사례를 전해 준다. 곧 바울은 성도들 가운데 일부가 성찬에 참여하기 전에 회개하지 않고 성찬을 합당치 않게 먹고 마심으로 몸에 병을 얻었음을 환기한다. 성찬은 은혜의 시간이면서 또한 심판의 시간이기도 하다. 왜냐하면 예수께서 심판자로 성찬 가운데 임재하시기 때문이다. 이에 반해 라오디게아 교회에 하신 "그와 더불어 먹고 그는 나와 더불어 먹으리라(계 3:20)."는 말씀을 마지막 만찬을 염두에 두고 하신 말씀으로 본다면, 성찬은 회개하는 자에게 베푸는 은혜를 의미한다. 회개할 것이 많은 라오디게아 교회에 주신 말씀에서 우리는 예수님이 이토록 우리와 만찬을 나누고 싶어 하신다는 사실을 느낄 수 있다. 회개하지 않고 성찬에 참여하는 자에겐 심판이지만, 회개하는 자에게는 은혜를 만날 수 있는 기회다. 이것은 이미 첫 만찬에서 드러난 사실인데, 가룟 유다의 악한 생각은 만찬 중에 드러났기 때문이다. 돌이킬 기회도 있었고, 잘못임을 깨닫는 기회도 분명 성령이 주신 생각일진대, 이것들을 그는 회개의 기회로 삼지 않고 스스로 목숨을 끊었다.

성찬 경험은 성찬에 관한 이론에 좌우된다. 가톨릭교회가 주장하는 화체설(사제의 축사에 의해 빵과 포도주가 예수 그리스도의 몸과 피로 바뀐다는 이론)은 종교개혁 이후 개신교에서 더 이상 받아들이고 있지 않다. 루터는 공재설, 곧 승천하신 예수 그리스도의 몸과 피가 성찬의 빵과 포도주에 함께 임한다는 주장을 하였다. 그러나 츠빙글리는 루터의 공재설이 예수 그리스도의 몸을 하늘과 땅에 있도록 함으로써 이원화시킨다고 성찬의 빵과 포도주는 다만 상징에 불과하다고 주장하였다. 그에게 성찬예식은 상징행위일 뿐이다. 기념하며 행하는 것이라고 보아서 츠빙글리는 성찬의 빵과 포도주에 예수께서 육체적으로 임한다는 생각을 거부했다. 루터와 츠빙글리의 논쟁과 분열은 매우 안타까운 역사이다. 사실 엄밀히 말해서 성찬의 효력은 인간의 행위가 아니라 "오직 은혜"에 기초하고 있었고, 이것을 끝까지 유지했다면 이론의 차이에도 불구하고 교회의 분열로까지 이어지진 않았을 것이라고 본다. 그러나 이론에 따라 교회의 분열이 초래한 배경에는 종교개혁 이후 '오직 성경으로'라는 성경원리가 지나치게 교조적으로 작용했기 때문이라고 생각한다. 다시 말해서 성경의 권위를 교회 위에 둔 결과 한편으로는 잘못된 폐단을 개혁할 수는 있었지만, 다른 한편으로는 성경 해석의 차이를 조정할 최종 심급기관은 사라졌다.

칼뱅은 루터의 공재설과 츠빙글리의 상징 및 기념설을 종합하여 성령임재설과 기념설을 주장하였다. 곧 빵과 포도주에 성령이 임재하며, 예수 그리스도의 고난과 죽음을 기념하는 것이라 하였다. 오늘날 루터파를 제외한 대부분의 개신교는 성령임재설을 바탕으로 성찬예식을 거행한다.

성례란 전통적으로 하나님의 보이지 않는 은혜가 가시화된 형태로 이해된다. 하나님의 은혜는 보이지 않지만, 이 보이지 않는 은혜를 가시화시킨 것을 가리켜 성례라고 했다. 또한 듣는 말씀에 비해서 성찬을 보는 말씀으로도 이해한다. 보고 감각적으로 경험함으로써 하나님의 말씀이 내게 사건으로 일어나기 때문이다. 세례는 하나님의 죄 용서를 가시화시키는 예식이고, 성찬은 하나님의 구원에 대한 약속과 성도의 유기적인 공동체성을 가시화시키는 예식이다.

2. 세례(침례)

1) 세례는 꼭 필요한가?

세례는 죄를 고백하고 예수 그리스도에 대한 신앙을 받아들인 성도에게 집례자가 성부와 성자와 성령의 이름으로 머리에 물을 세 번 뿌리는(혹은 머리에 세 번 붓거나 혹은 물에 세 번 잠기는) 의식 행위를 가리킨다. 죄 씻음의 의식이다. 세례를 통해 예수 그리스도의 죽으심과 부활하심을 통해 하나님의 죄 용서가 일어났음을 상징적으로 보여 준다.

세례와 관련해서 이런 질문으로 시작해 보자. 세례는 꼭 받아야 하는 걸까? 실제로 세례를 베풀지 않는 교단도 있다. 구세군은 세례 대신에 그에 상응하는 것으로 '병사입대'라는 의식을 치르고, 퀘이커 교도들은 세례와 성찬을 구약 시대의 잔재라고 생각해서 다만 영적으로 이해할 뿐 물세례를 주지도 또 받지도 않는다.

사실 오늘날 교회에서 세례는 지극히 당연시되고 있지만, 유래와 의미 그리고 그 당위성에 대한 논란은 과거부터 지금까지 계속되고 있다. 그래서 처음부터 신학적으로 따지고 들면 참으로 복잡해진다. 목회 현장에서는 말씀에 의거해서만 살펴보고, 의문이 생길 때 신학적인 맥락에서 살펴보는 것이 좋겠다. 교회의 전통을 바르게 지키는 일은 성경이 권하는 일이다(살후 2:15, 3:6). 그러나 전통을 지킨다고 해서 보수적인 것만은 아니며, 전통에서 과감하게 벗어난다고 해서 진보적인 것만도 아니다. 관건은 이렇다. 옳은 것이라면 아무리 오래된 것이라도 계속 행해야 하고, 그러나 변질되었다면 과감하게 버리는 것이다. 아무리 새롭고 또 사람들에게 유익을 줄 것으로 여겨진다 해도 옳지 않으면 수용하지 말아야 하고, 옳으면 과감하게 수용해야 한다. 또한 아무리 낡은 것이라도 그것이 옳다면 보존해야 하나, 옳지 않으면 과감하게 포기해야 한다. 세례가 어느 것에 해당하는지는 '성례'의 하나로 보는 전통이 잘 말하고 있다. 세례는 예수님도 인정했다고 여겨지는 것으로 오랜 전통을 가진 의식이고, 때로는 그 의미가 희미할 정도로 소원하지만, 옳은 것이기 때문에 교회가 보존하고 또 행해지고 있는 의식이다. 무엇보다 그 의미를 제대로 알고 행하고 또 받는 것이 필요하다.

세례를 말하는 성경 구절이 여러 개 있다. 마태복음 28장의 본문은 제자훈련과 관련해서 자주 인용되지만 세례와 관련해서 대표적인 증거본문이다. 예수님은 제자들에게 "아버지와 아들과 성령의 이름으로 세례를 베풀고"라고 말씀하셨다. 대개는 세례의 당위성을 이 말씀에서 찾는데, 그리스도의 제자가 되는 일과 세례를 받는 일은 서로 깊은 연관이 있음을 시사한다. 예수님 자신도 세례 요한에게 세례를 받으셨다고 기록한 사실로부터 세례에 대한 초대 공동체의 의식을 엿볼 수 있다. 사도행전은 초대 공동체가 예수 그리스도의 복음을 믿는 사람들에게 세례를 베푼 증거를 제시한다. 곧 이는 예수 그리스도를 믿는 성도 혹은 하나님의 일을 맡아 행하는 성도들은 세례를 받아야 했다는 사실을 말한다. 세례는 수세자의 신앙 고백에 근거해서 죄를 용서 받은 그리스도인 됨을 확증하는 일이었다.

2) 세례는 어디서 유래하는가?

그러다 보니 자연스레 제기되는 질문이 있다. 세례는 어디서 유래한 걸까? 세례와 관련해서 가장 많은 논란이 있는 것이 유래이다. 특히 물과의 관련성에 비춰볼 때, 유대교의 정결 의식, 특히 쿰란 공동체에서 행해졌던 정결 의식에서 유래한다고 보는 견해가 있고, 요한이 광야에서 회개를 촉구하면서 베푼 일에서 유래되었다고 보는 견해도 있다. 유대교로 개종을 할 때 할례를 받고 물로 씻는 의식이 있는데, 의식이 간소화되면서 세례로 바뀌었다고 보는 의견도 있다. 그러나 할례의 효력에 관해 누구보다도 많은 생각을 한 사도 바울의 글에 보면 할례와 세례를 직접적으로 비교하는 글을 발견할 수 없다. 다만 골로새서 2장 11-15절에 보면 바울이 할례를 말하고 있는데, 이것을 세례의 의미와 비교하며 해석하는 경우가 있다. 12절에 나오는 "세례"라는 표현 때문이라고 생각한다. 고린도전서 10장 1-2절에서도 바울은 홍해를 건넌 사실과 세례를 연관시키고 있다. 그 이전의 노아의 홍수 사건을 세례로 해석하기도 한다. 어찌되었든 죄 없으신 예수님도 받으시고 또 그것이 마땅한 일이라고 여기셨다고 기록한 사실에 비추어 보면, 물로 씻는 행위는 하나님과의 관계에서 의미가 있는 행위였으며, 특히 죄를 회개하는 것과 관련해서 실천되었고, 어느 정도 많은 사람들에게 공유된 유대교 전통이었을 것으로 추측할 수 있다.

또한 세례와 관련해서 흔히 제기되는 질문은 침례와의 관계이다. '세례를 받다'는 말의 원어는 '잠기다'의 뜻을 가지고 있다. 그러므로 원래 침례란 말은 물에 잠기는 행위다. 그러나 '사도들의 가르침'으로 알려진 '디다케'라는 고대 문헌에 보면, 물이 부족할 경우에는 세 번 물을 뿌려도 된다고 되어 있다. 세례는 물로 세 번 뿌리거나 부었고, 물이 충분한 경우에는 물에 잠기는 침례로 행해졌다. 따라서 원래는 침례의 형태가 옳은 방식이라고 볼 수 있지만 그렇다고 해서 반드시 침례로 행해야 하는 것은 아니다. 사정과 형편에 따라 머리에 물을 세 번 뿌리거나 부어도 되고, 침례를 거행해도 무관하다.

3) 세례의 의미를 알고 행합시다

세례의 의미와 관련해서도 많은 논란이 있다. 먼저 하이델베르크 요리문답에 따르면, 세례란 죄 씻음의 약속이다. 세례는 죄를 씻는 은혜의 행위로서 우리에겐 약속으로 여겨진다(엡 5:26, 딛 3:5). 죄는 오직 예수 그리스도의 피로써 깨끗이 된다. 세례는 이것을 확증하는 표이며 동시에 약속이다. 하이델베르크 요리문답이 약속의 성격을 강조한 까닭은 세례 후에 반복되는 죄를 염두에 두었기 때문이다. 또한 세례는 그리스도와 함께 죽고(골 2:12), 그리스도와 함께 부활하며, 옛 사람은 죽고 새로 태어나면서 그리스도와의 연합을 상징한다(롬 6:3-5; 고전 12:13). 육신의 소욕이 죽고 성령의 소욕으로 다시 사는 것을 상징한다. 기독교인으로서 삶의 시작을 의미한다.

그렇다면 세례는 왜 베풀어야 할까? 세례라는 행위를 통해 하나님의 은혜가 전달되기 때문이다. 과거 어거스틴이 펠라기우스를 상대로 벌인 논쟁에서 주장한 것처럼, 이 은혜가 전달되는 것은 집례자의 인격이나 능력과 무관하다. 또한 세례를 받는 사람의 신분과도 무관하다. 하나님이 일방적으로 베풀고 또 그분의 은혜가 전달되는 행위이다. 세례를 받는 자는 다만 주어진 은혜를 거부하지 않고 받아들이기만 하면 되는데, 다만 회개한 사람에게 그리고 신앙고백을 통해 확인되는 사람에게 세례를 베푸는 까닭은 은혜가 은혜로서 가치를 갖게 하려 함이다.

4) 유아세례는 필요한가?

세례와 관련해서 일어나는 가장 큰 논쟁거리는 유아세례이다. 종교개혁 당시에 재세례파(anabaptism, 再洗禮派)가 유아세례를 강하게 부정했고, 이런 전통을 가지고 있는 오늘날 메노나이트 아나뱁티스트들과 침례교는 세례 지원자의 회개와 신앙고백을 중시하여 유아세례를 베풀지 않는다. 유아세례가 현대에 와서 다시 논쟁이 된 것은 개신교 신학자 칼 바르트가 유아세례를 부정했기 때문이다. 세례는 신앙고백에 따라 베푸는 것인데, 유아세례는 아이 자신의 신앙고백이 아니라 부모의 신앙고백에 따라 베푸는 의식이다. 그래서 바르트는 유아세례의 효력을 부정했다.

유아세례를 말하는 가장 중요한 본문은 사도행전 16장 33절인데, 이것을 유아에게도 세례를 베풀었던 사실에 대한 단서로 읽을 수 있지만, 그렇다고 해서 확실한 증거는 아니다. 당시에 사람의 숫자에는 오직 성인 남성만이 고려의 대상이었기 때문이다. 또한 골로새서에서 말하는 할례가 난지 8일 만에 받는 전통을 유비적으로 해석하여 2장 12절에 나오는 "세례"를 유아세례로 이해하기도 한다. 또한 아브람이 할례를 행하지 않아 하나님이 그를 죽이려 했을 때 그의 아내 십보라가 급히 할례를 행한 기록에 따라 하나님의 자녀임을 확인하는 유아세례를 반드시 받아야 한다고 주장하기도 한다.

그런데 세례의 의미와 관련해서 신앙고백의 중요성이 강조되면서 신앙고백을 기대할 수 없는 어린아이에게 세례를 베푸는 것을 의심하는 일들이 일어나게 되었다. 과연 부모가 아이의 신앙을 대신할 수 있는가 하는 것이다. 부모는 단지 양육자로서 책임을 가질 뿐이지, 아이의 신앙고백을 대신할 수는 없다. 그래서 유아세례의 무용론을 주장한다. 이러다보니 어려서 세례를 받은 사람의 경우, 성인이 되어서 자신의 신앙고백을 바탕으로 다시 세례를 받아야 한다고 주장한 사람들이 있었는데, 이들이 재세례파(아나뱁티스트)이다. 앞서 언급했듯이, 유아세례 논쟁에 다시금 불을 붙인 사람은 칼 바르트이다. 그는 물세례를 하나님의 은혜의 행위에 대한 인간의 반응으로 여기고 인격적인 반응을 할 수 없는 아이들에게 물세례를 주는 것은 무의미하다고 보았다.

재세례파 운동은 취리히(Zürich)시의 젊은 지식인 집단 가운데에서 처음 생겨났는데, 스위스의 종교개혁가 울리히 츠빙글리(Huldrich Zwingli)의 견해를 따랐다. 그들은 어린아이들이 선악에 대한 자각이 생기기 전까지는 죄로 인한 형벌을 받지 않으며, 그런 자각이 생기고 난 후에야 비로소 자유의지를 바탕으로 회개하고 세례를 받아들일 수 있다는 견해를 고수했다. 이 운동은 사회개혁과 관련해서 급진적인 태도를 취해 독일의 종교개혁에서 큰 장애물로 여겨졌는데, 뮌스터(Münster)시(市) 광장 중심에 있는 교회의 종탑에는 당시 재세례파에게 끔찍한 형벌을 가한 흔적이 아직도 남아 있다. 이들은 중세교회의 개혁만을 목표로 삼지 않았으며, 초대 교회의 제도와 정신을 복원하고자 하는 결연한 의지를 가졌다.

이처럼 유아세례에 대해 신학적으로 논란이 있지만, 그럼에도 불구하고 유아세례를 베푸는 까닭은 교회의 전통이기 때문이라고 생각하는 것이 좋을 것이다. 유아세례를 받지 않으면 해를 받거나, 유아세례를 받는다고 해서 특별한 권리가 주어지는 식의 해석은 건전하지 못하다. 유럽에선 유아세례가 기독교 가정의 아이가 성장 과정에서 당연히 거치는 하나의 의식이 되었고 견진례(Konfirmation, 입교예식에 해당한다.)와 더불어 가족 행사 중 하나로 여긴다. 이렇게 말한다고 해서 유아세례에는 하나님의 은혜가 주어지지 않는다고 말하는 것은 아니다. 필자는 만일 세례에서 주체가 되는 하나님의 행위에 전적으로 맡기는 태도에 의미를 둔다면, 비록 고백할 수 없는 아이라도 하나님께서 은혜를 베풀어 주신다고 생각한다. 이런 맥락에서 성찬 역시 비록 (성찬의 의미에 대한 교육은 받았으나) 세례를 받지 않은 채 참여한다 해도 하나님은 은혜를 주신다고 생각하는 것은 결코 지나치다고 생각할 수 없다.

5) 물세례와 성령세례는 무엇이 다른가?

세례와 관련해서 또 다른 뜨거운 감자는 물세례와 성령세례의 관계이다. 마가복음 1장 8절에서 세례 요한은 이렇게 말했다. "나는 너희에게 물로 세례를 베풀었거니와 그는 너희에게 성령으로 세례를 베푸시리라." 여기서 물세례와 성령세례가 구분되어 나오고 또한 주체도 달라지고 있다. 이로 미루어 볼 때, 물세례와 성령세례의 의미가 다를 것이라고 짐작하는 것은 무리가 아니다. 양자는 어떻게 다를까?

먼저 세례 요한이 베푼 물세례는 회개의 세례이다. 단지 상징이 아니라 회개를 동반하는 행위다. 예수님이 세례 요한에게 물세례를 받으신 까닭은 죄 용서를 위해서가 아니라 누구나 마땅히 받아야 함을 모범적으로 보이신 것이다. 다른 한편으로 초대 공동체에게 있어서 물세례는 예수 그리스도의 피로 죄가 씻음 받았다는 것을 증거한다. 또한 그리스도와 함께 죽고 또 그리스도와 함께 부활하여 새 생명을 얻었다는 것을 상징한다. 뿐만 아니라 세례를 통해 새 생명을 얻는다.

이에 비해 성령 세례는 세례 요한에 따르면, 예수 그리스도가 베푸는 세례이다. 예수를 그리스도로 또한 구세주로 고백하고 새 생명으로서 이 땅에서 살아가는 사람들을 가리켜서 성령세례를 받았다고 말한다. 예수 그리스도와의 신앙관계가 확실히 정립된 사람, 곧 중생한 사람을 가리켜 성령세례를 받았다고 말한다. 예수 그리스도의 사람, 그를 따르는 사람은 성령세례를 받은 것이다. 이것은 눈에 보이지 않지만 하나님의 앞서 행하시는 주권적인 은혜의 행위로 일어난 결과다. 예수 그리스도를 믿음으로 하나님의 뜻대로 살아갈 수 있는 능력이 위임되는 사건이다. 성령세례를 통해 하나님의 뜻에 따라 능력을 위임받으면(impowered) 그에 따른 은사를 갖게 되지만, 사람이 간절히 원한다고 해서 모두가 은사를 받는 것은 아니다. 하나님은 당신의 뜻이 자신을 통해 이뤄지길 원하고 또 실제로 순종하는 사람에게 능력을 위임하신다. 모든 기독교인은 성령세례를 받으나 모든 사람들이 은사를 받는 것은 아니다. 부르심에 필요한 은사를 받을 뿐이다.

6) 세례 경험이 있습니까?

성찬 때에도 그렇지만 세례를 받을 때 어떤 경험을 했는지를 물어보면, 대체로 별다른 대답을 얻지 못한다. 조금 긴장되고 상기된 분위기 정도랄까. 참으로 아쉬운 일이다. 하나님의 은혜의 행위로 여겨지고 있음에도 불구하고 성도들에게 세례 경험이 없다는 것은 문제라고 생각한다.

물론 유아세례를 받은 사람들은 세례 경험을 말할 순 없다. 혹 말할 수 있다면, 부모의 경험이다. 유아세례에 대한 이야기가 가족의 대화중에 회자하면서 간접적으로 유아세례에 대한 경험을 갖는다. 또한 예배 중에 행해지는 유아세례 과정에 참가하면서 유아세례를 경험한다. 유아세례를 받은 아이들이 비록 자신의 유아세례에 대한 기억은 없지만, 유아세례에 참여하면서 경험할 수 있게 하는 일은 신앙교육적으로 매우 중요하다. 이런 점에서 필자는 세례의식에 아이들을 참가하게 하는 것이 좋다고 생각한다.

예컨대, 사전에 세례에 사용하는 물을 몇 명의 아이들에게 부탁하고 또 조금 훈련을 한다. 준비된 물 컵을 가지고 앞으로 나오게 하고 세례집례자가 들고 있는 세례용기에 붓도록 한다. 그리고 세례를 베푸는 과정에서 세례를 받는 아이를 중심으로 둥그렇게 서게 하여 지켜보게 한다. 세례를 마치고 기도할 때 서로 손을 잡는다. 이를 통해 아이들에게 연대의식을 심어줄 수 있고, 또한 아이들은 자신의 유아세례의 과정을 확인할 수 있다. 더 이상 부모의 이야기가 아니라 자신의 이야기로 경험될 수 있게 된다. 이것은 장성하여 입교교육을 받을 때 많은 도움을 줄 것이며, 부모의 신앙고백에 의거해서 받은 세례를 새롭게 경험하는 기회로 작용할 수 있을 것이다.

일반적으로 세례 경험은 죄 씻음과 새 생명의 경험이다. 기독교인으로서 새로운 시작이며, 또한 공동체에 속한 사람으로서 연대의식을 확인하는 시간이다. 그러므로 세례식은 개인과 가족 및 교회 공동체 모두에게 중요한 의미가 있는 사건으로 경험할 수 있도록 구성하는 게 바람직하다.

예수님은 세례를 받으셨을 때, 하늘이 열리고 음성이 나타났다.

너는 내 사랑하는 아들이라 내가 너를 기뻐하노라(막 1:11).

예수님에게만 일어난 특별한 사건이지만, 세례식은 개인에게 특별한 의미가 되는 경험이 될 수 있다. 관건은 세례를 어떻게 준비하느냐에 달려 있디.

개인적인 경험을 위해선 세례를 준비하는 과정에 특별한 의미를 두게 해야 한다. 경건주의 전통에서처럼 일주일 금식이나 부분적인 금식 등을 엄격하게 지키지는 못한다 해도 죄 씻음의 의식이기 때문에 회개하는 시간을 가지며 또 경건한 마음과 태도 그리고 절제하는 생활로 준비하는 것은 옳은 일이다. 건강에 무리가 되지 않는다면 세례를 받는 자에게 세례 전 일주일 동안 부분 금식의 기회를 제시할 수 있다. 물론 의무가 아니라 자발적으로 하도록 권고한다. 준비하는 과정에는 교육뿐만 아니라 묵상과 기도와 성경읽기를 동반하도록 한다. 요즘에는 세례교육이 너무 간소해져서 세례를 받는 자 자신도 세례에 특별한 의미를 두지 않는 경향이 있다. 그러다 보면 자연히 세례 경험을 말할 수 없는 경우들이 발생한다. 형편이 되면 세례교육 과정에 국내에 있는 기독교 역사에서 의미가 있는 장소를 한두 곳 정도 탐방하는 것을 포함시킨다. 경험은 인지체계에 좌우하는데, 세례 경험이 있을 수 있도록 세례를 위한 교육과정에서 잘 준비하도록 해야 한다. 물론 세례를 받을 때 특별한 경험이 없다고 해서 세례에 의미가 없다고 말하는 것은 아니다.

세례 경험은 기본적으로 죄인임을 깨닫고 회개하는 일이며, 죄 용서를 받는 경험이고, 또한 하나님의 자녀로서 새로운 삶의 시작에 대한 결단이다. 그리고 아이의 출생을 모두가 기뻐하듯이 공동체 모두의 기쁨이 되는 경험이기도 하다. 세례 경험은 세례자 개인에게 의미 있는 일이지만, 공동체적으로도 적지 않은 의미를 가진다. 그러므로 과거에 어떻게 또 어떤 모습으로 살았는지 상관하지 않고 이제 하나님의 은혜에 의해 새로운 사람이 되었고, 공동체에 의해 전폭적으로 받아들여졌다는 의미가 강하게 부각되도록 한다. 앞으로는 개인이 아니라 공동체의 구성원으로 살아갈 수 있도록 한다. 세례자는 공동체의 기쁨이라는 것을 분명하게 공동체 모두 확인할 수 있는 의식이 필요하다.

대개 세례가 공동체 사건임을 확인하는 기회를 세례자의 신앙고백을 들음으로써 대체하는 경우가 많다. 그러나 공동체의 편에서 세례자에게 연대의식을 확인시켜 주는 의식도 고안할 필요가 있다. 경우에 따라서는 구역식구들의 환영인사와 꽃다발 증정 그리고 당회원들이나 교역자 혹은 구역식구들과의 공동의 식사로 그것을 표현하는데, 너무 부담을 주지 않는 범위에서 권장할 만한 일이다. 이것이 개인에게 갖는 의미는 결코 간과할 수 없다.

3. 절기

예배의 신학적인 의미를 살펴보는 일에서 절기의 의미에 대한 고찰은 꼭 필요하다고 생각한다. 왜냐하면 예배는 하나님의 행위와 관계하고 있는데, 절기는 하나님이 행하신 일들을 기억하기 위해 제정된 것이기 때문이다. 그러므로 절기를 기념할 때 기독교인이 반드시 고려해야 할 점은 바로 예배이며, 절기에 적합한 예전이다. 이곳에서 필자는 이를 위해 꼭 필요하다고 생각되는 내용들을 간략하게 정리해 보고자 한다.

1) 절기의 종류

기독교 절기에는 성경적인 절기가 있고 교회 절기가 있다. 교회 절기는 성경에 명시되어 있지 않지만, 반드시 알아야 할 성경의 정신을 성도들에게 주지시킬 목적으로 교회가 필요에 따라 제정한 깃이다. 예컨대 어린이 주일, 어버이 주일, 각종 국가기념주일, 추수감사절, 대강절, 성탄절, 사순절, 부활절, 그리고 성령강림절 등은 교회력에 따라 제정된 것들이다. 앞의 네 개는 나라와 민족에 따라 달라지고, 나머지 것들은 성경에서 유래하는 사건에 근거하긴 해도 성경에 절기로 언급되지 않은 것이다. 후대 기독교가 필요에 따라 제정하여 오늘날까지 지켜지고 있다. 성경적인 절기는 구약에 명시된 절기들을 말한다. 성경의 절기는 사람의 필요에 따라 만든 것이 아니라 하나님이 직접 지시하심으로 제정되었다.

구약에서 유래하는 성경의 절기는 '여호와의 절기'로 불렸다. 보통 유대인의 3대 절기로 불리는 것들이 있는데, 조금씩 다른 이름으로 명명되었다. 출애굽기(출 23:14-17)에서는 무교병의 절기(유월절), 맥추절, 수장절로, 그리고 신명기 16장에선 무교절, 칠칠절, 초막절(16절)로 표기되어 있다. 그러나 유월절은 무교절과 관련이 있고, 맥추절은 칠칠절과, 그리고 초막절은 수장절과 관련이 있다. 초막절이라고 하는 이유는 유대인들이 7일 동안 초막을 짓고 생활한 데에서 유래한다. 광야에서 텐트 생활을 하면서 출애굽 당시의 어려움과 은혜를 되새기며 감사하는 시간을 보낸 시기이다. 이날은 어려운 시기에 하나님이 지켜주신 은혜를 되새기는 시간이다. 오순절과 초실절(출 34)도 있는데, 이것은 맥추절과 관련이 있고, 또한 장막절은 초막절과 관련이 있다.

2) 절기와 신앙의 관계

절기는 대체로 이스라엘 백성이 농경문화 전통에 동화된 흔적을 보여 주지만, 유월절만은 유목민의 문화전통에서 비롯한다. 절기에서 주목할 만한 사실이 있다. 이스라엘 백성은 가나안 땅에 사는 사람들이 이미 지키고 있는 절기 전통을 수용하면서도 여호와 신앙에 근거해서 절기의 의미를 변형시킨 것이다. 이것은 이스라엘이 같은 여호와 신앙을 가진 민족이었기 때문에 가능했다고 여겨지는데, 유대인 절기에서 볼 수 있는 특징적인 현상이다. 곧 곡식이 자라고 풍성하게 된 것은 창조주이시고 세상을 다스리시는 여호와 하나님의 돌보심 때문이라고 고백했다. 그렇기 때문에 시대가 바뀌면서 농사전통과 연결된 의미는 점점 퇴색하고 대신에 하나님의 구원행위를 기억하는 날로 바뀌었다. 절기를 지키면서 그들은 여호와께서 구원의 하나님이시며, 또한 여호와께서 역사의 주님으로서 세상을 다스리심을 거듭 확인하였고, 비록 숫자에서 적고, 힘이 열세라도 여호와 하나님이 미래의 생명을 지켜주시고 또 이끌어 주실 것을 기대할 수 있었다. 절기는 여호와 하나님에 대한 신뢰를 다시 한 번 점검하는 날이었다.

절기는 매우 종합적이고 또 전 인격적인 헌신이 요구되는 것이어서, 절기를 보통 축제 혹은 잔치의 형태로 지켰다. 절기를 지키면서 이스라엘 백성들은 하나님의 행위에 관해 여러 가지를 배울 수 있었고 또 자신의 역사를 되새기게 되면서 역사적인 사건과 관련한 신앙 전통을 유지해 나갈 수 있었다. 무엇보다 절기를 지키는 까닭은 하나님의 행위를 공동으로 기억하기 위함이다. 그러므로 절기를 지키는 일은 이스라엘 백성에게 의무였다. 특히 남자들은 의무적으로 일 년에 세 번은 절기를 지키기 위해 여호와 앞에 나와야 했다. 여호와께서 구원을 위해 행하신 일들을 기념하는 절기가 의무였다는 사실은 당시 남성들이 기억의 주체로서 의미가 있었기 때문이라고 생각한다. 절기는 기억의 주체로시 남자가 여호와께시 우리를 위해 행하신 일들을 기억할 뿐만 아니라 그것을 다음 세대에게 전하는 날이었다. 이점은 현대 교회가 절기를 지키면서 반드시 고려해야 할 일이다. 절기는 단지 즐기는 날이 아니라 하나님의 행위를 기억하고 그것을 다음 세대에 전하는 날이다.

3) 절기의 외연적인 의미
절기에 대한 이해는 신학적 측면과 비신학적인 측면이 공동으로 작용한다. 비신학적인 측면에서 볼 때, 절기는 과거 사건들에 대한 공동의 기억과 미래에 대한 공동의 기대를 담고 있어서 공동체의 정체성 형성에 크게 기여한다. 절기의 신학적인 의미에 대해 알아보면 다음의 몇 가지로 정리할 수 있다.

첫째, 성경에서 절기란 하나님이 행하신 일을 기억하게 하려는 목적으로 정한 날이다. 성경의 절기는 사람의 필요에 따라 만든 것이 아니다. 하나님이 직접 지시하심으로 제정되었다. 농사와 제사와 하나님의 행위와 하나님의 말씀 그리고 역사와 신앙경험을 결합시켰다. 오늘날의 맥락에서 말한다면, 일상과 예배, 하나님의 행위와 말씀, 그리고 역사와 신앙경험을 결합시킨 것이다.

이런 절기를 하나님이 직접 제정하셨기 때문에, 절기를 지켜야 하는 이유를 말한다면, 하나님이 지키라고 말씀하셨기 때문이고, 또 하나님이 하신 일들을 기억함으로써 하나님에 대한 신뢰를 재점검할 수 있기 때문이다. 그리고 비신학적인 측면에서 볼 때, 절기는 과거 사건들에 대한 공동의 기억과 미래에 대한 공동의 기대를 담고 있어서 공동체의 정체성 형성에 크게 기여한다. 그러므로 절기를 지키면서 가장 중요하게 생각해야 할 일은 하나님이 무엇을 하셨는지를 아는 것이고, 공동체의 유익을 위해 절기를 어떻게 지켜야 하는지를 살피는 일이며, 또한 무엇을 함께 기대할 수 있는지를 유념하는 것이다.

둘째, 공동체와 함께 기억을 재현하면서 하나님에게 은혜를 받은 자로서 기쁨과 감사로 보내는 시간이다. 하나님의 과거 행위에 대한 기억을 재현하는 동안 미래에 대한 기대로 바뀌는데, 현재가 어떤 상황이든 하나님이 각종 위협에서 구원하시고 또 지금까지 인도하신 것으로 믿고 감사하고 또 기뻐했다. 이스라엘 회중 가운데 있다면 누구도 이 기쁨에서 배제되어서는 안 되었다. 다시 말해서 혹시 기쁨과 감사를 할 수 없는 상황에 있는 사람이라면, 그 원인을 함께 짊어지는 것을 원칙으로 한다. 서로 나누고 서로 돕고 베푸는 가운데 모두가 함께 기뻐하고, 함께 감사할 수 있으며, 함께 기대할 수 있는 조건들을 만들어 나갔다. 절기를 계기로 이스라엘 백성들은 새로운 삶의 희망을 얻을 수 있었다. 그렇기 때문에 절기는 절기 준비로 부담을 느끼는 날이 아니라 은혜를 경험하는 날로 기대되었다.

셋째, 하나님 앞에서 이스라엘은 공동체라는 정체성을 재차 확인해야 했다. 모든 절기는 공동으로 지켜야 했다. 심지어 이방인이나 종이라도 절기에 참여해야 했다. 이스라엘 백성들만의 절기가 아니었다. 이스라엘 회중에 들어있는 사람은 누구나 참여할 수 있었고 또 참여하도록 해야 했다. 적어도 절기를 지키는 동안만은 하나님 앞에서 서로가 형제자매임을, 곧 공동체성을 확인할 수 있었다.

4) 절기 정신이 퇴색할 때 예배는?

시간이 지나면서 절기를 지키는 풍습과 관련해서 예언자들의 비판이 있었다. 비판은 절기 자체를 향하지 않고, 다만 절기를 지키는 이스라엘 백성들의 잘못된 태도를 향했다. 기쁨과 감사의 절기를 보내면서 사람들은 점차로 가난한 사람들을 잊었고, 고통당하는 이웃을 배려하지 않았고, 이웃 사랑을 실천하지 않았다. 이스라엘 회중 안에 있는 이방인과 외국인에 대한 부당한 태도도 문제 삼았다. 심지어 절기에 결코 하나님께 드릴 수 없는 흠이 있는 것들을 예물로 드렸다. 여호와 하나님에 대한 신앙이 흐려지면서 전통의 형식만 남고 절기의 정신은 사라진 것이다. 그래서 하나님은 선지자들을 통해서 경고

하셨다. 절기에 대한 잘못된 태도는 하나님에 대한 잘못된 신앙을 의미했다.

이처럼 절기 정신이 퇴색하게 된 주요 이유는 절기에 담겨진 하나님의 행위를 잊어버렸기 때문이다. 하나님의 행위에 대한 기억은 사라지고, 오직 절기행사만 남게 됨으로써 절기 정신은 퇴색하기 시작했고, 그에 따라 하나님이 원치 않는 일들이 많아졌다. 제사를 형식적으로 드렸고, 합당하지 않은 제물로 제사하는 일에서 전혀 거리낌이 없었다.

오늘날도 마찬가지다. 각종 절기에 담겨진 하나님의 행위에는 관심이 없고 오직 절기에 따른 관습을 지키는 일과 절기 때마다 요구되는 인간의 행위만을 중시하는 예배로 전락되고 있다. 심지어 절기 헌금을 겨냥해서 절기를 강조하는 경우도 종종 관찰된다. 하나님의 행위를 기억하는 일에는 뒷전이고 부족한 예산을 채우는 계기로 전락한 것이니, 하나님을 무시하는 처사가 아닐 수 없다. 또한 절기에 적합한 예전은 예배학자들에 의해 만들어져서 각종 매체들을 통해 보급되고 있지만, 그것을 수용하고 있는 교회는 일부에 불과하고, 대부분의 교회는 보통 주일의 예전에다 특별 순서 하나를 첨가하는 방식으로 운영하고 있다. 그뿐 아니라 절기에 맞는 설교도 자주 간과되는 점 가운데 하나다. 절기의 의미라는 것이 제한되어 있어서 계속 반복되는 절기를 위해 매년 다른 설교를 준비한다는 것이 쉬운 일은 아니다. 그래서 절기와 상관없이 본문을 택해서 설교를 하는 설교자들이 많다. 그러나 절기에 참고할 만한 자료들을 모은 책들이 있고 또 절기설교만을 모아 놓은 설교집도 있기 때문에 노력하기만 하면 설교의 문제는 얼마든지 해결할 수 있다고 생각한다. 절기는 하나님의 행위를 기억하기 위한 기념일이기 때문에 절기 정신이 무너지면 동시에 하나님의 행위를 기억하지 못하게 된다. 이렇게 될 경우 어떤 결과가 나타날 것인지에 대해서는 사사기에 잘 나타나 있다. 사람들은 저마다 자기 소견에 옳은 대로 살아갈 뿐이다.

5) 신약시대 이후의 절기는 어떠했나?

유대교에서 나온 초기 기독교가 풀어야 할 문제는 산적해 있었다. 하나님의 말씀인 구약을 보존해야 했지만, 또한 새로운 종교와 직접적으로 관련이 없는 유대교 전통을 떨쳐버리는 일이 쉽지 않았다. 그렇다고 이방인 기독교인들에게 자신의 종교적인 전통을 그대로 고수하라고 말할 수도 없었다. 그래서 신약시대 성도들은 유대교 전통을 버리지 않으면서도 예수 그리스도와 관련해서 새롭게 이해할 가능성을 찾으려 노력했다. 그 가운데 하나가 3대 절기를 새롭게 이해하는 일이었다. 특히 출애굽 사건과 밀접하게 연결되어 있는 절기들은 쉽게 떨쳐버릴 수 없었다. 예수님을 통한 하나님의 구원을 이해하는 일에서 중요했기 때문이다. 그래서 유대교 절기 전통들을 예수 그리스도와 성령과 관련해서 새롭게 이해했다.

유대교 절기 전통은 시간이 지나면서 의미가 새롭게 바뀌었는데, 예수님은 대개 종말론적인 맥락에서 절기를 지켰다. 예컨대, 유월절은 예수 그리스도의 고난과 죽음을 기념하는 날로 지내면서 성 목요일로 자리를 잡았다. 기독교는 이날 예수님이 유월절에 제자들과 함께 마지막 만찬을 행하신 것을 기억하면서 보낸다. 맥추절은 원래 오순절과 같은 것인데, 기독교는 성령강림 사건을 기념하는 날로 지킨다. 한국 교회가 7월 첫 번째 주일을 맥추감사주일로 지킨 배경은 한국의 이모작 관습에서 유래한다. 보리농사의 첫 수확과 관련해서 하나님께 감사하는 마음을 가르치기 위해 선교사들이 제정한 것이다.

초막절 혹은 장막절 혹은 수장절과의 관계는 조금 복잡하다. 원래는 하나님이 어려운 상황에서도 지켜주신 은혜에 감사하는 날이었다. 출애굽 과정을 직접 경험하게 함으로써 구원을 주신 하나님께 감사하는 마음을 갖게 하려고 제정한 절기이다. 일종의 추수감사를 위한 절기이다. 가장 풍성한 때에 가장 힘든 경험을 직접 해 봄으로써 그 감사를 더욱 깊이 느끼도록 한 것이다. 그런데 미국으로 건너간 청교도들이 첫 수확물을 하나님께 바치면서 지금까지 지켜주신 하나님께 감사하는 날로 지켰고, 이것이 추수감사절이 되었다. 오늘날 수장절은 추수감사절로 바뀌어 지켜지고 있다고 볼 수 있다.

6) 절기의 내연적인 의미

오늘날 절기는 무엇을 의미할까? 이미 신약시대부터 유월절 이외에 다른 절기는 의미를 상실했다. 그러니 우리가 유대인의 절기를 지켜야 할 이유는 없다. 현재 한국 기독교는 삼위일체 하나님을 중심으로 만들어진 교회력을 따르고 있는데, 사실 의미도 모르는 많은 절기들이 그냥 지나가고 있다. 주요 절기들의 의미를 밝히는 일은 신학자들이 해야 할 과제라고 생각한다. 대체로 기독교에서 중요하게 여기는 절기는 대강절을 시작으로 성탄절, 사순절, 부활절, 성령강림절(오순절), 맥추감사절, 추수감사절 등이 있다. 절기를 지키는 일에서 중요한 것은 구원을 위해 하나님이 행하신 일이다. 사실을 배제하고 의미만을 생각하는 날이 아니다.

대강절과 성탄절은 예수 그리스도의 나심을 기념하면서 그에 대한 신앙과 그를 기쁘게 예배하는 이유 그리고 그의 오심을 왜 기대해야 하는지를 선포한다. 대강절을 지키는 관습은 점점 종말론적인 재림을 기대하는 날로 바뀌어 가고 있다. 기독교 신앙의 정체성은 예수 그리스도에 대한 신앙에 있다. 좀 더 정확하게 말하자면 삼위일체 하나님을 믿는다. 이것이 유대교와 다른 종교로부터 기독교를 구별 짓는 특징이다. 특별히 예수 그리스도를 예배하는 이유는 하나님으로서 비록 인간으로 오셨지만, 우리를 위한 구주이시기 때문이다. 그를 기대하고 소망하는 까닭도 구주요 심판자로서 다시 오실 것이기 때문이다. 성탄절과 관련해서 간과해서는 안 되는 부분은 마리아의 희생적인 순종이다. 비록 예수의 탄생은 하나님의 주권적인 역사이고 성령에 의해 가능했지만, 이 일이 이루어지기까지는 하나님의 뜻이 자신에게 일어나도록 했던 마리아의 순종이 있었다는 사실을 잊지 말아야 한다. 그녀의 순종하는 신앙과 하나님에 대한 신앙은 마리아의 찬양에 잘 나타나 있다. 마리아처럼 하나님의 뜻이 우리에게 일어나도록 할 때 하나님의 놀라운 역사가 일어난다는 사실을 우리는 마리아의 순종을 통해 배울 수 있으며, 이 사실을 성탄절과 함께 반드시 기억해야 한다. 또한 예수 그리스도의 오심은 구원을 필요로 하는 사람들을 위한 것이기 때문에 교회는 성탄절을 지키면서 단지 의식을 거행하는 것이 아니라 각종 형태(질병, 가난, 차별 등)의 구원과 해방을 필요로 하는 사람들을 향해 눈과 마음을 돌리는 것은 물론이고 실천으로 옮겨야 한다. 그래야 그들이 교회를 통해 나타나는 하나님의 구원을 경험할 수 있다.

유대교가 안식일을 지켰던 것과 달리 예수를 따르는 사람들은 예수의 부활을 기념하면서 가정이나 지하에서 모였고, 이런 모임이 원시기독교로 성장하였다. 부활절 전에 사순절과 종려주일과 고난주간이 있어서 기독교 절기에서 가장 긴 시간을 차지하는 절기라 말할 수 있다. 기독교 신앙에서 그만큼 중요한 의미를 갖기 때문이다. 그래서 교회는 이 날을 전후로 신앙의 성장과 성숙을 위한 계기로 삼았다. 부활절을 지키는 이유는 부활을 통해 하나님의 약속은 성취되었고, 또 모든 약속은 반드시 성취될 것을 보여 주셨기 때문이다. 부활절을 기념하면서 우리는 부활이 약속의 성취임을 확인하고 또 하나님이 신실하신 분으로서 약속을 반드시 지키시는 분임을 거듭 확인한다. 예수 그리스도의 부활을 기념하면서 교회는 무엇보다 신실하신 하나님에 대한 신뢰를 배운다. 또한 우리에게도 부활이 약속되었음을 재확인한다. 이 약속 때문에 우리는 하나님의 말씀에 순종하며 사는 것을 두려워하지 말아야 할 것과, 비록 우리가 하나님의 뜻 때문에 죽는다 해도 순종과 헌신은 결코 헛되지 않고 부활의 기쁨을 맞이할 것이며, 그리고 하나님의 뜻은 반드시 성취할 것을 소망하며 살 수 있음을 확신한다.

맥추절은 이스라엘 백성이 가나안 땅에 들어가서 직접 수고하여 얻은 수확에 대해 첫 열매를 하나님께 감사함으로 드린 날을 기념한다. 첫 수확을 드리는 까닭은 모든 수확물이 하나님의 것임을 인정하는 상징적인 의미를 갖기 때문이다. 한국에서는 보리 추수와 관련한 절기이지만, 현대인의 삶과 거리가 있어 절기로 지켜야 할 것인지를 두고 자주 논란이 되고 있다. 성탄절과 부활절과 함께 기독교 3대 절기로 여겨지는 성령강림절은 그냥 지나가면서 맥추절을 크게 부각시키는 교회들이 적지 않다. 속이 훤히 보이는 일이라 그런지 참으로 안타깝다.

추수감사절은 성경이 강조하는 감사 행위에 기초하고 있으나 미국에서 유래한 절기로 한국에 온 선교사들에 의해 처음 도입되어 지키고 있는 절기이다. 미국과 한국의 추수 시기가 맞지 않아 날짜와 관련해서 문제가 거듭 제기되고 있는데, 전통 명절인 추석과 연계하여 지키는 교회도 있지만, 추석과 연계할 경우 불신 가족 구성원과 함께 절기를 지킬 수 없기 때문에 어려움이 있어, 많은 교회들은 여전히 미국의 추수시기에 맞춰 지키고 있다. 몇몇 교회에서 시행되고 있듯이, 추석 한 두주 후에 절기를 지키는 것도 생각 해 볼 만한 일이다. 교회마다 날짜가 다른 추수감사절을 지키고 있는 현실은 반드시 개선되어야 한다. 이 절기를 통해 성도들은 모든 것이 하나님께로부터 왔음을 고백한다.

절기와 관련해서 현대 교회의 문제는 구속사적인 맥락에서 반드시 기억할 뿐 아니라 재현의 경험이 이뤄져야 할 절기의 의미가 제대로 전달되지 않은 채 단순히 절기행사를 치르는 날로 전락한 것이다. 무엇보다 출애굽 사건에서 나타난 하나님의 행위를 기억하고 구원을 기억하며 지내야 하는 절기임에도 불구하고, 구원을 기억하지 못하는 성도들에게 무조건 감사하라고만 말한다. 도대체 무엇에 대해 감사하라는 말인가? 소득도 변변치 않고, 일상에서 겪는 각종 삶의 문제도 적지 않다. 사람과의 관계도 편치 않다. 이런 상황에서 감사하라고 한다면, 도대체 무엇에 대해 감사하라는 말인가? 감사는 오늘날 기독교 신앙에서 하나의 문제로 여겨질 만큼 쉬운 일이 아니다. 범사에 감사하라고 했지만 많은 현대인들의 삶이 감사할 수 있는 상황이 못 되기 때문이다. 그럼에도 불구하고 감사할 수 있는 이유는 무엇일까? 이것이 목회적인 관점에서 분명하게 제시되지 않으면 오늘날 감사의 절기는 다만 형식에 불과하고, 무거운 마음으로 지키는 절기가 될 것이다.

성도들이 감사의 절기를 기쁨으로 지키기 어려워하는 이유는 감사할 만한 마땅한 조건이 없기 때문이지만, 특히 물질로 감사를 표현해야 한다는 중압감에서 온다. 앞서 말한 대로 절기는 하나님이 과거에 행하신 일들을 기억하는 날이다. 특히 구원을 기억하며 감사하는 날이다. 함께 기억하고, 함께 기뻐할 수 있도록 하는 날이기도 하다. 감사의 절기에는 하나님이 행하신 일들을 감사하며 기억하면서 사회적 약자와 어려운 성도들을 돌보면서 함께 감사할 수 있도록 해야 하지 않을까? 그렇지 않고 절기를 기해 부족한 교회재정을 채울 것을 기대한다면, 절기 정신을 크게 훼손하는 것이다. 감사하라고 말하기 전에 먼저 감사의 이유가 충분히 설명되고, 의식을 통한 재현과정에서 현실을 새롭게 경험하도록 돕는 일이 필요하다. 또한 그리스도인의 감사는 행하신 일뿐 아니라 앞으로 행하실 일을 기대하며 이뤄진다. 하나님이 약속하셨고 또한 하나님은 신실하신 분이기 때문에 우리가 그분을 신뢰할 때 지금은 비록 곤고하나 앞으로 행하실 일들을 기대하며 감사할 수 있다.

오늘날 구약의 절기를 지키려는 시도들이 있다. 절기 신학과 정신을 되새기는 의미에서는 괜찮다고 볼 수 있지만, 그 절기 정신과는 전혀 무관하게 보내면서 오직 부족한 예산을 채우려는 목적으로 지키는 교회들도 있기에 안타깝다. 이것은 비성서적이고 또 비신학적이다. 교회의 비판을 유발하는 요인 가운데 하나이다. 기독교인은 절기를 계기로 무엇보다 하나님의 구원 행위를 되새기며 기억하면서 하나님을 신뢰하길 배우고, 신앙의 정체성을 다시 한 번 각인하며, 또한 공동체성을 거듭 확인하는 의미를 되새기는 것이 중요하다.

|제5장|

교회와 예배

1. 예배의 종말론적인 성격을 회복해야 한다

예배의 의미를 생각할 때마다 자주 부각되는 문제가 있다.

첫째, 예배하는 자가 교회에서 보이는 태도와 일상적인 삶의 태도 사이에서 현격한 차이를 드러내는 것이다. 짧은 선교 역사를 생각할 때 믿는 자의 수가 적지 않고 또 예배의 종류와 수에 있어서도 다른 나라에 비해 유독 많은 편이지만, 우리사회의 윤리도덕적인 수준은 OECD 국가 중에서 하위를 차지하고 있다. 기독교인의 사회적인 역할에 대한 기대가 상당히 높지만, 기대에 반하는 이런 현실을 어떻게 이해해야 할까? 예배 무용론이 나올 정도이고, 교회에 대한 비판적인 여론은 이제 교회포비아(교회 혐오) 현상으로 나타나고 있다. 교회와 기독교인에게 더 이상 기대조차 하지 않을 정도로 악영향을 미치는 일부 정치인들의 비도덕적이고 불법적인 행위나 목회자의 윤리적인 타락은 어떻게 이해해야 할까?

둘째, 예배에 기울이는 정성에 따라 하나님이 반응하셔서 은혜를 주신다고 생각하는 주술적이고 또 기복주의적인 신앙이다. 예배에 쏟는 정성이 잘못된 것이 아니라 예배의 목적을 오직 건강과 삶의 번영 그리고 인생의 성공에 두고 있는 것이 문제다. 하나님께 영광을 돌리고, 하나님과의 친교를 통해 인격적인 성숙과 변화를 선물로 얻는 예배는 뒷전인 태도다.

셋째, 성도들이 예배자로서 적극적으로 참여하지 못하고, 마치 한 편의 공연을 보는 것 같은 방식으로 예배하게 만드는 예전이다. 역동적이지 못한 예전은 예배에 참여하기보다 예배를 섬기는 소수의 예배행위를 보도록 하고, 성도들의 찬양을 이끌어내기보다는 찬양단의 찬양을 듣도록 구조되어 있다. 예배 시간에 함께 있었고 예배 의식을 공유했다는 생각만을 심어줄 뿐이다. 설교에서 감동을 받았느냐 그렇지 않느냐에 따라 예배가 평가되도록 만든 예배이다. 예배가 교회 안에 혹은 개인 안에 갇혀 있다는 느낌을 받으면서 동시에 예배의 자리로 교회와 교회 행위로 예배의 상호관계를 고민하지 않을 수 없다.

예배와 관련해서 볼 때 교회는 무엇일까? 교회에서 예배는 어떤 의미를 가질까? 가톨릭교회는 미사에서 매번 성체성사(성찬식)를 거행하는데, '성체(예수님의 몸)를 모시는 곳' 혹은 '성사(성례)를 행하는 곳'이라 해서 '성당(聖堂)'이라 부른다. 이에 비해 개신교는 하나님을 예배하는 곳으로 보아서 교회를 '예배당(禮拜堂)'이라고 한다. 미사를 드리며 성체성사에 참여할 수 있는 공간인 성당과 신앙인들이 삼위일체 하나님을 예배하기 위해 모이는 공간인 예배당의 차이는 가톨릭교회와 개신교의 특징을 대변한다.

예배당은 교회이지만, 교회에 예배당만 있는 건 아니다. 교육관도 있고 선교관도 있으며 복지관도 있다. 문화목회의 일환으로 카페와 공연장을 운영하고, 교제를 위한 식당이 별도로 마련되어 있다. 최근에는 복합기능을 수행하는 다목적 공간을 선호하는데, 평소에는 체육관이나 공연장 혹은 카페로 쓰다가 주일에는 예배와 교육 그리고 교제를 위한 용도로 바뀌는 공간을 말한다.

교회 행위 역시 예배만 있지 않고 교육, 봉사, 교제, 선교 등 전통적으로 교회의 다섯 기둥들로 알려진 것들이 있다. 하나님의 선교(*Missio Dei*)와 선교적 교회(missionary church) 개념이 수용되고 또 확산되면서 교회 행위가 선교에 집중되는 경향이 있는데, 그럼에도 교회가 무엇을 하는 곳인지를 물으면, 많은 성도들은 '예배하는 곳'이라 대답한다. 교회에서 예배가 그만큼 중요한 비중을 차지하고 있다는 말이겠다. 실제로 일주일에 한 번 교회에 가는 사람들은 다른 교회행위보다는 오직 예배만을 염두에 두고 간다. 이런 성도들에게 교회는 그야말로 오직 예배하는 곳이다. 예배 이외의 다른 활동도 일종의 예배, 곧 하나님께 영광을 돌리는 일로 여길 정도니 교회에서는 예배를 가장 중요하게 여기고 있다고 말해도 과언이 아니다. 지상의 교회가 궁극적으로 지향하는 목적은 모든 피조물이 창조주 하나님을 인정하고 그분의 영광과 존귀에 합당하게 예배하는 것이다. 따라서 예배가 교회에서 가장 큰 비중을 갖는 것은 당연하다.

이처럼 기독교인의 삶과 교회 행위의 대부분이 예배로 수렴하다보니 예배를 이해하는 방식이 다양해짐에 따라 교회 이해와 형태 역시 바뀌는 것은 당연하다. 소위 '이머징 처치(emerging church)'는 의식을 갖춘 예배에서 탈피하여 자유로운 형식의 예배를 실험적으로 도입하면서 등장한 교회 트렌드다. '열린 예배'는 전통적인 예전에 매이지 않는 예배를 통칭한다. 예전을 간과한다는 비판 때문에 이것이 예배인지 아니면 집회인지를 두고 논쟁이 벌어졌는데, 한국의 경우에는 예배학자들 중심의 모임에서 '집회'라 부르는 것으로 논쟁은 일단락된 것 같다. 그러나 필자가 보기에 예배는 하나님의 임재와 역사에 있어서 주권적인 자유 때문에 본질에 있어서 이미 열려 있다. 따라서 의식의 유무에 따라 예배와 집회를 구분하는 것은 바람직하지 않다고 생각한다. 비록 전통적인 예전에 따르지 않아도 의식이 전혀 없는 것은 아니기 때문이다. 기도와 찬송과 설교로 간소화되었을 뿐이다. 이것이 예전적인 예배를 대치해야 한다는 주장은 아니지만, 전통적인 예전만을 예배의 기준으로 삼아서는 안 될 것 같다.

앞서 말했듯이, 예배를 이해하는 방식에 따라 교회의 이해와 형태는 변한다. 이것 역시 예배가 교회이해에 얼마나 중요한 의미를 갖고 있는지를 확인해 준다. 예배는 하나님과 인간의 소통이 이뤄지는 현장이기 때문에, 이것을 어떻게 이해하느냐에 따라 교회는 전통적인 형태를 중시하기도 하고 때로는 어느 정도 전통적인 형태에서 벗어날 수 있는 자유를 얻기도 한다. 예컨대 인간이 하나님을 섬기는 일로 이해한다면, 예배는 하나님 중심으로 구성된다. 하나님의 영광과 존귀에 합당하게 예배해야 한다고 생각하기 때문이다. 만일 하나님과 인간의 소통으로 이해한다면, 소통행위가 예배 시간에 일어날 수 있도록 구성한다. 또한 성도들이 예배의 과정을 이해할 수 있을 뿐아니라 보다 적극적으로 예배에 참여할 수 있도록 구성한다. 만일 예배를 일상의 삶에서 변화를 가능하게 하는 사건으로 이해하면, 굳이 교회 형태를 고집하지 않고도 예배가 가능할 수 있는 방법을 모색할 것이다. 하나님의 뜻에 합당하게 사는 것을 예배로 생각한다면. 유형

건물뿐만 아니라 교역자나 직분마저도 불필요하게 여겨 무교회주의 자가 된다. 예배 이해에서 현장성보다 현실 경험을 중요시한다면, 굳이 교회에 가지 않고도 미디어를 통해 예배할 수 있으며, 이렇게 되면 사이버처치(cyber church) 역시 가능해진다. 예배를 기독교적인 가치를 경험하는 시간으로 이해하고, 가나안 성도(신앙은 갖고 있지만 교회에 나가지 않는 성도)들이나 믿지 않는 자와 함께 예배할 수 있다고 생각한다면, 교회는 기독교적인 상징 사용을 자제할 것이다. 교회 건물보다는 카페, 사무실, 공연장이나 학교 강당 등을 빌려 예배 공간으로 사용할 것이다.

교회에서 예배의 의미를 지나치게 중시하다 보니 교회를 비판하는 사람들의 글에는 진정한 예배가 이뤄지는 곳을 교회로 보아야 한다는 주장이 의외로 많다. 예배에 감격이 없다면서 교회에 나가길 주저하는 성도들도 의외로 많다. 신앙에서 중요한 것은 예배의 진정성이지 건물이 아니라는 것이며, 건물 형태의 교회보다 보이지 않는 교회가 더 중요하다는 것이다. 이것 역시 교회 이해에 있어서 예배를 특별하게 중시하는 태도에서 비롯한다.

물리적인 공간보다 예배하는 자와 예배행위가 더 중요한 것은 분명하지만, 잘못하면 교회이해에서 영지주의적인 태도로 이어지지 않을까 염려가 되고, 또한 교회이해가 한쪽으로 편향되어 있는 것은 유감스런 일이다. 그들은 심지어 성도 개인을 교회로 보면서 교회의 공적인 예배보다 선한 삶을 실천하는 의미의 예배가 더 바람직하다는 식의 주장을 서슴지 않는다. 더 나아가서 선한 삶을 올바르게 실천한다면 굳이 예수 그리스도의 복음을 전할 이유가 없다고까지 말한다.

이런 주장은 익명의 그리스도인을 주장했던 가톨릭 신학자 칼 라

너(Karl Rahner)의 주장을 연상케 하고 또한 종교다원주의적인 입장을 추측케 하지만, 만일 무교회주의자가 아니라면 성도들의 모임으로서 교회 자체를 폐지하자는 뜻은 아니라고 생각하는데, 다만 신행일치(信行一致)의 삶을 강조하는 취지의 주장이라고 보고 싶다.

그런데 필자는 공적인 예배를 중시한다고 말은 하면서도 교회의 예배를 비판하고 또 삶으로서 예배를 더욱 중시해야 한다고 말하는 사람들에게 묻고 싶다. 본인의 말대로 본인은 삶을 통한 진정한 예배를 실천하고 있는지. 하나님 앞에서 의롭다 인정받을 만한 삶을 살고 있는지. 거룩한 삶으로 예배를 말하는 윤리적인 예배는 하나님이 기뻐하시는 예배가 될 수 있다고 자신할 수 있는가? 그것은 교만의 또 다른 표현은 아닌가? 비록 교회 간판은 없어도 소위 진정한 예배를 지향하는 기독교인들의 모임을 위한 최소한의 물리적인 공간마저도 없는지. 만일 이 질문에 자신 있게 대답할 수 없다면, 삶의 예배를 지나치게 강조하면서 교회의 공적인 예배를 간과하는 투로 말하는 것은 성숙하지 못한 아이들의 투정으로밖에는 들리지 않는다. 교회가 올바르게 변화되면 그런 주장을 철회하게 될까? 만일 그렇다면 철회할 기회를 결코 얻지 못한다. 왜냐하면 종말이 임할 때까지 지상의 교회는, 틸리히(Paul Tillich, 1886-1965)가 주장했듯이, 언제나 이중성, 곧 거룩함과 악마성을 갖고 있기 때문이다.

진정한 예배를 통해서만 교회를 규정해야 한다는 주장은 비리가 너무 잦은 현실 교회를 비판하는 의도에서 비롯한 것임을 충분히 감지할 수 있다. 안타깝지만 마지막 때가 이르기까지 결코 바뀌지 않을 현실이다. 그러므로 교회는 항상 개혁되어야 한다. 그러나 교회를 오로지 '예배하는 곳'으로 환원하고 윤리적인 의미에서 '진정한' 예배만을 교회의 교회됨을 평가하는 기준으로 삼는 것은 과연 정당할까? 무엇보다 이런 예배 이해에는 예배가 다분히 '인간의 거룩한 혹은 경건한 행위'로 구성된다는 생각이 전제되어 있다고 보는데, 윤리적인 예배라고 볼 수 있는 이것은 과연 예배의 신학적인 이해에 얼마나 합당할까? 진정한 개혁을 추구한다면서 이런 주장을 하는데, 종교개혁 정신에 부합할까?

이런 예배 이해에는 크게 두 가지 요소가 복합적으로 작용한다. 하나는 교회를 인격적으로 이해하는 것이다. 성도 개인을 교회로 보는 것은 그 대표적인 표현이다. 교회는 그리스도의 몸이라고 했을 때 바울은 성도들로 구성된 유기체를 생각했다. 따라서 성도를 교회라고 보는 것은 유기체의 일부로 성도를 겨냥하여 말한 것이지, 성도 개인을 독립적인 교회로 말한 것으로 볼 수는 없다. 그리스도의 인격을 염두에 두고 말한 것이라면 충분히 공감하나, 성도 개개인을 분리해서 생각하는 것이라면, 신학적으로 수용할 수 없다. 교회는 본질적으로 공동체이기 때문이다. 원래 '에클레시아'란 말은 교회라기보다는 '공동체'로 번역되는 것이 바람직하다.

다른 하나는 희생과 헌신의 모티브가 강하게 작용하고 있다. 예배 행위를 윤리적인 온전함과 경건한 삶과 동일시한다면, 이는 개인의 희생과 헌신을 통해 이뤄지는 일이다. 하나님의 행위와 인간의 행위가 동시에 이뤄지는 사건인 예배를 인간의 행위 측면에서만 고려하는 것은 바람직하지 않다. 이는 사실 구약 제사 개념을 바탕으로 예배를 이해하는 것과 크게 다르지 않다. 현실 교회를 비판하는 사람들도 예배가 구약의 제사 개념으로 돌아가길 원하지는 않을 것이다.

진정한 예배, 선한 삶을 통한 예배만을 강조해 마치 현실의 유형교회를 부정하는 것처럼 들리는 교회이해는 교회를 이해하는 두 가지 방식에서 한쪽만을 취한 결과이다. 지상의 교회는 신학적 측면과 사회학적인 측면을 고려하여 이해된다. 땅 위에 발을 딛고 있는 교회의 제도적인 측면을 고려하지 않고 신학적 관점에서만 교회를 이해해서도 안 되겠지만, 그 반대의 경우도 마찬가지다. 교회 이해에서 두 관점은 현실에서 결코 피할 수 없는 교회의 실존양태를 반영하는데, 곧 교회는 하나님과의 관계에서 존재하지만 또한 사회의 한 제도로서도 존재한다. 교회를 이해할 때 두 관점의 긴장상태와 균형을 잘 유지해야 건강한 신앙생활을 할 수 있다. 어느 한 쪽으로 치우치면 의문과 오해 그리고 갈등에서 벗어나기 힘들다. 이단들은 대개 한쪽으로 치우친 교회 이해를 강조하는데, 세상과의 소통을 단절하여 교회의 사회학적인 측면을 무시하든가, 아니면 세상 속으로 지나치게 빠져들어가 교회의 본질을 상실한다. 대개의 경우 이단은 겉보기에는 영적인 측면을 강조하는 것 같아도 실상은 은밀한 방식으로 권력과 물질을 추구하고 성 윤리에서 옳지 못하다. 다시 말해서 이단은 하나님을 향한 열정으로 시작하는 것처럼 보이지만, 결국 인간의 욕망이 변형되어 종교의 모습을 갖춘 것이다.

이런 질문을 생각해 보자. 예배의 장소는 왜 꼭 유형건물인 교회여야 할까? 가장 표면적인 이유는 교회에는 예배하기 위한 공간과 인력 그리고 예배에 필요한 것들이 준비되어 있기 때문이다. 그래서 교회와 예배의 상관관계를 비판하는 사람들이 주로 교회 공간과 목회자들을 겨냥하는 것이다. 예배가 가능할 수 있도록 준비하는 사람이나 장소가 오히려 참다운 예배를 방해한다고 생각하기 때문이며, 실제로 그런 일이 없다고는 말할 수 없다. 그리고 비록 성도는 아니라도 동료나 이웃이나 가족과 함께 공부하고 교제하며, 또 지역 사회에 봉사하면서, 삶을 통해 기독교인 됨을 드러내며 선교할 수 있고 또 성도들은 직장이나 가정이나 카페 등에서 주의 이름으로 모여 하나님을 높여드릴 수도 있다. 교회라는 공간이 없어도 교회행위들을 실천할 수 있다는 말이다. 그럼에도 불구하고 공간적인 교회는 필요할까? 하나님은 어디에나 계시니 가정이나 직장 그리고 일상의 장소 어디서든 가능하지 않을까?

오늘날 교회비판과 관련해서 종종 제기되는 이런 질문은 사마리아 여인과 예수님이 나눈 대화의 상황과 크게 다르지 않다고 생각한다. 사마리아 여인은 장차 하나님을 예배할 곳은 어디인지를 물었다. 북 이스라엘 지역일까, 아니면 남쪽 유다 지역일까? 이 질문은 예배 장소와 관련해서 존재하는 갈등상황을 드러낸다. 다시 말해서 진정한 예배는 혈통의 정통성을 유지하는 곳에서 일어난다고 보는 입장과 비록 역사적인 여건상 혼혈이 되었어도 굳이 남쪽으로까지 가서 예배할 이유가 없다는 주장이 맞서 있다. 예수님은 그녀의 질문에 직접적으로 대답하는 대신에 다른 대답으로 그녀의 생각을 수정하셨다. 곧 올바른 예배를 특정한 장소와 결부시켜 대답하시는 대신에 오히려 예배를 이해하는 관점을 바꾸셨다. 그 이유는 하나님은 영이시기 때문이다.

하나님은 영이시니 예배하는 자가 영과 진리 안에서 예배할지니라(요4:24).

이것은 예배가 장소의 문제가 아니라 하나님 이해에 따라 달라져야 할 것을 말한다. 예배하는 곳이 이곳인가 혹은 저곳인가, 사마리아에서냐 아니면 예루살렘에서냐를 묻는 사마리아 여인의 예배 이해에는 공간과 위치가 바탕을 이루고 있는데 비해, 예수님은 하나님 이해를 바탕으로 예배를 이해하고 있다. 영으로서 하나님을 어떻게 예배할지에 초점을 두고 말씀하신 것이다. '영과 진리 안에서 예배하라' 함은 누구를 예배해야 하며 또 어떻게 예배해야 할 것인지에 대한 대답이다. 달리 말해서 예수 그리스도를 예배해야 하며, 하나님의 자유에 합당하게 예배해야 한다는 말이다. 이것이 "영과 진리 안에서 예배하라!"는 의미이다. 예배를 판단하실 분은 오직 하나님뿐이다. 인간의 기준으로 예배를 판단할 수는 없다. 무엇보다 중요한 것은 장소에 착목하여 교회와 예배를 말하기 전에 내가 누구를 예배하며 또 하나님 앞에서 내가 어떤 모습으로 있는지에 더 깊은 관심을 기울이는 것이라 생각한다.

그렇다. 예배하는 곳이 교회인지 아니면 일상의 삶인지, 단독 건물이어야 하는지 임대한 건물이어야 하는지, 교회의 간판을 걸어야 하는지 아니면 일반시설물을 빌려야 하는지를 묻는다면, 아마도 예수님은 장소가 중요한 것은 아니라고 말씀하실 것이다. 오히려 하나님은 영이시기 때문에 먼저 나 자신이 그분의 영광과 존귀에 합당한 존재가 되고 그 후에 예배하는 것이 옳다고 하실 것이다. 교회가 예배의 유일한 장소는 아니고, 하나님에게 합당한 예배의 요건만 충족되면 어디에서나 가능하며, 참다운 예배가 있는 곳이라면 어디든지 교회라고 말할 수 있다. 곧 두 세 사람이 주의 이름으로 모이고, 그곳에 하나님이 임재하시고, 하나님을 높여드리며, 하나님의 은혜가 베풀어지고, 성도의 교제가 이뤄지면 어떤 형식을 갖추든 예배라 할 수 있으며, 그곳을 교회라 할 수 있다.

그러나 보이지 않는 교회를 지나치게 강조하여 특정한 지역에 위치한 교회의 의미를 간과하면, 몸에 병이 잦다고 해서 몸을 돌보지 않고 영혼만 중시하는 것과 무엇이 다를 것인가. 교회는 삼위일체 하나님의 임재와 경륜적인 사역을 바탕으로 이해되며, 하나님의 나라를 세상 가운데 드러내도록 부르심을 받은 사람들의 모임이다. 그러나 교회 밖에도 성령의 사역은 이뤄지고 있고, 틸리히가 말한 대로 인간의 이념이나 신념 공동체인 '영 공동체'로 모이는 모임들이 있기 때문에 오직 바른 정신이나 선한 행위를 통해서만 교회를 이해하려는 것은 현상적으로 오해를 불러일으킬 수 있다. 칼뱅은 인간이 자기 자신의 사색에 집착할 때 빠지게 되는 어리석음 가운데 하나가 우상숭배라고 했다.

실제로 영국에는 예수 그리스도를 말하지 않고 하나님을 예배하지 않으면서도 아무 거리낌 없이 교회행위와 동일한 행위를 실천하는 곳도 있다. 영국의 두 코미디언 피파 이밴스와 샌더슨 존스에 의해 시작되고 2013년 1월에 설립된 소위 '하나님 없는 교회(godless church)'인 "일요회중(SA, Sunday Assembly)"이다. 그야말로 틸리히가 말한 영 공동체라 할 수 있는데, 영국에서 처음 생긴 이런 모임이 집점 커져서 '무신론 대형교회'가 되었고 미국으로 수출해 2013년 11월에는 미국 LA와 샌디에이고에도 세워졌다는 언론 보도를 접한 적이 있다.[1]

---

1 "무신론 대형교회에서는 기존 교회처럼 예배 형식도 있고 친교를 나눈다. 어린이들을 포함한 수많은 가족들이 모여 노래도 하고 묵상도 하고 간증도 하고 심지어 설교와 낭독 등 기존 교회와 거의 같은 모습을 갖추고 있지만, '하나님'과 '신앙'은 없다. 이들은 심지어 기존 가스펠송에다 무신론 사상을 패러디한 가사의 노래를 부르며 박수도 치고 몸을 흔들기도 한다. 그들은 또 서로 격려하느라 무

교회의 공적 예배에는 일상의 예배와 구분되는 의미가 있을 뿐만 아니라 또한 일상의 예배와 연계되는 것들도 있기 때문에 결코 포기할 수 없다. 무엇보다 성도들이 수많은 신적 대상들이 가득한 세상에서 누구를 진정으로 예배하는 것이 마땅한지를 총체적으로 알고 또 실제로 예배할 수 있기 위해서라도 교회 예배는 필요하다. 또한 앞서 언급했듯이 교회행위에는 예배만 있지 않다. 다른 교회행위들은 궁극적으로 하나님을 예배하기 위해 존재하는 것이라고 볼 수 있지만, 오늘날의 관점에서 예배만으로 교회를 정의할 수는 없고, 또 하나님의 선교와 선교적 교회 개념이 일반화되면서 교회행위가 선교로 환원되는 경향이 있는데, 이것 역시 옳지 않다. 제도적인 측면에서 교회는 성도들이 모여서 각종 신앙행위(예배, 교육, 선교, 봉사, 교제, 최근의 경향을 보면 그 중요성 때문에 행정을 포함시키는 것이 좋겠다는 생각을 한다)를 하는 곳을 말한다. 그러므로 아무리 예배 혹은 선교가 중시된다 해도 교회는 다섯(혹은 여섯) 가지 행위가 대체적으로 충족되는 곳으로 정의된다.

초대교회 성도들은 박해의 위협이 현저한 상황에서도 죽음을 각오하고 모이기를 힘썼다. 그들은 모일 수 있는 공간을 필요로 했고, 위험을 피하기 위해 지하무덤인 카타콤을 예배의 장소로 사용하였다. 비록 교회라는 이름을 가진 물리적인 공간은 아니라도, 모임이 이뤄지는 공간 개념으로 교회를 필요로 했다는 사실을 확인할 수 있다. 물리적인 공간은 교회 개념에 포함되어 있는 공간적인 속성을 현실

신론자가 된 과정을 '간증'하기도 한다. 모임 끝에는 '헌금'도 내고, 다과를 벌여 놓고 친교도 한다. 이들은 동네에서 '신 없는 자유'를 선전하며 전도까지 한다." ("하나님 없는 '무신론' 대형교회 성황", 「교회와 신앙」, 인터넷 판, 2017.6.20.)

화한 것일 뿐이다. 가정이나 사무실이나 강당 혹은 그곳이 어디든지 비록 교회라는 간판을 걸지 않았다 해도, 모일 수 있는 공간은 필요한 것이고, 그곳에 교회 간판을 붙이든 아니면 다목적으로 사용하든, 모일 필요가 있을 때만 임대하여 사용하든 공간 개념으로 교회는 필요하고, 또 그곳에서 주의 이름으로 모인 사람들이 예배하기 위해서도 교회는 필요하다. 물론 유형교회가 얼마나 교회다운가 하는 문제는 별개다. 왜냐하면 현실 교회에는 알곡과 가라지가 공존할 수밖에 없기 때문이다. 교회는 세상 속에 임하는 하나님 나라의 실존을 상징한다.

성도가 교회에서 하나님을 높이며 예배하는 일을 각 교단의 헌법에서는 성도의 마땅한 도리라고 규정하고 있지만(제도적인 교회의 측면), 엄밀히 말해서 성도의 예배는 하나님의 은혜에서 비롯한다. 개신교 신학은 예배의 주체가 결코 인간이 될 수 없다고 규정한다는 사실을 명심하자. 바르트는 이점을 명시하여 말하기를 예배는 하나님의 행위라고 했다. 결국 선한 행위가 있는 삶으로 예배만을 교회와 동일시하는 주장은 예배의 주체가 하나님이라는 사실을 간과한다. 예배는 하나님이 베푸신 은혜의 시간이며, 인간은 초대되어 하나님의 부르심에 합당한 태도를 취할 뿐이다. 이런 의미에서 예배는 인간의 행위이기도 하다. 게다가 용서는 받았으나 여전히 죄인일 수밖에 없는 인간으로서 도대체 누가 하나님 앞에서 진정한 예배를 자신할 수 있겠는가? 특별하게 따로 마련된 공간이 없는 모임으로서 교회를 생각하는 사람들 사이에는 비판할 점이 전혀 없을까? 예배는 은혜가 아니면 가능하지 않은 일이다. 교회 비판의 의도는 충분히 공감하고 또 교회는 겸허히 받아들여야 하겠지만, 목욕물을 버리겠다며 아이마저

버리는 일은 없어야 할 것이다.

예전으로 드리는 예배보다 삶으로 드리는 예배를 말하는 "하나님이 기뻐하시는 거룩한 산 제물(as living sacrifice, holy and pleasing to God)"이라는 바울의 표현을 생각해 보자. 예배는 어디에서나 있을 수 있는데 굳이 교회에서 행해져야 한다고 보는 이유는 무엇인가? 교회 예배의 특징은 앞에서 말한 대로 일정한 의식을 통해 이뤄진다는 데에 있다. 상징이 갖는 힘이 있고, 상징들은 일상의 삶에서 예배를 인지할 수 있도록 한다. 일상의 예배를 말함에 있어서 근거로 인용되는 로마서 12장 1-2절에서 말하는 "하나님이 기뻐하시는 거룩한 산 제물"은 성도들의 모임으로 교회와 교회의 예배가 불필요하다고 말하는 것이 아니다. 이 표현으로 일상의 예배가 새롭게 조명되고 또 선한 삶을 통한 예배가 교회에서의 예배 못지않게 중요해진 것은 사실이다.

그러나 이 표현은 로마서의 전체 맥락과 따로 떼어서 이해해서는 안 된다. 로마서는 로마의 박해뿐만 아니라 유대교로부터 공격을 받는 이방인 기독교인들이 기독교인으로서 사는 데 필요한 복음의 진실을 전할 필요성에 따라 바울이 로마에 있는 기독교인들을 격려하며 쓴 일종의 선교편지다. 12장 이전의 글들은 복음이해를 바탕으로 기독교인들의 구원의 문제를 다루고 있는데, 구원은 율법의 의가 아니라 오직 하나님의 의롭다 하심에 따라 주어지는 은혜임을 강조한다. 12장 3절부터는 성도들이 공동체에서 어떻게 살아야 하는지에 관해 설명하고 있다. 이것으로 미루어보아 '거룩한 산 제물'을 삶을 예배로 이해하는 근거로 받아들일 수 있지만, 믿음으로 의롭다 하심을 받은 공동체의 삶과 분리해서 이해할 수는 없다고 생각한다. 교회 안의 예배만이 진정한 예배임을 말하기 위함이 아니라 이것과 병행하는 삶으로 드리는 예배를 겨냥한 표현이다.

또한 필자의 이해에 따르면, 로마 지역에 있는 교회에 보내는 편지에서 바울이 '하나님이 기뻐하시는 거룩한 산 제물'이란 표현을 사용한 것은 당시 성도의 종말론적인 실존 상황을 염두에 둔 표현이라고 생각한다. 초대교회 예배에서 가장 두드러진 특징은 종말론적인 성격이다. 임박한 종말에 대한 기대는 공동체의 성격과 성도들의 삶을 총체적으로 규정하였다. 그런데 이런 종말론적인 성격의 예배는 기독교가 공인되면서 가정교회의 틀에서 벗어나 바실리카(Basilica)에서 모이게 됨으로써 사라졌다. 로마에 의해 공인되기 전에 바울은 예배의 종말론적인 성격을 잘 알고 있었고, 그것이 공동체의 삶에서 어떻게 드러나야 할 것인지를 성도들에게 권고하기 위해 '하나님이 기뻐하시는 거룩한 산 제물'이란 표현을 사용한 것이라 생각한다. 이것은 "영적 예배"라는 표현을 통해 어느 정도 추측할 수 있다고 생각하는데, 개역개정 성경에서 '영적'으로 번역된 말은 원래 '합리적', '이성적'이라는 뜻을 가진 말이다.[2] 예배의 종말론적인 성격을 강조하는 것이기 때문에 자칫 열광적으로 혹은 신비주의적으로 기울 수 있다는 점을 특별히 고려하여 선택된 언어가 아닐까 생각한다. 이것은 고린도교회에서 볼 수 있었고 또한 당시 교회의 갈등을 일으키는 이유 중에 하나였기 때문이다.

현대 기독교인들이 직면한 많은 문제들은 신앙의 종말론적인 성격을 상실한 결과다. 나그네와 순례자로서의 정체성을 상실하고 오히

---

2 라틴어는 *rationabile obsequium*, 헬라어로는 την λογικην λατρειαν.

려 안주하려고 하고 더 많이 소유하려고 성공과 번영을 추구한 결과다. 교회는 비대해지고, 비록 작은 규모라 해도 커지기 위해 노력한다. 진실한 모임을 통해 주어지는 하나님의 선물인 성장을 인간의 노력에 의해 이루려다보니 무리수를 둘 수밖에 없다. 반드시 돈이 있어야 존재할 수 있는 교회로 탈바꿈시켰다. 지역교회로서 감당해야 할 빛과 소금의 역할은 차치하고 또 개혁은 뒷전이고 교회의 성장만 추구한 결과다. 신앙의 종말론적인 성격과 동시에 예배의 종말론적인 성격을 회복하는 일도 중요하다. 불시에 혹은 부지중에 하나님의 오심을 간절히 기대하고 소망하는 자는 의식으로 드리는 예배든 아니면 삶으로 드리는 예배든 남다를 것이라고 믿기 때문이다.

2. 성전 전통은 예배에서 어떻게 표현되는가?

고대인은 신의 존재를 증거하기 위해 사원을 건립했다. 사원은 신이 존재하는 곳으로 여겨졌기에 사원의 존재는 곧 신의 존재를 의미한다. 사람에 의해 건립되었지만, 신에 대한 신앙은 신과 사원 양자를 불가분의 관계로 연결시켰다. 결과적으로 신은 사원을 자신의 거처로 삼는다는 신앙이 형성되었다. 규모는 커지고 화려해질 수밖에 없었다. 제사장의 권한은 성전의 규모와 비례관계에 있을 수밖에 없다. 여호와 하나님은 다윗이 성전을 지으려는 의도를 막으셨다. 그의 손에 피를 너무 많이 묻었기 때문이라고 하셨지만, 혹시 성전건축을 통해 권력의 확장을 원했던 다윗의 의도를 간파하신 것은 아니었을까?

이스라엘 역시 예외는 아니다. 출애굽 과정에서 형성된 법궤나 성막 그리고 성전은 여호와 하나님이 임재하시는 곳이었고 또 상징이었다. 제단은 임재하시는 하나님에게 집중할 수 있도록 하는 매개이며 또 상징이었다. 무한자 하나님을 유한한 물질에 불과한 상징물에 가둘 수는 없지만(*finitum non capax infinitum*) 각종 상징물들은 하나님의 임재와 역사를 증거하기 위해 기호의 의미로 사용되었다. 사람들은 그렇게 믿었고 실제로 성경에는 상징물에 하나님이 임재하시고 또 하나님의 영광이 나타났다는 기록이 있다. 인간은 상징을 사용하나 그 상징과 실재의 관계를 증명하는 당사자는 오직 하나님이다. 성전은 상징이면서 또한 실재가 현현하는 곳, 다시 말해서 하나님이 거하시는 곳, 임재하시는 곳, 하나님을 만나는 곳이었다. 이런 의미의 성전에 대한 생각은 솔로몬이 성전을 완공한 후에 드린 기도에 잘 나타나 있다.

성경에 나오는 바에 따르면, 교회의 전신인 성전은 세 차례 지어졌다. 장막의 형태에서 발전한 것으로 첫 번째는 솔로몬 성전이 있다. 다윗의 순수한 열정으로도 지을 수 없었으나 하나님은 다윗 때문에 그의 아들 솔로몬에게 성전건축의 기회를 주셨다. 성전건축은 인간의 열정만으로는 안 되고 하나님이 허락하셔야 가능한 일임이 분명하게 드러난 사건이다. 솔로몬 성전은 바벨론 왕 느부갓네살의 침략으로 유다의 멸망과 함께 파괴되었고, 포로 생활에서 고국으로 귀환한 유대인들이 지은 것이 스룹바벨 성전이다. 규모면에서는 전과 비교할 수 없이 작아 솔로몬 성전을 기억하고 있던 사람들이 통곡할 정도였어도, 하나님의 영광은 이전보다 더욱 크게 나타났다고 성경은 기록하고 있다. 에돔 출신의 헤롯은 로마인을 등에 업고 왕으로 등극했는데, 유대인을 회유하기 위한 정책의 일환으로 성전을 건축하였다. 성전의 정치적인 의미가 두드러진 경우다. 의도적으로 솔로몬 성전보다 더욱 화려하게 지었는데, 기존의 스룹바벨 성전 터 위에 세워졌고 일명 헤롯 성전이라고 불린다. 이것은 주후 70년경에 유대 반란을 진압하는 과정에서 로마군에 의해 완전히 무너졌다. 이것에 대해 좀 더 살펴보자.

성전을 하나님의 존재와 연관해서 생각하는 관습에 의문이 생기게 된 계기는 성전이 느부갓네살에 의해 파괴되었을 때이다. 나라의 힘과 신의 힘을 비례관계로 이해했던 시기에 나라의 멸망은 적지 않은 쇼크였고, 하나님이 거하시는 곳으로 여겨졌던 성전이 이방인 왕에 의해 파괴된 사실은 여호와 신앙을 송두리째 뒤 흔들 만한 사건이었다. 왜냐하면 나라의 존재와 신의 존재를 분리해서 생각할 수 없었기 때문이다.

사람들은 나라가 멸망하고 또 성전이 무너진 상태에서 이스라엘 신앙은 과연 지속될 수 있는지를 물었다. 바벨로 포로 이후의 역사기록은 그것이 가능했으며 또 실제로 어떻게 가능했는지를 알려 주기 위한 목적을 갖고 있다. 성경 특히 다니엘서는 유대교 신앙의 지속은 인간의 노력에 따른 결과가 아니라는 사실을 증거한다. 이사야가 전하는 내용 역시 하나님의 섭리에 따른 것이라고 밝힌다. 비록 이방인의 왕이라도 하나님이 택하신 사람 고레스 왕을 통해 가능했다고 전한다. 심지어 그를 메시아로 부를 정도였다. 특별히 구별하여 세운 왕이라는 의미다. 구체적으로 말하면, 성전 파괴는 여호와의 존재와 아무 연관이 없음을 알리고, 성전이 무너진 후나 이방인 중에서 살 수밖에 없는 상황에서도 여호와는 여전히 당신의 백성들을 보호하시며, 그들의 신앙을 통해 당신의 존재를 알리고, 또 능력을 나타내신다는 사실을 계시한다.

그렇다면 바벨론 포로기 이후 세워진(B.C. 536년에 착공했으나 사마리아인의 방해로 중단, 선지자 학개와 스가랴의 촉구로 B.C. 520년에 재건을 시작하여 B.C. 516년에 완공하였다.) 스룹바벨 성전의 의미는 무엇일까? 성전의 존재가 더 이상 여호와 신앙과 직접적인 관련이 없음을 알게 된 사람들은 포로생활에서 귀환한 후에 또다시 성전을 짓기 시작했다. 여호와는 지역이나 성전 건축물에 제한되지 않음을 알게 되고 또 성전 중심의 신앙이 말씀 중심의 신앙으로 바뀌게 된 상황에서 사람들은 무슨 이유로 성전을 지을 생각을 했을까?

우선 성전이 파괴된 것은 잘못된 신앙 때문이었을 뿐, 성전 자체가 무의미하기 때문이 아님을 증거한다. 성전은 하나님의 임재를 상징하는 곳으로 여전히 의미가 있었다. 비록 포로기 동안에 성전중심으로 여호와의 존재와 임재를 생각하는 태도는 바뀌었지만 제사의 필요성까지 사라진 것은 아니었다. 인간은 여전히 죄인이었고, 하나님은 변함없이 자비와 은혜를 베풀어 주셨다.

또한 스룹바벨 성전은 오랫동안 이방인의 나라에 살았던 사람들과 유대 땅에 남아 있던 사람들이 나라를 세우는 힘을 모으는 구심점이었다. 다른 한편으로는 성전 중심의 신앙을 회복하려는 사람들도 없지 않았다. 그러나 무엇보다 스룹바벨 성전은 세계 각지로 흩어졌던 유대인들의 마음을 하나로 모으는 데에 기여했다.

그렇다면 헤롯 성전은 왜 세워졌을까? 헤롯 성전 건립은 정치적인 목적이었다. 유대인들을 정치적으로 결속하기 위해 지은 것이다. 그러나 완공 후 7년이 지나 무너졌다(70년). 예수님은 성전을 헐어버리면 사흘 만에 다시 짓겠다고 말씀하셨는데, 정치사회적인 해석을 하는 사람들은 이것을 헤롯 성전에 대한 비판으로 독해한다. 그만큼 헤롯 성전은 세속화된 성전의 의미를 대변한다.

헤롯 성전의 붕괴가 교회론 측면에서 주는 교훈이 있다. 교회는 결코 인간의 뜻에 따라 세워지지 않는다는 것이다. 다윗과의 관계에서 볼 수 있듯이, 성경은 성전이 하나님의 뜻에 따라 세워지는 것임을 강조한다. 설령 정치 사회적인 맥락에서 인간의 뜻에 따라 세워졌다면, 그 영광은 인간의 치적을 드러내는 것일 뿐 하나님의 영광을 드러내는 곳은 될 수 없다.

교회의 역사에서 나타난 위의 세 가지 형태의 성전은 교회 이해와 함께 계속 반복되었다. 교회는 하나님의 임재를 상징하고, 성도들이 하나님께 기도하는 곳이며, 성도들의 신앙생활에서 구심점 역할을 감당한다. 때로는 인간의 능력을 과시하기 위해 세워지기도 한다. 오늘날의 관점에서 성전과 교회의 차이 가운데 대표적인 것은 성전에서는 제사를 드리고, 교회에서는 예배하는 것이다. 가톨릭교회의 미사는 성전의 전통을 일부 유지하고 있다. 예배를 미사라 부르고, 예배를 집례하며 교회의 기능을 맡아 섬기는 교역자를 사제라고 부른다. 종교개혁 이후에 현저하게 달라졌지만, 성전 전통이 고수되는 것이 좋은지 그렇지 않은지는 신학적으로 매우 복잡한 문제이다. 하나님의 말씀에 대한 신앙을 중시하는 개혁신앙은 교회를 성전으로 부르기를 좋아하지 않는다.

사실 성전의 전통이 바로 교회로 이어진 것은 아니다. 그 중간에 회당 전통이 있었다. 회당의 유래는 확실하지 않은데, 대체로 솔로몬 성전이 무너진 후 바벨론 포로기 동안에 율법을 가르치기 위해 세워졌다는 설과 성전은 오직 예루살렘에만 있기 때문에 다른 지역의 사람들을 위해 세워진 곳이라는 설이 대표적으로 인정받고 있다. 필자는 두 개 모두가 정당하다고 생각하는데, 성전이 없기 때문에 율법을 가르치는 회당이 생기기도 했지만, 나중에는 성전에서 멀지 않은 지역에서도 율법을 가르치는 곳을 따로 마련하기도 했다. 그러니까 성전에서 율법을 가르치기도 했지만, 성전에서는 주로 제사를 드리고, 회당에서는 율법을 가르친 것이다. 교육관의 성격이랄까. 아무튼 성경을 보면 예수님 당시에 헤롯 성전이외에도 회당이 존재했음을 알수 있다.

기독교는 성전 전통의 제사와 회당 전통의 가르침을 예수 그리스도가 중심이 되는 예배로 통합하였다. 나중에 교육의 중요성이 강조되면서 교회 예배와 교회교육으로 구분되었다. 그래서 오늘날 교회에서 행해지는 일들은 성전 및 회당 전통과 결코 무관하지 않다. 성전 대신에 교회 건물이 들어서고, 제단은 강단으로 대체되었다. 그러나 성전이 교회가 아니듯이, 제단 역시 강단은 아니다. 강단 중심의 교회와 예배는 제단 중심의 성전 신앙의 연장으로 오해받을 수 있다. 오해를 피하기 위해서는 강단을 제단과 같게 보도록 해서는 안 된다.

그런데 에클레시아를 번역하면서 한글 성경은 '교회'란 말을 택했는데, 이는 한자어 번역을 그대로 수용한 것이다. '교회'는 가르칠 '교(敎)'와 모일 '회(會)'로 이뤄진 말로, '교육을 위한 모임'이라는 뜻을 갖는다. 선교 초기에는 주로 선포보다는 성경을 가르치는 방식을 사용했기 때문에 이런 이름을 당연하게 여겼을 것이라 생각한다. 교회 행위가 전문화되면서 예배와 교육이 분리되는 추세이고, 또한 교육목회를 강조하는 사람들은 교육이 교회 사역의 중심이 되어야 할 것을 주장하면서, 교회가 갖고 있는 교육적 본질을 회복하려는 노력을 기울이고 있다.

그러나 교회가 예배당만 있는 것이 아니듯이, 교회가 교육의 장소만은 아니다. 오히려 이에 반해 교육은 없어도 설교 중심의 교회를 지향하기도 하는데, 왜냐하면 예배의 설교에는 선포(*케리그마*)와 가르침(*디다케*) 그리고 상담(*파라클레토스*)의 역할이 있기 때문이다. 이 세 가지는 신학적으로 볼 때 하나님이 말씀을 매개로 혹은 인간의 말을 사용하여 세상과 소통하는 방식을 대변한다. 필자는 교회행위를 엄격히 분리하거나 또는 어느 하나를 지나치게 강조하여 다른 것을 소홀히 여기는 것은 바람직하지 않다고 생각한다. 교회의 다섯(혹은 행정을 포함하여 여섯) 가지 행위가 서로 유기적인 관계에 있을 때 교회는 건강해진다.

예수님은 스스로를 성전에 비유하신 적이 있다. 이점에 착안해 생각해 본다면, 비록 성전 전통을 그대로 지킬 이유는 없다 해도, 성전의 의미는 교회 이해에서 여전히 유효하게 작용한다고 생각한다. 사도 바울도 성도의 몸을 성령이 거하시는 '성전'으로 말한 바 있기 때문이다. 성도 개인을 가리켜 말한다기보다는 유기체의 일부로서 개인을 가리킨다. 비록 예수 그리스도 이후를 사는 시대에, 특히 더 이상 구약의 의미에서 성전이 존재하지 않는 시대에 사는 우리가 성전의 전통을 지킬 까닭은 없다 해도, 성전이 무엇을 의미하는지는 교회 이해를 위해 필요하다.

교회 이해와 관련해서 헤롯 성전은 그다지 의미가 없다. 의미가 있다면 앞서 언급했듯이, 교회는 결코 인간에 의해 세워지지 않는다는 것을 시사한다. 교회 이해와 관련해서 의미 있는 것은 솔로몬 성전과 스룹바벨 성전이다. 특히 솔로몬 성전이 완공된 후에 솔로몬이 드린

기도를 보면 성전에서 마땅히 일어나는 일이 무엇인지를 어느 정도 알 수 있다.

그의 기도를 정리하면 대략 이렇다. 하나님의 백성이 말과 행위에서 실수가 있었거나, 전쟁에서 패배했을 때, 자연 재해를 만났을 때, 외국인이 도움을 구할 때, 죄를 지었을 때 성전에서 혹은 성전을 향해 기도할 때, 곧 하나님의 도움을 구할 때, 하나님께서 귀를 열어 응답하시고 눈을 열어 주목해 달라는 것이다. 솔로몬의 기도에 따라 이해한다면, 성전은 주로 하나님께 기도하며 도움과 구원을 구하는 곳으로, 하나님이 주목하는 곳이며, 하나님이 귀를 열어 기도를 듣고 응답을 주시는 곳이다. 그래서 예수님은 성전을 정결케 하시면서 만민이 기도하는 곳을 사람들이 강도의 소굴로 전락시켰다며 책망하신 것이다. 성전은 하나님이 주목하시고 또 하나님이 귀를 기울이실 것을 기대하면서 기도하는 곳이다.

오늘날 만일 성전전통이 유지되어 교회 건물의 필요성을 말한다면, 바로 이점과 밀접한 관계를 갖는다. 다시 말해서 하나님이 주목하시고 응답하실 것을 바라면서 기도하는 곳이 바로 교회이다. 교회를 이해할 때 우선되어야 하는 점은 믿는 사람들의 모임만이 아니라는 사실이다. 교회는 오히려 하나님이 주목하시고 또 귀를 기울이시는 곳이다. 이 사실 때문에 우리는 그리스도의 이름으로 이곳에 모인다. 하나님을 참 하나님으로 인정하고 고백하면서 그분을 높여 드린다. 말씀을 가르치고 또 배우며 교제한다. 교회 안에서 도움과 구원을 필요로 하는 사람에게 귀를 기울이고 그들을 위해 기도하면서 그들의 문제가 해결되길 돕는다. 이것이 우리가 교회에 오면서 기대할 수 있는 일이다. 사람과 형편에 따라 다르겠지만, 드려야 한다는 생각이 강하면 교회에 오기가 부담스러워질 때가 있다. 그러나 교회는 하나님이 주목하시는 곳이며 또한 우리가 하나님을 만나고 그분의 은혜를 기대하며 오는 곳이다. 그 기대 가운데 의식을 통해 하나님을 경험하고 또 그분을 높이는 일이 예배이다. 교회에 올 때 성도들이 가장 먼저 염두에 두어야 할 점은 '나는 무엇을 기대하며 교회에 가는지'를 깊이 묵상하는 것이다. 아무런 기대감도 없이 그저 예배해야하기 때문에 온다면, 예배 자체가 종교행위로 왜곡될 수 있고, 교회는 사람들이 모이는 장소로 전락할 수 있다.

말라기서 1장 10절 말씀에 보면, 이스라엘 백성들이 하나님께 제사 드리는 일이 형식적이 되었음을 고발하면서, 마음도 없이 형식적으로 드리는 이유가 성전이 있기 때문이라고 한다면, 차라리 누군가가 성전 문을 닫을 사람이 있었으면 좋겠다는 기록이 나온다. 하나님은 실제로 성전을 파괴하도록 하셨다. 더 이상 성전이 없이 살도록 했다. 이것은 비록 이스라엘 신앙의 타락 때문에 일어났지만 성전이 없는 상태를 당연한 현상으로 여기는 것으로 오해해서는 안 된다. 다만 하나님의 심판으로 이해된 것인데, 이는 나중에 하나님의 계획에 따라 성전이 다시 회복되는 것을 통해 알 수 있다. 예배행위는 교회가 있기 때문에 요구되는 것이 아니다. 마땅히 하나님을 예배해야하기 때문에 교회가 있는 것이다. 교회를 향한 열심이 아니라 예배에 대한 열망이 교회를 가능하게 한다.

하나님은 특별히 정한 장소와 상관없이 예수 그리스도의 이름으로 모이고 하나님을 참 하나님으로 나타내는 곳을 주목하시고 또 귀를 기울이신다. 하나님이 주목하시고 또 귀를 기울여 주실 것을 기대하는 마음으로 또 하나님을 참 하나님으로 나타내길 바라는 마음으로 두 세 사람이 주의 이름으로 모이는 곳이라면 어디든 상관하지 않으신다. 사도 바울도 로마서 12장에서 '너희 몸을 하나님이 기뻐하시는 거룩한 산 제물로 드리라'고 말했다. 삶으로 예배를 말하며, 신앙생활의 종말론적인 성격을 강조한다. 이것은 가정교회가 존재할 수 있는 가장 중요한 이유이다. 교회란 예배가 일어나는 곳을 말하는 것이지, 교회(건물)가 있어야 예배가 있는 것은 아니다. 그럼에도 불구하고 교회는 필요하다. 어떤 의미에서 필요한지에 관해서 필자는 다음에 이어지는 "교회의 공적인 예배는 결코 포기할 수 없다"는 제목에서 다뤘다. 이것을 참조하기 바란다.

3. 교회의 두 기초(합리성과 비합리성)는 예배에 어떻게 기여하는가?

예수 그리스도는 신학적인 의미에서 교회의 기초요 교회의 머리이며 또한 교회 자체이다. 교회의 기초는 예수 그리스도이지만, 제도로서 교회가 실제로 이 기초 위에 세워지는 과정을 생각할 때 두 개의 사건은 교회 이해에 매우 유익한 도움을 준다. 하나는 바벨탑 사건(창 11:1-9)이고, 다른 하나는 오순절 성령강림 사건(행2:1 21)이다. 매우 대조적인 모습을 갖고 있는 두 사건은 이 땅위에 교회가 세워질 때 작용하는 두 개의 기초를 반영한다.

먼저 창세기 11장의 바벨탑 이야기는 '바벨'이라는 이름의 유래를 설명한다. 이름의 뜻은 흔히 '신의 문' '하늘 문'으로 풀이되지만, 그 정확한 뜻은 아직도 밝혀지지 않았다. 여러 지역으로 흩어져 살던 사람들은 어느 날 함께 뭉칠 필요를 느꼈던 것 같다. 고대 세계에서 흔히 있었던 방식대로 생각한다면, 외부로부터 오는 공격에서 스스로를 방어할 필요가 생겼기 때문이거나 아니면 힘을 합쳐 세력을 과시하기 위함이었을 것이다. 여하튼 그들 나름대로 함께할 이유가 있었던 것 같은데, 성경에는 흩어짐을 피하고 자신들의 이름을 널리 알리자는 의도로 표현되었다. 이것이 가능하도록 그들은 하늘에 닿을 정도로 높은 탑을 세울 것을 결정했다. 높은 탑뿐 아니라 도시 건설을 포함하는 계획이었다. 처음부터 탑의 이름이 바벨은 아니었고, 탑을 쌓고 도시를 건설하는 계획이 수포로 돌아간 후에 그들의 행위를 평가하면서 '바벨'이라는 이름이 붙여졌다. 그러니까 바벨이라는 말의 의미를 염두에 두고 성경의 평가를 음미해 보면, 인간이 자신의 노력으로 하늘의 문을 스스로 열어 보려고 했기 때문에 계획이 성사되지 못했다는 결론이 나온다. 하나님의 영역을 인간이 침범하려 할 때 나타난 결과였다.

흔히 사람들의 교만 때문에 하나님이 탑 건설 계획을 수포로 돌아가게 하셨다고 말하지만, 조금 더 자세히 살펴볼 필요가 있다. 왜냐하면 성경에는 교만이라는 말이 나오지 않기 때문이다. 그것은 해석된 평가다. 물론 그들의 계획을 들어 보면, 하늘에 닿을 정도로 높은 탑을 세우고, 또 자신들의 이름을 내고 온 지면에 흩어짐을 면하기 위한 것이었고, 이것을 교만이라고 말할 수 있을 것이다. 교만은 마음과 눈을 높이고 자신을 우뚝 세우는 것이기 때문이다. 교만한 사람은 하나님을 인정하려고 하지 않는다. 그래서 하나님이 가장 싫어하는 죄 가운데 하나가 교만이다.

그런데 성경이 말하고 있는 분명한 이유는 이렇다. 사람들이 자신들의 계획을 실행하는 것을 보신 하나님은 "이후로는 그 하고자 하는 일을 막을 수 없으리로다."라고 말씀하셨다. 이 말은 인간이 무엇을 계획하고 실행하든 비록 그것이 당장에는 하나님을 거역하는 일이 아니더라도 그것이 가져올 문제가 결코 작지 않을 것이라는 판단이다. 하나님이 무엇을 염두에 두고 하신 말씀인지 확실하지 않지만, 하나님은 미래에 일어날 파국을 고려해서 그 계획을 처음부터 수포로 돌아가게 만들었다. 그들의 과학기술 문명은 뛰어났으나 하나님의 개입으로 그들은 서로를 이해할 수 없었다. 서로 소통하지 못함으로 탑 건설은 중단되어야 했다. 우리가 주목해야 할 부분은 바로 이 점이다.

높은 탑과 도시 건설은 고도의 과학기술 문명을 전제한다. 오늘날 도시를 건설하고 기념비를 세우는 과정을 보라. 특히 건물의 높이는 과학기술의 발달과 비례한다. 문제는 도시를 건설하고 탑을 세우되 하늘에 닿게 하자고 말한 것이다. 이 표현은 대단히 도발적이다. 성경이 분명하게 드러내어 말하고 있진 않지만, 하늘에 닿을 정도로 높은 탑을 쌓고 도시를 건설하려는 그들의 의도를 가능하게 만드는 것은 고도로 발달한 문명이다. 계산적이고 합리적인 사고에서 가능한 일이다. 탑과 도시 건설이 인간들의 합리적인 사고와 계산적인 사고를 바탕으로 건설하려고 했다는 말이다. 사람들은 합리적인 사고로 서로가 소통할 수 있다고 생각한다.

독일의 철학자이며 사회학자인 하버마스(Jürgem Habermas, 1929-)는 합리성을 바탕으로 인간은 서로 소통할 수 있다고 했다. 그러나 하버마스의 큰 오류는 욕망에 사로잡힌 인간의 모습을 보지 못한 것이다. 욕망에 사로잡힌 인간의 합리성은 또 다른 욕망에 불과하다. 합리적이기만 하면 소통이 가능할 것이라는 말은 매우 소박한 생각에서 비롯한다. 세상은 결코 합리적으로만 움직이지 않기 때문이다. 인간의 숨겨진 욕망이 어떤 것인지를 알지 못하고 하는 말이다. 합리적이라고 해서 항상 소통되는 것은 아니다. 현실적으로도 그렇지 않고 또 결코 그렇게 되지 못한다. 왜냐하면 욕망은 이성을 마비시키기 때문이다.

도시 혹은 성 건설에 대한 이야기는 창세기 4장에도 나오고 있는데, 가인이 에덴의 동쪽에다 성을 쌓은 내용이다. 가인은 하나님이 보호해 주시겠다는 약속과 함께 유리하며 살았다. 그런데 그는 하나님의 보호를 신뢰하지 않고, 성을 쌓아 스스로를 보호하고자 했다. 도시 혹은 성으로 번역되는 말은 때때로 '요새'로도 번역되고 있다. 그러니까 가인이 쌓은 성은 하나님의 보호에 의지하지 않고 자신이 스스로를 보호하려는 노력에서 비롯한 것이다. 인간이 자신을 보호하는 일이 잘못된 것이라 말할 수는 없다. 그런데 하나님의 보호라는 비합리적인 요소를 배제하고 세워진 이 성에서 일어나는 일을 보면 가관이다. 라멕의 노래를 통해 전해져 오고 있는데, 창세기 4장 23-24절에 기록되어 있다. 하나님은 가인을 치는 자에게 7배의 벌을 예고하셨는데, 라멕은 77배로 보복할 것을 말하고 있다. 그뿐 아니라 상처를 입은 까닭에 사람을 죽이고, 또한 소년을 죽였다고 말하고 있다. 자기 멋대로 살았다는 말이다.

자신을 스스로 보호하려고 쌓은 성 안에는 문화와 문명이 꽃을 피웠지만, 그 안에서 일어나는 일은 끔찍했다. 도덕적으로나 윤리적으로 심각한 문제가 있었다. 성경이 말하고자 하는 바는 바로 이것이다. 다시 말해서 가인과 그의 후예들이 행한 일뿐만 아니라 바벨이라는 지역에서 일어났던 일을 기억하도록 하면서 성경이 말하고자 하는 일은 자신을 스스로 보호하려고 했던 사람들의 노력이 비록 고도의 문명은 이뤄냈을지는 몰라도 하나님이 원하시는 일로 이어지지 못했고, 결과적으로는 수포로 돌아갈 수밖에 없었다는 말이다. 다시는 반복되지 않길 바라는 뜻에서 하나님은 탑의 건설을 막으셨지만, 인간의 욕망은 멈추지 않고 지금까지 거듭되고 있다. 얼마나 안타까운 일인가. 얼마나 허무한 일인가. 하나님을 떠난 합리성은 아이의 손에 쥐어져 있는 칼에 불과하다.

이에 비해 오순절 성령강림 사건은 어떤가? 사도행전 1장에서 예수님의 승천 후에 홀로 남겨진 제자들은 전열을 가다듬었다. 모일 때마다 기도했고, 자살하여 죽은 가룟 유다를 대신해서 맛디아를 사도로 뽑아 충원했다. 그리고 약속하신 성령을 기다리면서 그들은 한곳에 모여 있었다. 그때 홀연히 하늘로부터 급하고 강한 바람 같은 소리가 집을 가득 채웠다. 성령이 충만하게 임하셨다.

이때 나타났던 일 가운데 성경저자인 누가가 주목했던 점은 무엇보다 그들이 서로 이해하게 되었고, "형제들아 우리가 어찌할꼬" 한탄하며 회개했으며, 그리고 날마다 모이기를 사모했고, 말씀을 듣고 배우며 서로 기도하기를 힘썼다는 사실이다.

예루살렘에서 일어난 일은 결코 합리적으로 설명할 수 없었다. 성령이 임하셨을 때 사람들은 제자들이 술에 취했다고 말할 정도였다. 제정신이 아닌 것처럼 보였다. 그럼에도 불구하고, 다시 말해서 비합리적으로 보임에도 불구하고, 그들은 소통할 수 있었다. 소통할 뿐만 아니라 회개했다. 사람을 변화시킬 수 있었다. 얼마나 놀라운 일인가? 또 바벨탑 사건과 비교해 볼 때 얼마나 대조적인 일인가?

누가는 사도행전 2장 37-47절에서 그 결과를 전해 주고 있는데, 교회는 부흥했고, 믿지 않는 사람들까지도 그들을 주목하며 놀랄 정도가 되었다. 성령강림과 더불어 시작하고 성령의 역사에 기초한 초대교회는 오늘날까지 교회의 원형으로 여겨지며 교회의 역사에서 끊임없는 원동력이 되었다.

바벨탑 사건과 성령강림 사건은 어떻게 이해할 수 있을까? 특별히 교회의 기초와 관련해서 생각 해 볼 때, 두 사건을 통해 성경이 말하는 것은 두 가지다. 합리적인 사고냐 성령의 역사냐 하는 것이다. 문명의 힘이냐 성령의 능력이냐 하는 것이다. 권력이냐 성령의 능력이냐 하는 것이다. 사람과의 관계냐 하나님과의 관계냐 하는 것이다. 계산이냐 믿음이냐 하는 것이다. 서로 대립되는 두 가지가 있음을 그냥 소개만 하지 않고 그 가운데 하나를 선택할 것을 강력하게 촉구한다.

한국 교회에 만연해 있는 문제들을 생각한다면, 모든 것이 합리적이고 정상적인 사고를 배제한 결과라고 생각한다. 목회자의 책임이 크겠지만, 성도들 역시 책임에서 자유롭지 못하다. 교회 안에는 비합리적인 것을 정상적인 것으로 여기게 하는 요인들이 너무 많다. 그래서 교회는 합리적인 사고를 바탕으로 세워져야 한다. 그러나 또 다른 측면에서 한국 교회 현실을 생각한다면, 성령의 역사에 의지하기보다는 인간의 합리성과 능력을 더 많이 의지한 결과이기도 하다. 사람과의 관계를 더욱 중시한 결과이다. 세상의 원리를 그대로 교회 운영을 위해 도입한 결과이다. 심지어는 유능한 목회자를 우상시한 결과이다.

교회의 두 기초와 관련해서 참고로 말하자면, 교회는 건강한 운영을 위해서는 세 가지 요소를 고루 갖추고 있어야 한다. 합리성과 비합리성 그리고 신비이다. 세 가지를 한꺼번에 모아 놓으면 결코 대화가 이루어지지 않는다. 서로 만날 수도 없다. 그럼에도 불구하고 세

가지가 교회 안에 공존하며 작용하는 때가 있는데, 그것이 바로 예배이다. 예배는 합리적이면서도 비합리적이며 또한 신비적인 요소를 갖고 있다. 예배 회복을 교회를 새롭게 세우는 데에 가장 중요한 것으로 삼아야 하는 까닭은 예배를 통해 서로 섞일 수 없는 것이 섞여지는 것을 경험하기 때문이다. 교회 갱신을 생각할 때 우선적으로 고려해야 할 것은 건강한 예배 공동체이다. 예배하는 교회를 우선적인 가치로 세워야 한다는 말이다.

예배 자체는 합리적이어야 한다. 로마서 12장에서 사도 바울이 "너희 몸을 하나님이 기뻐하시는 거룩한 산 제물로 드리라 이것이 너희가 드릴 영적 예배니라."라고 말했을 때 사용된 '영적'이라는 말의 원어는 '합리적인' 이라는 뜻을 가지고 있다. 예배 전체는 하나님을 경배하는 합리적인 행위다. 혼돈으로 가득한 곳이 아니다. 그러나 그 안에는 비합리적인 요소가 있다. 종말론적인 성격을 갖고 있다. 믿음은 계산되거나 예측되는 것이 아니다. 예배가 비합리적인 이유는 하나님의 행위가 중심을 이루고 종말론적인 성격을 갖고 있으며 믿음을 전제하기 때문이다. 믿음이 없이는 하나님을 기쁘시게 할 수 없다. 비합리적인 요소에 기초한 신앙행위가 바로 예배 가운데 찬양과 기도이다. 찬양은 단순히 기쁨을 표현한 혹은 마음을 표현한 노래가 아니라 보이지 않는 하나님을 높여 드리는 일이기 때문이다. 기도는 결코 자기성찰이나 독백이 아니며, 하나님께 말하고 무엇인가를 구하는 행위인데, 사실 바라는 것을 얻기 위해서는 보이는 사람에게 해야 한다. 그러나 기도는 보이지 않는 하나님에게 드린다. 사람들이 보기에 비합리적일 수밖에 없다. 끝으로 예배 가운데 신비적인 요소는 인간의 말이 하나님의 말씀이 되는 일(설교)이며 또한 성례이다. 보이지 않는 은혜가 보이는 것을 통해 매개되기 때문이다.

합리적인 것과 비합리적인 것 그리고 신비적인 요소, 이 세 가지를 교회는 고루 갖춰야 한다. 세 가지는 예배하는 자가 영과 진리 안에서 예배해야 하는 이유이다. 이 일이 일어날 수 있기 위해 합리적인 사고에만 의지할 수 없다. 비합리적인 사고에만 의지하는 것도 안 된다. 그렇다고 신비적인 사고에만 의지할 수도 없다. 전도서는 모든 일에 다 때가 있다고 말하면서 그 때를 분별하며 살아야 한다고 했다. 때를 분별할 수 있기 위해 말씀을 묵상하며 성령의 인도하심을 받아야 한다.

제6장

교회의 공적 예배는 결코 포기할 수 없다

인터넷 신문 「뉴스앤조이」에 게재된 신성남의 글 "예배주의를 극복해야 한다"를 읽고 많은 부분에서 공감하면서도 마음 한 구석에 아쉬운 마음이 들었다. 그가 말하는 "예배주의"란 예배를 신앙생활에서 가장 중심으로 삼아야 한다는 주장과 예배를 통해 복을 받는다는 주장을 가리킨다. 사실 '예배주의'란 말이 신학에서 처음 접하는 말이라 그 개념 형성과 사용에서 좀 더 면밀한 검토가 필요하겠지만, 일단 그의 글이 말하고 있는 바를 따라가 보겠다.

그가 비판적으로 고려하고 있는 예배는 교회에서 흔히 말하는 공적인 예배를 의미한다. 교회에서 행해지는 예배, 이 예배에 참석하는 일을 신앙의 모범으로 삼는 일은 모든 교회의 목회 현장에서 볼 수 있는 일이다. '개독교'라 불릴 정도로 사회적인 신뢰도에서 최하위 수준에 있는 교회가 삶을 통한 예배를 중시하기보다 오히려 교회의 공적인 예배만을 중시하는 것은 분명 옳지 않은 일이다. 그러니까 '예배주의'란 예배 자체를 비판하기보다는 교회의 공적인 예배만을 중시하는 태도와 예배를 잘 드려야 복을 얻는다는 기복적인 신앙에 기반을 둔 예배를 가리킨다고 볼 수 있다. 뿐만 아니라 선한 삶을 동반한 일상의 예배를 강조하지 않는 태도를 포함한다.

이것을 비판하면서 그가 제시하는 이유는 크게 세 가지다. 예수님과 제자들에게 정기적인 예배행위가 있지 않았다는 점과 올바른 삶을 배제한 예배는 성경적이지 않다는 점, 그리고 마지막 하나는 그렇게 되면 제사에 대한 사람들의 태도와 다르지 않다는 것이다. 두 번째와 세 번째 이유는 충분히 공감할 수 있지만, 첫 번째 이유는 신학적인 성찰이 아쉬운 부분이다. 예수님과 제자들이 정기적인 예배를 드리지 않았다는 사실이 성경에 나와 있지 않다고 주장하면서, 신성남은 오늘날의 교회 예배를 당시의 상황에 투영해서 비판하고 있는데, 예배 상황이 당시와 오늘이 결코 동일하지 않다는 사실을 간과한 결과다.

예컨대 '교회'의 신학적인 의미는 비록 구약에서도 찾을 수는 있다 해도, 교회는 오순절 이후에 발생한 현상이다. 비교해야 한다면 오순절 이후 초대교회의 모습과 비교해야 하는 것이 마땅하고, 실제로 종교개혁 전통의 교회들은 대부분 초대교회에서 그 원형을 찾고 있다. 예배 역시 마찬가지다. 따라서 예수님과 제자들에게서 오늘날의 예배행위를 찾아볼 수 없다는 이유로 교회의 공적인 예배를 비판하는 것은 옳지 않다.

신성남의 비판은 대체로 일상의 예배를 무시하고 의식적인 예배만을 강조하는 태도를 겨냥하고 있다고 여겨진다. 이 점은 필자 역시 동의하는 바이다. 동의하면서도 충분히 공감할 수 없는 부분이 있다.

그의 글을 읽으면서 과연 그가 교회의 의식적인 예배가 왜 필요한지, 그리고 의식을 매개로 하는 공적인 예배와 일상의 예배의 관계에 대해 얼마나 숙지하고 있는지에 대해 궁금해졌기 때문이다. 짧은 지면 관계 때문에 충분히 서술할 수 없었다고 볼 수 있지만, 그의 책『어쩔까나 한국 교회』(신앙과지성사, 2014)에서도 그 부분은 제시되어 있지 않고 있다는 점에서 지적하고 넘어가야 할 부분이라 본다.

의식적인 예배는 일상의 예배와 어떤 관계에 있을까? 일상에서의 예배가 온전하면 교회의 예배는 불필요해질까? 물론 신성남의 주장은 교회의 예배를 불필요하다고 말하는 데에 있지 않다는 사실은 잘 안다. 오직 교회의 예배만을 중시하는 태도를 '예배주의'로 규정하고 이것을 비판하며 경고하려는 의도임을 또한 잘 알고 있다. 가인과 아벨의 경우에 비춰 생각해 보아도, 제사 자체가 아니라 일상의 삶이 더 중요하다고 생각하며, 또한 사무엘도 사울 왕에게 제사보다 순종이 낫다고 말한 바 있다. 의식보다 순종하는 삶이 중요하다는 말로 이해할 수 있는 표현이다. 예수님의 말씀이나 사도 바울의 권고 역시 동일한 것을 증거한다.

그럼에도 불구하고 종교개혁 전통에 서 있는 오늘날 교회의 공적인 예배는 포기할 수 없고 또 아무리 강조해도 지나치지 않음을 말하고 싶다. 먼저 오늘날 교회의 예배는 앞서 말한 대로 초대교회 전통에 기초하고 있지만, 사실 교회에 대한 종교개혁적인 이해가 더 큰 작용을 한다. 다시 말해서 종교개혁 전통의 교회는 제사라는 의미에서 벗어나 무엇보다 복음을 소통하고 또 성도들의 성숙한 신앙을 돌보는 역할을 숙지하였다. 따라서 복음을 숙지하고 또 신앙의 성숙을 위해 교회 예배 참여는 대단히 중요한 의미를 갖고 있었다. 왜냐하면 교회는 당시 광장의 역할을 했기 때문이다. 예배에 참여함으로 복음을 들을 수 있었고, 교제할 수 있었으며, 지역 상황과 관련한 소식을 접함으로써 봉사의 기회를 얻을 수 있었다. 가정에서 기도하고 또 말씀을 읽을 수도 있었고 사람들과 교제할 수 있었지만, 예배에 참여하는 것은 매우 권장할 만한 일이었으며, 여기에서 십계명 중에 네 번째 계명은 크게 작용했다. 왜냐하면 종교개혁 전통의 개신교는 네 번째 계명을 교회론적인 맥락에서 해석했기 때문이다.

문제는 시대가 바뀌고 미디어가 발달하면서 성도가 다양한 정보들을 더 이상 교회에만 의존하는 태도에서 벗어나면서 발생하였다. 성도들의 성경 해석의 수준은 신학교육을 받은 목회자보다 뛰어난 경우도 많다. 성도들은 스스로 원하는 책을 찾아서 독서하고 또 다양한 미디어를 통해 설교와 신앙 강연을 들을 수 있다. 과거의 교회가 했던 역할을 미디어가 대체한 것이다. 예배와 교육과 봉사와 교제와 선교가 미디어를 통해 이뤄지고 있다. 신앙과 관련한 정보를 접할 수 있는 창구가 많아지고 또 다양해졌음에도 불구하고 굳이 교회와 교회 예배를 삶의 중심에 놓으려는 시도는 시대의 흐름과 맞지 않는 부분이 있다. 이런 점에서 교회의 공적인 예배를 중심으로 신앙을 생각하고 평가하는 태도는 지양해야 마땅하다.

그렇다면 교회의 예배는 어떤 의미를 갖는 것일까? 성경이 삶으로서의 예배를 말하고 있고 한국 교회 상황에서 삶으로서의 예배가 간절히 요청되고 있는 현실에서 교회의 예배는 과연 필요할까? 일단 앞서 "예배와 하나님 인식"에서 말했듯이, 교회의 예배는 의식행위임을 명심하자. 각종 상징과 상징행위를 통해서 하나님을 경배하는 일이 교회의 예배이다. 다시 말해서 교회의 예배는 반드시 어떤 의식적인 절차에 따라 이뤄진다. 과거 의식과 절차를 생략한 예배를 '열린 예배'라 해서 실천하는 교회들이 많았지만, 최근에는 예전의 중요성을 인지하고 다시 의식을 강조하는 경향이다. 도대체 의식은 무엇을 의미하는 것일까? 일상의 예배를 중시하면서도 의식적인 예배를 강조하는 이유는 무엇일까?

첫째, 예배는 교회의 공동체성을 실현한다. 의식은 다양성에서 오는 차이를 하나로 묶어 주는 기능을 한다. 인격도 다르고, 성도 다르고, 삶의 경험도 다르고, 문화도 다르다 해도 의식은 이런 다름에서 오는 차이와 이질성을 극복하게 한다. 교회 예배는 의식을 통해 공동체성을 실현한다. 예배의식을 통해 실현되는 공동체성 때문에 필자는 개별적인 삶의 장에서 충분히 예배할 수 있음에도 불구하고 교회의 예배가 필요하다고 본다.

둘째, 예배의 신비적인 성격 때문이다. 만일 일상의 예배만을 예배로 보고 그것을 중시한다면, 예배는 지극히 합리적인 삶에 기초한 것이 된다. 누구도 합리적인 사회에서 일상의 삶을 비합리적으로 살려 하지 않기 때문이다. 그렇게 되면 정상적인 삶을 살 수 없기 때문이다. 일상의 삶으로서 예배가 중요하긴 해도, 교회에서의 예배를 포기할 수 없는 이유는 바로 예배 자체가 갖는 비합리성과 신비에 있다. 교회의 예배는 하나님과 인간의 만남의 신비를 의식을 통해 재현한다. 하나님의 임재를 믿고 또 전제하는 것이 의식으로서 예배다. 모든 예배 순서에는 신학적인 의미를 포함하고 있고, 그것은 일상의 예배와 관련해서 상징적인 작용을 한다. 이것을 모르고 예배하는 일이 다반사이기 때문에 성도들이 교회의 예배에 큰 의미를 두지 않는 건 아닌지 반문하고 싶다. 삼위일체 신앙의 삶의 자리가 예배였다는 사실은 교회의 예배가 하나님 이해에도 크게 작용한다는 것을 입증한다.

셋째, 교회의 예배에서 우리는 인간이 하나님을 어떻게 섬기는지를 배운다. 하나님은 누구인지, 무엇을 원하시는지, 인간은 하나님을 어떻게 또 무엇을 말할 수 있는지, 하나님을 어떻게 만날 수 있는지를 배우고 또 실천한다. 뿐만 아니라 일상에서 경험한 내용이 하나님의 뜻과 관련해서 무엇인지, 그것을 어떻게 이해할 수 있는지, 그리고 하나님의 계시에 대해 어떻게 반응해야 하는지를 배운다. 교회 예배에서 경험한 것은 일상의 예배를 가능하게 하며, 비록 합리적인 세계에서 합리적으로 살 수밖에 없다 해도 결코 그것이 전부가 아님을 숙지하게 한다. 합리적인 삶에 작용하는 비합리적인 것을 인지할 수 있고 또 반응할 수 있게 한다.

지금까지 말한 내용을 정리해 보자. 교회의 예배와 일상의 예배는 마치 형식과 내용과 같아서 철학자 칸트(Immanuel Kant, 1724-1804)의 표현을 빌려 말한다면, 교회의 예배가 없는 일상의 예배는 무의미하고, 일상의 예배가 없는 교회의 예배는 공허하다. 비록 신성남이 비판하고 있는 '예배주의'는 반드시 극복해야 하나, 그럼에도 불구하고 교회의 예배는 결코 포기할 수 없고 또 그래서도 안 된다. 예배의 무의미함을 주장하고 비판하기 전에 우선적으로 행해져야 할 일은 성도들에게 예배 의식의 신학적인 의미를 숙지하게 하는 일이다.

사실 구약 시대의 사람들은 매주 제사하지 않았다. 남자들은 일 년에 세 번 의무적인 참석을 해야 했고, 그렇지 않은 경우에는 필요에 따라서 제사를 드렸다. 정기적으로 제사를 드린 사람은 성전에서 일하는 사람들과 제사장 직분을 맡은 사람일 뿐이다. 이런 점에서 교회의 정기적인 예배를 비판하는 사람도 있다. 이런 비판을 무조건 수용할 수 없지만, 다만 '주일성수' 운운하면서 매 주일예배 참석만을 신앙을 평가하는 잣대로 삼는 것은 무리가 있어 보인다. 주일예배 참석이 중요하나, 다른 날에 있는 예배에 참석하거나 혹은 사정상 거주지나 근무지 근처의 교회 예배에 참석하는 것도 고려해야 할 것이다. 본 교회든 타 교회든 예배 참석 여부를 일일이 확인하는 절차 역시 번거롭고 또 바람직하지 않으니 신앙에 대한 평가는 오직 신앙양심에 맡기는 것이 좋겠다. 주일예배 참여 여부를 확인하는 것은 직분자 선출 과정에 필요한 객관적인 자료로 사용하기 위함이겠지만, 성도들의 투표에 의해 선출되는 직분이라면 성도들에게 역사하시는 성령의 인도에 맡기고, 임명하는 직분이라면 각 구역장이나 교구장 혹은 담당 교역자들의 공동추천을 받아 임명하는 것은 어떨지 싶다.

|제7장|

예배란 무엇인가?

지금까지 나는 예배순서의 신학적인 의미, 성례, 교회와 예배의 관계, 그리고 교회의 공예배의 필요성에 관해 살펴보았다. 다소 우회로를 거쳐 왔다고 생각하는데, 이제 우리가 물어야 할 질문은 이렇다. 지금까지 중심 주제로 다뤄진 예배란 도대체 무엇일까? 간단하긴 해도 긴 대답을 요하는 질문이다. 그동안의 글에서 부분적으로 언급한 내용을 이곳에서 종합적으로 살펴보도록 하겠다.

예배의 본질을 묻는 질문에 대답하려는 시도는 크게 네 가지 방향에서 이뤄지는데, 로마서에 나오는 "하나님이 기뻐하시는 거룩한 산 제물"의 의미를 밝히면서, 어원적인 맥락에서, 역사적인 고찰을 통해, 그리고 요한복음에 나오는 "영과 진리로"란 표현을 이해하면서 예배의 본질을 탐색한다. "하나님이 기뻐하시는 거룩한 산 제물"에 관해서는 앞의 글 "교회와 예배"에서 다뤘기 때문에 이곳에서는 나머지 세 개만을 살펴보겠다.

1. 어원론적인 이해

첫째, 구약에서 '예배'를 가리키는 말로 사용된 히브리어는 '샤아하(חָוָה)'와 '아바다(עֲבַד)'인데, 이 말은 70인역 헬라어로 각각 '프로스퀴네오(προσκυνεω)'와 '레이투르기아(λειτουργια)'로 번역되었다. 현대어로는 워십(worship)과 서비스(service)로 번역되었다. 이들 용어는 예배의 대상에 합당한 태도를 반영하는데, 성도가 하나님께 어떤 태도를 취해야 할 것인지를 암시한다. 특히 worship은 본래 앵글로 색슨어의 'weorthscipe'에서 유래하며 가치(worth)와 신분(ship)을 의미하는 말의 합성어다. 곧, worship은 존경과 존귀를 받을 가치가 있는 자에게 최고의 예를 보이는 일을 가리킨다. 이것은 성경에 나오는 표현들(시 29:2; 계 5:12)과 일치한다.

어원적인 맥락에서 예배란 여러 종교에서 발견되는 공통된 점이다. 종교는 존경과 존귀를 받을 가치가 있는 자에게 최상의 예를 갖추는 태도를 요구하며, 그런 태도로부터 예상되는 삶의 열매까지 포함한다. 어원적인 의미의 예배는 주로 인간의 태도에 집중하는데, 예배의 대상이 어떤 존재인지를 드러내는 점에서는 긍정적이지만, 하나님이 베푸는 은혜의 시간이라는 점을 간과한 채 지나치게 인간의 행위에 집중하는 것은 복음의 정신에 어긋난다.

2. 예배의 역사와 예배 의식을 통한 이해

둘째, 예배의 역사와 예배 의식을 통해 예배의 본질에 접근한다. 예배의 시대적인 변천 과정을 통해 예배의 본질과 의미를 알아내고 또 예배 의식의 변화를 관찰함으로써 예배를 구성하는 핵심적인 요소를 찾아내려고 한다. 예배 의식은 단번에 이뤄진 것이 아니고 역사를 통해 형성된 구성물이기 때문이다. 예배에는 본질적인 부분이 있고 가변적인 부분이 있다. 예배의 역사를 통해 예배의 본질을 알 수 있다는 주장은 역사적인 흐름에서도 변화되지 않는 무엇이 있다는 것을 전제한다. 그러나 역사적인 관점은 분별력을 필요로 하는데, 왜냐하면 현상으로서 역사는 본질의 드러남과 왜곡으로 점철되어 있기 때문이다. 그러므로 역사 속의 현상들을 모두 옳다고 볼 수 없으며, 분별하기 위해서는 무엇보다 예배에 대한 신학적인 이해를 전제한다. 다시 말해서 예배는 시대에 따라 변화를 겪었다. 본질에서 벗어난다고 여겨지면 비판을 받았고 그럼으로써 새로운 옷을 갈아입기도 했지만 시대의 변화에도 아랑곳하지 않고 유지되기도 했다. 과거에 예전으로 행해졌다고 해서 그것이 옳다는 말은 아니다. 예배의 역사를 통해 알 수 있는 것은 다만 예배 의식의 형성과 변화과정이며, 예전을 강조하는 정도가 시대마다 달랐다는 사실뿐이다. 제사 중심의 예전에서 율법을 가르치는 예전으로, 초대 교회의 말씀과 성만찬 중심의 예전에서 가톨릭의 성례 중심의 예전으로, 그리고 종교개혁 이후 말씀 중심의 예전으로의 변화가 두드러진다. 오늘날에는 1982년 페루의 리마에서 열린 WCC 산하 '신앙과 직제 위원회(Faith and Oder Commission)'가 채택한 '세례, 성찬, 그리고 목회(BEM: Baptism, Eucharist, Ministry)' 문서라고도 불리는 리마(Rima) 문서 이후 예전의 중요성이 다시금 강조되고 있는데 말씀과 예전 중심의 예배로 변화해 가는 추이에 있다.

김경열의 『레위기의 신학과 해석』(새물결플러스, 2016)은 현대인의 신앙 및 예배가 구약의 제사 전통과 밀접한 연관 관계에서 이해될 수 있음을 보여 주고 있어 구약의 제사와 경건한 신앙의 관계는 물론이고 예배의 의미를 이해하는 데에 큰 도움을 준다. 참고로 제사 전통에서 예배를 추론하는 경우 제사 행위 자체보다는 제사의 정신에 주목한다. 제사에는 소제, 화목제, 속죄제, 속건제, 번제 등이 있다. 번제는 제물을 남김없이 다 태워서 드리는 제사다. 근본적으로는 속죄를 위한 제사이지만, 헌신을 다짐하는 제사이기도 하다. 번제는 재산의 많고 적음에 따라 제물의 종류가 구분되었는데, 헌신을 평가하는 정도가 재산에 따라 달랐음을 알 수 있다. 소를 태워 드리는 번제, 양이나 염소를 태워 드리는 번제, 비둘기를 태워 드리는 번제 등이 있다. 소제는 곡물, 특히 고운 밀가루를 드리는 제사인데, 하나님께 감사하고 그분에 대한 신뢰를 표현한다. 화목제는 하나님과 인간의 화해와 친교를 구하지만, 이웃과의 화해와 친교를 구하기도 하는 제사이다. 속죄제는 계명을 어겼을 때, 특히 부지중에 어겼을 때 죄의 용서를 구하는 제사이다. 속건제는 이웃에게 잘못한 일에 대해 용서를 구하는 제사이다. 본질적으로 하나님에게 용서를 구하는 것을 목표로 하지만, 그렇다고 제사만 드리고 그치는 것이 아니라 피해를 입은 당사자에게 반드시 보상해야 했다.

예배를 제사전통에서 찾는다면, 제사 행위 자체가 아니라 제사의 정신에 주목해야 한다. 제사가 다섯 가지가 있듯이, 예배에도 다섯 가지 요소가 있어야 한다는 것이다. 죄의 속죄는 공통적이고, 여기에 첨가해서 성도의 헌신, 하나님께 감사하며 신뢰를 표현하고, 하나님과 이웃과 화해하는 것이다. 이렇게 본다면, 참회와 사죄의 선언, 친교, 신앙고백, 기도 등은 예배의 기본에 해당한다고 볼 수 있다. 특히 이웃과의 관계에서 일어난 일들이 제사행위의 이유가 되고 있음을 볼 수 있는데, 이것은 예배와 삶의 밀접한 관계를 환기한다.

하나님의 말씀을 듣는 시간과 찬양은 제사와는 다른 전승 과정에
서 생각해 볼 수 있는데, 성전에서 시와 노래로 여호와를 찬양하고
또 회당에서 율법을 선포하고 설명하는 전통에서 찾을 수 있고, 또한
초대교회에서 그리스도의 복음을 전하고 또 설명하는 전통에서 찾을
수 있다. 곧 하나님을 예배하는 일에 필요하다고 생각해서 하나님의
말씀을 듣는 시간과 찬양의 시간을 예배 안으로 수용하였다.

시기별로 예배가 다르게 전승되었고, 예배학적으로는 어느 시기의
예전도 결코 간과해서는 안 되지만, 이곳에서는 특히 초대교회의 예
배에 국한하여 살펴보도록 하겠다. 왜냐하면 예배의 본질을 이해하
거나 예배의식의 변화를 추적하는 일에서 주된 관심은 언제나 초대
교회이기 때문이다. 시작에 본질이 있다는 생각 때문이 아니라 예수
그리스도의 가르침에 따라 하나님을 예배하는 모습의 전형을 보여
주었기 때문이다. 그래서 교회의 본질을 초대교회에서 찾는 일은 이
제 상식이 되었다.

누가는 당시 교회의 모습을 이렇게 전해 주고 있다.

> 그들이 사도의 가르침을 받아 서로 교제하며 떡을 떼며 오로지 기도
> 하기를 힘쓰니라(행 2:42).

이것을 오늘날의 예배라는 개념으로 볼 수 있는지에 관해서는 논
란의 여지가 많다. 분명한 것은 초대교회 성도들은 예수의 이름으로
모였고, 모일 때마다 사도의 가르침을 받았으며, 서로 교제하고 떡을
떼며 기도하기를 힘썼다는 사실이다. 이것들이 서로 어떤 맥락에서

혹은 어떤 순서로 행해졌는지 알지 못하지만, 적어도 다수는 이것을 예배의 전형으로 혹은 교회에서 이뤄지는 각종 교회 행위의 전형으로 여기고 있다. 예배의식의 원시형태라고 할까. 여하튼 사도행전의 기록 때문에, 비록 역사적으로 다양한 예배 형태가 나타났어도, 초대교회의 모습은 예배의 본질을 이해함에 있어서 결정적인 역할을 했다. 사도행전에 기록된 네 가지 요소들(사도들의 가르침, 교제, 떡을 떼는 일, 기도)을 제대로 이해하면, 혹시 교회 공예배의 회복을 위해 우리가 할 수 있는 일이 무엇인지를 알 수 있지 않을까?

사도들의 가르침이란 예수 그리스도로부터 직접 가르침을 받은 제자들이 전해 주는 복음을 말한다. 복음을 전해줄 뿐만 아니라 복음을 바탕으로 일상에서 부딪히는 문제에 관해 설명하는 것을 포함한다. 이것은 서신서에서 엿볼 수 있는 모습이다. 제자들을 사도로 부른 사실에서 공동체가 그들에게 특별한 의미를 부여했다는 것을 알 수 있다. 사도들은 예수 그리스도로부터 하나님 나라의 복음을 직접 들을 수 있었고 또 구약 성경을 예수 그리스도의 인격과 사역을 통해서 새롭게 이해할 수 있었다. 빌립과 에디오피아 내시의 만남은 사도의 가르침에 따라 구약이 어떻게 이해될 수 있는지를 잘 보여 준다. 예수 그리스도에 대한 새로운 이해는 부활사건에 대한 경험과 성령의 역사로 가능했다. 예수 그리스도의 복음을 통해 율법을 이해했고, 복음 안에 담겨 있는 약속의 말씀을 듣고 천국을 소망하였다. 유대교 전통에 익숙해 있던 사람들은 사도들의 가르침을 받으며 자신의 유대인으로서 정체성을 포기하지 않으면서도 유대교 전통에서 벗어날 수 있었다. 그리스도 안에 있으면 존재가 새로워질 뿐만 아니라 지식도 새로워지는 경험을 한다. 사도들의 가르침에는 선포와 교육과 상담을 포함한다. 사실 선포가 믿지 않는 자들에게 전하는 말씀을 의미하는지, 아니면 특별히 공동체 안에서 가르침이 아닌 다른 방식으로 (곧 오늘날 설교와 유사한 방식으로) 선포하는 시간을 가졌는지는 확실치 않다. 따라서 케리그마를 전도의 상황에서 이해하려는 사람도 없지 않다. 그런데 초대교회에서는 새로운 개종자들이 많았기 때문에 선포의 상황이 전혀 없었다고 단언할 수는 없다. 선포와 가르침이 서로 겸하는 형태였을 것이지만, 또한 세례자 교육을 위해 사용된 로마 신경을 비추어 보면 독립된 형태의 교육은 있었을 것이라 생각한다.

한편, 사도들의 가르침이라는 표현에는 가르침을 행하는 주체로서 사도들의 권위를 받아들였다는 사실을 내포한다. 교회는 아무에게 가르침을 받지 않았고, 그리스도의 복음을 바르게 전할 수 있는 사람에게서 가르침을 받았다. 오늘날 교회에서 가르칠 권한을 가진 사람으로는 사도적인 가르침을 계승하는 사람이어야 한다. 가톨릭교회는 사도의 권위까지 계승한다고 보고 교종에게 권위를 인정했지만, 종교개혁 이후의 개신교는 가르침의 내용만을 중시하고, 가르침의 역할과 관련해서는 성도 모두를 염두에 둔다. 다만 그 가운데 특별히 전문적인 신학훈련을 받은 사람을 교회의 일을 담당하는 교역자로 세울 뿐이다.

사실 제자들과 성도들이 오랜 세월에 걸쳐 형성된 유대교 전통을 떨쳐버리고 새로운 흐름에 자신을 맡기는 일은 쉽지 않은 결정이었다. 이 일이 가능해지기 위해서는 그럴 만한 분명한 이유와 동기가 있어야 했는데, 예수 그리스도에 대한 믿음이 있어야 했지만, 이 일에서 사도들의 가르침은 매우 중요한 역할을 했다. 사도들의 가르침은 오늘날 설교와 교육 그리고 상담으로 대체되었다. 예배와 사도들의 가르침의 관계를 생각해 볼 때, 예배가 회복되기 위해서는 복음적인 설교와 교육과 상담을 통해 우리의 고정된 생각과 가치관에 새로운 임팩트를 줄 수 있어야 한다. 예수 그리스도의 인격과 사역을 받아들인 후에 요구되는 변화에서 주저하지 말아야 한다. 버릴 것은 버리고 수정할 것은 수정하며 수용할 것은 수용해야 한다.

무엇보다 당시의 가르침은 예수 그리스도의 죽음과 부활 그리고 다시 오심을 전하는 일이었다. 이것은 성찬을 통해 거듭 강조되었다. 예배에서 복음이 선포되고 또 설명되었을 뿐만 아니라 성찬에 참여하며 예수 그리스도의 인격과 사역을 현재화했다.

예배의 내용에 있어서 중요한 것은 더 이상 희생제물이 아니라 예수 그리스도 자신의 현존이었다. 이런 의미에서 예배란 삶 속으로 오시는 예수 그리스도의 현존에 대한 경험의 총 개념이며 그의 말씀을 듣고 그를 찬양하며 그에게 감사하고 기도하고 성찬을 나누는 모임이었다. 인간이 하나님을 섬기는 모습에는 여러 가지가 있지만 그중에 예배가 정점에 서 있는 이유는 하나님의 현존과 그에 대한 반응이 기독교인의 삶에 있어서 무엇보다 중요했기 때문이다. 그래서 예배는 하나님 이해와 불가분의 관계를 갖는다. 예배의 본질은 하나님을 아는 것으로부터 정리될 수 있다.

서로 교제하는 일은 단지 예배 중에 서로 인사하거나 예배 후 서로의 안부를 물어보며 교제하는 것만을 의미하지 않는다. 요한일서에 말씀을 통한 교제를 말하고 있는데, 이를 바탕으로 미루어 생각할 수 있다. 서로 교제했다는 말은 성도들의 모임과 사도들의 가르침을 전제한다. 가르침을 받은 대로 살기 위해 노력했고, 그렇지 않은 경우도 있었고, 고린도교회에서 볼 수 있듯이, 심지어 복음의 자유를 방종으로 오해하는 경우도 있었지만, 교회 안의 갈등은 그들이 신앙적인 삶을 서로 소통하였음을 전제한다. 성도들은 비록 가르침을 삶으로 옮기는 과정에서 항상 성공하지는 않았어도, 가르침과 삶의 일치를 위해 노력하며 살도록 권고 받았다.

예수 그리스도의 복음은 하나님을 사랑하고 이웃을 사랑하라는 말씀이 실천될 때 빛을 발한다. 의식을 통한 예배만이 아니라 삶을 통한 예배의 중요성이 강조되었다. 사도 바울은 바로 이런 점을 정확하게 간파했다. 로마서 12장 1절에서 이렇게 말했기 때문이다.

그러므로 형제들아 내가 하나님의 모든 자비하심으로 너희를 권하노니 너희 몸을 하나님이 기뻐하시는 거룩한 산 제물로 드리라 이는 너희가 드릴 영적 예배니라.

산 제물이 되는 예배는 복음의 가르침을 받고 서로 교제하는 삶을 통해 드러난다. 일상의 삶에서 하나님을 나타내는 자로 살 때 가능해진다.

오늘날 교제는 다만 서로의 친목을 도모하는 일로 전락된 것 같다. 교제를 인간 사이의 감정적인 수통으로만 이해할 때 성경적인 의미에서의 교제는 퇴색된다. 감정적인 소통은 말씀에 대한 깨달음이나 성도들의 삶에서 겪는 도전적인 상황과 깊은 관계를 갖는다. 이것도 중요하지만, 성경적인 의미에서의 교제는 무엇보다 말씀을 바탕으로 한다. 교제는 교회 안에서 말씀을 실천하면서 서로 소통하고 또 실천이 교회 밖으로까지 확장되는 일을 포함한다.

떡을 떼는 일은 예수 그리스도의 만찬 행위를 반복하는 것이다. 예수께서 직접 말씀하셨듯이, 초대교회 성도들은 떡을 떼는 행위를 통해 예수님의 죽으심을 되새기고 또 증거했다. 당시 예배에는 성찬이 빠지지 않았다. 성찬에 대한 오해 때문에 세례자만 따로 모여 성찬을 거행하였다. 가톨릭은 이런 전통을 중시하여 미사 형태로 재현하고 있지만, 말씀이 결여되어 있었는데, 제2 바티칸 공의회 이후로 미사에서 강론(설교)을 의무로 채택하였다. 종교개혁 이후 개신교는 설교(가르침)를 동반한 성찬 예배로 드렸다. 성찬의 중요성에 비해 형식으로 치우칠 염려가 생기자 성찬의 횟수를 줄였다. 결과적으로 예배의 본질 중 하나가 등한시되는 일이 발생했다. 바르트는 이런 예배를 팔과 다리가 없는 조각상에 비유했다.

성찬의 기본 정신은 유월절 정신을 바탕으로 예수 그리스도의 죽으심을 기억하고 또 그것을 주께서 오실 때까지 증거하는 일에 있지만, 또 다른 하나는 바울 사도가 고린도교회에 보낸 편지에서 기록하고 있듯이 서로 나눔에 있다. 성도들은 형편에 따라 각자 집에서 음식을 가지고 왔고 그것을 서로 나누면서 서로의 필요를 채웠다. 성찬은 단지 예수 그리스도의 죽음을 기억하는 일 이외에도 새 계명을 실천하는 일이기도 했다. 이것이 제대로 실천되지 않은 사례는 고린도교회에서 나타났다. 거기에는 서로 나눔이 없었고, 자신이 가지고 온 것을 자신이 먹었다. 부자들은 배불리 먹고 취했지만, 가난한 자는 굶주려야 했다. 이런 관행은 사도 바울을 분노하게 했다. 성찬에는 주술적인 의미도 없지 않았던 것 같은데, 바울은 자신을 돌아보지 않고 성찬의 떡과 잔을 헛되이 받는 사람들에게 질병이 나타났다고 말했다. 바울에 따르면, 성찬을 포함한 예배는 나눔의 정신을 실천하는 현장이어야 한다. 연보(헌금)는 교회가 나눔을 실천하는 중요한 일이었다. 누가는 사도행전에서 성도들이 가진 재산을 교회에 헌납하고 교회가 필요에 따라 나눴다고 기록했다.

기도는 인간이 하나님을 의지하며 살고 있음을 나타내며, 하나님의 뜻이 이뤄지길 바라고 그것을 구하는 일이다. 기도가 예배 중에 있다는 말은 다음을 의미한다. 곧, 예배는 하나님이 주님이시고, 우리는 오직 하나님에게만 기도해야 하며, 그분을 의지하며 살 수밖에 없는 존재임을 깨닫고 고백하는 시간이라는 것이다. 인간이 하나님을 의지할 수밖에 없는 존재임을 가장 분명하게 드러내는 삶의 방식이 바로 기도하는 삶이다. 따라서 예배하는 자는 하나님 앞에서 인간이 어떤 존재인지를 돌아보며, 하나님을 의지하는 것이 마땅함을 깨닫고, 또한 그것을 실천한다. 예배 중 기도에는 주님의 오심을 소망하는 간절한 마음이 포함되었다. "마라나타, 주여! 어서 오시옵소서!"를 외쳤다. 예배의 종말론적 성격은 그것이 하나님 나라를 먼저 얻는 것이고 다시 오실 그리스도에 대한 간절한 기대 때문이다.

누가가 사도행전의 기록을 통해 전해 주는 초대교회의 모임에 착안하여 이해하는 예배에는 본질적인 측면이 있지만, 무엇보다 종말론적인 성격과 경제공동체적인 성격을 고려하며 이해할 필요가 있다. 이것을 간과하면 교회의 개혁을 추구하면서 초대교회를 모범으로 삼는 것은 하나의 일시적인 운동일 수는 있어도 그것의 현실화는 요원할 수밖에 없기 때문이다. 과거 초대교회와 유사한 삶의 형태를 추구하면서 당시 교회 갱신을 이끌고 또 자극을 주었던 수도원 운동이 교회와는 다른 맥락에서 이해되었다는 점도 고려해야 한다. 보카치오(Giovanni Boccaccio, 1313-1375)의 『데카메론』은 중세의 수도원과 성직자들이 얼마나 타락했는지를 잘 보여 준다. 처음에는 교회 갱신을 위한 자극을 주었지만, 결국 스스로의 타락을 막을 수는 없었다. 교회는 세상 속에서 실존형태를 갖고 또 그래야만 한다. 지역교회

로서의 면모를 벗어던지고 영성수련원 같은 분위기가 되면 처음에는
좋은 것 같고 또 교회갱신을 위한 신선한 자극도 되지만 교회의 진정
한 의미를 실현하지는 못한다. 곧 세상에서 하나님의 현존을 보여 주
는 역할을 수행하지 못한다.

3. "영과 진리로"의 해석을 통한 이해

마지막 셋째는 "영과 진리로"를 통한 이해다. 이것은 요한복음의
기록에 따라 이해하는 것이다. 사마리아 여인과의 대화에서 예수님
이 예배하는 자는 영과 진리로 예배해야 한다고 말씀하신 것은 예배
가 사실 예배의 대상으로서 하나님을 이해하는 것과 관련되어 있음
을 밝힌 것이다. 예배는 하나님에 관한 지식을 전제한다. 알지도 못하
고 예배하는 것은 우상숭배에 빠질 가능성이 매우 높다. 요한복음의
본문에 따르면, 예배의 대상인 하나님은 영이시기 때문에 보이거나
인식될 수 없을 뿐만 아니라 어느 장소에도 매여 있지 않다. 영이신
하나님에 대한 예배의 바른 태도는 영과 진리 안에서 이뤄진다. 때와
장소가 예배의 시기와 장소를 결정하지 않고 하나님의 임재와 그리
스도의 현존이 그것을 결정하게 된다는 말이다. 이것은 사도 바울이
고린도교회에 보내는 편지에서 "주는 영"이라고 고백한 것과 같은
의미에서 이해될 수 있는데(고후 3:17), 이 모든 것을 종합해 본다면,
예배는 하나님이 영으로서 현존하는 가운데 그 영의 인도하심에 따
라 이뤄지는 인간의 의식행위다. 다시 말해서 하나님은 보이지 않고
인식될 수 없기 때문에 오직 그의 가르침(진리 안에서)을 듣고 또 그의
인도하심에(영 안에서) 순종하겠다는 결심(고백)이 표현되는 의식이
다. 예배의 출발점은 영이신 하나님의 현존이다.

한편, 사마리아 여인이 예수에게서 메시아를 발견한 사건을 통해서 확인할 수 있듯이, 예배의 본질을 묻는 질문의 핵심은 장소의 선정이나 하나님의 전재(全在, Allgegenwart)를 확인하는 데에 있다기보다는, 오히려 예수 안에서 메시아, 다시 오실 그리스도, 즉 예배의 대상을 볼 수 있고 또 인식될 수 있다는 사실에 있다. 이것은 요한복음에서 매우 중요한 관점을 형성한다. 왜냐하면 요한복음에서는 예수를 영접하지 않은 것과 예수의 승천 이후 제자들이 고난을 당하게 되는 것은 세상 사람들이 하나님과 예수 그리스도를 제대로 인식하지 못했기 때문이라고 증거하고 있기 때문이다(요 16:2-3).

그런데 영이신 하나님께 대한 마땅한 태도가 영과 진리 안에서 이뤄진다는 것은 무엇을 의미하는 것일까? '하나님은 영'이라는 선언은 또 무엇을 의미하는가? 사도 바울은 영 안에서 성도들의 자유를 인식했던 것 같고(고후 3:17) 그것을 통해서 성령 은사의 다양함을 드러내 보여 주었다. 이와 비슷하게 불트만(Rudolf Bultmann, 1884-1976)을 비롯한 많은 신약학자들도 '하나님은 영'이라는 고백이 인간에 대한 하나님의 행위에 있어서 인간이 경험하게 되는 놀라움과 경이로움을 가리키는 것으로 이해했다. 하나님과의 관계에서 인간이 놀라게 되는 이유는 무엇인가? 하나님에 대한 경험이 과거와 현재가 제시하는 것과 다르고 또 하나님의 행위가 본질적으로 인간의 생각에 앞설 뿐만 아니라 또 항상 다가오는 존재로 경험되기 때문은 아닌가? 바르트가 하나님을 "전적 타자(der ganz Andere)"로 이해한 것도 같은 이유에서다. 그리스도는 이미 오신 분으로만 계시지 않고, 장차 오실 분으로서 약속되었기 때문에 약속의 성취에 대한 기대를 갖고 두 세 사람에 의해서 주의 이름이 불리고, 또 하나님이 임하시게 될 때 예배의 자리는 마련된다. 이런 맥락에서 예배의 의미는 주권적인 자유를 가지신 하나님에 대해 하나님을 기대하는 마음을 가진 예배자가 적합하게 반응하는데 있다. 하나님에 대한 반응을 지향하지 않는 어떤 예배도 참 예배는 아니며, 하나님과의 만남에서 반응하는 삶은 비록 의식을 갖추지 않았다 해도 참 예배이다.

4. 예배와 우상숭배

예배 이해의 필요성은 한편으로는 우리 가운데 임재하시는 하나님을 그분의 영광과 존귀에 합당한 방식으로 섬기기 위한 것이지만 다른 한편으로는 잘못된 예배를 미연에 방지하기 위함에 있다. 예배의 열심보다 더욱 중요한 것은 누구를 또 어떻게 예배하느냐이다. 예배의 반대편에는 언제나 우상숭배가 있고, 지상에 사는 동안 신앙은 대체로 예배와 우상숭배 사이에서 진자운동을 한다. 그것은 하늘과 땅 사이를 오르내리는 경험이다. 그러므로 예배 이해에서 우상숭배에 대한 이해는 피할 수 없다.

우상숭배란 이스라엘과 기독교 공동체에서 예배하는 대상과 관련해서 규정된다. 관건은 여호와를 예배하느냐 아니면 다른 존재를 하나님으로 여기며 예배하느냐에 있다. 십계명은 여호와 신앙 공동체에게 주어진 것이다. 우상에 대한 이해는 먼저 이 관점에서 이해해야 한다. 다시 말해서 하나님의 구원을 경험한 사람들이 여호와 이외의 다른 신을 섬기는 일과, 여호와 하나님을 다른 형상으로 대체하고 그것을 여호와로 여겨 예배하는 것을 두고 우상숭배라 한다. 단일신 신앙(Monolatrie), 곧 오직 이스라엘 백성과 하나님의 관계에서 생각되어질 일이며 다른 종교의 신앙을 우상숭배로 규정하려는 의도는 아니었다. 이것은 유일신 사상이 형성된 후에 나타난다.

우상숭배의 고전적인 의미는 출애굽기 32장에서 볼 수 있다. 모세가 산에 올라간 지 오랫동안 소식이 없고, 이와 동시에 하나님의 부재 경험이 길어지자 사람들은 아론을 통해서 자신들을 애굽에서 인도하여 낸 신을 만들었다. 그들을 인도하여 낸 하나님은 실제로 여호와이지만, 그들은 송아지 상을 만든 후에 그것이 자신들을 애굽에서 인도하여 낸 신이라 믿었다. 보이지 않는 신이 지각 가능한 존재가 되자 사람들은 안심했고 또 열광했다. 비록 외연은 달랐어도 애굽에서 자신들을 구원해 낸 하나님을 염두에 두고 있다는 의미에서 사실 내연에는 별 문제 없이 보인다. 그러나 두 번째 계명은 바로 이런 신앙 태도를 우상숭배라 규정한다. 애굽에서 인도하여 낸 신이라는 생각에는 변화가 없음에도 불구하고 하나님은 왜 당신의 형상을 만드는 일을 금하셨을까? 그것은 무엇보다 피조물의 형상에 따라 하나님의 형상을 만드는 일이기 때문이다. 인간은 하나님의 형상으로 만들어졌는데, 그 반대로 하나님을 인간의 형상에 따라 만드는 것은 창조자와 피조물의 관계를 뒤집는 일이다. 여호와 하나님을 형상으로 표현하는 일을 금하고 또 피조물의 형상을 놓고 하나님으로 예배하는 일을 금하는 것은 여호와 신앙에게만 있는 특징이다.

루터는 두 번째 계명을 설명하면서, 사람이 마음으로 신뢰하고 믿는 것이 무엇이든, 그것이 하나님이라고 말했다. 이 말은 비록 구체적인 형상을 갖추고 있지 않아도 여호와 하나님이 아닌 다른 것에 마음을 빼앗기고 그것을 의지한다면, 그것이 우상숭배라는 것이다. 루터와 달리 칼뱅은 피조 세계의 형상으로 하나님을 표상하는 것을 금하는 것으로 이해했다. 칼뱅이 비교적 계명의 외연적인 의미에 충실했다고 한다면, 루터에게는 두 번째 계명에 대한 해석으로 의미가 확장되었음을 볼 수 있다. 루터의 해석은 하나님보다 더욱 사랑하는 것(예수님의 말씀에 따라)과 탐욕(바울의 말에 따라)을 우상숭배로 보는 성경적인 관점을 따르고 있다. 두 번째 계명을 이해하는 방식에서 차이는 성상과 성화에 대한 태도에서 두드러졌다. 루터는 그림에 관한한 가톨릭교회의 전통을 어느 정도 보존하려한 것에 비해, 칼뱅은 철저한 단절을 시도했다. 교회 내 모든 그림을 제거했고, 십자가와 파이프 오르겔, 심지어 스테인드글라스마저도 부정적으로 생각했다.

우상은 왜 있는 것일까? 칼뱅은 우상숭배가 인간의 본성에 따른 것이라고 말한다. 본성에 대해 더 이상 상술하고 있지 않고 있지만, 나중에 나오는 인간이해와 관련해서 생각한다면, 다분히 인간의 타락과 연결되어 있음을 알 수 있다. 인간의 타락은 인간으로 하여금 계시된 대로 하나님을 믿기보다 자기의 생각과 판단에 따라 하나님을 믿도록 한다. 이에 비해 출애굽기 32장에 기술된 사건에서 볼 수 있는 것은, 우상은 하나님을 믿는 자들이 하나님의 부재 상황을 인내하지 못하고 심리적인 안정을 얻기 위해 형상을 만든 것이다. 보이는 것으로 심리적인 안정을 얻으려는 인간의 본성이 반영되어 있다. 루터의 우상숭배는 신들의 경쟁관계에서 발생한다. 다시 말해서 인간이 신뢰하는 것은 자신의 욕망을 충족시키고 또 유익을 주는 것들인데, 이때문에 신들 사이에는 인간의 마음을 얻기 위한 일종의 경쟁관계가 형성된다. 결국 신의 능력은 얼마만큼 인간을 감각적으로 충족시켜줄 수 있느냐에 좌우된다. 그러나 여호와 이외의 다른 신은 존재하지 않기 때문에 신은 곧 인간의 바람이 투영한 허상에 불과하다. 인간의 삶을 더 풍성하게 해 줄 것으로 여겨지는 신들은 결국 자신의 욕망을 충족시키려는 의지에서 만들어진 것이며, 이런 존재에게 더 많은 신뢰가 주어지는 것은 당연하다. 우상은 여호와 이외의 신이 더 확실한 신뢰를 보장해 준다고 여겨질 때 형성된다.

참된 예배를 생각해 볼 때, 우상숭배의 문제는 무엇일까? 크리스토퍼 라이트(Christopher Wright)는『하나님의 선교』(IVP, 2010)란 제목의 책에서 두 가지를 제시한다. 첫째, 우상숭배가 창조주 하나님과 피조 세계 사이의 구별을 흐려 놓고, 둘째, 우상숭배는 피조 세계에 피해를 주며, 궁극적으로 창조주 하나님의 영광을 침식한다는 것이다. 양자의 구별이 흐려질 때 나타나는 현상은 인류역사에서 볼 수 있듯이, 인간 상호간의 군림과 억압과 종속이다. 이로써 하나님의 형상됨이 침해되며, 인간에게 자유를 주기 위한 하나님의 구원이 무색해진다. 하나님의 창조목적을 훼손할 뿐만 아니라 하나님의 참 하나님 됨이 부정된다.

여기에 덧붙여 비일(Gregory K. Beale)은『예배자인가, 우상숭배자인가?』(새물결플러스, 2014)란 제목의 글에서 우상숭배자는 우상을 닮아가 결과적으로 영적으로 무딘 사람으로 변한다고 주장한다. 우상숭배가 깊어질수록 여호와 하나님에 대한 반응은 무뎌지기 때문에 인간은 하나님의 행위를 인지할 수도 없고 또 분별할 수도 없는 상태로 전락한다. 결국 하나님을 의지하고 신뢰하기보다 돈과 권력과 명예 그리고 자신의 욕망과 직관을 더욱 의지하게 된다.

이처럼 우상숭배에서 벗어나지 못하는 까닭은 무엇일까? 그것이 주는 유익이 있다고 생각하기 때문인데, 결국 자기 욕망에 따른 삶을 강화해 주고 또 정당화해 주기 때문이라고 생각한다. 여호와 하나님은 인간의 욕망을 억제하는데 반해 우상은 자신의 욕망을 부추기고 강화할 뿐 아니라 심지어 정당성을 부여해 주기도 한다. 금욕을 강조한다 해도, 자신을 불사르는 열정을 요구한다 해도, 물질적인 헌신을 요구한다 해도, 그것은 결과적으로 자신의 욕망을 충족시키는 일이다. 우상숭배는 마약과 같은 것이라서 한 번 빠지면 헤어 나오기가 쉽지 않다. 그러므로 예배에 앞서 우리가 진정 누구를 예배하는지를 신앙고백을 통해 분명하게 밝혀야 하는 것이다.

한편, 이런 질문을 생각해 보자. 도대체 예배는 왜 있는 걸까? 기독교적인 관점에서 '예배'라 표현했지만, 다른 종교를 고려한다면, 신과의 관계에서 인간이 마땅한 도리를 표현하는 방식들은 인류 역사에서 꾸준히 실천되어 왔다. 여기에는 언제나 두 가지 방식의 현상이 존재했는데, 하나는 신을 예배하거나 아니면 자신이 지어낸 것을 예배하는 것이다. 진리를 추구하거나 거짓에 현혹되는 것이다. 본질에 천착하거나 아니면 현상에 집착하는 것이다. 그런데 양자의 관계를 말함에 있어서 기독교는 예배와 우상숭배란 개념을 사용했다. 하나님을 예배하느냐 아니면 하나님이 아닌 것, 곧 인간이 지어낸 것을 예배하느냐이다. 인간은 예배와 우상숭배 사이에서 줄다리기를 할 뿐이지, 아무것도 아닌 경우는 없다. 비록 무신론자라 할지라도 자신이 최고의 가치로 여기는 것이 있으며, 그것에 전적으로 의지하고 신뢰한다. 인간은 하나님을 예배하지 않으면 우상을 숭배한다. 제3의 가능성은 없다.

다시금 묻는다면, 도대체 예배는 왜 있는 걸까? 성경은 인간 창조의 목적을 하나님을 찬양하는 것, 곧 예배라고 했다. 창조신학적인 관점에서 예배가 인간에게 마땅한 일임을 강조했다. 칼뱅은 『기독교 강요』에서 사람을 짐승으로부터 구별시켜 주는 것은 하나님을 예배하는 것이라고 했다. 인간학적인 특징 중 하나로 여긴 것이다. 물론 이 말은 그가 하나님의 존재에 대한 관념은 인간에게 선천적이고 또 세상 모든 만물에 하나님이 존재하심을 증거하는 것들이 있다고 보았기 때문에 가능한 것이다. 그에 따르면, 예배는 인간학적으로 불가피한 숙명이다. 인간이라면 누구든지 예배할 수밖에 없다는 것이다. 그래서 예배의 대상이 분명치 않으면 우상숭배에 빠질 수밖에 없다. 문제의 핵심은 예배하는 대상이 참 하나님인가 하는 것이다. 참 하나님을 예배하도록 돕기 위해 그는 기독교 강요를 집필했다.

예배가 있는 본질적인 이유는 인간은 하나님과의 관계에서 결코 벗어나지 못하기 때문이다. 비록 참 예배가 아니라도 인간은 자신이 최고로 여기는 가치에 의지함으로써 예배를 실천한다. 비록 그것이 우상숭배에 불과하더라도 자신이 좋게 생각하고 있는 한 결코 우상으로 여기지 않는다. 우상은 참 하나님을 알 때 비로소 인지되는 개념이기 때문이다. 우상이란 개념 자체를 알지 못하기도 하지만, 참 하나님을 알지 못하는 한, 그에게 우상은 자기가 신뢰하는 모든 존재다. 예배하는 자와 우상숭배자를 가르는 것은 대상에 있다. 인간은 그 대상이 무엇이든 예배로부터 벗어날 수 없다.

다른 종교는 예배하기를 요구하지만, 기독교는 하나님이 먼저 인간에게 나타나시고, 그가 마땅히 예배하는 자로시 참 하나님을 섬길 수 있도록 하신다고 말한다. 이런 의미에서 예배가 있는 이유는 하나님이 당신을 나타내시기 때문이고, 인간이 예배하는 자로 부름을 받았기 때문이다. 하나님은 천지를 창조하신 후로 부름을 받은 선지자와 제사장과 왕을 통해 그리고 예수 그리스도를 통해 당신을 계시하셨고, 지금은 말씀을 통해 그리고 성령의 역사를 통해 계시하신다. 우리에게 예배가 있는 이유와 우리가 예배자로서 존재하는 것은 감사할 일이며, 결코 부담으로 생각하지 말아야 할 일이다. 왜냐하면 하나님이 먼저 당신을 나타내 보여 주셨고 우리를 초대하셨기 때문이다. 히브리서 기자는 12장 28절에서 이렇게 표현했다.

그러므로 우리가 흔들리지 않는 나라를 받았은즉 은혜를 받자 이로 말미암아 경건함과 두려움으로 하나님을 기쁘시게 섬길지니.

한편, 이처럼 신학적인 맥락에서 예배는 의무가 아니라 은혜이다. 더 많은 사람들이 은혜의 잔치에 참여하여 복을 누릴 수 있도록 바라는 의도에서 전도하고 있지만, 현실적인 측면에서 볼 때 기독교 역시 예배와 관련해서, 창조신학적인 관점에서, 혹은 인간학적인 관점에서 당위성을 강조하는 것은 사실이다. 예배는 요구되어야 할 일인가, 아니면 자발적인 참여를 기대할 뿐인가?

앞서 인간과 신의 관계에서 예배 아니면 우상숭배만 있고, 제3의 가능성은 없다고 말했다. 이것은 하나님의 피조물은 마땅히 예배자가 되어야 한다는 사실을 암시한다. 왜냐하면 우상숭배는 결국 자기 파멸에 이르기 때문이다. 하나님은 당신의 피조물이 멸망에 이르길 원하지 않으시기 때문에 예배하는 자가 되길 원하신다. 하나님의 명령을 현실로 나타나게 하면서 교회는 당위적인 표현을 사용한 것이다. 선을 위해 당위적인 표현을 썼더라도 결코 강제는 아니다. 환자가 병 치료를 위해 약을 복용해야만 한다는 사실은 비록 당위적인 언어를 쓴다 해도 환자 자신을 위한 것이다. 마찬가지로 예배하는 일과 관련해서 비록 당위적인 언어를 듣는다 해도 그것은 피조물의 구원을 원하시는 하나님의 사랑을 표현하는 것으로 들어야 할 것이다. 이 사랑이 옳다고 인정하고 또 받아들이는 사람은 성령의 도움으로 예배하는 자리로 나아가게 된다.

5. 하나님의 행위는 올바른 예배를 요구한다

예배의 본질에 관해 정리해 보자. 예배란 무엇인가? 독일 신학자 게르하르트 자우터(Gerhard Sauter, 1935-)는 예배를 다음과 같이 이해했는데, 필자가 충분히 동의할 수 있는 것이라 생각해 이곳에 소개한다.

> "예배는 하나님의 행위가 구체적으로 나타나는 형태(Gestalt)이며, 이런 형태의 하나님의 행위는 인간에게 하나님을 섬기라고 요구하는데, 하나님을 섬긴다 함은 하나님이 인간 자신에게 직접 역사하시도록 스스로를 내어드리는 것이다."

자우터는 예배를 무엇인가가 일어날 시간과 공간의 개념으로 이해하지 않는다. 예배는 하나님이 (상징적인) 행위를 통해 그리고 인간의 순종하며 반응하는 행위를 사용하여 구체적으로 모습을 드러내시기 때문에 존재하는 것이다. 따라서 하나님을 간절히 바라는 사람이라면 예배는 결코 피할 수 없는 실존형식이다. 관건은 하나님을 바라느냐 그렇지 않느냐다. 곧 하나님을 바라는 자는 예배할 수밖에 없다는 것이다. 핵심은 여호와 하나님을 섬기는 것이다. 섬기는 방식은 하나님의 행위가 자신에게 일어나도록 내어드리는 것이다. 인간이 알아서 노력하고 헌신해야 한다고 말하지 않고, 다만 하나님이 행하시는 일이 자신에게 일어나도록 하는 것을 섬김으로 보았다. 섬김의 의미가 매우 독특하다고 생각한다. 이런 점에서 볼 때, 자우터는 예배를 십자가 신학의 관점에서 이해하고 있음을 알 수 있다. 십자가는 하나님의 구원 행위가 자신에게 일어나도록 순종한 결과이기 때문이다.

게다가 예배를 하나님의 행위로 본 것은 바르트와 견해를 같이 한다.

여기서 자우터가 인간의 의식행위로서 예배를 부정하는 것은 아니다. 그가 말하고자 하는 바는 예배를 인간의 행위로 보기 이전에 먼저 하나님의 행위로 이해해야 한다는 것이다. 그러므로 하나님의 말씀이 현실이 되게 하는 일에서 인간이 해야 할 일이 있다면, 그것은 하나님의 행위가 자신에게 일어나도록 하는 일, 곧 예배하는 일이며, 또한 의식을 통한 예배는 이것의 현실을 선취한다.

이 책에서 자주 반복된 말이지만, 예배는 의식을 통해 드리는 예배에만 제한되지 않는다. 복음을 통해 나와 세상을 이해하며, 하나님을 의지하면서 이웃과 서로 나누고, 복음의 말씀에 기초해서 서로 교제하는 삶 자체, 곧 하나님의 행위가 우리의 삶에 일어나게 하는 것이 예배이다. 그럼에도 불구하고 의식을 통해 드리는 예배, 곧 교회의 예배는 필요하다. 무엇보다 분명하게 두드러져 보이지 않는 예배를 각종 의식과 의식행위로 가시화시켜 다양한 지각경험을 가능하게 하기 때문이다. 교회 예배를 매개로 하나님을 어떻게 예배하는 지를 배울 수 있다. 배우기도 하지만 하나님을 높여드리는 삶을 실천한다. 예배를 통해 하나님을 경험할 뿐만 아니라 하나님 경험이 무엇인지를 알게 된다. 일상에서 하나님을 만나거나 혹은 하나님의 임재를 기대할 수 있는 기회를 갖게 된다. 예배는 하나님의 참 하나님 되심이 나타나는 시간이다. 세상 가운데 있는 교회에서 일어나는 사건인 예배는 하나님 나라를 미리 얻을 수 있게 하는 시간이다. 의식을 동반한 예배를 통해 성도들은 참 하나님을 알고 경배하며 또한 실천하고 또 배운다. 과거 제사를 드리면서 죄를 기억하였듯이, 성도는 예배하면서 하나님과 만나고 또 자신의 죄를 기억한다. 그리고 삶을 통한 예배에서 하나님은 세상에서 참 하나님이심이 나타난다. 달리 말해서 우리의 삶에서 예배가 일어나지 않으면, 하나님의 영광이 드러나지 않는다. 하나님을 예배하길 원하는 사람은 먼저는 하나님을 섬기라는 요구에 순종하고, 또 교회 예배에서 참 하나님을 섬겨야 하는 법을 배워야 할 것이며, 그 후에 하나님이 내 삶에서 참 하나님으로 드러나고 있는지 늘 돌아보아야 할 것이다.

6. 안식(쉼)은 어떤 의미에서 예배인가?

예배의 본질을 이해하는 데 있어서 빠질 수 없는 안식과 예배의 관계에 관해 살펴보자. '쉼'은 하고 있는 일로부터 자유로워진 상태를 말하거나 혹은 자유로움을 누리는 것이다. 쉼과 일은 동시에 존재할 수 없으나 상호보완적인 관계를 갖는다. 쉴 수 있기 위해서는 일을 해야 하고, 일하기 위해 쉼은 필요하다. 일하지 않아도 누릴 수 있는 쉼이 있다면, 그것은 은혜이다. 인간 세상에서 흔히 볼 수 없는 사례다. 그러나 그것은 은혜를 빙자한 게으름일 수도 있다. 은혜로서 쉼은 타인을 힘들게 하지 않는다. 오히려 나의 쉼을 통해 타자가 행복해지고 평안을 누리게 된다. 이점에서 세으른 쉼과 구별된다. 쉼은 일의 결과로 주어지는 시간이다. 내가 일했지만 그 결과는 이웃이 누린다. 하나님은 일하시고 쉬셨지만, 그 결과는 피조물이 누리는 것과 같다. 적어도 성경적인 의미에서 쉼은 일을 마친 후의 상태를 말한다.

그런데 현대사회에서 쉼이 이기적이고 자기중심적으로 사용되고 또 일의 연장선에서 이해되고 있는 것은 아쉽다. 타인의 쉼을 빼앗고 그 대신에 내가 쉬는 모습이 대표적이다. 물론 쉼과 생산성의 관계는 사실로 밝혀졌다. 탈진 상태가 되면서 자신의 역할과 책임에 소극적이거나 방어적이 된다. 때로는 스트레스에 지나치게 노출되어 정신 질환을 일으키고 경우에 따라서는 폭력의 가해자로 돌변할 수도 있다. 따라서 비록 고용주의 기대에 정확하게 부합하지 않는다 해도 노동자의 쉼은 어느 정도 생산성에 기여하는 것은 사실이다. 그러나 쉼이 나의 생산성을 높이기 위한 것일 뿐 타인을 위한 것으로 여겨지지 않는 게 문제다.

쉼이 일의 결과로 주어지는 자유로운 시간임에도 불구하고, 쉼 이후의 일에서 효율을 높이기 위해 쉬어야 한다면, 쉼은 더 이상 자유가 아니라 오히려 짐으로 여겨진다. 기계의 효율을 높이기 위해 잠시 쉬게 하는 것과 무엇이 다를 것인가. 결국 쉼을 일의 연장선에서 생각하는 데에는 고용주와 노동자의 관계가 전제되어 있음을 알 수 있다. 생산성을 높이기 위해 고용주는 노동자에게 쉼의 기회를 주는 것이며, 쉼 이후의 시간에 노동자는 고용주의 기대를 충족시켜야 한다. 이런 쉼에서 치유와 회복은 드물게 이뤄지고 오히려 부담과 불안과 두려움이 축적된다. 쉼 이후의 스트레스가 더 커지는 이상 현상이 발생한다.

기독교가 말하는 쉼은 그렇지 않다. 기독교의 쉼은 보통 '안식'이라는 표현을 사용한다. 유대교에서는 특정한 날, 곧 일곱 번째 날(금요일 정오에서 토요일 정오까지)을 정해 그날을 특별히 '안식일'이라고 부른다. 기독교는 유대교 전통의 안식일은 더 이상 지키지 않고 주일(일요일)을 안식하는 날로 정하고 있는데, 안식을 위해 정해진 규정까지 버릴 것인지, 아니면 보존할 것인지를 두고 많은 논란이 있다. 현대 사회에서 안식의 의미를 고수한다는 것은 쉽지 않다. 그래서 더이상 안식일을 지키지 않듯이, 안식을 위한 규정은 더 이상 유효하지 않다. 그렇다면 안식에 대한 성경의 약속은 어떻게 생각해야 할까?

> 여호와께서 이와 같이 말씀하시되 너희는 길에 서서 보며 옛적 길 곧 선한 길이 어디인지 알아보고 그리로 가라 너희 심령이 평강(안식)을 얻으리라(렘 6:16).

안식일을 위한 규정이 오늘날에 더 이상 유효하진 않아도, 하나님의 안식에 대한 생각은 오늘날에도 여전히 유효하다. 왜냐하면 하나님의 언약으로서 안식은 여전히 유효하고 또 히브리서에서는 장차 있을 하나님의 안식을 말하고 있기 때문이다. 신약의 다른 어떤 책보다 가장 많이 안식에 관해 말하고 있는 히브리서에서 말하는 인간의 안식은 하나님의 안식을 기억하는 한 방식이며 또한 영원한 안식에 대한 기대와 소망을 실천하는 일로 소개되고 있다. 따라서 안식일과 별도로 안식의 의미를 아는 일은 오늘날에도 여전히 필요하다.

안식은 크게 두 가지 사건과 관련해서 언급되고 있다. 하나는 창조로부터 하나님의 안식이고, 다른 하나는 각종 일과 수고로부터 얻는 인간의 안식이다. 계명은 두 관계를 일곱 번째 닐과 관련해서 당위적으로 규정하고 있다. 곧 하나님이 쉬셨으니 반드시 쉬어야 하며, 출애굽기에서는 이와 더불어 하나님의 창조를 기억하면서 이 날을 거룩하게 지키라고 말하고 있고, 신명기에서는 재충전을 위한 쉼을 강조하고 있다. 이런 의미에서 안식은 일단 창조의 완성을 의미한다. 다시 말해서 하나님의 말씀대로 되었다는 것이며, 하나님이 원하신 것이 온전히 이뤄졌음을 말한다. 창조를 기억하라는 말은 하나님이 세상을 말씀에 따라 창조하셨음을 인정하고, 또 하나님의 뜻대로 된 세상이 어떠한지를 생각하면서, 인간의 행위로 가득한 일주일의 삶이 그 때와 얼마나 달라져 있는지를 생각하라는 말과 다르지 않다. 따라서 하나님의 말씀대로 사는 사람들이 하나님의 안식에 들어갈 수 있다.

인간은 일에 매여 하나님이 행하셨다는 것을 생각할 여유를 얻지 못한다. 그래서 인간이 했다고 생각하고 또 말할 수밖에 없는 구조에서 살아간다. 이런 때에 모든 것을 내려놓고, 그동안의 모든 일들을 하나님이 하셨다고 고백하는 것은 쉬운 일이 아니다. 그렇기 때문에 계명의 형태로 주어진 것이다. 계명은 인간에게 죄를 깨닫게 할 목적으로 주어진 것이라는 사실을 염두에 둔다면, 안식을 기억하고 거룩히 지키라며 강하게 명령하신 까닭은, 인간이 그만큼 행하지 않았다는 사실을 환기한다. 곧 인간은 하나님의 창조를 기억하지 못했고, 하나님이 행하신 것으로 인정하기보다 자신이 했다고 말하는 데에 익숙해 있다는 말이다. 하나님의 안식을 기억하여 거룩히 지키라는 말은 6일간의 삶이 하나님의 행위에서 이뤄진 것임을 인정하라는 의미를 갖는다. 인간은 잠잠히 있어 하나님이 어떤 일을 행하셨는지를 보는 시간이다.

그리고 앞서 말한 의미에서 생각할 때, 하나님의 안식으로 인간을 포함한 피조물이 평안과 행복과 자유를 누리듯이, 인간은 일하고 또 쉼으로써 타인의 행복과 평안 그리고 자유에 기여한다. 쉼을 오직 자기 자신만의 유익을 생각하며 누린다면, 그것은 진정한 의미의 안식이 못된다. 하나님이 일하시니 나도 일한다는 예수님의 말씀은 당시 유대인들이 생각했던 것처럼 안식일 계명을 어기는 행위를 말한 것이 아니었다. 오히려 다른 사람의 구원을 위해 자신의 쉼을 기꺼이 포기한다는 의미로 이해할 수 있다. 진정한 안식이 무엇을 의미하는지를 알 수 있게 하는 말씀이다.

이에 비해 신약에서 안식은 종말론적인 완성과 관련해서 언급되고 있다. 하나님은 당신의 말씀대로 살아야 누릴 수 있는 안식을 예수 그리스도를 믿는 사람들에게 은혜로 주신다는 것이다. 성경은 인간을 통해 당신의 뜻을 이루시는 하나님과 그분의 행위를 증거한다. 안식은 하나님의 뜻이 이뤄졌음을 증거한다. 히브리서 기자는 여호수아서 21장 44절의 말씀을 환기하면서, 이스라엘에게 주신 안식은 일시적인 것이며 하나님의 영원한 안식은 장차 나타날 것이라고 말하고 있다(히 4:1-11). 결국 인간의 안식은 신명기에서 볼 수 있듯이, 그 자체로 재충전을 위한 쉼이라는 의미를 갖고 있지만, 궁극적으로는 하나님의 영원한 안식을 예표하는 것이다. 곧 인간의 안식은 세상이 하나님의 말씀대로, 언약대로 이루어졌음을 선언하는 일이며, 장차 임할 하나님의 안식을 사모하며 믿음을 지킨 사람들이 누릴 선물이다. 비록 행위로는 하나님의 말씀에 온전히 따르지 못했지만, 예수 그리스도를 믿음으로 하나님의 영원한 안식에 들어갈 수 있는 것이다. 그러므로 인간은 예수 그리스도에 대한 믿음을 갖고 안식하면서 하나님의 안식을 증거하고 또 장차 임할 영원한 안식을 소망하며 기대한다.

기독교인의 예배는 하나님의 창조, 곧 하나님의 뜻이 이뤄질 때 나타날 안식의 예표이며 또한 하나님의 오심을 기대하고 또 소망하는 성도들이 안식을 선취하며 누리는 시간이다. 인간의 행위를 멈추고 하나님이 행하신 일들을 보고 또 그것을 하나님이 행하셨다고 증거하는 말씀에 귀를 기울이는 시간이다. 따라서 성도는 주일이기 때문에 예배하는 것이 아니라, 예배함으로써 하나님의 안식을 선취한다. 하나님의 창조를 기억하고, 새로운 창조를 기대하며 하나님의 안식의 현실을 거룩하게 지키며 안식을 선취하는 일이 우선이지, 인간의 행위인 예배 자체가 우선이 아니다.

그러므로 예배하기를 원하는 자에게 요구되는 일은 기억과 기대와 누림이다. 하나님의 말씀대로 된 세상을 기억하고, 오늘 우리의 삶이 얼마나 말씀에서 멀어졌는지를 회개하며, 또한 장차 임할 하나님의 안식을 기대하면서 비록 잠시 동안이지만 인간이 해야 할 것으로 여겨지는 모든 짐들을 내려놓고 하나님의 행위에 집중하며 평화를 누리는 것이다. 하나님이 안식일을 복되게 하셨다 함은 하나님의 안식을 기억하여 거룩하게 지키는 사람들, 곧 안식하면서 하나님의 안식을 증거하는 사람들은 영원한 안식을 선취하는 기쁨을 누릴 수 있도록 하셨다는 말로 이해할 수 있다.

헌신예배

　'헌신'은 바칠 헌(獻)자와 몸 신(身)이 합쳐진 말이다. 몸을 바친다는 뜻이다. 고대 사회에서 사람을 제물로 삼아 제사를 드린 관습을 연상하는 표현이라 성경에서는 잘 나타나 있지 않고 몇 군데에서 나타나 있을 뿐인데, 그것도 잘못된 관습에서 비롯한 일로 소개되고 있다. 기독교는 몸을 제물로 드리는 일을 실천하지 않는다. 아브라함이 아들인 이삭을 바치는 이야기가 있는데, 이것은 인간을 제물로 드리는 관습의 흔적을 엿보게 하는 일이다. 구약의 제사에서는 동물을 사용해야만 했다.

　성경의 저자들이 예수 그리스도를 희생 제물로 표현한 것은 하나님과 성도 사이에서 단절된 관계를 다시금 가능하게 한 중보자로서 의미를 설명하기 위함이며, 또한 예수 그리스도 이후에 더 이상 제사가 필요 없다는 의미를 강조하기 위함이다. 기독교에서는 어떤 인간의 희생으로도 하나님과의 관계를 개선할 수 없다. 오직 예수 그리스도의 은혜를 통해서만 가능하다. 부모가 대신할 수 없고, 선생님이 대신할 수도 없다. 자신의 희생을 통해 다른 사람과 하나님의 관계를 회복시킬 수 있다고 생각하는 건 예수 그리스도의 화해 사역을 잘못 이해한 결과다.

그러므로 우리가 '헌신한다' 혹은 '희생한다' 함은 오직 우리와 하나님과의 관계에서만 생각할 수 있을 뿐이다. 적어도 구원과 관련해서 다른 사람의 하나님과의 관계에 기여하는 건 없다. 그렇게 하는 건 무모한 일이기 때문에 그렇게 할 수 있다고 생각하지 말아야 한다. 나의 헌신은 오직 나와 하나님의 관계에서만 유효하다.

그런데 이런 말을 할 수 있다. 곧 하나님이 나를 사용하시어 공동체에서 당신의 뜻을 이루실 수 있다. 이때 내가 순종함으로 하나님의 뜻은 이뤄진다. 그렇다고 하나님의 뜻이 나의 순종에 좌우된다는 말은 아니다. 내가 순종하지 않으면 하나님의 뜻은 다른 사람을 통해 이뤄진다. 그러나 내가 순종한다면, 다시 말해서 하나님의 뜻이 나를 통해 이뤄지도록 한다면, 그래서 하나님이 공동체에서 당신의 뜻을 이루셨다면, 이때 나는 헌신했다 혹은 희생했다고 말할 수 있다. 이것은 나와 하나님의 관계에 국한해서 행한 것일 뿐이다. 나의 헌신과 나의 희생을 통해 하나님의 뜻이 이뤄졌다고 해서 공동체에게 내세울 수도 없고 자랑할 수도 없다. 희생과 헌신의 대가를 공동체에 요구할 수도 없다. 헌신은 오직 하나님과 나와의 관계에서 일어나는 일이다.

또한 반대로 나 때문에 공동체에서 마땅히 이뤄져야 할 하나님의 뜻이 더디 이뤄지거나 일어나지 않을 수 있다. 나 자신이 걸림돌이 될 수 있다는 말이다. 바울은 바로 이런 때를 염두에 두고 '나는 죽는다'는 표현을 사용했다. 이 말이 목숨을 끊어야 한다는 의미는 아니다. 십자가는 나의 이런 잘못된 것들을 상징한다. 나의 욕심, 나의 욕망, 나의 인정욕구, 권력과 명예와 재물에 대한 욕망, 관계에 대한 욕망 등이 바로 나의 십자가이다. 예수 그리스도와 함께 연합된 그리스도인은 하나님의 뜻이 이뤄질 수 있도록 이 모든 것을 십자가에 못 박는다. 이때 우리는 희생과 헌신을 말한다. 이런 의미에서 헌신은 무엇을 하는 것이 아니라 오히려 행하지 않는 것이라고 볼 수 있다. 하고 싶은 것을 절제하고, 이생의 정욕과 안목의 정욕과 물질의 정욕을 십자가에 못 박는 일, 바로 이것이 공동체를 위한 헌신이다. 하나님께 바쳐졌다 혹은 하나님이 받으시기에 합당하도록 거룩하게 구별했다는 것이다. 이것도 오직 하나님과 나와의 관계에서 생각해야 하는 일이다. 공동체를 위해 희생했다고 해서 공동체에 자랑할 수도 또 그 대가를 요구할 수도 없다.

그렇다면 이런 헌신을 어떻게 표현할 수 있을까? 바로 이런 질문과 관련해서 헌신예배를 생각하게 된다. 헌신예배는 우리 기관 우리 부서를 위한 하나님의 뜻이 무엇인지를 아는 일이고, 또 하나님의 뜻이 우리 기관과 우리 부서를 통해 이뤄질 수 있도록 순종을 결단하며 하나님께 예배하는 시간이다. 이미 계시된 것이니만큼 결심을 새롭게 다지는 시간이다.

다시 말해서 과거 이스라엘 백성들은 절기에 하나님과 시내산에서 맺은 계약(출 24:1-14)을 회상하며 고백을 했다. 영국 청교도들은 이것을 계약신학(Covenant Theology)을 바탕으로 하나님과 성도들의 계약을 되새기는 예전을 만들었는데, 이것을 감리교 창시자 존 웨슬리는 '계약갱신'이라는 말로 이해하고, 그리스도를 믿음으로써 하나님의 백성이 된 그리스도인이 예수 그리스도를 통해 하나님과 맺은 계약을 새롭게 다지며 예배하는 일을 '계약갱신예배'라고 했다. 감리교 교회에서 신년예배나 특별한 계기에 행해지는 예전이지만, 오늘날에는 교단의 벽을 넘어 많은 교회에서 수용되어 예전의 하나로 정착하는 추세다.

이스라엘 백성들이 절기마다 하나님의 계약을 거듭 상기하는 시간을 가진 것처럼, 헌신예배에서 성도들은 다시금 하나님과의 관계를 재점검하면서 새로운 출발을 다짐한다. 이런 의미에서 계약갱신예배라고 볼 수 있다. 따라서 부서와 기관을 향한 하나님의 뜻이 무엇이고, 그 뜻이 부서와 기관을 통해 이뤄질 수 있기 위해 구체적으로 어떻게 헌신할 수 있는지를 헌신예배를 계기로 다시 한 번 살펴보는 일이 반드시 있어야 할 것이다.

따라서 헌신예배의 예전은 이것이 잘 표현될 수 있는 방식으로 구성되는 것이 마땅하다. 헌신의 주체들이 예배를 주관하는 것은 그 한 예이다. 그러나 단지 예배 순서의 진행을 맡고 또 특별찬양의 시간을 갖는 것만을 생각하면 오해이다. 부서와 기관의 특성이 드러나도록 구성하면 좋고, 또한 설교를 부탁할 때는 설교자에게 부서와 기관의 부르심을 숙지하도록 해서 설교의 내용에 고려되도록 하는 것이 바람직하다. 예배는 하나님의 부르심에 응답하는 일이니 만큼, 헌신예배는 부서와 기관으로 하나님의 부르심에 어떻게 응답할 것인지를 생각하며 기획하는 것이 좋다. 예배 전 혹은 예배 후라도 교육이나 토론이나 세미나를 통해 무엇을 기억할 것인지, 무엇을 깨달아야 할 것인지, 그동안 무엇을 간과하고 소홀히 했는지, 앞으로 무엇을 어떻게 헌신할 것인지를 숙고해보는 것이 바람직하다.

계약갱신으로서 헌신의 의미 외에 다른 맥락에서 헌신예배의 의미를 살펴보자. 사실 '헌신예배'는 예배의 역사에서 찾아 볼 수 없는 것으로 오직 한국기독교에서만 볼 수 있는 현상이다. 언제 또 누구에 의해 시작되었는지 알 수 없다. 다만 그 취지는 로마서 12장 1절에서 비롯한 것 같다는 생각을 한다. 이 말씀에서 바울은 '몸을 드리는 행위'와 '예배'를 서로 연결시키고 있기 때문이다.

> 그러므로 형제들아 내가 하나님의 모든 자비하심으로 너희를 권하노니 너희 몸을 하나님이 기뻐하시는 거룩한 산 제물로 드리라 이는 너희가 드릴 영적인 예배니라.

이것은 바울이 구약의 제사문화에 익숙한 유대교 출신이었기 때문에 가능한 표현이었다. 그러니까 바울은 제사문화에 빗대어 말하고 있지만, 사실 그는 예수를 믿은 후로 제사가 더는 필요가 없다는 사실을 누구보다 잘 알고 있었다. 예수 그리스도께서 단번에 희생제물이 되신 후로 구약의 제사는 더는 필요가 없지만, 그렇다고 해서 성도와 하나님과의 관계에서 마땅히 일어나야 할 일마저도 사라진 건 아니었다. 바울은 바로 이점에 착안하여 로마에 있는 교회의 성도들에게 제사에 빗대어 하나님과의 관계에서 성도들이 어떻게 하나님을 예배해야 하는지를 언급한 것이다. 다시 말해서 하나님을 예배하는 방식이 구약의 전통과 달라진 건 확실한 상태에서 그렇다면 어떻게 예배하는 것이 올바른 예배인지, 성도들은 궁금할 수밖에 없다. 바로 이런 질문에 대한 대답으로 로마서 12장 1절의 말씀이 주어졌다고 볼 수 있다.

성경에 나와 있는 내용을 바탕으로 재구성해 보면 질문은 이렇다. "더는 제사를 드리지 않은 상태에서 성도들은 어떻게 하나님을 예배해야 할까요?"

여기에 대해 대답으로 주신 말씀은 다음과 같다.

"당신은 더는 당신 자신의 것이 아닙니다. 그러니 당신의 일상에서 하나님이 기뻐하시는 삶, 하나님께 바쳐진 삶, 곧 당신 자신을 하나님의 소유로 인정할 뿐 아니라 사람들이 당신은 하나님에게 속해 있음을 알 수 있는 모습으로 사십시오. 이것이 당신이 하나님께 예배하는 마땅한 방식입니다"

이 말씀에 따르면 몸을 산 제물로 드리는 일 자체가 예배이다. 이것은 예전을 통한 예배와 관련해서 볼 때 일상의 삶으로서 예배를 의미하는 것으로 이해된다. 따라서 비록 로마서 12장 1절이 헌신예배의 기원을 말하고 있진 않지만, 무슨 일을 하든지 먼저 예배하는 시간을 가졌던 한국 교회가 성도들의 헌신을 생각하면서 동시에 예배를 생각한 결과가 아닐까 생각한다. 그러니까 하나님께 헌신을 다짐하면서 그동안 나태했던 신앙을 점검하고 또 하나님과의 관계를 갖고 살면서 그동안 소홀히 했던 점들을 체크하면서 신앙의 각성을 위한 시간을 가지려는 의도에서 헌신예배가 형성된 것은 아닌지 싶다. 특히 부서와 기관에 속한 사람들이 자신들의 헌신을 고백하는 시간을 헌신예배에서 했다.

한편, 예배의 역사나 전통적인 예배의 예전에 없다고 해서 오늘날 헌신예배를 불필요하게 생각하는 건 잘못이다. 진짜 문제는 헌신을 예배와 동일시했던 사도 바울의 의미를 왜곡하는 일이다. 로마서 12

장 1절의 말씀에 따르면, 헌신이 곧 일상의 예배이다. 헌신예배는 동어반복이다. 따라서 헌신 없는 예배는 예배가 아니고, 모든 예배는 성도들의 헌신을 통해 이뤄진다.

이렇게 본다면 종래의 헌신예배가 각 기관이나 부서에 속한 임원들이나 회원들이 부서 혹은 기관의 단합대회로 여기거나 헌신을 다짐하고 또 보여 주는 특별 순서를 행하는 것으로 혹은 헌금으로 헌신을 표현하는 일로 전락된 건 잘못이다. 과거 유대교에서 제물이 돈으로 바뀐 전례에 비춰 본다면, 최근의 헌신예배는 안타깝게도 돈이 몸을 드리는 일을 대체하고 있는 듯이 보인다. 굳이 헌신예배 시간에 헌금을 해야 한다면 헌신하는 주체들의 헌금이어야 할 것이다. 부서의 재정을 충당하기 위해 혹은 헌신예배 설교를 맡은 강사의 사례비를 조달하기 위해 헌금 시간을 마련하는 일은 잘못이다.

헌신예배는 그 기원이 확실하지 않다 해도 의미가 전혀 없는 건 아니다. 앞서 말한 대로 헌신예배는 일종의 계약갱신예배이다. 신앙을 가진 후에 식어졌거나 그동안 소홀히 했던 일들을 반성하면서, 부서와 기관이 하나님과의 관계에서 무엇을 새롭게 정립해야 하는지를 숙지하는 시간이다. 그리스도와의 첫사랑을 상기하면서 그 사랑의 열정을 회복할 기회이다. 간절한 기도가 있고 또 헌신의 결단이 있는 예배이다.

따라서 무엇보다 하나님이 우리를 위해, 특히 우리 부서와 기관을 위해 무엇을 행하셨는지를 아는 것이 중요하다. 이것을 알아야 헌신은 보다 확실한 동력을 얻을 수 있다. 왜냐하면 헌신은 하나님의 은혜에 대한 반응이며, 예수 그리스도와 성령을 통해 행하시는 일에 대한 반응이기 때문이다.

헌신예배는 하나님이 기뻐하시는 일들이 무엇인지, 그 일들이 기관과 부서를 통해 어떻게 실천되고 있고 또 실천되어야 하는지를 깨닫는 시간이다. 헌신을 계기로 계획을 수정할 건 수정하고, 또 회개할 건 회개함이 바람직하다. 이 일들은 헌신예배를 계기로 시작할 수 있지만, 헌신예배를 준비하면서 발견한 것들을 헌신예배에서 표현할 수도 있다.

그런데 교회 부서나 기관의 헌신예배에 다른 성도들도 함께 참여하기 때문에 오직 교회 부서나 기관만을 염두에 둘 수는 없다. 사실 참여한 성도 모두가 헌신하는 시간이고, 다만 부서와 기관이 주관하는 것일 뿐이다. 그렇기 때문에 부서나 기관 이외의 성도들은 자신들의 헌신을 헌금시간으로 표현하게 된 것은 아닐까 생각한다. 다만 추측일 뿐이다.

여하튼 헌신예배는 예배에 참여한 모두가 헌신을 고백하고 다짐하며 결단하는 시간이다. 따라서 모두가 공감할 수 있는 예배로 구성되는 것이 마땅하다. 단지 방관자로서, 다른 사람의 헌신을 지켜보는 자로서 느껴지게 하는 건 잘못이다. 헌신예배는 예배에 참여한 모두가 헌신하는 시간이어야 한다.

제2부

설교는 어떤 의미에서 하나님 말씀인가?

제1장

조직신학과 설교, 동행과 이별의 역사

설교는 신앙인의 증거행위이며 성경을 바탕으로 하나님과 그분의 행위를 말하는 일이다. 그럼으로써 하나님의 말씀을 청중이 듣고 순종할 수 있도록 돕는 언어행위다. 두려움으로 선뜻 순종하지 못할 때, 불안하여 주저할 때 확신을 심어 주고 용기를 북돋아 주며, 실망하였을 때 희망의 이유를 제시하며, 상처를 받아 의기소침해져 있을 때 위로하며, 누구를 신뢰해야 할지 몰라 갈등할 때 오직 하나님만을 신뢰할 수 있도록 하나님의 말씀을 통해 돕는다. 다시 말해서 설교는 지식, 교훈, 위로 및 권고, 훈계를 통해 듣는 자가 하나님의 말씀에 올바르게 반응하도록 돕는다. 설교 메시지는 설교본문을 해석해서 얻은 본문의 의미가 아니다. 의미가 하나님이 오늘 우리에게 주시는 말씀이 되도록 해야 한다. 그러므로 설교자가 먼저 하나님 앞에 자신을 세워놓고 하나님의 말씀에 귀를 기울여 얻은 말씀을 전하는 일이다.

한편, 하나님이 누구인지 모르면 설교 자체가 불가능하기 때문에 근본적으로 설교와 조직신학의 상호관계는 본질적이다. 그럼에도 오랫동안 양자가 서로 분리된 채로 구조화된 데에는 독일 신학자 슐라

이어마허(Friedrich Schleiermacher, 1768-1834)의 영향이 크다. 그가 신학을 크게 세 분과로 구분했기 때문이다. 다시 말해서 철학적 신학, 역사적 신학, 실증적 신학으로 구분한 후에 조직신학은 철학적인 것에 속한 것이 되었고, 성경신학과 교회사는 역사적 신학에, 그리고 설교는 전달의 기술(Kunst)로 여겨져 실증적 신학(positive Theologie)에 위치하게 되어, 조직신학과 설교는 오늘날까지 서로 구분된 영역에 머물러 있게 되었다. 공교롭게도 그 후 설교의 실제에서 윤리적인 경향이 두드러졌다. 이는 한편으로는 리츨(Albrecht Ritschl, 1822-1889)의 윤리신학의 추동력을 받았기 때문이지만, 다른 한편으로는 설교를 가르침을 현실로 옮기는 기술(Kunst)로 여겼기 때문에 발생한 결과였다. 리츨은 하나님 나라를 윤리적으로나 도덕적으로 완전한 나라로 보고, 윤리와 도덕의 완성을 통해 실현된다고 주장했는데, 이것은 당시 실증적 신학의 이해와 잘 맞아 떨어지는 이론이었다. 설교는 당연히 이 땅에 하나님 나라를 세우기 위해 마땅히 해야 할 일을 말하고 또 그것의 근거를 제시하는 일이었다. 도덕적인 강화, 윤리적인 훈시, 교육적인 지침과 크게 다르지 않았다. 이런 신학적인 경향에 반기를 들고 "Zur Sache(신학의 본질로 돌아가자.)"를 외치며 새로운 물꼬를 튼 칼 바르트(Karl Barth, 1886-1968)의 공로는 아무리 강조해도 지나치지 않는다. 바르트의 의도는 신학이 인간과 인간의 행위나 종교적인 심리가 아니라 하나님과 그분의 행위에 집중하길 바란 것이다.

오늘날 설교는 더 이상 실천의 기술로만 여겨지지 않는다. 하나님과 그분의 행위를 말하는 언어행위이기 때문이지만, 그뿐 아니라 실천신학도 이론을 가지고 있기 때문이다. 실천신학내의 다른 학문분야들은 물론이고, 설교본문 이해를 위한 성서신학과 교회의 현실을 이해하기 위한 교회사는 설교학에서 그나마 자주 참고 되는 것 같다. 그럼에도 불구하고 유독 조직신학과의 관계에서만은 여전히 소원하다. 이것은 더는 숨길 수 없는 사실이다. 설교자는 교리교육이나 교리를 설교할 경우 이외에는 조직신학의 필요성을 크게 느끼지 않는다. 이는 설교신학과 설교실제 모두에서 발견되는 현상이다. 설교에 관한 이론은 많아도 다만 성경 내용과의 관련성을 드러내는 것으로 만족할 뿐, 설교 자체를 조직신학적으로 이해하려는 노력과 성경본문의 의미나 설교의 주제가 조직신학적으로 어떻게 이해되고 또 정당화될 수 있는지에 대한 성찰을 발견하기가 쉽지 않다.

설교의 이해와 설교의 실제에서 나타나는 조직신학적 성찰의 부재에 따른 부작용은 무엇일까? 조직신학은 교회와 세상, 성도와 세상의 만남에서 어떻게 신앙의 정체성을 지켜나갈 것인가와 관련해서 매우 중요한 방향을 제시한다. 평소에는 별로 중요하게 여겨지지 않아도 일단 신앙 자체와 신앙의 문제에 관심이 집중되면 조직신학은 뼈대와 이정표 역할을 수행한다. 설교의 주제와 관련해서 절대적으로 필요하다. 또한 신앙생활에서 신학적으로 잘못되거나 의심되는 내용이 신념의 형태로 확산되는 것은 주로 설교(설교에는 교육적인 측면이 있기 때문에)를 통해 이뤄지는데, 조직신학적인 성찰이 결여되면 설교 내용의 건전성이 흔들린다. 이단적인 요소가 스며들거나 혼합주의적인 성격을 갖기 쉽다. 주석을 참고하더라도 조직신학적인 성찰이 없으면 설교에서 하나님의 행위와 인간의 행위를 구분하기가 어려워진다. 교회에서 회람하여 읽었던 여러 문서들을 정경으로 채택하는 과정에서 이미 조직신학적인 성찰이 깊이 개입했기 때문에 조직신학적인 이해 과정이 없이는 성경이해 자체가 쉽지 않다. 설교에서 조직신학적인 성찰이 없으면 메시지는 다만 삶의 지혜나 교훈으로 전락하고, 성경의 내용을 기반으로 하는 일반 강연과 다르지 않게 전개된다. 기독교적인 정체성은 누구 혹은 무엇을 믿느냐와 깊이 관계하는데, 조직신학적인 성찰이 부족하면 정체성 위기로 이어질 수 있다. 심하면 교회의 위기로 이어진다. 잘못된 신학은 잘못된 믿음으로 이어지기 때문이다. 성도들이 이단으로 넘어가는 데에는 여러 가지 요인이 작용하지만, 조직신학적인 지식을 통해 얻는 분별력의 부족 때문인 경우가 대부분이다.

예컨대 한국 교회를 위기로 몰아넣고 있는 기복주의, 맘몬이즘, 성공지상주의, 번영주의, 세속화, 이단적 경향의 사상과 혼합주의, 교단적인 정체성이 상실된 설교 등은 조직신학적인 성찰의 부재에서 오는 결과이다. 교회 밖에서 통용되는 문화와 삶의 방식들이 교회성장을 위해 무차별적으로 도입되었는데, 이것들은 특히 설교를 통해 중재되고 확산되며 또 재생산되고 있다. 성도 개인 차원에서 겪는 신앙의 혼돈 역시 잘못된 신학에 기초한 설교나 신학이 부재하는 설교를 통해 촉발되고 있다.

다행스럽게도 이런 문제가 오늘날 교회와 신학계에서 비판적으로 의식되고 있다. 그런데 교회 안팎으로 제기되는 비판의 목소리 때문에 주목하게 되었다는 점은 안타까운 일이다. 내부적으로는 정용섭이 그동안 금기로 여겨왔던 설교비평을 시도한 이후 교회는 신선한 충격을 받았고, 그의 설교비평에 대해 보여 준 교계의 반응은 뜨거웠다. 성도들의 학력 수준이 높아지고, 다양한 채널을 통해 삶의 교훈과 타 교회의 설교를 접할 수 있게 된 환경에서 설교에 대한 반응 역시 예전과 같이 무조건 긍정적이지도 또 수용적이지는 않다. 설교 자체에 대한 기대와 신뢰가 무너져 좋은 설교마저 자신의 맘에 들지 않으면 무시해 버리는 일이 다반사로 일어나 염려되는 점이 없지 않지만, 이것은 그동안 잘못된 설교관행에 대한 반응이며 새로운 설교를 향해 나아가는 과정 중 하나라고 생각한다. 좋은 설교, 곧 올바른 신학적인 성찰이 담긴 설교가 확산되면 극복될 것이라 믿는다. 왜냐하면 원칙적으로 설교는 설교자의 공적인 언어행위로만 이해할 수 없으며 오히려 예전의 하나로 하나님의 말씀을 듣는 시간이기 때문이다.

설교를 조직신학적인 주제로 삼아 성찰하기 시작할 때 부딪히는 문제 가운데 하나는 타 교단 설교자의 설교를 듣는 성도들에게서 나타나는 정체성 혼란을 설교자가 충분히 해결해 주지 못하는 것이다. 사실 특정 교단에 속한 목사의 설교는 교단 특유의 신학과 신앙고백을 반영할 수밖에 없다. 인터넷과 SNS의 활성화로 여러 설교자들의 설교를 들을 수 있는 것은 성도들에게는 매우 다행스런 일이지만, 목회자에게는 적지 않은 문제로 인지된다.

예컨대 다른 교단의 설교자의 설교에 감동한 성도들은 불가피하게 자신이 출석하는 교회의 설교자의 설교와 비교하게 되는데, 여기서 교단 신학과 신앙고백에 근거한 설교의 내용 때문인 경우에 폭넓은 지식을 가진 목회자라면 모르겠지만, 그렇지 않은 목회자는 설교 내용의 차이를 유발하는 신학을 신학적으로 설득하기가 쉽지 않다. 이 문제를 해결하기 위해선 조직신학적인 성찰이 필요하다. 오직 조직신학적인 성찰을 통해서만 차이를 구분할 수 있으며, 올바른 영적 지도를 실천할 수 있다.

설교는 청중과 설교자의 협업으로 이뤄진다. 청중의 듣는 노력만으로 설교의 목적에 이르지 못하고, 설교자의 노력만으로도 목적에 이르지 못한다. 설교자와 청중의 협업은 설교의 목적에 이르기 위해서 반드시 성공해야 할 조건이다. 설교에서 청중이 감당해야 할 몫에 대해서는『어떻게 하면 설교를 바르게 들을 수 있을까-청중을 위한 설교학』(대전: 이화, 2017)에서 다루었고, 이곳에서는 주로 설교자를 겨냥하여 설교에 대한 신학적인 이해와 설교를 제대로 할 수 있기 위한 설교자의 책임에 착목하여 서술하였다. 원래는 한 권의 책으로 쓰려던 것이었는데, 책의 분량을 고려하여 청중의 몫과 설교자의 몫을 따로 분리하여 출판하였다.

제2장

설교와 조직신학의 관계에 대한 다양한 조명

1. 설교신학

　설교와 조직신학의 관계는 여러 방향에서 조명된다. 무엇보다 우선은 설교의 신학적인 의미이다. 설교학이 신학 안에서 독립적인 분과로 분류되기 이전에 설교는 예배에서 혹은 복음을 전하는 자리에서 혹은 신앙교육을 할 때 하나님을 소통하는 시간이었다. 선포와 가르침과 상담이 포함된 소통행위였다. 이것은 오늘날 더욱 세분되어 설교와 교육 그리고 상담으로 자리매김 되었다.

　설교는 크게 교회 내에서 행하는 교회설교와 전도를 목적으로 행하는 전도설교로 구분된다. 그러나 최근에는 상담현장에서 문제해결이나 위로와 권고의 차원에서 이뤄지는 상담설교도 있다. 설교는 단순히 인간 사이의 소통만이 아니라 하나님과 그분의 말씀을 중심에 두고 일어나는 일방적인 소통의 형식이다. 형식상 일방적이지만 사실은 양방향 소통을 염두에 두고 이뤄진다고 보는 것이 옳다. 청중의 상황과 그들의 목소리를 염두에 두지 않는 설교는 공감을 얻지 못하기 때문이다. 따라서 공감적인 설교를 위해 설교자는 일방적인 소통 방식에 의거해서 청중과 무언의 대화를 나누며 소통한다.

설교는 설교자가 성경을 기반으로 하나님과 그분의 행위를 말하는 시간이고, 또한 이 시간에 일방적으로 하나님을 말하기 때문에 기본적으로 조직신학적인 주제와 사유를 전제한다. 설교는 인간의 공적인 언어행위이기 때문에 설교 작성과 설교행위에 주안점을 두어야 마땅하고 그래서 설교의 형식을 고려해야 하나, 설교 내용과 설교 자체의 예전적인 의미 때문에라도 조직신학적 성찰을 필요로 한다.

조직신학자로서 설교 신학에 깊은 관심을 보인 사람은 칼 바르트다. 설교를 선포된 하나님의 말씀으로 본 그는 본문 및 강해설교의 신학적 의미를 정초하는 데에 크게 기여하였을 뿐 아니라 본(Bonn) 대학에서 직접 설교학을 가르치기도 했다. 그의 저서 『설교학』은 본 대학교에서 행한 세미나와 강의에 기초한 글이다. 물론 그의 설교학 강의는 조직신학적인 이해에 기반을 두고 있다. 설교란 무엇인지, 설교와 성경의 관계, 설교자의 실존, 설교와 성령의 관계 등. 그의 설교론은 청중의 상황을 지나칠 정도로 고려하지 않는다는 비판을 받았지만, 그렇다고 설교의 실제라는 문제를 소홀히 한 것은 아니었다. 다만 설교를 계시의 한 방편으로 이해하는 중에 성경 해석에 천착하여 설명하였고 또 그것을 지나치다 싶을 정도로 강조하였을 뿐이다.

설교신학에서 조직신학적 성찰이 필요한 우선적인 이유는 설교의 신학적인 정체성 문제 때문이다. 현재 한국 교회에서 볼 수 있는 문제는 인격적으로 성숙하지 못한 설교자의 막말과 잘못된 권위주의로부터 비롯하는 각종 오류들, 종교 혼합, 세속과 거룩의 혼합, 교단 신학적인 차이를 무시하고 실용성을 기준으로 각종 관행들을 무차별적으로 수용하는 것이다. 신학적인 정체성은 실용성에 비해 등한시 여겨지고 있다. 에큐메니즘과 종교다원주의적인 환경과 다문화적인 사회에서 그리고 다수의 가치들이 혼재하는 사회에서 조직신학적인 성찰이 없다면 신학적인 측면에서나 신앙적인 측면에서 정체불명의 설교가 될 수밖에 없다. 설교는 성도들의 신앙적인 정체성을 형성하는 데에 지대한 영향을 미치기 때문이다.

설교를 이해할 때 가장 우선되어야 할 일은 설교에 대한 신학적인 이해이다. 인간의 언어행위로서 설교는 신학적으로 무엇인가? 설교는 왜 있어야 하는가, 그것의 신학적인 근거는 무엇인가? 인간인 설교자의 말임에도 불구하고 어찌해서 설교를 하나님의 말씀이라고 말하는가?(살전 2:13 참고) 어떤 근거에서 가능하며, 그것은 실제로 어떻게 이뤄지는가? 설교는 어떤 의미에서 하나님 말씀인가? 이와 관련해서는 "제3장 설교는 어떤 의미에서 하나님의 말씀인가?"에서 자세히 다룰 것이다.

2. 성경묵상과 조직신학

두 번째는 설교를 위한 성경묵상과 조직신학의 관계이다. 묵상은 성경을 읽고 의미를 파악한 후에 그 안에 계속 머물면서 의미를 나와의 관계에서 곱씹는 일이다. 큐티(Quite Time)에서 묵상은 말씀의 의미를 주관적으로 이해하고 개인의 삶에 구체적으로 적용할 수 있는 과정으로 이해되고 있는데, 신학적인 의미에서 성경묵상은 달리 이해된다.

성경은 하나님을 증거하는 것을 목적으로 기록되었기 때문에 성경을 읽을 때 하나님은 누구인지, 하나님이 무엇을 행하셨는지, 무슨 말씀을 하셨는지, 저자의 하나님 경험은 무엇인지 등에 주목해야 한다. 삶의 지혜나 교훈을 말한다 해도 먼저 하나님을 알고 난 후의 일이다. 다시 말해서 성경묵상은 먼저 성경이 증거하는 하나님을 알고, 하나님과 나와의 관계에서 나의 위치를 바로 정립하며, 그리고 새롭게 발견한 하나님에 대해 어떻게 반응해야 할 것인지 그 방법을 찾는 시간이다. 단지 말씀의 적용을 위한 과정이 아니라 무엇보다 하나님에게 귀를 기울이고, 하나님과의 관계 안에 머물러 있으면서 하나님과 나의 관계를 새롭게 정립하는 시간이다. 그럼으로써 묵상을 통해 성경본문 속 하나님은 내 삶에서 새로운 의미로 다가오신다. 주석과 해석이 의미의 객관성을 지향한다면, 묵상은 주관적인 의미를 지향한다. 곧 나와의 관계에서 하나님은 누구인지를 발견하고 그분과의 관계 속에 머문다.

그런데 설교자의 성경묵상은 그 성격상 일반적인 성경묵상과 구별되는 경향이 있다. 왜냐하면 일반적인 성경묵상은 의미의 깨달음과 삶의 적용을 겨냥하고 있지만, 설교자의 성경묵상은 설교를 통해 청중에게 메시지를 전할 목적을 갖고 있기 때문이다. 그러나 바로 이러한 차별화가 설교를 잘못된 길로 빠지게 만든다. 설교자의 성경묵상이 전하기 위한 목적으로 이뤄지면, 정작 집을 지어놓고는 자신은 결코 들어가 살 생각을 하지 않는 사람과 다르지 않은 설교자로 전락할 위험이 있다. 진정성이 없는 설교가 될 수 있다는 말이다. 이런 사태를 피하기 위해서는 설교자의 성경묵상은 먼저 자기 자신과 하나님과의 관계에서 스스로 하나님의 말씀을 듣는 시간이어야 한다. 자신이 들은 것을 전할 때 설교자의 인격이 느껴지는 진정성 있는 설교가 된다.

성경묵상은 설교자 자신이 먼저 설교 본문과 관련해서 하나님을 만나고 반응하는 시간이기 때문에 설교 준비에서 가장 우선되고 또 중요한 일이다. 그리고 이 일이 효과적으로 이루어지기 위해서는 조직신학적인 성찰이 요구되는 일이지만, 이 일은 시간이 없다거나 혹은 번거롭고 어렵다는 이유로 자주 생략되고 또 간편하게(표절 혹은 다른 사람의 주석을 읽는 수준에서) 넘어간다. 자기 자신의 깨달음 혹은 하나님 경험보다는 청중들에게 본문의 의미를 전하고 그들의 삶에 '적용하는 일'을 더 중시하는 경향 때문이다. 설교본문의 의미에만 천착하다 보니 묵상보다는 해석을 중시하고 그래서 묵상하기보다는 먼저 주석을 참조하는 일을 서두른다. 이렇게 되면 설교자 자신이 만난 하나님이 아니라 신학자나 다른 사람의 발견에 의존하여 하나님을 말하게 된다. 확신이 결여된 설교가 될 수밖에 없다. 확신을 갖고 설교한다 해도 자신에게 주시는 말씀을 깨닫지 않은 채 설교하는 경우에는 하나님이 말씀하시지 않은 것을 말씀하셨다고 말하거나, 하나님이 말씀하신 것과 전혀 다른 내용을 전하는 일이 다반사로 일어난다. 설교와 관련한 구체적인 상황이해가 전제되지 않기 때문에 공중 부양한 상태에서 착지할 곳을 찾지 못한 경우와 같다고 볼 수 있다. 구약에서는 이런 경우의 설교자를 '거짓 선지자'라 부르며 이들의 활동을 경고했다. 본문에 대한 자기 자신의 이해와 묵상이 결여된 설교 준비 때문에 설교와 설교자의 관계가 처음부터 잘못 엮이는 일이 일어난다.

하나님이 부르시고 또 세우신 설교자는 먼저 하나님을 갈망하는 것이 마땅하다. 그렇지 않으면 내가 하고 싶은 말을 전하거나 혹은 억지로 마지못해 하는 일이니 온전한 설교가 될 수 없다. 이런 설교를 듣고 청중이 하나님에게 귀를 기울이고 또 하나님을 새롭게 경험하며 그것에 반응할 것을 기대한다면, 그야말로 은혜를 만나는 일일 텐데, 드문 경우에 일어날 수 있지만, 엄밀히 말해서 그것은 오만이고 착각이다. 설교자가 하나님에게서 들은 말씀을 바탕으로 하나님에게서 위임받은 말씀을 청중에게 전하는 것이 설교다. 듣지 않고 전하지 못하고, 보지 못하고 보여 주지 못한다. 듣거나 보지 않고도 설교하기를 즐겨하는 것은 삯꾼 목자와 직업적 설교자의 특징이다.

교회의 위기가 설교의 위기에서 비롯한다는 지적은 이미 오래전부터 기독교계에서 회자하고 있는데, 결코 틀린 말이 아니다. 설교가 회복되면 예배가 회복되고 또 교회가 회복된다. 물론 여기에는 목회자의 자질과 윤리가 문제되지 않고 또 성경 해석을 위한 진정성 있는 노력을 전제한다. 설교를 위한 묵상은 하나님과 그분의 행위를 지향하며 본문을 통해 설교자가 하나님의 말씀을 듣는 시간이다. 조직신학적인 성찰은 설교자가 본문을 묵상하는 중에 하나님과 그분의 속성과 행위를 이해하도록 돕는다.

3. 성경이해와 조직신학

세 번째는 설교본문의 이해와 조직신학의 관계이다. 성경묵상이 하나님과 나와의 관계에 집중한다면, 설교본문을 이해하는 일은 본문에 대한 해석(interpretatio)/주석(exegesis)을 통해 의미를 얻는 일이다. 성경이해의 객관성을 추구하는 일이다. 성경 묵상에서 주관적으로 발견한 것을 검증하는 시간이기도 하고, 성경을 묵상하기 이전에 먼저 본인이 직접 해석/주석을 하는 경우도 있다. 설교 본문을 이해할 때 주로 다른 사람의 주석/해석에 의존하는 경향이 있지만, 주석이 본문이 기록되던 당시에 가졌던 의미를 탐구하는 작업이라면, 조직신학적 해석은 본문이 증거하는 하나님이 오늘 우리에게 무엇을 의미하는지를 묻는다. 당시와 오늘 사이에 다리를 놓는 작업이며, 설교자 개인을 넘어 공동체와 공유할 수 있는 기반을 찾는다. 좁게는 교회 공동체가 수용할 수 있는 신학이 되겠지만, 넓게는 동일한 신앙 고백을 하는 사람들에게 수용될 수 있는 신학이어야 한다. 성경 해석의 주관성은 신학적으로 객관적인 근거를 얻을 때 극복되고, 해석과정에서 설교자에게 위임된 자유에 따른 임의성은 공동체의 동의, 곧 신앙의 규칙(*regula fidei*)을 따를 때 극복된다.

성경을 해석할 때 조직신학적인 성찰이 필요한 이유는 하나님은 성령을 통해 오늘도 당신의 일을 행하시기 때문이다. 구속사적인 맥락에서 하나님은 스스로를 과거의 계시에 제한하지 않고 오늘도 말씀을 매개로 계시하시는데, 곧 본문을 매개로 설교자와 연합하여 설교자를 통해 말씀하신다. 조직신학적인 성찰이 없으면 구속사적인 맥락을 발견하기가 쉽지 않고 또 그것을 설교에서 구체적으로 드러내기도 어렵다.

또한 성경해석을 기반으로 의미를 찾는 과정에서 조직신학적인 성찰이 필요한 까닭은, 만일 해석이 기록 당시의 의미에만 천착한다면, 시대적인 도전에 어떻게 반응할지 혹은 당시와 오늘을 비교해볼 때 형편과 처지가 많이 달라진 상황에서 본문을 어떻게 이해해야 할지에 관해서는 아무런 준비도 할 수 없기 때문이다. 설교를 통해 성경의 의미를 청중에게 전달하는 일이 중요하지만, 설교라는 맥락에서 더욱 중요한 것은 오늘의 상황에서 그 의미가 들려지게 하고 또 새롭게 들을 수 있도록 하는 것이다. 이 일을 하는 작업이 조직신학이다. 조직신학은 성경의 의미를 당시의 상황과 관련해서 성찰하는 것을 넘어 오늘 우리에게 하나님이 누구인지, 또 무엇을 행하시는지, 우리가 어떻게 반응하기를 원하는지를 성찰하는 것을 본업으로 삼는다.

물론 설교자의 성경이해와 관련해서 필요한 것이 조직신학적인 해석만은 아니다. 설교학적인 해석이나 목회적인 해석도 필요하다. 신학적인 해석과 다른 의미에서 설교학적인 해석을 말할 수 있다면, 이것은 의사소통과 관련한 해석이라 할 수 있다. 의사소통 이론이 매우 중요하게 작용하는 해석이다. 이것은 신학적인 해석을 통해 얻어진 성경의 의미를 설교자와 청중의 관계에서 제대로 소통할 수 있는 의미로 재구성하고, 청중이 그것을 긍정적으로 수용할 수 있는 가장 적합한 형태(장르나 방식)를 찾는 과정이다.[1]

4. 설교의 주제와 조직신학

네 번째는 설교본문의 주제와 조직신학의 관계이다. 이것은 앞서 말한 세 번째와 어느 정도 연관되어 있으나 다른 측면도 있어 별도로 다루게 되었다.

설교본문의 주제란 성경에서 증거하는 하나님의 행위와 그분의 뜻

---

1 설교학적인 해석에 관해서는 다음을 참조: 이승진, "해석과 선포를 포괄하는 설교학적인 해석학에 관한 연구", 「복음과 실천신학」 제39권(2016년 5월), 144-177.

과 말씀과 관련해서 사유되어질 대상이다. 창조, 죄, 구속, 종말은 대표적인 주제이며, 삼위일체 하나님, 섭리, 칭의, 성화, 예정, 죄용서, 최후의 심판, 재림 부활 등, 신학적인 주제는 전통적인 것이 대부분이지만, 시대의 도전에 직면해서 성찰하기 때문에 새로운 주제가 발견되기도 한다.

예컨대 "칭의(Rechtfertigung)"는 루터(Martin Luther, 1483-1546)가 로마서를 비롯한 바울 서신에 대한 새로운 이해를 통해 발견한 주제이다. 만일 동성애가 주제라면 직접적으로는 인간의 성적 태도 및 취향과 성 행위에 대한 생물학적(신경생리학적), 법적, 사회적, 심리적, 윤리적 성찰을 말하지만, 만일 이것을 신학적인 주제로 삼는다면, 하나님의 말씀과 그분의 행위와 관련해서 동성애가 무엇을 의미하는지를 성찰한다. 물론 그 이전에 동성애 자체가 어떻게 신학적인 주제인지도 검토되어야 할 것이다. 곧 동성애는 인간의 성윤리와 욕망과 관련된 주제이기 때문에 신학적인 접근보다는 주로 윤리적인 관점에서 다뤄지는 주제다. 만일 신학적인 주제로 삼는다면, 어떤 이유에서 그런 지를 밝혀야 한다.

이처럼 과거에 신학적인 주제로 다뤄지지 않은 것들이 시대의 문제들과 관련해서 다뤄지면서 신학적인 주제로 부상하기도 한다.

예컨대 생태환경은 과거에 다뤄지지 않은 주제이지만, 신학적인 주요 주제로 부각되었다. 신학적 성찰과정이 없이 사회적인 이슈라고 해서 무조건 설교의 주제로 삼아 말하게 되면 그것은 강연일 수는 있지만 진정한 의미에서 설교라 볼 수 없다.

같은 주제라도 다른 학문에서 다뤄지는 것과 신학에서 다뤄지는 것을 구별해야 하는 까닭은 정당화 과정 때문이다. 어떤 주제든 신학적인 정당화 과정에서 다뤄질 때, 예컨대 신론과 관련된 주장들과 논쟁을 거치면서 정당성을 확보한 때에 비로소 신학적인 주제가 된다. 그렇지 않으면 정체불명의 성찰이 되고 만다. 한국 신학에서 정체불명의 신학이 많은 까닭은 성경에서 혹은 신학에서 거론된 주제라도 그 정당화 과정이 비신학적인 것이 많기 때문이다. 어떤 주제를 종교학, 철학, 경제학, 정치학, 사회학, 심리학, 과학 등을 매개로 성찰할 수 있고, 신학적인 연관성을 부각시킬 수 있다. 그러나 연관성을 밝히는 일만으로는 신학적으로 정당화되었다고 말할 수 없다. 신학적인 정당화 과정(신학적인 논쟁)을 통해 뒷받침 될 때 비로소 신학적이라 말할 수 있다. 소위 학제 간 연구에서 신학함의 위치를 잘못 설정하면, 비록 신학의 이름을 걸고 있다 해도 기독교 신학으로 볼 수 없는 일이 발생한다.[2]

설교가 적어도 기독교적인 언어행위라면, 설교는 신학함(doing-theology)의 한 방식으로 실천되는 언어행위다. 물론 신학함의 결과이기도 하다. 만일 설교를 철학적으로 혹은 종교적으로 혹은 정치사회적으로나 경제적으로 말한다면, 설교 형식을 갖추었다 해도 기독교에서 말하는 설교는 아니다. 설령 주제를 이해하고 또 소통하기 위해 그렇게 말한다 해도 반드시 신학적인 정당성을 제시해야 한다. 설교는 기독교적인 정체성을 갖고 또 하나님이 당신을 나타내는 데에 사용하는 도구이기 때문이다. 설교에 대한 청중의 신뢰가 추락하게 된 데에는 기독교신학이 아닌 다른 영역의 정당화 구조에서 주제를 다루는 관행이 절대적인 위치를 차지한다. 가장 많은 사례가 정치 사회

---

2 이점에 관한 자세한 내용에 대해서는 필자의 『신학문화』(대전: 자우터, 2014)을 참고하길 바란다.

경제적인 정당화구조에서 성경적인/신학적인 주제를 다루는 것이다. 비록 설교가 성경 본문이 말하는 주제 안에 머물러 있다 해도 신학적으로 정당화 과정을 거치지 않는다면 결코 신학적인 행위라 볼 수 없다. 그렇게 되면 설교가 아니라 강연이다.

주제에 관한 다방면의 이해가 필요하지만, 이것은 다만 신학적인 주제 이해에 기여하거나 새롭게 볼 수 있도록 돕는 질문일 뿐이다. 신학함의 과정으로서 설교가 되기 위해선 무엇보다 주제에 대한 성찰은 다양할 수 있다 해도, 정당화 과정은 반드시 신학적이어야 한다. 다시 말해서 신학적인 정당화 구조를 갖춰야 한다. 이를 위해 조직신학적인 주제를 숙지하는 것과 신학 외적인 주제와의 관계에서 신학적인 주제의 의미를 성찰하는 일은 청중을 성경 본문 앞으로 그리고 하나님 앞으로 초대하는 일에서 매우 중요하게 작용한다.

설교에서 다뤄지는 주제들을 대략적으로 정리해 보면 다음과 같다. 독자들의 이해와 참고를 위해 여기에 제시해 본다.

세상 / 가족 / 국가 / 인권 / 문화와 기독교 / 세속화 / 일과 영성 / 성 / 결혼 / 동성애 / 유혹 / 종교 / 예술 / 미디어 / 여행 / 돈 / 하나님의 선교 / 정의 / 차별 / 평화 / 평화와 전쟁 / 윤리 / 폭력 / 해방 / 인공지능시대와 인간

교리 / 계시 / 삼위일체 신앙과 논쟁 / 예수 그리스도 / 성령 / 교회 / 섭리 / 계약 / 부활 / 은사-자연적 은사와 영적 은사 / 하나님 나라 / 믿음 / 예정 / 전능 / 하나님 경험 / 하나님의 전재 / 약속 / 신 / 타락과 죄 / 회개와 죄의 고백 / 성화 / 복 / 지옥(음부) / 하나님

의 영광 / 회개와 천국 / 창조 / 역사와 신앙 / 하나님의 전지 / 복음
과 계명 / 성육신 / 하나님의 형상 / 중생 / 새 계명 / 성찬과 성찬
경험 / 세례(침례) / 교회의 기초 / 영혼불멸과 죽은 자의 부활 / 영
혼불멸이냐 영생이냐 / 구원 / 말씀 / 선과 악 / 하나님의 심판 / 마
지막 심판 / 화목(화해) / 자유 / 거룩 / 영생 / 하나님의 후회 / 은
혜 / 성경

겸손 / 인격 / 신뢰 / 사랑 / 거짓말 / 배려 / 경청 / 관용 / 온유 /
자비 / 원망 / 싫증 / 교만 / 분노 / 신실 / 기쁨 / 정직 / 용기 / 공
감 / 긍휼 / 인내 / 순종 / 담대함

사도신경 / 경외 / 신앙과 신앙생활 / 이웃 / 이웃 사랑 / 사귐 / 헌
신 / 봉사(섬김)와 부르심 / 부르심과 시험 / 교회교육 / 모태신앙
/ 감사 / 기도 / 찬양 / 절기 / 소망 / 그리스도인 / 어린이 / 위로
/ 욕망 / 쉼 / 하나님 나라 백성으로 산다는 것 / 영성 / 죽음 / 기
름 부음 / 고통과 기도 / 작은 자와 예수님 / 상실 / 사탄(마귀) / 귀
신(귀신들린 자) / 기도응답 / 아름다움 / 목자의 삶 / 고통과 신정
론 / 종말론적 신앙과 종말 신앙 / 고난 / 사후세계 / 크리스마스 /
기독교교육 / 제자훈련 / 안식일, 안식년, 희년 / 선취 / 마리아, 예
수의 어머니 / 영적 전쟁 / "영적"이란 표현의 의미 / 용서 / 재능
과 은사 / 재능 / 경건 / 성령 충만 / 하나님 앞에서 사는 삶(Coram
Deo) / 광야 / 안수(기도) / 우연 / 승천 / 지혜 / 예배와 거룩함 /
동정녀 탄생 / 헌신

시작 / 미래 / 과거 / 현재 / 변화 / 생각 / 하나님의 행위를 인식하

는 원리 / 고통 / 몸 / 하나님이 보시기에 좋은 인간관계 / 이해 / 편
견 / 관계 / 외식 / 성공 / 하나님이 함께하심 / 능력 / 우상숭배 /
행복 / 기억 / 시험 / 광야 / 안수(기도) / 우연 / 독자와 청자 그리
고 순종하는 자 / 경이(wonder) / 열정 / 부활의 주님을 만나는 것

5. 설교 메시지와 조직신학

설교 메시지는 성경본문에서 얻은 의미가 오늘 우리의 상황에서
들려지고 또 실천 가능한 형태로 성령에 의해 주어지는 것으로, 이것
은 앞서 말한 대로 묵상과 주석(explicatio 혹은 석의 exegesis) 과정을 거
친 후 해석(interpretatio)의 과정을 통해서 재구성된다. 본문의 의미가
메시지와 동일할 수 있지만, 본문과 현실의 맥락이 동일하지 않기 때
문에 의미는 새롭게 조명되어야 한다. 메시지는 흔히 적용(applicatio)
이라는 맥락에서 거론된다. 청중이 듣고 구체적인 삶에서 적용할 수
있도록 훈계하고 권고하고 교훈을 주고 고무하는 것, 그것이 메시지
의 기능이다.

그런데 보통 주석과 해서 그리고 적용으로 이어지는 관계에서 메
시지는 당위적인 언어로 표현된다. '-해야 한다'는 식이다. 성경의 의
미를 알았다면 그것을 마땅히 삶에서 실천해야 한다는 당위론적인
구조다. 가장 흔히 나타나는 형태는 '하나님은 이런 분이시니 혹은
이런저런 일을 하셨으니, 여러분은 이런 사람이 되어야 합니다.' 혹
은 '이런저런 일을 해야 합니다.'라는 식이다. 소위 직설법적인 서술
과 명령형의 관계가 두드러지게 나타난다. 그러나 설교는 성도들의
삶에 윤리적인 당위성을 부과하기 위한 작업일 수 없다. 삶의 변화

는 설교를 듣고 마음에 감동을 받아 전인적인 변화를 위한 성령의 역사에 스스로를 맡기는 선택에 의해 이뤄지도록 해야지, 설교자가 직접적으로 청중의 의지에 호소해서 변화를 촉구하는 것은 바람직하지 않다. 성령이 행할 일을 설교자가 대신하려는 것이어서 때때로 교만으로 비쳐진다. 이런 오류를 피하기 위해서는 설교자에게 온유와 오래 참음(기다림)라는 품성이 필요하다.

이런 의미의 적용이 갖는 문제점은 인간의 의지와 행위능력에 호소하는 것이다. 설교자의 입장에서 청중에게 당위성을 요구하는 것은 설교자에게 권위가 주어지기 때문에 가능한 일이지만, 사실 보통의 인간관계에서는 쉽게 일어나지 않는다. 설교자에게 주어지는 권위 때문에 말할 수 있다고 해서 그것이 당연한 것은 아니다. 아무리 설교자라 하더라도 청중과 동일하게 하나님 앞에 선 인간으로서 도대체 누군가에게 무엇을 해야만 한다고 요구할 수 있을까? 설교자 자신도 할 수 없는 일을 청중에게 하라고 말하는 것은 아닐까? 우리 모두가 실제로 경험한 바이지만, 인간은 얼마나 나약한가. 결심은 얼마나 쉽게 무너지는가. 사람이 선하게 변하는 것을 기적이라 말할 정도가 아닌가. 말하면서도 스스로 그 말을 지키지 못하는 존재다. 의지에 호소하는 일을 결코 하지 말라는 말로 오해하지 말길 바란다. 다만 스스로 조심할 필요가 있다는 말이고, 적용이라는 의미에서 메시지는 신학적으로 볼 때 보다 적합한 형태로 바뀔 이유가 있음을 강조한 것이다.

설교는 하나님을 말하도록 부름을 받은 설교자가 청중이 이해할 수 있는 방법으로 하나님 말하기를 실천하는 언어행위다. 더 나아가서 설교자는 하나님을 말함으로써 청중이 적시에 또 합당하게 하나님의 계시에 반응할 수 있도록 한다. 만일 이런 설교 정의에 이의가 없다면, 설교는 하나님을 말하는 것, 하나님의 행위를 지시하는 것, 하나님을 기억하게 하는 것, 하나님을 기대하게 하는 것으로 만족해야 한다. 따라서 메시지는 적용이라는 의미가 아니라 청중이 설교를 듣고 하나님을 인지하며 또한 신뢰할 수 있도록 돕는 것이다. 성령의 인도하심에 자신을 내맡길 수 있는 용기를 북돋아 주는 것이다. 실패의 순간에 하나님을 소망하며 새로운 힘을 얻어 일어서도록 고무하는 것이다. 이것은 윤리적인 당위성을 강조함으로 가능할 것 같지만, 실제로는 하나님을 받아들일 때 가능해진다. 필자의 경우 이렇게 말할 수 있는 것은 복음에 대한 신뢰 때문이다. 만일 윤리적인 당위성이 예수 그리스도의 복음보다 더 효과가 있다면, 우리는 지금도 율법에 따라 살아야 할 것이다. 굳이 복음에 연연해할 필요가 무엇일까? 사실 설교보다 더 좋은 말들을 강연이나 소설 그리고 에세이에서 얼마든지 들을 수 있고 또 읽을 수 있다. 설교를 하고 또 듣는 가장 중요한 이유는 설교를 통해 복음을 소통하기 때문이다. 이때문에 설교자에게 권위가 주어지는데, 곧 하나님과 공동체로부터 권한이 위임된다.

설교는 청중이 하나님의 말씀과 행위에 대한 반응으로써 하나님을 신뢰할 수 있도록 돕는 일이다. 설교를 들은 청중이 삶의 현장에서 하나님과 그분의 행위를 인지하고 또 그분이 행하시는 일이 자신에게 일어나기를 바라고 기대하는 마음으로 교회 밖을 나설 수 있도록 하나님에게 청중을 위탁하는 행위다. 적용이라는 이름으로 설교자가 구체적인 행위를 요구하기보다 오히려 기대하고 소망하며 세상으로 나아가는 청중에게 성령 하나님이 일하실 여지를 남겨 두어야 하지 않을까? 따라서 설교 메시지는 하나님을 인지할 수 있을 뿐만 아니라 그분을 기대할 수 있고 소망할 수 있도록 돕는 것이다. 달리 말해서 하나님의 계시에 합당하게 반응하며 살도록 돕는다. 이것은 설교 주제에 대한 조직신학적인 성찰이 없이는 행하기가 쉽지 않다. 조직신학적인 성찰을 통해 얻은 메시지는 청중들이 들을 수 있고 반응할 수 있는 언어로 구체화되어 지성을 자극하거나 때로는 편집된 영상으로 감성을 자극함으로 구체화될 수 있다.

제3장

설교는 어떤 의미에서 하나님 말씀인가?

원래는 인간의 말이지만 최종적인 편집 과정에서 하나님의 말씀으로 혹은 예수님의 말씀으로 탈바꿈된 경우가 전혀 없지는 않았다 해도, 교회는 기본적으로 하나님이 전하라며 선지자들에게 주신 말씀과 예수님의 행적과 가르침에 대한 기록을 성령의 감동을 받아 기록된 하나님의 말씀으로 믿고 고백한다.

그런데 복음서 기록 가운데 예수님의 말씀을 뺀 부분과 사도들 혹은 익명의 저자들이 쓴 서신서들 그리고 역사서는 어떨까? 그것도 하나님의 말씀일까, 아니면 하나님이 누구신지 또 어떤 일을 행하시는지를 증거하는 인간의 증거이며 고백일까? 성경에서 인간의 말과 하나님의 말씀은 구분되어야 하는가? 대답하기 쉽지 않은 질문들이다. 그럼에도 불구하고 '설교는 어떤 의미에서 하나님의 말씀인가?'에 대답할 수 있으려면 반드시 고려해야 할 질문들이다.

사도들이 전한 말씀을 교회가 하나님의 말씀으로 받아들이며 정경으로 채택한 이유가 있다. 첫째는 교회가 구약이 성령의 감동으로 기록되었다고 믿고 또 그것을 하나님의 말씀으로 받아들였기 때문이고, 둘째는 교회가 그동안 지역적으로 회람하던 여러 문서들을 정경으로 채택한 이후에 이것 또한 성령의 감동으로 된 것이라 인정하고 신앙고백으로 받아들였기 때문이다. 따라서 '성경은 기록된 하나님의 말씀'이라는 말은 정경(canon)으로 채택되었음을 의미한다. 그러므로 성경을 통해 하나님은 말씀하신다고 믿는다. 성경이 기독교 신앙의 근본을 형성하며 기독교인의 삶에서 가장 우선적인 가치를 갖는다는 고백이다. 아무리 시대가 바뀌고 사회가 변한다 해도 기독교 신앙은 성경에 근거하며, 기독교인의 세계관과 가치관은 성경을 기초로 형성된다. 물론 문자적인 의미를 말하지 않는다. 성경의 문자적인 의미 혹은 해석된 의미만을 고집하면 율법적인 이해로 전락할 수 있다.

신약에서 하나님의 말씀을 전했다는 말은 예수 그리스도의 복음, 곧 예수 그리스도와 그를 통해 계시된 하나님의 구원과 은혜를 전했다는 말이다. 하나님과 그분이 행하신 일들을 전했고, 예수 그리스도를 전했으며, 또 예수께서 행하신 일들과 하신 말씀들, 그리고 성령과 그분의 역사들을 전한 것을 의미한다.

이에 비해 성경을 기초로 신앙적인 교훈을 전하거나 신앙을 바르게 세우기 위해 설교한다면, 혹은 신학적 혹은 성경적 주제에 따라 설교한다면, 그것 역시 하나님 말씀일까? 듣는 자에게 성경이 원하는 방향으로 변화가 일어난다면, 그때 설교는 하나님 말씀인 걸까?[1] 설

---

1 제임스 패커(James I. Packer)는 종교적 연설이 설교가 되는 두 가지 조건을 제시하는데, 하나는 "그 주제가 청중의 삶 안에서의 성경 진리, 또는 오히려 성경의 하나님일 때인데, 곧 다른 말로 하자면 그것이 성부와 성자와 성령께서 우리에게 침투하시며, 우리를 뒤집어엎으시며, 조명하시고, 통합하시며, 다그치시는 일과 따라서 우리 자신에게 말해지며, 우리 자신이 비난되고, 면책되며, 확

교는 본질적으로 예수 그리스도를 통해 계시된 하나님을 다양한 방식으로 증거하고 또 고백하면서 하나님을 신뢰하며 살 수 있는 소망의 이유를 전하는 인간의 언어행위에 불과한데, 그것을 하나님의 말씀이라고 말하는 것은 가능할까?

아래의 글은 이 질문에 대답하는 성찰의 과정을 다루고 있다. 먼저 '말씀'의 의미에 관해 개괄적으로 생각해 보고, 그 후에 '설교=하나님의 말씀'이라는 주장이 갖고 있는 몇 가지 한계들을 검토한 후에 설교가 어떻게 하나님의 말씀이 되는지에 관해 살펴볼 것이다.

1. '말씀'의 의미

기독교인의 언어생활에서 자주 사용하고 또 듣는 말은 '말씀'이다. 신구약 성경을 말하기도 하고, 성경에서 특별한 상황, 특정한 사람에게 말씀하신 구체적인 것을 가리키기도 한다. 성경에는 굳이 '하나님의 말씀'이라 하지 않고 '말씀'으로 표현된 곳이 많다. 한국어에서 '말씀'은 '말'의 높임말로 주로 나보다 다른 사람의 말을 높여 말할 때 사용된다. 따라서 '말씀'이라는 표현이 시용되면, 비록 의도하지 않았어도 권위까지 따라온다. 예컨대 누군가 '말씀'한다면 그분은 존대를 받을 만한 사람이기 때문에 반드시 들어야 할 것 같고, 누군

신을 얻고, 유혹받는 일에 관한 것일 때이다." 다른 하나는 "그 강화가 실제적인 성경적 권고로 흘러나와서, 한 번 더 비 영적인 방식에 굴복하도록 우리에게 가해지는 어떠한 압력에도 불구하고, 우리로 하여금 영적으로 중대한 방식으로 구별되도록 또 그런 구별된 상태를 유지하도록 요구할 때이다(롬12:1-2).", "Introduction: Why Preaching?("왜 설교해야 하는가?")", in: Samuel T. Logan Jr., The Preacher and Preaching, 이덕신 옮김, 『개혁주의 설교와 설교자』(서울: 솔로몬, 2016), 34.

가 '말'을 하는 상황이라면 굳이 귀 기울여 들을 이유가 없을 것 같다는 느낌이 동시에 일어난다.

네이버(Naver) 사전은 기독교적인 의미도 소개하고 있다. 이에 따르면 말씀은 "하나님이 자신의 계획과 목적을 인간에게 알리고 그것을 성취시키는 데 쓴 수단"이다. 다음(Daum) 사전에서도 동일한 의미를 소개하고 있다. '말씀'은 기독교 용어로 이해될 정도로 특별한 의미를 갖는 용어임을 알 수 있다. '말씀'은 성경은 물론이고 설교에서나 찬양에서 그리고 기독교인의 일상 언어생활에서 자주 듣는 말 중에 하나이다. 기독교는 '말씀'의 종교로 스스로를 인지한다.

'말씀'을 말하면서 하나님 자신으로서 '말씀'과 기록된 말씀은 구분해야 한다. 이곳에서 다루고 있는 '말씀'은 하나님의 계시를 경험한 사람이 기록한 언어를 말한다. 기록된 하나님의 말씀이다. '말씀'은 히브리어와 아람어 그리고 헬라어로 기록되어 있다. 하나님이 당신 자신을 나타내신 사건을 감히 인간의 언어로 다 담을 수는 없지만, 하나님은 여러 행위들을 통해 그리고 친히 말씀하심으로 당신을 나타내셨고, 이것을 지각하거나 경험한 인간은 성령의 감동으로 기록하였다. 이 사실은 다른 시간과 공간 그리고 다른 문화권에서도 하나님의 계시를 동일하게 이해할 수 있는 조건이다. 기록된 말씀과 결코 동일시할 수 없는 '말씀'이신 하나님은 다른 언어로 스스로 육화하신다. 그리고 성경은 성령의 감동으로 기록된 것이라 성경을 읽는 사람은 비록 시대가 다르고 또 상황이 다르다 해도 성령의 조명에 힘입어 성경의 하나님에 대한 저자의 경험을 공유할 수 있다. 문화적인 특수성을 배제할 수는 없지만, 하나님이 행하신 일에 대한 경험이라는 차원에서는 최소한 함께 기대하고 또 고백할 수 있다. 기독교 신앙이 보편성을 얻는 일이 쉽지는 않아도 성령의 역사 때문에 가능성은 현존한다. 성경이 수많은 역본을 가지고 있는 것은 지역과 문화를 초월해서 공유할 수 있는 경험이 있다는 사실을 입증한다. 경험에서도 차이가 있지만, 이 경험을 이해하고 또 설명하는 방식의 차이때문에 말씀에 대한 해석은 다양해질 수밖에 없다.

다른 나라에 비해 유독 '말씀'을 중시하는 것은 다분히 사서삼경(四書三經)을 중시하는 유교 전통에 따른 관습이 아닌가 싶다. 그런데 기독교는 '말씀' 자체이신 하나님 이외에 기록된 '말씀' 자체를 결코 신성시하지 않는다. 엔도 슈사쿠의 『침묵』에는 후미에(이콘)를 밟고 지나가도록 해서 불응하는 사람들은 기독교인으로 간주해 처형했다는 이야기가 있는데, 이것은 가톨릭 신앙에서 상징 자체를 신성시하는 신앙전통을 염두에 두고 이루어진 박해다. 또 과거 일제 강점기와 한국전쟁 기간 중에 기독교 신앙이 위협을 받았을 때 성경책을 밟고 지나가라는 명령을 거부하여 순교하는 경우가 있었는데, 이것은 성경을 신성하게 생각했기 때문이라기보다는 그것이 가지고 있는 상징적인 의미 때문이다. 또한 일점일획이라도 가감하지 말라는 표현으로 말씀 자체를 신성시하는 전통이 있다는 느낌을 받지만, 무엇보다 중요한 것은 '말씀'이신 하나님께 순종하는 것이다.

성경은 말씀과 함께 하나님의 행위를 강조한다. 그런데 한국 기독교에서 하나님의 '행위'를 말하는 것은 '말씀'에 관해 말하는 것에 비하면 상당히 낯설게 느껴지는데, 그 이유는 목회 현장으로까지 이어지지 못한 신학교육 때문이고, 또한 '행위'에서 인간적인 냄새가 물씬 풍기기 때문이다. 신학의 대상은 더 이상 초월적인 하나님 자신일 수 없다. 하나님은 인간의 합리적인 인지 노력으로는 결코 파악될 수 없는 분이기 때문이다. 초월적인 하나님은 신앙의 대상이며, 신학적인 사유의 대상은 오직 하나님을 말하는 인간의 언어(신앙고백)와, 그리고 삶의 사건들을 매개로 경험된 하나님의 행위(역사), 곧 구약의 역사와 예수 그리스도의 역사를 통해 드러난 하나님의 구속사적인 행위다.

우리를 위해 일하시고 우리에게 행하시며 또한 우리를 통해 역사하시는 하나님을 표현하는 하나님의 행위는 하나님이 직접 당신의 '말씀'을 현실로 옮겨놓는다는 사실을 더욱 분명하게 밝힌다. 하나님은 약속을 지키시고 또 선지자를 통해 주신 예언을 성취하신다. 세상을 사랑하시고 세상과 화해하시며, 죄인들을 용서하신다. 단지 말씀만 하시지 않고, 그것을 반드시 현실로 옮겨 놓으신다. 이것이 성경적인 세계관이다. 기독교는 '말씀'을 중시하지만 문자를 신성시하지는 않는다. 유대교 신비주의 전통에 있는 카발라(kabbala)는 문자 자체에 거룩한 의미를 부여하지만, 개신교에서는 받아들이지 않고 있다. 개신교는 오히려 말씀을 통해 일하시는 성령의 역동성을 강조한다. 문자에 매이지 않으며, 해석에 매이지도 않는다. 다양하게 혹은 교회의 권위를 가지고 해석된 의미보다 더욱 중요한 것은 성령이 깨닫게 하는 진리이며 또한 성령의 하나 되게 하신 것을 힘써 지키는 일이기 때문이다.

기독교인의 언어생활에서 이토록 자주 사용되는 '말씀'에 대해 좀 더 자세히 알아보도록 하자. 이미 사전에서도 소개되고 있지만, 말씀은 인간을 포함한 피조물이 들어야 할 것이며 또한 하나님의 뜻과 계획을 전하는 수단이다. 그러니까 가독력과 가청력이 있는 것이고 의미를 담고 있는 기호이다. 가독력과 가청력이 있다 함은 인간이 읽고 들을 수 있는 방법을 사용한다는 말인데, 결국 '말씀'은 언제나 관계 안에 있는 인간(혹은 피조물)을 매개로 한다고 이해하면 되겠다. 그리고 신학에서 '의미'를 말할 때는 언제나 하나님의 행위(하나님의 뜻과 계획)와 그 행위를 통해 드러나는 하나님의 속성을 가리킨다. 그래서 말씀은 계시이다.

'말씀'이 인간을 매개로 일어나는 사건이면서 또한 계시의 의미를 갖는다는 사실을 통합하여 설명한 신학자는 칼 바르트이다. 그는 말씀의 계시 형태를 세 가지로 분류했다. 기록된 말씀(성경), 육화된 말씀(예수 그리스도), 선포된 말씀(설교)이다.

인간의 언어가 언어를 사용하는 사람의 뜻과 의도를 담고 있는 기호이듯이, 하나님의 말씀도 마찬가지다. 하나님의 말씀을 들을 때, 우리는 표현과 자구에 매이지 말고 오히려 하나님의 뜻과 계획이 무엇인지를 아는 일이 중요하다. 곧 말씀을 통해 역사하시는 성령 하나님과 그분의 행하시는 일들에 주목하는 것이다. 하나님이 무엇을 행하셨는지, 혹은 하나님이 무엇을 행하시고 있는지, 혹은 무엇을 행하실 것인지를 발견해야 한다. 그리고 설교를 들을 때 인간의 말이 아닌 하나님의 말씀을 들을 수 있도록(설교를 하나님의 말씀으로 간주하는 것이 아니다!) 인간의 말과 하나님의 말씀을 분별할 수 있어야 한다. 분별력은 각종 신앙교육과 영성훈련을 통해 얻어진다.

> 너희는 이 세대를 본받지 말고 오직 마음을 새롭게 함으로 변화를 받아 하나님의 선하시고 기뻐하시고 온전하신 뜻이 무엇인지 분별하라(롬 12:2).

인간의 말과 비교할 때 가장 두드러진 하나님의 '말씀'의 특징은 반드시 현실로 나타난다는 것이다(사 55:8-11). '말씀'은 하나님 자신일 뿐 아니라 또한 그분의 행위를 가리킨다. 인간의 말은 다만 생각의 형태든 사물의 형태든 존재하는 것을 지시할 뿐이지만, 하나님의 말씀은 생성의 능력이 있다. 창조 과정에서 볼 수 있듯이, 하나님의 말씀은 하나님 자신에 의해 현실이 되고, 만일 누군가에게 말씀하신다면, 듣는 자는 순종과 헌신을 통해 그 말씀을 현실로 나타나게 한다. 말씀을 들었다 해도 순종하지 않는다면, 그리고 그 말씀을 듣는 개인에게만 향한 것이 아니라 공적인 것이라면, 하나님은 다른 사람을 통해서 그 일을 이루신다. 사람이 없다면 자연을 통해서 심지어 동물을 통해서라도 그 뜻을 반드시 성취하신다.

또 다른 특징은 말씀이 육신을 입은 것이다. 말씀이 육신이 되었다고 했다. 말씀이 현실화 되는 것과 같은 맥락에서 이해될 수 있지만, 그것으로 충분히 설명할 수 없는 다른 의미가 있다. 곧, 예수 그리스도이다. 하나님의 말씀은 예수 그리스도이다. 예수 그리스도는 하나님의 말씀이다. 하나님의 형상(the image of God)이신 예수 그리스도는 하나님이시기에 하나님을 세상 가운데 온전히 나타내 보이신다. 예수의 인격과 말씀 그리고 행위는 온전히 하나님의 뜻과 계획을 드러내신다. 적어도 요한은 예수 그리스도를 그렇게 이해하고 또 믿었다. 그러기에 다른 복음서에는 예수의 인격과 사역과 말씀을 전하는 일에 중점을 두고 있지만, 유독 요한복음에서만은 예수가 하나님의 뜻과 계획을 온전히 드러냈을 뿐 아니라(요 17장) 또 다 이루었다(요 19:30)는 점을 강조하고 있다.

한편, 하나님은 인간에게 말씀하시면서 왜 명령형을 사용하셨을까? 전능하신 하나님이 왜 당신이 직접 하실 수 있는 일들을 인간에게 위임하신 걸까? 하나님의 명령은 실현 능력이 있다. 모든 것들은 하나님의 명령에 따라 그렇게 된다. 그런데 인간의 경우는 다르다. 하나님의 명령을 들었다 해도 인간은 그대로 행하지 않는다. 본질적으로는 인간에게 자유로운 의식이 있기 때문이지만, 사실 인간의 타락으로 드러난 사실은 하나님의 형상을 가지고 있는 인간이 하나님을 나타내기보다는 스스로 하나님처럼 되려 한다는 것이다. 하나님과 하나님의 형상의 본질적인 차이는 유사성에 있을 뿐, 인간은 결코 하나님처럼 될 수 없다는 사실을 망각한 것이다. 자기 밖으로부터 들려오는 말(하나님의 말씀)보다는 자기 안으로부터 들리는 말(의식이나 자신의 신념)에 더 귀를 기울인다. 특히 자신의 생각과 뜻과 바람에 일치한다고 생각하는 것을 현실로 옮겨 놓으려 한다. 하나님의 말씀보다 이런 것들에 더 큰 비중을 두고 기꺼이 실행에 옮긴다. 이것이 피조물인 인간에게서 볼 수 있는 모습들이다.

하나님이 명령형으로 말씀하시는 이유는 한편으로는 인간의 인격을 존중하시기 때문이지만, 다른 한편으로는 인간이 하나님의 뜻에 우선적인 가치를 두고 혹은 그것을 좋아하여 자발적으로 행하지 않는 존재가 되었기 때문이다. 따라서 명령형으로 된 하나님의 말씀은 그 말씀에 대한 순종 여부와 상관없이 이미 그 자체로 인간의 불순종(죄성)에 대한 폭로이다. 인간이 행하기를 주저하거나 꺼려하는 것이 무엇인지를 드러낸다. 그러므로 하나님이 명령으로 말씀하신 까닭은 그것을 지킬 수 있다고 생각하고 그것을 다른 사람에게 요구하기 이전에 먼저 말씀을 들은 사람이 스스로가 하나님 앞에서 어떠한 죄인인지 알기를 원하시기 때문이다.

예컨대, 첫 번째와 두 번째 계명은 인간이 보이지 않는 여호와를 참 하나님으로 섬기지 않으려 할 뿐만 아니라 감각을 만족시키는 다른 신을 좇아 섬기면서 쉽게 우상숭배에 빠진다는 사실을 폭로한다. 성경에서뿐만 아니라 세상의 수많은 종교에서 사례들을 찾아볼 수 있다. 세 번째 계명은 하나님을 경배하기보다는 오히려 자신의 이익을 추구하는 데에 이용하려는 인간의 모습을 드러낸다. 자신의 생각을 관철시키고 싶을 때, 사람들에게 자신의 인정욕구를 충족시키고 싶을 때 하나님의 이름을 사용한다. 네 번째 계명은 더 나아지고 또 더 부유해지고 더 높아지려는 목적으로 자신이 쉬지 않는 것은 물론이고 다른 사람도 쉬지 못하게 하는 인간의 탐욕적인 모습을 보게 한다. 자신은 쉬고 남은 일하게 하는 부조리한 인간의 속성을 폭로한다. 세상에서 일어나는 모든 것에 대해 하나님이 행하셨음을 인정하고 하나님에게 감사하기보다 자신이 이뤄 낸 공적으로 돌리려는 교만한 모습을 볼 수 있다. 다른 계명들 역시 마찬가지다. 이처럼 하나님의 명령에서 우리는 그것을 듣는 인간이 하나님의 말씀을 현실로 옮기길 원하지 않으려는 마음과 의지를 볼 수 있다.

말씀과 관련해서 특별히 주목할 일은, 하나님은 당신의 말씀이 인간의 말을 통해 세상에 전해지고 또 현실이 되도록 했다는 것이다. 이것은 설교와 교육과 전도와 상담 그리고 순종의 행위를 통해 실천된다. 하나님의 말씀이 인간의 입에 주어졌다. 설교를 통해, 교육을 통해, 전도를 통해, 상담을 통해 하나님의 말씀은 인간의 말을 통해 세상에 전해진다. 이것을 오해해서 마치 스스로가 하나님인 것처럼 처신하는 사람들이 있다. 듣는 자나 가르침을 받는 사람들에게 하나님의 권위로 다가간다. 종교적인 폭력은 바로 이런 사람들에게서 비롯한다. 이런 자들은 주님의 양을 돌보기보다는 자신의 유익만을 취하는 삯군 목자에 불과하다. 이런 자들에 대한 심판의 경고는 엄중하다는 것을 기억함이 좋겠다.

'말씀'은 구원과 생명을 주시는 하나님의 뜻과 계획을 담고 있고, 또 그것을 실현하는 능력이 있다. 살아 운동력이 있어서 심령과 골수와 및 관절을 찔러 쪼개기까지 한다. 하나님은 우리가 이 말씀을 사용하되, 세상이 여호와를 참 하나님으로 인정하는 데 기여할 수 있길 원하신다. 우리의 뜻과 의지와 신념에 의해 좌지우지되는 것보다 우리 스스로가 말씀의 종으로서 육화된 삶을 살길 원하신다. 이렇게 될 때, 하나님의 말씀은 권능의 말씀이요, 위로의 말씀이며, 생명의 말씀으로 우리 안에서 역사한다.

2. '설교=하나님의 말씀' 으로 이해하게 된 배경

종교개혁 이후 개신교 예배에서-적어도 현상적으로 볼 때-가장 중시되는 것은 설교다. 오늘날의 의미에서 설교를 종교개혁의 결과물로 보는 입장이 있을 정도다. 종교개혁 이후, 개신교는 가톨릭교회가 구원 문제나 은혜와 관련해서 강조하던 교회전통이나 성례미사보다 성경의 중요성을 강조하였고, 가르침의 필요성이 폭발적으로 증가하였으며, 특히 예배 의식의 간소화를 추구하면서 상대적으로 설교의 비중이 높아졌다. 성사에 의존했던 가톨릭교회 전통에 반대하여 외쳤던 "오직 성경으로(*sola scriptura*)"는 종교개혁의 원리 중 하나이다. 그동안 수사와 사제의 전유물이었던 라틴어 성경을 바르게 소통해야 한다는 간절한 요구에 따른 것이기도 했다. 신학 개혁으로부터 출발한 루터의 종교개혁은 성도들이 성경을 읽을 수 있도록 성경을 번역했고, 또한 바르게 이해하고 또 들을 수 있는 기회를 주기 위해 교회의 설교(가르침)를 중시하는 결과로 이어졌다.

종교개혁 세대가 지난 뒤에 등장한 소위 루터/칼뱅 정통주의(orthodoxy)는 성경무오설과 축자영감설을 교리로 삼을 정도였다. 성경원리(Schriftprinzip)에 따르는 교회와 신앙에서 성경이 차지하는 의미는 절대적이었다. 성경은 하나님의 계시이고 믿음의 대상이면서 동시에 원천이었다. 교회의 가르침은 성경의 기록을 따라야 했고, 구체적으로 명시되어 있지 않았다면, 적어도 성경의 포괄적인 의미에 부합해야 했다. 누구든 혹은 어떤 가르침이나 신학적 주장이든 소위 성경 아래에 있어야 했다. 교회와 신학교의 모든 가르침과 생각 그리고 주장은 성경을 통해 검증되어야 했다.

문제는 성경의 의미에 대한 이해가 각각 달라지면서 발생했다. 가톨릭교회는 교종(Pope)에게 해석의 최고 권한을 부여하고 있기 때문에, 비록 다양한 해석이 있다 해도 성경 해석의 차이때문에 교회를 이탈하는 일이 없었지만, 성경원리를 따르고 또 성령의 조명하심(illumination)에 의지한 개신교는 성경에 대한 해석의 차이때문에 서로 갈등했고, 갈등을 조정하는 일에 실패한 경우에는 분열되었다. 성찬에 대한 이해의 차이와 그 차이를 정당화하는 성경 구절에 대한 해석의 차이때문에 독일의 루터와 스위스의 츠빙글리(Huldrych Zwingli, 1484-1531)가 루터파와 개혁주의로 분열된 것은 첫 번째 사례다. 그후 개신교 역사는 비록 실제로는 교권 싸움에서 비롯했다 해도, 모양새로는 언제나 성경에 대한 이해의 차이(엄밀히 말해서 교리적인 이견) 때문에 거듭 분열되었다. 참으로 아이러니한 현상이며, 교회의 일치(ecclesia una)를 고백하는 일에서 심각한 장애가 되고 있다. 이때문에 교회의 보편성(ecclesia catholica)마저도 의심받는 일이 일어나고 있다.

한편, 성경과 동시에 성도들을 위한 가르침을 중시하다 보니 자연스레 강조되는 것이 설교이다. 왜냐하면 대중적인 가르침이 보편적이지 않았던 시기에 교회 설교는 사람들이 성경의 내용을 접할 수 있는 유일한 기회였기 때문이다. 설교는 가르침이었고 또한 복음을 선포하는 일이었다. 처음에는 체계적인 신학교육을 받지 못한 교역자들이 많아서, 루터는 이들을 위해 많은 글을 써야 했다. 칼뱅(John Calvin, 1509-1564) 역시 "기독교 강요"와 성경주석을 통해 목회자들에게 성경을 바르게 이해할 수 있는 가르침을 제시했다. 교부시대에 신학의 태동은 예배에서 경배되는 하나님에 관한 이해의 필요성에서 비롯했으나, 개신교 신학의 탄생은 다분히 설교와 가르침의 필요성과 깊은 관계를 갖는다. 다시 말해서 설교의 실제에 필요한 성경에 대한 지식 혹은 성경을 이해하기 위한 지식을 생산하는 과정에서 개신교 고유의 신학이 태동했다.

물론 중세 스콜라 신학의 전통에서 완전히 벗어나지는 않았지만, 자신들의 뿌리를 가톨릭교회가 아닌 초대교회에서 찾으려 했기 때문에, 성경을 통해 새로운 기초를 만들이 나가려는 열망이 컸다. 이 과정에서 루터와 칼뱅의 사상은 결정적인 역할을 했다. 그들이 주로 종교개혁자들의 사상에 따른 바른 가르침에 중점을 두었기 때문에, 후대의 사람들은 그들의 가르침을 전제로 해서 신앙과 구원의 도리를 설명했다. 종교개혁자의 사상에 합당한 바른 가르침에 대한 열정 때문에 루터정통주의 혹은 칼뱅정통주의(orthodoxy)라 명명한 것이다.

설교를 복음을 바르게 선포하는 것으로 이해한 마르틴 루터는 다분히 바울 신학의 맥락에서 그리고 초대교회 전통에서 설교를 이해하려 했던 것 같다. 예수 그리스도가 하나님 나라의 도래를 예고하면서 복음을 선포했듯이, 교회의 설교 역시 예수 그리스도의 복음을 바르게 선포하는 일이었다. 루터는 "설교 자체가 하나님의 말씀이다."고 주장했을 정도로 복음을 선포하는 설교를 중시했다. 이에 비해 츠빙글리 전통을 계승한 스위스 종교개혁자 하인리히 불링어(Heinrich Bullinger, 1504-1575)가 작성한 스위스 제2차 신앙고백서(1566) 제1장 1절에는 이렇게 기록되어 있다. "하나님의 말씀에 관한 설교는 하나님의 말씀이다(Praedicatio verbi Dei est verbum Dei)." 칼뱅 역시 같은 전통에 있었는데, 그는 설교를 하나님의 말씀을 운반하는 행위로 보았다. 하나님은 말씀하시고, 청중은 들어야 하는데, 양자를 매개하는 역할을 설교가 담당한다고 본 것이다. 신언전달(神言傳達)이라는 맥락에서 볼 때, 만일 하나님의 말씀을 가감 없이 전달할 수 있다면, 심지어 설교를 하나님의 말씀으로 말할 수 있을 정도이다. 그러니까 '설교가 하나님의 말씀'이라는 말은 칼뱅의 전통에 있는 사람들에게서 자주 들을 수 있다. 칼뱅의 설교 이해는 다분히 교회론적인 맥락에서 이해된다. 곧 교회는 성도를 온전케 하며, 봉사의 일을 하게하며, 그리스도의 몸을 세우고, 온전한 사람으로 그리스도의 장성한 분량의 충만한 데까지 성장하게 하기 위해 존재하는데, 설교는 이를 위한 기능을 수행한다고 보았다.

설교에 대한 강조는 개신교에서 당연한 현상이었지만, 현대신학에서 그 누구보다도 설교의 신학적인 의미를 강조한 사람은 칼 바르트다. 그는, 비록 본인은 원치 않았지만, 신정통주의(neo-orthodoxy)라 불릴 정도로, 자유주의 신학전통에서 벗어나 새로운 전통의 신학을 세우려 했는데, 교회교의학(Kirchliche Dogmatik)으로 나타난 그의 방대한 신학 작업은 정통주의와 유사했다. 이런 별명은 충분히 이해할 만하다. 바르트는 사실 교리로부터 벗어나 신학을 했던 자유주의 풍토에서 자랐다. 그는 시대적인 상황에 대처하는 자유주의 신학자들의 오류에 통탄해하면서 동시에 로마서를 새롭게 이해하게 되었고, 그 결과 자유주의 신학을 비판하면서 신학의 새로운 방향을 모색해 나갔다. 이 과정에서 그는 자유주의 신학이 간과했던, 그러나 신학적으로 전통적인 주제들에 대해 상술할 필요를 느꼈다. 특히 신학이 관심을 기울여야 할 대상은 인간의 심리나 행위가 아닌 하나님과 그분의 행위라고 보았기 때문에 더욱 그랬다. 그렇기 때문에 외면상 정통주의와 유사하게 보였을 수 있다.

그런데 바르트가 특히 설교를 강조했다고 하는 사실에는 이유가 있다. 그는 설교를 하나님의 말씀의 '한 형태(Gestalt)'로 보았기 때문이다. 곧 설교를 하나님 말씀의 삼중적 형태(계시된 말씀, 기록된 말씀, 선포된 말씀) 가운데 하나인 '선포된 말씀'으로 본 것이다. 물론 그에게 설교는 성경을 (역사비평적으로 해석하기보다는) 신학적으로 해석하고 그것을 강해하면서 하나님의 행위를 말하고 또 사람들이 그것에 주목하도록 지시하는 언어행위다. 성경은 인간의 말을 위한 참고자료나, 인간의 주장을 정당화하기 위한 근거가 될 수 없다. 성경은 하나님의 말씀이며, 설교는 예수 그리스도와 그를 통해 계시된 것에 근거해서 성경을 해석하고 그 결과로 얻은 하나님과 그분의 말씀 그리고 그분의 행위를 전한다. 설교는 증인으로 부름을 받은 설교자가 하나님을 가감 없이 증거하는 일이다. 그래서 바르트에게 있어서 설교는 인간의 언어로 선포된 하나님의 말씀이다. 물론 그는 전하는 자와 듣는 자 사이에서 작용하는 성령의 역사를 전제하였고 또 강조하였다. 성령은 설교자에 의해 이루어진 성경해석을 사용하여 청중이 하나님의 말씀을 듣도록 한다는 말이다.

3. 설교자=선지자 혹은 사도인가?

설교를 선지자 혹은 사도적인 전통에서 이해하려는 시도가 있다. 과거 설교학 교과서에는 자주 등장했다. 지금은 많이 잦아들었지만, 설교의 본질을 말하면서 여전히 이런 주장을 펼치는 사람들이 없지 않다. 신학대학교를 흔히 '선지동산'이라고 하는 것도 마찬가지 맥락에서 이해한 결과이다. 물론 이런 말은 주로 설교와 하나님의 말씀을 동일시하는 사람들에게서 자주 듣는다. 그러니까 선지자를 '하나님의 말씀을 사람들에게 전하는 자'로 여긴다면, 신언전달자로서 설교자를 정의하는 것과 비교해 볼 때, 비록 명시적으로 선지자와 동일시하지는 않는다 해도 설교자와 선지자를 같은 맥락에서 이해하는 것이다. 이것은 정당한 일인가?

구약에서 선지자는 선견자(先見者, Vorseher)라고도 했는데, 하나님의 말씀을 듣고 전하거나 혹은 앞날에 일어날 비전을 앞서 보고 그것을 말로 전하도록 부름을 받은 자였다. 선지자는 왕과 제사장과 더불어 기름 부음을 받는 자들 중 하나이기 때문에, 메시아이신 예수님이 하나님의 나라를 선포하신 사역을 선지자 사역이라고 말한다. 곧 하나님의 나라를 선포하되 단순히 추론해서 말씀하신 것이 아니라 하나님께 직접 받은 것을 전했다는 말이다. 쉽게 말해서 선지자는 하나님이 하신 말씀을 직접 듣거나 기록하고 혹은 듣거나 기록된 말씀을 백성에게 전달하도록 부름을 받은 사람이다.

　때때로 선지자들은 말씀을 그대로 전하기보다 상황에 맞게 해석하여 전했다. 역사를 주체적으로 해석하면서 하나님의 뜻을 선포하기도 했다. 그러니까 알려진 계시를 바탕으로 역사를 해석하면서 하나님이 앞으로 행하실 일들을 말한 것이다. 주전 8세기 예언자와 포로기 말 선지자들에게서 발견된다. 선지자는 단순한 신언전달자가 아니라 하나님의 말씀을 책임 있는 해석의 과정을 거쳐 전하는 사람이기도 했다. 이런 맥락에서 본다면, 과거의 선지자와 오늘날의 설교자는 서로 유사한 기능을 수행하는 것 같아 보인다.

　그러나 과거 하나님과 인간 사이에서 선지자나 제사장 그리고 왕이 담당했던 사역은 중단되었다. 그리스도 이후 시대를 사는 우리에게 예수 그리스도에 대한 믿음과 기록된 성경을 매개로 하나님의 말씀을 소통하는 주체는 성령이다. 하나님은 그리스도 안에서 성령을 통해 우리에게 말씀하신다. 따라서 선지자나 제사장의 기능은 더 이상 필요하지 않다. 또한 현대사회에서 왕 혹은 대통령 제도에는 하나님과 인간을 중재하는 기능이 부여되어 있지 않다. 대통령은 다만 법에 따라 국가 유지를 위한 기능을 수행하고 국민을 위해 마땅히 해야 할 일을 위해 선출되었을 뿐이다. 이를 수행하기 위한 권한을 국민으로부터 위임받지만, 성경은 이것을 하나님께 위임받은 것으로 이해한다. 권위는 하나님에게서 비롯하기 때문이다. 그래서 기독교인은 대통령이 비록 불신자라도 대통령의 권위에 복종한다. 그렇다고 해서 하나님을 중재한다고 보아서는 안 된다. 부당한 권력 행위에 대한 비폭력 저항은 피조물에 대한 책임감을 갖고 또 그것들과 연대하며 살아야 하는 기독교인으로서 마땅히 해야 할 일이다.

하나님과 인간을 매개하는 역할이 중단되고, 더 이상 선지자적인 기능을 주장할 수 없게 되자 사도적인 전승에 기대어 설교를 이해했다. 사도는 하나님 나라와 예수 그리스도의 복음, 곧 예수 그리스도의 죽음과 부활을 전하기 위해 특별히 부름을 받고 또 보냄을 받은 자다. 설교자 역시 예수 그리스도의 복음을 전하기 위해 부름을 받고 사역에 임한다. 다소 비슷한 점이 없지 않다.

그러나 사도들은 부활의 증인으로 특별한 부름을 받은 자들이었고, 사도 바울은 비록 다른 제자들처럼 직접 대면하지는 않았지만, 부활의 주님을 만남으로써 이방인을 위한 사도로 부름을 받았다. 이에 비해 설교자는 하나님의 부르심을 받았다 해도 사도와 동일선상에서 이해될 수 없다. 물론 사도와 설교자 사이에 위계질서가 있다고 말하는 것은 아니지만 사도의 직무와 기능은 더 이상 존재하지 않기 때문이다. 가톨릭교회는 아직도 교종을 사도직의 연장으로 이해하지만, 개신교 입장에서 볼 때 12사도와 바울 사도를 끝으로 사도직은 더 이상 존재하지 않는다. 그렇다고 사도들을 통해 행하신 하나님의 역사가 중단되었다는 말은 아니다. 하나님의 역사는 지금도 성령 안에 있는 성도들을 통해 계속 되고 있다.

이런 질문을 생각해 보자. 설교는 하나님이 시키신 일일까? 아니면 인간의 필요에 의해 만들어진 제도일까? 설교 관련 책들을 보면 대부분의 저자들이 '설교는 하나님의 명령'이라고 주장한다. 하나님이 시키신 일이니 순종해야 할 일이라고 한다. 설교의 유래가 하나님의 명령에서 비롯한다고 생각하면 설교에 권위가 주어지는 것은 지극히 당연한 현상이다. 설교자들의 지적 교만과 언어폭력 그리고 정당하지 않은 권위의식은 그 결과로 나타나는 부작용이다. 정말 설교는 하나님이 시키신 일일까? 아니면 공동체의 부름에 따라 행하는 일이며, 부르심에 따른 행위의 진정성을 바탕으로 하나님이 당신이 말씀하시는 기회로 삼으시는 걸까?

신약에서 설교의 기원은 세례 요한에게서 찾을 수 있다. 그러나 그는 마지막 선지자 자격으로 예언했으니 사실 구약 전통에 있다고 보아야 한다. 순전히 신약 전통에서 찾는다면, 예수 그리스도다. 공생애를 시작한 후 첫 번째 선포는 "회개하라 천국이 가까이 왔느니라."였다. 예수 그리스도의 사역을 두루 다니시며(보통은 이것을 3대 사역에서 제외시키고 있으나 필자는 포함시켜야 하는 것이 옳다고 본다.), 천국 복음을 전하시고, 가르치시고, 병을 고치신 행위를 생각해 볼 때, 설교의 근원은 예수 그리스도 자신에게 있다. 하나님의 나라를 전하는 데에 있어서 개인과의 대화나 가르침은 물론이고 또한 대중을 향한 선포의 형식을 사용하였다. 예수님은 자신을 보내신 하나님과 그분의 뜻 그리고 하나님 나라를 전함으로써 하나님의 영광을 드러내었다. 예수 그리스도의 선포에서 특징은 하나님의 나라를 인식하고 또 들어가는 조건으로 회개를 강조한 것이다.

그런데 예수 그리스도께서 행하신 것과 동일한 의미의 설교를 행하라는 명령은 오직 바울 서신 디모데후서 4장 2절에만 나온다. "너는 말씀을 전파하라. 때를 얻든지 못 얻든지 항상 힘쓰라."는 말씀이다. 마태복음 28장에서는 열방을 예수 그리스도의 제자로 삼으라고 말씀하셨지, 설교하라는 의미로 말하지는 않았다. 설교를 행하라는 명령과 함께 하나님이 설교자에게 당신의 말씀을 위임하셨다고 보는 것은, 다만 하나님 나라를 전하고, 복음을 선포하며, 그리고 훈계와 교훈 그리고 가르침과 관련해서 종합적으로 해석한 결과이다. 율법을 해석하고 설명하는 전통이 있었고, 이 전통은 예수님의 말씀을 전하고 해석하고 설명하는 전통으로 이어졌고, 이 일은 예배가 제도로 갖춰지면서 '설교'라는 이름을 갖게 되었다. 하나님이 직접적으로 '설교하라'고 지시하지는 않았다. 설교가 대중을 대상으로 하고 또 복음을 내용으로 했다는 사실을 생각해 볼 때, 신약에서 찾을 수 있는 설교는 오순절에 베드로가 행한 설교와 스데반 집사의 설교 그리고 사도 바울의 설교를 들 수 있다. 그러나 그것이 오늘날의 설교에도 여전히 적용될 수 있는지는 의문이다. 오늘날의 설교와 사도적인 전통의 선포는 엄연히 구분되어야 하겠기 때문이다.

가톨릭교회는 베드로를 초대 교종으로 보고, 교종이 사도직을 계승하는 자로 여기지만, 개신교는 그렇게 보지 않는다. 개신교는 사도시대는 종결했다고 본다. 사도시대의 종결과 함께 사도직 역시 더 이상 존재하지 않는다. 설교자는 사도직의 계승이 아니라 다만 같은 목적을 갖고 사역할 뿐이다. 선지자와 사도들에게 역사했던 성령은 설교자에게도 임하신다. 같은 성령의 사역이고, 사역의 내용 역시 구속사적인 측면에서 연속성을 갖는다 해도 설교자는 선지자나 사도가 아니다.

사도들이 성령의 영감으로 선포하고 기록했던 말씀은 교회(공의회)에 의해 하나님의 말씀으로 받아들여졌고, 이를 정경(캐논)이라고 한다. 사도들이 주의 이름으로 선포한 내용은 신약성경 안에 포함되었는데, 이것은 전적으로 사도적인 권위에 근거한 판단이 작용했기 때문이다. 그러나 오늘날의 설교자에게는 그런 권위가 주어지지 않는다. 그러므로 사도적인 전승에서 설교자를 이해하는 것 역시 옳지 않다. 설교자의 설교는 아무리 경건하고 또 듣는 자들에 의해 좋은 평가를 받는다 해도 결코 성경 안에 포함될 수 없고 또 성경을 대체할 수 없다. 다만 성경을 해석하여 얻은 의미를 시대에 맞게 청중에게 메시지로 전할 뿐이다.

선지자와 사도는 오늘날의 설교자와 결코 연속선상에 있지 않다. 설교는 하나님으로부터 직접 말씀을 받아 전하는 행위가 아니다. 신사도 운동에 속한 사람들이 하나님의 직접 계시가 지금도 나타나고 있다고 주장하는데, 일반적으로는 성경이 형성된 후로 성경의 내용을 대체할 만한 혹은 보충할 만한 직접 계시는 없다고 보는 것이 정설이다. 설령 계시로 이해되는 특별한 일들이 일어난다고 가정해도, 그것은 반드시 신학적으로 검증되어야 하고, 성경의 뜻에 부합해야 하며, 또한 성경을 통해 정당성을 검증받아야 한다.

설교자는 설교를 듣는 청중에게 하나님이 말을 걸어오실 것을 기대하면서 준비하고, 청중은 하나님이 자신에게 말씀하실 것을 기대하면서 듣는다. 설교와 하나님의 말씀을 무차별적으로 동일시하거나 혹은 그것을 전적으로 부정하는 일은 신학적으로 결코 작지 않은 문제를 야기한다.

앞서 언급한 대로 하인리히 불링어에게서 유래하는 "하나님의 말씀에 관한 설교는 하나님의 말씀이다(Praedicatio verbi Dei est verbum Dei)."에서 "설교는 하나님의 말씀"이라는 말은 교회에서 흔히 듣는 설교에 대한 정의다. 그런데 당시의 역사적인 상황을 무시하고 교회가 일반적으로 사용하고 있는 이 정의에 문제가 있다. 크게 두 가지 이유를 생각해 보겠다. 하나는 이 말의 의미가 갖는 한계이고, 다른 하나는 설교자와 청중의 인간학적인 한계다.

4. '설교=하나님 말씀'의 의미론적인 한계

'설교=하나님의 말씀'의 의미는 무엇보다 먼저는 인간의 말을 하나님의 말과 동일시하는 것이기 때문에 불가능하다. 뿐만 아니라 누가 어떤 의도에서 이 말을 하느냐와 관련해서 의미가 달라진다. 이 말을 설교자 자신이 한다면, 한편으로는 설교준비 과정에서 있었던 하나님 경험의 중요성을 환기하는 것이겠지만, 다른 한편으로는 듣는 자가 무조건 받아들일 것을 암암리에 요구하는 것이다. 본인 스스로를 포함해서 설교를 하나님의 말씀으로 받아들이지 않으면 하나님의 말씀을 거역하는 일이고 불신행위로 여겨진다. 남용이나 오용하지 않고 또 복선을 전제하고 말하지 않는다 해도 이 말이 함의하고 있는 의미, 곧 내연은 거의 강요에 가깝다. 이런 성격의 말을 설교자 자신에게 적용할 수 있을까? 그렇다면 설교에 합당한 변화가 없는 한 설교자는 설교를 할 수 없는 일이 일어날 것이다.

이 말을 하는 설교자나 듣는 청중은 한편으로는 설교를 준비하면서 혹은 설교를 들으면서 자연스럽게 하나님의 말씀을 기대하지만, 다른 한편으로는 이 말의 내연 때문에 두려움을 갖고 설교를 하고 또 들을 수밖에 없다. 특히 듣는 청중의 입장에선 강단에서 비상식적인 말이 쏟아져 나와도 아무 이의제기 없이 받아들인다. 무슨 말이든 설교에서 하면 면죄부를 얻는다.

예컨대 당회에서 일어난 갈등 요소를 설교 시간에 발언하면 성도들의 지지를 얻는다. 일부 교회에서 설교 시간에 정치적인 발언을 하고 심지어 일부 정당의 정치적 신념을 그대로 표출해도 '아멘'으로 화답하는 경우를 볼 수 있는데, 이것 역시 설교가 하나님의 말씀이라는 주장에 압도된 까닭이다. 이런 분위기에서 비판적인 수용은 경건치 않은 태도이며 원칙적으로 허용되지 않는다. 왜냐하면 '설교=하나님의 말씀'으로 이해되는 한 예배 순서의 하나로서 설교는 '하나님이 말씀하시는 시간'으로 이해되기 때문이다.

'설교=하나님의 말씀', 이 말의 영향력이 얼마나 큰지, 이제 이 말은 청중의 언어로 굳어졌다. '설교=하나님의 말씀'을 부정하면, 가장 먼저 이의를 제기하는 사람들이 목회자보다 청중이다. 물론 시대가 바뀌어 달리 생각하는 성도들이 많아졌다. 그럼에도 많은 성도들은 '설교=하나님의 말씀'을 믿고 또 말하면서 설교 자체에 큰 의미를 두며, 설교를 예배 가운데 가장 중요한 시간으로 여긴다. 하나님의 말씀을 전하는 설교자에 대한 존중은 설교에 어떤 의미를 부여하느냐에 비례한다.[2] 성도들은 설교를 중요하게 생각하기 때문에 은혜를 사모하는 마음을 설교자에게 다양한 방식으로 표현한다. 때로는 설교=하나님의 말씀이라는 말을 통해 예배에 참여하는 자신들의 신앙을 점검한다. 예컨대, 설교를 하나님의 말씀으로 받았다면 올바르게 예배한 것이고, 만일 그렇지 않고 인간의 말로 들었다면, 경건하지 못할 뿐만 아니라 인본주의적인 신앙에 감염되었다고 본다. 은혜가 떨어졌다거나 신앙에 문제가 있다고 스스로 판단한다. 예배하는 자세가

---

2 이와 관련해서는 필자의 책『어떻게 하면 설교를 바르게 들을 수 있을까-청중을 위한 해석학』(이화, 2017)을 참고하기 바란다.

틀렸다고 자책할 때가 있는데, 자책의 정도가 심해 신앙생활 자체가
힘들어지면, 성도들은 동병상련의 마음을 나누면서 서로 격려한다.
이렇게 되면 '설교=하나님의 말씀'은 하나의 믿음이 되기 때문에 설
교에 대한 비판은 불가능하고 오히려 듣는 태도를 더욱 적극적으로
바꿀 가능성만 남는다.

'설교=하나님의 말씀'은 여전히 설교자의 입에서 반복되고 있고,
또한 상당수의 성도에게서 반복되고 있다. 그러나 과거에 비해 오늘
날 상황은 다소 바뀐 것 같다. 기독교 언론과 SNS에 회자하는 내용
들을 보면, 설교와 하나님의 말씀을 동일하게 보는 시각은 과거에 비
해 많이 사라졌음을 확인할 수 있다. 설교는 하나님의 말씀이 아니라
는 주장을 어렵지 않게 들을 수 있다. 신성남은 "설교는 하나님의 말
씀이 아니다."라는 글을 '뉴스엔조이'에 기고하여 비판과 함께 수많
은 사람들의 지지를 받고 있다. 다시 말해서 설교는 하나님의 말씀을
선포하거나 전하는 것이지, 결코 하나님 말씀과 동일시해서는 안 된
다는 주장이다. 심지어 '설교의 우상화'를 우려하기도 한다. 왜냐하면
인간의 말에 불과한 설교를 신성시하고, 그것에 대한 믿음을 강요한
다고 생각했기 때문이다.

왜 이런 의문을 갖게 되었는지, 그 배경을 살펴보면, 처음에는 '설
교=하나님의 말씀'을 무조건 수용했지만 현실적인 면에서 전혀 다르
게 나타나는 부정적인 결과를 경험했기 때문이다. 다시 말해서 강단
에서 행해지는 설교 내용에는 성경 해석을 통해 얻은 하나님의 말씀
이 아닌 내용이 있다고 생각하고 또 실제로 많았기 때문이다. 설교자
개인의 생각을 하나님 말씀에 빗대어 설교하는 경우가 적지 않고, 심

지어 잘못된 내용까지도 하나님 말씀으로 포장해서 전해지다 보니 교회의 판단력이 흐려지고, 결국 기복신앙, 폐쇄적인 기독교, 그리고 무례한 기독교를 양산하는 원인이 되었다고 보는 것이다. 결국 잘못된 설교 때문에 설교의 권위와 설교자에 대한 신뢰가 떨어졌다는 증거로 볼 수 있다. 설교자 자신이 '설교=하나님의 말씀'을 진정으로 믿고는 있는지조차 궁금해진다. 더욱 안타까운 일은 아무리 좋은 설교라도 자신이 듣기에 거북하면 목회자 개인의 주관적인 견해로 치부하는 현상이 점차 확산되고 있는 것이다. 이러다 보니 교회는 진실이 더 이상 소통되지 않는 곳으로 전락했다. 그저 예배에 필요한 절차와 의식을 행할 뿐, 진리와 생수가 넘치는 곳으로 여겨지지 않는다. 대체 "하나님의 말씀은 살아 있고 활력이 있어 좌우에 날선 어떤 검보다 예리하여 혼과 영과 및 관절과 골수를 찔러 쪼개기까지 하며 또 마음의 생각과 뜻을 판단(히 4:12)"한다는 그 하나님의 말씀을 들을 수 있는 곳은 어디일까?

설교는 하나님의 말씀이 아닐까? 엄밀히 말해서 이 판단은 설교자 스스로 내릴 수 없는 일이다. 바르트는 설교를 말하면서 "Reden von Gott"이란 표현을 사용했는데, 이것은 신학(theos+logos)의 또 다른 표현으로도 쓰이며, 기본적으로 '하나님을 말한다'는 의미이다. 그런데 종종 '하나님의 말씀'으로 오역되어, 설교 이해에 큰 방해가 되고 있다. 바르트는 목사와 설교 직무의 관계에 관해 말하는 곳에서 설교의 불가능성과 그럼에도 불구하고 마땅히 해야만 하는 당위성 앞에 서 있는 목사의 곤고함을 말했다. 왜냐하면 하나님을 알만한 것은 오직 하나님에게서 비롯하는데 비해 인간인 목사가 하나님을 말한다는 것은 원칙적으로 불가능하기 때문이다. 그럼에도 불구하고 설교자로 부름을 받았으므로 해야만 한다면, 그 일은 얼마나 부담되는 일이 될 것인가. 물론 설교의 가능성을 바르트는 하나님의 부르심과 예수 그리스도를 통한 계시와 성령의 임재에서 보았다. 바르트 자신은 설교가 하나님의 말씀으로 나타나길 기대하는 표현을 사용하였을 뿐 단언적으로 주장하지는 않았다. 설교자 스스로 설교가 하나님의 말씀이라고 말하면 안 된다. 그럴 입장이 못 되기 때문이다. 죄인인 인간은 하나님의 말씀을 결코 말할 수 없다. 그러므로 설교 상황에는 성령의 임재를 기대할 수밖에 없다. 인간의 언어를 통해 하나님의 말씀을 소통하는 일에서 주체는 성령이다. 인간의 말인 설교에서 하나님의 말씀을 듣는 데에는 성령의 임재와 역사가 있다. 그러므로 과거에 설교가 어떻게 이해되었든 상관없이, 오늘날 설교가 하나님의 말씀이라는 주장은 설교자가 아닌 듣는 자의 입에서 고백되어야 할 사실로 여겨진다.

설교는 공동체 앞에서 행하는 증거 혹은 선포 혹은 가르침 혹은 설명으로 설교 본문을 바탕으로 오직 예수 그리스도의 복음을 비롯해서 하나님이 어떤 분인지, 하나님은 어떤 일을 행하셨고, 앞으로 행할 것인지, 지금 어떻게 행하시고 계신지, 그리고 먼저는 설교자에게 그리고 공동체에게 주시는 메시지가 무엇인지를 전하는 시간이다. 여기서 주의해야 할 일은 설교가 '하나님에 대해' 말하는 것이 아니라 '하나님을 말하는 일'이라는 사실이다. 청중으로 하여금 하나님에 대한 설교자의 이해를 듣는 것이 아니라 설교자를 통해 말씀하시는 하나님의 음성을 들을 수 있도록 하는 일이다. 아울러 복음에 대해 말하는 것이 아니라 복음을 말하는 것이다. 복음을 설교한다 함은 설교를 듣고 청중이 기뻐할 수 있도록 하는 일이다. 설교자는 성령의 임재를 경험하면서 최선의 준비를 통해 먼저 자신에게 주시는 메시지를 발견한 후에 설교의 현장에서 성령의 역사로 청중들이 하나님의 말씀을 듣길 기대할 수 있을 뿐, 자신의 설교가 하나님의 말씀이라고 주장할 수 없다. 그래서 오직 듣는 자의 판단과 고백에 맡겨야 할 것 같은 상황이 전개된다. 정말 그럴까? 설교자는 설교가 하나님의 말씀이라는 말을 할 수 없을까?

그런데 청중들 중에는 분별력이 부족한 사람들이 있다. 분별력이 없이 그저 좋은 이야기만을 듣고 싶어 하고, 강단에서 무엇을 이야기하든 모두 아멘으로 화답해야 한다고 생각하는 청중들이 있다. 물론 일부 성도는 '아멘!'이 설교자에게 힘을 실어줄 목적으로 행하는 것이며 일종의 응원으로 보기도 한다. 이에 반해 일부 청중은 죄를 회개할 것을 촉구하는 설교를 듣고 변화의 계기로 삼기보다는 오히려 자신을 비판적으로 겨냥한 말씀으로 듣고 설교자와 대립의 각을 세우기도 한다. 성령의 검으로 표현된 말씀은 히브리서 4장에 더욱 자세하게 나와 있지만, 기본적으로 무엇이 옳고 그른지를 분별하는 것을 염두에 둔 표현이다. 결국 성도들이 설교를 분별하지 못하는 이유는 설교를 제대로 이해하지 못하기 때문이며, 설교에 관해 제대로 배울 기회를 갖지 못했기 때문이다. 안타깝게도 설교를 알 수 있도록 배우는 일은 교회에서 결코 일어나지 않는다. 설교를 배우는 일은 곧 설교를 비평하게 만들기 때문에 설교에 관해 가르치기를 주저한다. 이런 상황에서 '설교=하나님의 말씀'에 대한 판단을 성도들에게 맡길 수도 없다.

그렇다면 설교가 하나님의 말씀이라고 말할 수 있는 사람은 설교를 통해 주의 뜻에 합당한 변화를 경험한 사람들일까? 그렇지 않다. 설교가 하나님 말씀인지는 선한 변화만을 기준으로 판단할 수 있는 성질의 것이 아니다. 다만 적어도 변화를 경험한 사람만이 그렇게 고백할 수 있는 위치에 있을 뿐이다. 변화를 경험했다면, 설교를 통해 자신에게 주시는 하나님의 말씀을 들었기 때문이고, 또한 선한 변화라 함은 설교를 듣고 하나님의 말씀대로 순종했다는 의미이기 때문에 결실을 통해 설교가 하나님의 말씀이었다고 증거할 수 있다고 생각할 수 있다.

그런데 하나님의 말씀을 듣고도 순종하지 않는 경우는 없을까? 변화가 없기 때문에 설교는 하나님의 말씀이 아닐까? 그렇지 않다. 구약의 예언서에 나오는 많은 기록들을 보라. 하나님의 말씀이었음에도 불구하고 사람들은 들으려고 하지 않았고 순종하지 않았다. 인간의 완악함 때문에 변화를 기준으로 판단할 수 없다. 인간의 죄는 하나님의 말씀을 듣고도 못 듣게 한다. 변화했다고 해서 그 기준으로 단언할 수 없고, 변화가 없다고 해서 그 기준으로 부정할 수 없다. 이것을 전하고 있는 사례들이 성경에는 참으로 많다. 그렇다면 무슨 근거로 "설교는 하나님의 말씀이다, 혹은 하나님의 말씀이 아니다."라고 말할 수 있을까?

설교는 하나님의 말씀이라는 주장을 비판하면서, 반대로 오직 성경만이 하나님의 말씀이고, 설교는 하나님의 말씀이 아니라 인간의 언어행위일 뿐이라고 단언하는 것도 바람직하지 않다. 도대체 우리를 참 기독교인으로 변화시키는 일을 성령이 아니시면 또 누가 할 수 있을까? 설교를 통해 참 하나님과 만나는 경험이 일어나는 일을 성령이 아니시면 또 누가 할 수 있을까? 설교의 능력은 사람에게 있지 않고 하나님에게 있다. 인간의 말이 하나님의 말씀이 되는 것은 오직 성령의 역사다. 곧 설교자의 설교는 성령의 임재를 통해 하나님의 말씀으로 작용한다. 따라서 설교가 하나님의 말씀이 아니라는 주장 역시, 설교가 하나님의 말씀이라고 하는 주장과 마찬가지로 인간이 쉽게 판단할 수 있는 말이 아니다. 개별적인 설교에 대해 혹시 그렇게 말할 수 있을지는 몰라도, 설교의 신학적인 의미에 관한한 그렇게 판단을 내리는 것에 대한 합당한 근거를 제시할 수는 없다.

“설교=하나님의 말씀” 혹은 “설교≠하나님의 말씀”은 주장이 갖고 있는 의미와 관련해서 그것을 정당화할 만한 근거를 찾기가 쉽지 않다. 설교를 사용하여 당신의 말씀으로 삼는 주체는 오직 성령 하나님이기 때문이다. 따라서 전하는 자나 듣는 자 모두 성령의 역사를 기대하면서 다만 상대에 대한 신뢰를 기반으로 하나님의 말씀이 소통되길 바랄 수 있을 뿐이다. 전하는 자 스스로 설교를 준비하면서 하나님 말씀을 받고 또 스스로 변화를 경험한다. 설교자는 자신이 받은 하나님의 말씀과 그 말씀에 따른 변화의 경험을 바탕으로 증인으로서 증거하고, 또 그것을 가능하게 한 하나님을 전하면서 성령의 역사를 기대하며 설교를 행한다. 뿐만 아니라 듣는 자는 변회에 대한 간절한 열망을 갖고 자신에게 성령의 역사가 일어나길 기대하며 설교자의 증거에 귀를 기울이는 태도를 가져야 한다. 이런 이유 때문에 필자는 청중들 역시 설교에 대한 교육을 받아야 한다고 주장해 왔지만 지금까지도 이런 일을 행하는 교회를 보지 못했다. 그러나 청중들이 설교가 무엇인지 알고 있어야 올바른 설교를 분별할 수 있고, 설교자 역시 설교에 대한 책임감을 갖고 준비할 수 있다. 무슨 말을 하더라도 하나님 말씀으로 받는 부조리한 일을 막을 수 있다. 이와 관련해서는 『어떻게 하면 설교를 바르게 들을 수 있을까』를 참고하기 바란다.

이제는 '설교=하나님의 말씀'이라는 주장이 인간학적인 한계와 관련해서 볼 때 옳지 않음을 살펴보자.

5. '설교=하나님의 말씀' 의 인간학적인 한계

설교자나 청중 가운데 누가 정의를 내리든 나는 '설교=하나님의 말씀'이라는 정의 자체에 문제가 있다고 본다. 그것이 인간학적인 한계를 고려하지 않고 있기 때문이다. 곧 설교자와 청중 모두가 인간으로서 죄의 본성을 갖고 있음을 고려하지 않은 정의다. 앞서 간단하게 언급했지만 이곳에서 좀 더 자세히 살펴보도록 하겠다.

설교자는 설교를 준비하면서 먼저 하나님의 말씀을 듣는다는 점에서 첫 번째 청중이다. 설교 본문을 읽고 또 묵상하면서 성령의 임재를 기대하는 설교자가 가져야 할 태도는 성령이 성경본문을 통해 자신에게 주시는 말씀에 귀를 기울이는 것이다. 이것은 설교준비 과정에서 가장 기본에 해당하지만 자주 생략된다.

설교를 할 수 있는 자격이 있는 목회자와 강단 위에서 설교하는 설교자는 구분된다. 설교를 할 수 있는 자격이 있다고 해서 모두가 설교자는 아니기 때문이다. 설교자는 오직 강단 위에서 설교하는 사람을 말한다. 설교자는 부름을 받고 설교를 행하는 사람이다. 엄밀한 의미에서 설교를 마치고 강단에서 내려온 후에는 더 이상 '설교자'가 아니다. 설교를 준비하는 과정에 있을 때도 아직 '설교자'는 아니다.

설교했다고 강단에서 내려온 후에도 설교자로서 행동하는 것은 바람직하지 않다. 교회의 부름을 받고 설교자로 서기 위한 준비과정이나 설교 후의 삶에서 무엇보다 중요한 일은 듣는 사람이 되는 것이다. 하나님의 말씀을 듣고 순종하며 또 자신이 말하기 이전에 먼저 청중에게 귀를 기울이는 태도는 설교자가 되려는 사람에게 꼭 필요한 덕목이다.

설교자는 대체로 본문 주석과 해석을 통해 얻은 결과를 설교 메시지로 전한다. 이런 경우 설교는 성경의 의미를 전하는 일이다. 그렇다면 성경을 해석하여 얻은 의미를 알려 주는 일이 설교일까? 그렇다면 학자들이 가장 훌륭한 설교자일 것이다. 정말 그런가? 도대체 설교자는 무엇을 확신하고 설교하는가?

초대교회에서 설교는 신약에서 살펴볼 수 있는데, 예수 그리스도를 구약과의 연장선상에서 이해하고 또한 예수 그리스도를 통해서 새롭게 읽고 또 이해하도록 돕는 일이었다. 단순히 구약을 해석하는 것이 아니었고, 예수 그리스도의 복음을 전하고 또 예수 그리스도를 통해 나타난 하나님의 뜻을 청중들의 삶과 연관해서 선포하였다. 뿐만 아니라 예수 그리스도에 대한 믿음을 바탕으로 일어나는 일들이 성령 하나님의 역사임을 증거하였다. 특히 서신서에서 볼 수 있지만, 이단과의 논쟁이 설교에서 다뤄지기도 했다.

신구약 성경이 확립된 후 고대와 중세의 설교는 대체로 신구약 성경을 읽고 간단하게 설명을 덧붙이는 것이었다. 성경을 읽고 그것을 해석하는 것은 당시로써는 어쩔 수 없었다. 왜냐하면 예배에서의 설교는 당시 일반인이 성경, 곧 하나님의 말씀을 접할 수 있는 유일한 기회였기 때문이다. 오늘날과 같이 성경을 읽을 수 있는 형편이 못되었다. 양피지는 비쌌고, 언어는 서민들이 이해하지 못하는 라틴어로 되어 있었다. 결과적으로 미사는 일종의 성례중심의 예배일 수 밖에 없었고, 설교는 성경을 읽어 주고, 그것의 뜻을 짧게 밝혀 주는 것이 전부였다. 경우에 따라서는 성도들의 신앙교육을 위해 설교 시간이 활용되었으며, 회개를 촉구하기 위한 메시지가 선포되기도 했지만 미미한 수준이었다.

그러나 종교개혁 시기에 성경이 번역되고 또 인쇄술의 발달에 힘입어 성경은 널리 보급되어, 청중들은 하나님의 말씀인 성경을 직접 접할 수 있었고, 따라서 단순히 성경을 읽는 것만으로는 충분하지 않았다. 설교의 관건은 성경을 읽는 것보다 그것의 의미를 청중의 삶과 관련해서 밝히는 일이었다. 설교는 청중들이 일상에서 하나님이 원하시는 방식으로 살아가도록 도울 수 있어야 했다.

근대와 현대를 거치면서 설교는 내용과 형식에서 많은 변화를 겪었다. 교회는 과학기술 혁명 시대의 문제와 도전에 적합한 대답을 주어야 했다. 이런 필요성에 따라 설교는 단순한 성경해석이 아니라 공적인 강론의 성격을 띠게 되었다. 좀 더 정확히 말하자면 세상에서 경험하는 삶의 질문에 대답하고 또 문제를 해결하기 위한 강론, 곧 성경을 매개로 얻은 주제에 관한 강론이 많았다.

오늘날 성경 주석과 해석으로 설교를 이해하고 또 실행하는 일은 성경 본문과 전혀 무관한 말을 늘어놓는 설교에 비하면 매우 바람직한 현상이다. 그리고 성경적인 관점에서 본다면, 디다케(가르침) 전통이나 지혜문서(교훈)의 성격을 갖는 것도 설교라 말할 수 있다. 그럼에도 성경해석을 통해 얻은 의미를 그대로 전하는 일과 그것을 설교를 통해 선포하는 것은 구별돼야 한다. 무엇보다 성경 주석(해석)은 성경의 의미를 밝히는 것이다. 그것을 설교에서 전하는 것은 현대 기독교인들의 경건한 삶을 돕기 위해서는 부족하다.

한편, 성경 본문의 의미는 하나님 자신이다. 따라서 만일 성경공부가 성경 내용과 그것의 의미, 곧 하나님이 어떤 분인지를 숙지하는 데에 목적을 둔다면, 설교는 성경 본문의 의미 앞에, 곧 하나님 앞에 청중을 세워 놓는 작업이다. 성경해석은 설교 준비과정에 속하며, 설교는 성경해석을 통해 만난 의미를 청중과 소통하는 행위다. 설교 준비과정에서 얻은 내용을 설교의 실제에서 반복하는 일은 불필요하다. 설교는 설교자의 성경해석을 전제하고 행하는 신앙행위다. 성경해석을 하지 않은 설교가 잘못된 신앙으로 이끄는 경우가 있기 때문에 설교를 성경해석으로 보려는 것은 충분히 이해가 된다. 설교의 본질은 성경을 통해 계시된 하나님과 그분의 뜻을 소통하는 것에 있다. 이런 점에서 성경해석은 설교에서 매우 중요하고, 보기에 따라서 성경해석 자체가 설교라고 말할 수 있다.

그러나 설교를 성경해석만으로 볼 수는 없다. 성경을 해석한다 해도 설교는 성경의 의미, 곧 하나님 앞에 청중을 세워 놓는 일이다. 설교를 준비하는 과정에서 설교자가 하나님 앞에 섰듯이, 그렇게 청중 역시 하나님 앞에 설 수 있도록 돕는다. 결과적으로 설교는 청중이 설교자가 아니라 하나님 앞에 직접 서서 그분이 하시는 말씀에 귀를 기울이도록 한다.

설교를 위해 성경본문을 묵상하고 해석하는 자는 성경 속 하나님을 본문의 의미로 발견한 후에, 곧 설교를 준비하면서 다음의 네 개의 질문에 대답할 수 있어야 한다.

- 성경 본문이 증거하고 있는 하나님은 어떤 분인가?
- 나는 성경 본문에서 어떤 모습으로 발견되는가(하나님 앞에서 나

는 누구인가)?

- 하나님 앞에 서 있는 나에게 하나님은 무엇을 말씀하시는가?
- 하나님은 설교자인 나를 통해 어떤 메시지를 청중들에게 전하기
  를 원하시는가?

위의 네 질문을 통해 설교자는 먼저 하나님의 말씀에 귀를 기울이게 되고, 또 하나님 앞에서 내가 무엇이 변해야 할 것인지를 깨닫는다. 그 변화가 먼저 나 자신에게 일어나도록 할 때, 그것이 얼마나 힘들고 심지어 불가능한 일인지를 알게 된다. 하나님이 행하시는 일이 먼저 나에게 일어나도록 하는 것은 인간의 욕망을 공유하고 있는 자로서 쉽게 감당할 수 없는 일이기 때문에 설교자는 심각한 내적 고통을 겪고 심지어 고난을 경험하기도 한다. 이런 갈등적 상황을 겪어 본 설교자라면 청중들에게 성경의 의미만을 전할 수 없을 뿐만 아니라 또한 무작정 '~해라' 혹은 '~하지 말라'고 말할 수 없다. 설교 중에서 가장 쉬운 설교는 윤리적인 당위성으로 포장된 것이다. 먼저 하나님 앞에 직접 서 본 설교자는 마땅히 해야 할 일이 있거나 혹은 당위적인, 윤리적인 언어를 사용할 필요가 있는 경우에 대해서는 단호하지만, 대체로 그들을 이해하고 그들을 돌보고 그들을 도우려 노력한다. 그들의 삶의 자리에서 함께 고민하면서 문제를 해결할 수 있는 방법을 함께 찾으려 노력한다. 당연한 일들을 왜 순종하지 않는지를 공감하고 위로하며, 청중들이 문제 해결에 대한 기대와 희망을 갖도록 돕는다. 이럴 때 설교자나 청중 모두 설교를 통해 하나님 말씀을 들을 수 있길 기대할 수 있다.

가장 심각한 문제는 설교자 자신이 들으려고 하지 않는다는 데에

있다. 인지과정을 통해 의미를 아는 데 그치고, 청중의 변화를 기대하면서 그것을 전하려는 데에 열심일 뿐, 스스로 그 의미 앞에 서려고 하지 않는다. 만일 자신에게 너무 지나친 요구라고 생각할 경우 설교자는 성경의 의미를 자신이 보기에 옳다고 생각하는 대로 해석하는 경우도 발생한다. 설교자 역시 하나님 앞에서 죄인이기 때문에 하나님보다 자신에게 더욱 집중하려는 경향을 본성적으로 갖는다. 죄의 본질은 하나님보다 인간의 가치관과 세계관 그리고 인간의 생각과 뜻을 우선으로 생각하고 관철시키려는 것이다. 그래서 자신의 기준으로 세상을 보려 하고, 심지어 판단한다. 그럼으로써 스스로를 세상 위에 두고 결국 하나님처럼 되려 한다. 성경의 의미를 알고 전하는 일에서 크게 부각되는 존재는 하나님인 것처럼 보이지만 실상은 설교자 자신이기 때문에 자기 자신에 적용하지 않으려는 설교자는 자신이 그만큼 인정욕구에 사로잡혀 있다는 사실을 스스로 폭로하는 셈이다. 이들은 현대판 영지주의자들(심오한 지식으로 하나님과의 만남이 가능할 뿐만 아니라 또한 그것을 중재할 수 있다고 생각하는 사람들)과 다르지 않다.

솔로몬이 성전 건축을 마치고 기도할 때에 하나님이 나타나 물으셨다. 내가 무엇을 해 주기를 원하느냐? 그때 솔로몬이 절실하게 필요로 했던 것은 강한 왕권이었지만, 그는 그것을 요구하지 않았다. 부귀와 영화도 구하지 않았다. 오히려 부드러운 마음, 듣는 마음을 구했다. 왕으로서 하나님의 말씀을 들을 수 있고, 또 왕으로서 백성의 말에 귀를 기울일 수 있는 왕이 되길 원한 것이다. 이것에 대한 응답으로 하나님은 솔로몬에게 부귀영화나 강한 왕권은 물론이고 전무후무한 지혜의 능력을 주셨다. 다만 듣기를 원했을 뿐인데도 하나님은 더 많은 복을 주셨다. 그런데 솔로몬이 말년에 가서 하나님의 말씀에 귀를 기울이지 않은 것은 참으로 안타까운 일이다.

죄인으로서 설교자는 전하려 할 뿐 들으려 하지 않는 경향이 있다. 하나님의 말씀에 귀를 기울이지 않을 뿐만 아니라 성도들의 이야기에도 귀를 기울이지 않는다. 성도들의 이야기를 듣는다 해도 긍정적인 말만 듣기 원하고 또한 자신이 할 말을 찾기에 바쁘다. 그들의 이야기 속에서 그들의 고민과 문제가 무엇인지, 혹은 그들에게 역사하시는 하나님을 발견하려는 열망이 없다. 자신이 그들을 어떻게 이해하고 있는지를 더 우선적으로 생각한다. 청중에 앞서 먼저 하나님의 말씀을 들으려고 하지 않는 설교자는 하나님의 말씀을 선포하기보다는 자신의 생각과 말과 지식을 전할 가능성이 크다. 해석에는 언제나 해석자의 선지식이 작용한다는 사실을 명심하자. 문제는 설교자 자신이 하나님 앞에 서는 경험이 없기 때문에 청중들을 하나님 앞으로 이끌고 갈 수 없는 것이다.

한편, 설교를 준비할 때 필요로 하는 아이디어는 대체로 청중이 마땅히 들어야 할 것들로 선택된다. 절기에 따라 혹은 행사에 맞는 메시지 혹은 교회 문제와 관련해서 혹은 말하고 싶은 주제에 맞는 아이디어는 설교자가 먼저 들어야 할 말씀인 경우가 매우 드물고, 오히려 설교자가 전하고 싶은 메시지나 시대에 적합하다고 생각한 메시지를 찾는 과정에서 얻어지는 경우가 많다. 그렇지 않다면, 기껏해야 설교자를 감동시킨 메시지다. 사정이 이렇다 보니 설교자 개인의 관심 범위에만 머물러 있는 설교를 청중 역시 하나님의 말씀으로 들을 이유가 없는 것이다. 설교를 통해 하나님의 말씀을 들으려는 기대도 없고 또 설교자에 대한 신뢰가 무너진 것은 바로 이런 까닭이 아닐까?

이처럼 설교자 역시 인간으로서 죄인이기 때문에 '설교=하나님의 말씀'을 주장하는 것은 매우 위험한 모험이며, 인간학적인 한계를 넘어선다. 성경의 의미 앞에 서서 진지하게 자신을 돌아본 경험이 있는 설교자라면 쉽게 할 수 없는 말이다. 바르트가 말한 설교자의 곤고함을 염두에 둔다면, 다시 말해서 도무지 할 수 없는 일을 하도록 부름을 받았으니 설교자는 얼마나 곤고하겠는가. 이점을 염두에 두고 바르트는 그럼에도 불구하고 목사로서 해야 하는 일이 설교라고 보았다. 그러니 목회자에게 얼마나 겸손하고 또 성실한 태도가 요구되겠는가. 또 설교행위에서 하나님이 역사하시길 얼마나 간절히 기대하겠는가. 또 얼마나 감사한 마음으로 행할 것인가. 바르트의 관점에서 이해할 때 설교자에게 필요한 덕목은 겸손과 감사와 성실이다. 그리고 바르트는 설교를 준비하는 설교자에게, 설교 시간 중에 그리고 설교 후에 교회를 떠나는 청중에게 성령이 임하시길 간절히 기대한다.

영국 성공회 사제인 제임스 패커(James I. Packer, 1926-)는 개혁교회 설교자들을 배출한 "확신들"로 일곱 가지, 즉 "성경은 계시이다.", "하나님은 영광받기에 합당하신 분이다.", "사람들이 길을 잃었다.", "그리스도는 변치 않는 분이다.", 설교에는 "설득이 필요하다.", 설교할 때 명심해야 할 사실은 "사탄이 활동하고 있다."는 것이다. "하나님의 성령은 주권적인 분이시다."를 꼽았다.[3]

설교자는 먼저 듣는 자다. 자신이 먼저 들은 것을 전한다. 들었을 뿐만 아니라 하나님 앞에 자신을 세운 후에 자신이 경험한 변화를 증

---

3 James I. Packer, "Introduction: Why Preach?", "왜 설교해야 하는가?", in: Samuel T. Logar Jr., *The Preacher and Preaching*, 이덕신 옮김, 『개혁주의 설교와 설교자』(서울: 솔로몬, 2016), 51-57.

거한다. 설교자는 하나님의 말씀을 듣고, 성도들의 말에 귀를 기울인다. 하나님의 말씀이 먼저 자신에게 이뤄지도록 하고, 하나님의 행위가 먼저 자신을 통해 나타나도록 하고, 하나님의 뜻이 먼저 자신을 통해 세상에 나타나도록 한다. 그 후에 증거와 경험과 확신을 갖고 청중에게 전한다. 곧, 설교자는 자신이 먼저 하나님을 경험하고 또 변화를 위한 노력을 기울인다. 적어도 자신에게 일어나지 않은 일이라면, 그것을 위한 증거들을 탐색하여 전한다. 이것도 저것도 아니라면 비록 설교라 해도 단지 인간의 말에 불과하다. 성도들이 설교자를 경건하게 보는 이유는 설교의 내용 때문이다. 곧 내용과 관련해서 하나님의 말씀일 것을 기대하고 또한 설교자가 먼저 그것을 경험했음을 전제하고 듣는 데에 익숙해져 있다. 설교자가 이미 선한 사람이 되었느냐의 문제가 아니라 그가 얼마나 진정성을 갖고 살고 있느냐의 문제다.

청중은 어떨까? 앞서 죄의 본질은 하나님의 은혜보다 자신의 뜻과 의지를 더 앞세우고 세상을 판단하며 살려는 데에 있다고 했다. 청중 역시 죄인으로서 예외는 아니다. 다시 말해서 아무리 올바른 말씀을 전한다 해도 청중은 온전히 귀를 기울이려 하지 않는다. 비판적인 태도를 취하면서 설교와 거리를 두고 또 자신이 듣고 싶은 말을 들으려 한다. 이에 비해 마음을 열고 말씀에 귀를 기울이는 성도는 대개 교회에서 순종하는 자로 보인다. 설교를 제대로 들은 청중이라면 자기에게서 확인해야 할 사항이 있다. 첫째, 본문의 의미를 이해했는지, 둘째, 본문의 의미가 자신에게 어떤 의미로 다가오는지, 셋째, 적용을 위한 구체적인 생각이 있고 또 순종을 위한 동기부여가 되어 있는지, 넷째, 메시지에 대한 확신이 있는지 등이다. 이런 것들이 없다면, 설교가 잘못되었든지, 청중이 설교를 잘못 들은 것이다. 물론 이 네 가지 사항은 설교자가 명심해야 할 포인트이기도 하다. 설교자는 본문의 의미를 전달하며, 오늘 우리에게 의미하는 바를 명백히 하고, 메시지와 현실의 관계에서 구체적인 적용 포인트를 세시하며, 그리고 청중이 메시지를 확신하고 하나님을 신뢰하며 살 수 있도록 돕는다.

그런데 설교 메시지를 자신에게 적용하기보다 단지 자신의 생각이나 신념과 일치하기 때문에 귀를 기울인 경우가 많다. 예컨대, 만일 좋다는 느낌을 넘어 자신의 철저한 변화를 요구하는 말씀을 듣는다면, 나보다 남을 더 낮게 여기라는 말씀을 듣는다면, 자신을 내려놓으라는 설교를 듣는다면, 그래도 과연 그 말씀에 순종하려 할까? 성경에 보면 그렇지 않다는 몇 개 사례들이 나온다. 부자 청년은 자신의 부를 포기하지 못했고, 종교 지도자들 역시 자신의 신분과 지위를 쉽게 버릴 수 없었다. 예수님은 무리들을 신뢰하지 않으셨다고 했는데, 그 이유는 그들의 마음을 잘 아셨기 때문이었다. 제자들 역시 예수님의 십자가 앞으로 나서기를 주저했다. 다시 말해서 사람들이 예수님을 따른 이유는 변화를 위한 의지 때문이 아니라 그들에게 필요한 것을 주셨기 때문이었다. 오늘 우리들의 현실에서 청중은 어떨까?

인간의 본성을 공유하는 청중 역시 예외는 아니다. 청중은 예수 그리스도의 말씀에 온전히 사로잡혀 있기보다는 자신의 필요를 따라간다. 대형교회로 사람들이 몰리는 현상을 보라. 좋은 교회라며, 자신을 성장시켜 줄 교회라며, 자녀의 신앙교육을 위해 적합한 교회라며 몰린다. 말씀에 대한 열정 역시 마찬가지다. 자신들이 듣고 싶은 이야기, 자신들의 갈증을 풀어 주는 설교를 기대하고 또 자신의 기대를 충족시켜 주기 때문에 간다. 그런데 만약 그들에게 삶의 변화를 요구하는 말씀을 한다면, 그래도 그 말씀에 귀를 기울일 수 있을까? 그 말씀이 자신에게 이뤄지길 허락하면서 순종할 수 있을까? 그런 성도들이 있지만, 만약 그 수가 많다면, 한국 교회가 이렇게 비난을 받는 지경에까지 이르지는 않았을 것이다. 청중은 자신이 듣기에 좋은 설교를 바라지만, 변화를 요구하는 좋은 설교에 항상 귀를 기울이는 것은 아니다. 순종보다는 예배행위를 더 좋아한다. 나쁜 설교라도 자신이 듣고 싶은 말을 듣는다면, 그 설교에 기꺼이 귀를 기울이고 순종한다. 참다운 설교를 듣지 못해도, 또 자신의 삶을 나누는 교제가 없어도 예배에 참여했다면, 그것으로 만족한다.

반복하여 말한다면, 설교가 하나님의 말씀이라느니 혹은 하나님의 말씀이 아니라느니 하는 주장의 정당성을 청중의 반응에서 찾을 수는 없다. 그들이 아무리 좋은 설교라고 말해도 그것이 하나님의 말씀이라는 것을 입증하지 못하고, 아무리 좋지 않은 설교라고 해도 그것이 하나님의 말씀이 아니라는 것 역시 입증하지 못한다. 만일 청중의 기준에 따라 판단하는 것이 옳다면, 예수님의 설교는 하나님의 말씀이 아닐 것이다. 스데반의 설교 역시 마찬가지다. 바울 사도는 많은 사람들의 지지를 얻었지만, 또한 많은 사람들의 반대에 부딪히기도 했다. 얼마나 많은 신실한 설교자들이 다만 교회가 작다는 이유로 시골에서 목회한다는 이유로 청중들의 무관심에 묻혀 사라졌는지 모른다. 이런 일은 지금도 진행 중이다.

정리해서 말한다면, 청중은 물론이고 설교자 역시 죄인으로서 인간학적인 한계를 갖고 있기 때문에, 설교자의 설교가 하나님의 말씀이라고 단언할 수 없고, 청중이 듣기에 좋고 또 심지어 변화가 일어

난다 해도, 바로 그런 이유 때문에 설교가 하나님의 말씀이라고 단언
할 수도 없다.

6. 설교는 어떤 의미에서 하나님 말씀인가?

– 청중은 설교에서 인간의 말을 사용하는 성령의 역사에 의해 하나님의
   말씀을 듣는다

지금까지의 글에서 필자는 '설교=하나님의 말씀'을 받아들이기 힘
든 까닭을 말했다. 간단하게 정리하면 이렇다. 종교개혁의 전통에 근
거해서, 특히 불링어에게서 유래한 '하나님의 말씀을 선포하는 것은
하나님 말씀'으로 믿었지만, 오늘날 이것을 문자적으로 받아들이기
쉽지 않은 까닭은 전하는 자와 듣는 자 사이에서, 궁극적으로는 설교
를 매개로 하나님과 인간 사이에서 기대하는 소통이 제대로 일어나
지 않기 때문이다. 두 차례에 걸쳐 의미론적이며 인간학적인 한계를
말했는데, 소통과 관련해서 조금 더 언급한 후에 예배의 한 행위로서
설교가 인간의 말이 하나님의 말씀으로 받아들여지는 곳임을 주장하
고자 한다.

1) 설교자와 청중 사이에서 소통의 한계

설교는 설교자와 청중이 하나님을 소통하기 위한 언어행위이며,
또한 설교를 통해 하나님이 말씀하시기 때문에 설교는 하나님과 인
간의 소통이 일어나는 곳이다. 그런데 설교를 통한 소통은 단지 듣고
이해하는 인식의 차원만을 의도하지 않는다. 오히려 듣는 자에게 의
미 있는 깨달음과 책임 있는 감정적 반응과 실천까지를 모두 포함하
는 포괄적인 과정이다. 설교자의 입장에서나 청중의 입장 모두에서

그렇다.

설교자가 성경의 진실을 가감 없이 전하는 일이 어렵지만, 청중이 설교를 통해 하나님을 만나고(혹은 의미를 깨닫고) 전인격적인 반응을 보이는 일도 쉽지 않다. 설교에는 사람의 뜻과 하나님의 뜻이 뒤섞여 있어 양자를 명확하게 구분할 수 없기 때문이다. 설교자도 그렇고, 청중도 그렇다.

그렇다면 '하나님의 말씀을 전하고 또 듣는 시간'으로 '설교'를 이해하는 때는 지난 것인가? 과거에 그런 시대가 있었고 또 오늘날에도 여전히 그런 일은 일어난다. 그러나 교과서적인 맥락에서 이해될 뿐, 더 이상 그대로 실천되지 않고 있다는 평가가 다수를 차지한다. 기독교인의 신앙생활에서 언제나 중심적인 역할을 했던 성경의 세계관(거대담론)을 해체하면서 등장한 포스트모더니즘은 상대성과 혼합성 그리고 대중성을 특징으로 하는데, 이런 사고에 익숙한 청중은 설교자의 말을 더 이상 하나님의 말씀으로 들으려 하지 않는다. 많은 설교가 하나님의 말씀을 전한다는 명목으로 자신의 생각과 철학을 주입하고, 행복과 건강 등, 인간사와 그 의미에 관해 말하는 시간으로 전락했다고 보기 때문이다. 굳이 교회에서가 아니라도 조금만 관심을 기울이면 어디서든 들을 수 있는 말들로 넘쳐난다. 도대체 대서사가 더 이상 빛을 발하지 않는 상황에서 그리고 어디를 가든 삶에 유익이 되는 이야기를 들을 수 있는 시기에, 예배 시간에 설교가 있어야 할 까닭은 무엇이고, 성도들은 왜 그것에 귀를 기울여야 하는가?

설교에 대한 회의적인 태도는 어제 오늘의 일이 아니다. 이미 구약시대와 신약시대에서도 있었다. 선지자들이 하나님의 말씀을 전할 때, 사람들은 자신의 뜻에 맞지 않는다 하여 외면했고, 심지어 전하는 사람을 괴롭혔다. 그뿐 아니라 하나님 말씀이 아닌 것을 마치 하나님이 하신 말씀이라며 전하는 자칭 선지자라 부르는 거짓 선지자들이 있었고, 자신이 듣기를 원하는 것만을 듣고 싶어 했던 사람들은 거짓 선지자들의 말을 '하나님 말씀'으로 받아들이기도 했다. 그들은 하나님의 심판을 경험하고 나서야 하나님의 말씀을 듣고 그것을 현실로 옮기는 일이 새로운 세상을 경험하기 위해 또 자기 자신들을 위해 얼마나 중요한 지를 깨달았다.

그럼에도 불구하고 그들은 인간을 통해 전해지는 말을 들으면서 인간의 말과 하나님의 말씀을 분별하지 못했고, 이에 따라 하나님이 침묵하시는 시간은 점점 길어졌다. 구약과 신약의 중간기에 사람들은 온갖 율법 조항을 만들어 하나님의 뜻에서 벗어나지 않으려 발버둥 쳤다. 그러나 소수를 제외하곤 그들에게 율법적 신앙은 하나님의 영광이 아닌 인간의 명예와 권력을 위한 도구일 뿐이었다. 결과적으로 영적인 분별력이 떨어져 하나님의 아들로서 이 땅에 육신을 입고 오신 예수님과 그분의 선포를 외면했다. 하나님의 말씀으로 듣지 않고 한 개인의 말로 들었기 때문이다. 예수 그리스도의 천국 복음에 대해 보였던 사람들의 반응은 그들이 진정으로 무엇을 듣고 싶어 하는지를 폭로한다. 그들은 자신들을 지지해 주는 말씀을 듣고 싶었던 것이다. 물론 하나님의 말씀으로 들은 사람들도 있었는데, 그들은 들음으로써 구원과 평안을 경험할 수 있었다.

사정이 이렇다보니 오늘날, 특히 성경적인 가치의 상대화를 부추기는 포스트모던 시대에 설교를 통해 제대로 된 소통이 일어나지 않는다고 해서 그렇게 놀랄 일은 아니다. 듣는 자는 듣고, 듣지 않으려는 자는 아무리 노력해도 귀를 기울이지 않는 것이 성경적인 현실이다. 설령 듣는다 해도 의심할 뿐이며 자신의 생각과 욕망만을 들을 뿐이다.

2) 강해설교는 예외인가?

필자는 '설교=하나님의 말씀'을 단언할 수 없다고 해서 이것을 원칙적으로 부정할 수는 없다고 본다. 만일 설교가 성경의 의미를 밝히는 해석, 곧 인간의 언어행위로만 이해되어, 이 정의가 부정되어야 한다면, 굳이 예배 중에 설교가 있을 필요는 없다. 신학자의 강의를 듣거나 신앙 서적을 읽으면 된다. 성경의 의미를 일상에 적용하는 QT나 성경을 체계적으로 강의하는 것이 더 좋은 설교가 된다. 그리고 이것은 현실로 나타나고 있다. 한국 교회 강단에서 들을 수 있는 소위 '강해설교'는 강해설교란 이름으로 행해지고 있는데, 사실 거의 주석에 가까운 설교임에도 불구하고 이런 설교를 한국 교회 성도들은 선호한다. 그렇다고 '강해설교=하나님의 말씀'은 가능한가?

오늘날 행해지는 상당수의 강해설교는 설교자가 직접 주석을 했다기보다는 여러 주석들을 참조하여 짜깁기한 또 다른 주석에 가깝다. 어찌되었든 강해가 해석을 의미하는 한, 강해설교 역시 해석자의 주관을 떠나지 않는다. 강해설교는 성경본문을 해석하여 얻은 주제와 의미를 바탕으로 본문을 일관되게 설명해나가는 설교 방식이다. 방식에서 차이가 있을 뿐 설교본문을 의미와 관련해서 설명한다는 점에서 일반 설교와 크게 다르지 않다. '강해설교=하나님의 말씀'을 말하는 것도 일반적으로 설교를 하나님의 말씀으로 보는 것과 동일한 의문을 일으킨다는 말이다.

3) 인간의 말은 어떻게 하나님의 말씀이 되는가?

필자는 지금까지 '설교=하나님의 말씀'으로 이해하는 데에 있어서 의미론적이고 인간학적이며 또한 소통과 관계에서 한계를 말했는데, 이제는 그 반대의 경우를 살펴보려 한다. 곧 예배 안에서 예전의 하나로 행해지는 설교는 하나님의 말씀으로 작용함을 주장하고자 한다. 왜냐하면 개혁신학은 Praedicatio verbi Dei est verbum Dei(하나님의 말씀에 대한 설교는 하나님의 말씀이다.)를 결코 포기할 수 없기 때문이다. 실제로 독일에서는 종교개혁 이후에 예배에서 행해지는 설교를 '인간에 대한 하나님의 봉사'로 여겼다. 예배에 해당하는 독일어 "Gottesdienst"에 잘 나타나 있다. 이 말은 Gottes(Gott의 2격)+Dienst인데, 독일어 명사의 2격(소유격)에는 목적의 소유와 주격의 소유의 의미가 있다. 그러니까 하나님에 대한 인간의 봉사와 인간에 대한 하나님의 봉사로 이해할 수 있다. 두 번째 의미로 이해하면, 하나님은 예배에서 설교자에 의해 행해지는 성경본문에 대한 설교를 사용하여 말씀하신다는 말이다. 이것이 무차별적으로 사용되어 "설교=하나님의 말씀"으로 오해되고 오용되는 것을 막기 위해서는 신학적인 설명을 필요로 한다.

필자가 이해하는 한, 근본적인 문제는 이렇다. "인간의 말은 어떻게 하나님의 말씀이 되는가?" 이 일이 어떻게 일어나는지를 말할 수 있기 위해 고려해야 할 몇 가지 전제가 있다. 설교가 우선적으로 전제하는 것은 예배이며, 하나님의 말씀(뜻과 계획과 약속)과 행위이고, 성경 안에 있는 증인들과 그들의 증거인 기록들, 그리고 이 기록들을 오늘날에도 생동감 있게 들을 수 있게 하는 주체로서 성령과 그분의 역사다. 그리고 또 다른 전제는 설교자와 청중이다. 이것들이 서로 상호작용하면서 성경에 대한 설교는 하나님의 말씀이 된다.

첫째, 하나님은 세상과 소통하기를 원하시고, 이를 위해 계시하시며, 특별히 부름 받은 자들이 경험한 내용들을 성령의 감동하심으로 다양한 방식으로 기록하게 하셨다. A.D. 90년에 모인 유대인의 얌니아(Jamnia) 회의는 예수 그리스도를 믿고 따르는 사람들에게서 나오는 서적들에 고무되어 소집되었다고 여겨지는데, 구약 39권은 이때 정경으로 확정되었다(물론 확정 시기와 관련해서 그 후라는 이의가 없는 것은 아니다.). 기독교 교회는 이원론에 근거하여 누가복음과 바울서신만을-그것도 편집된 상태로-받아들인 마르시온(Marcion of Sinope, 약 85-약 160) 성경에 자극을 받아 이에 적극 대처할 필요성을 느꼈다. 이 과정에서 교회는 기록된 것들 중에서 특히 하나님과 하나님의 행위를 전할 뿐만 아니라 예수 그리스도를 증거하고 또 예수 그리스도에 대한 신앙에 기여하는 것들을 일정한 기준(신약의 경우엔 특히 영감성, 사도성, 고대성, 그리고 복음의 증거)에 따라 선별하여 하나님의 말씀으로 고백하고 그 가운데 27권을 정경으로 받아들였다. 가톨릭은 교회가 해석의 규범을 통해 성경의 범위를 확정했기 때문에 성경 해석의 권위를 교회에 부과하지만, 종교개혁 이후 개신교는 정경 형성 과정과 성경 해석에는 성령의 조명이 있다고 고백한다. 정경으로서 성경은 세상에서 하나님을 경험하고 하나님의 말씀을 들으면서 하나님을 인식하기 위한 규범으로 기능한다(regula fidei).

둘째, 설교란 성경의 증거를 오늘의 상황에서 반복하면서, 전하는 자나 듣는 자 모두가 하나님의 말씀을 듣길 기대하며 행하는 공적인 언어행위다. 인간의 언어가 하나님의 말씀으로 경험되는 신비가 일어나는 시간이다. 설교자 자신이 일으킬 수 없고, 다만 성경을 바탕으로 하는 자신의 공적인 언어행위를 통해 일어나길 기대할 수 있을 뿐이다. 바르트는 성령의 오심으로 일어난다고 말한다. 설교자는 준비 과정에서부터 하나님을 경험할 것을 기대하고, 설교현장에서 성령이 임재하길 기대하며, 청중은 설교를 들으면서 자신이 하나님 앞에 서 있을 뿐 아니라 하나님의 말씀을 듣는 경험을 기대한다. 실교본문을 통해 또 설교행위에서 역사하시는 성령이 임재하시는 중에 설교자와 청중의 기대가 서로 만날 때, 설교의 이상적인 결과가 나타난다. 곧 인간의 말인 설교가 하나님의 말씀으로 경험된다.

설교에서 성령의 역사가 왜 중요할까? 성령을 이해하는 일에서 오순절 사건은 아무리 강조해도 부족하지 않다. 그런데 오순절 사건은 성령강림과 교회의 시작의 의미로 혹은 사도행전 1장 8절에서 말하고 있듯이 "권능"이 주어진 사건으로만 여겨질 뿐, 성령이 서로 다른 언어 체계를 가진 사람들이 서로 소통할 수 있게 하는 공통의 언어로 작용했다는 사실은 크게 주목하지 않는 것 같다. 오순절 성령강림 사건은 성령이 예수 그리스도를 소통하는 일에서 공통의 언어로 작용했음을 계시한다. 다시 말해서 서로 다른 지역에서 온 사람들이 성령에 충만한 제자들의 언어를 이해했다는 것은 공통의 언어로 역사하신 성령 때문이다.

그러므로 설교에서 성령은 말씀을 제대로 전하게 하고 또 제대로 들려지게 한다. 또한 삶의 결실을 맺도록 하신다. 성령은 전하는 자와 듣는 자 모두가 하나님이 행하시는 일과 그분의 말씀에 귀를 기울이게 한다. 그렇기 때문에 성령이 역사하면 전하는 자와 듣는 자 모두 변화를 경험한다. 설교자가 자신의 설교를 통해 회중들을 변화시키려고 의도할 때, 문제가 생긴다. 설교는 설교자 자신에 의해 하나님의 말씀으로 주장되어서는 결코 안 된다. 설교자는 다만 기대할 뿐이고, 이런 기대가 현실이 될 수 있도록 성령의 임재를 기도할 뿐이다. 설교자가 먼저 성령의 임재를 경험하고 변화되어야 성도의 변화를 기대할 수 있다. 변화는 하나님이 하시는 일이지 설교자의 설득력에 결코 의존하지 않는다. 설교자도 회중도 먼저 하나님의 말씀을 듣는 순간이 설교이다.

셋째, 설교자와 청중의 기대가 말씀을 계기로 서로 만날 수 있기 위해, 설교자에게 필요한 일은 성경을 신학적으로 해석하는 일에서 성실한 태도를 갖는 것이며, 해석과정에서 만난 의미 앞에 자신을 세우고 하나님의 말씀이 자신에게 먼저 일어나도록 하는 것이다. 이 과정에서 하나님과 설교자는 구속사의 맥락에서 서로 연합하고, 인간 설교자와 인간의 말은 성령세례를 받는다.

또한 필요한 일은 청중의 실존과 상황을 염두에 두고 성경을 해석하는 것이다. 이것을 '본문을 설교적으로 해석한다'고 말할 수 있다. 이것은 신학적으로 해석하는 일과 구분된다. 다시 말해서 신학적 해석을 통해 얻은 의미와 관련해서 그것의 구체적인 적용을 고려한다. 일상의 삶에서 청중의 고민과 문제는 무엇인지, 왜 말씀에 따른 삶을 실천하기가 어려운지, 하나님과 동행하는 삶을 방해하는 요소는 무엇인지, 하나님을 신뢰하는 삶을 위해 필요로 하는 것은 무엇인지 등을 충분히 살핀다. 이 과정에서 설교자는 듣는 자와 공감하며, 그들과 함께 다시 한 번 하나님 앞에 서게 된다. 그러므로 설교준비에는 설교자의 경건과 영성이 크게 작용하여도, 설교언어와 내용 그리고 구체적인 설교방식과 관련해서는 청중이 공감적으로 들을 수 있도록 그들의 실존과 상황에 관한 충분한 고려가 필요하다. 한마디로 공감적인 설교에는 설교내용과 청중의 관계에 관한 연구가 선행한다.

넷째, 설교는 예배행위다. 예배 시간 중에 수행되기 때문에 '설교'는 무엇보다 하나님과 그분의 말씀을 듣는 시간을 상징한다. 예배한다는 것은 이런 상징을 받아들이고 '설교'에서 하나님의 말씀을 기대한다는 것이다. 예진 행위의 하나인 실교에서 인간의 말은 하나님의 말씀이 된다. 따라서 하나님의 말씀을 전하는 시간에 강단에 오르는 설교자는 오직 강단에서만 설교자로서 실존한다. 전통적으로 교회가 설교 강단과 예배 인도자의 강단을 구분하는 까닭도 이런 이유 때문이다. 강단을 내려와서는 더 이상 설교자가 아니다. 설교자에서 목회자로, 말하는 자에서 듣고 돌보는 자의 위치로 옮겨진다. 강단을 내려와서도 설교자의 정체성을 가지고 살면서 자신의 생각을 권위적으로 말하기를 좋아하는 목회자들이 있는데, 이것이 가정에서나 교인들과의 관계에서 갈등의 요인으로 작용한다. 강단 아래에서는 더 이상 설교자가 아닌 목회자일 뿐이며, 성도와 소통하면서 그들에게 귀를 기울이지 않으면 설교행위와 관련한 상호기대는 비껴갈 수밖에 없다. 아무리 좋은 설교라도 청중의 마음을 울리지 못하면, 변화를 기대할 수 없고, 아무리 주의 깊은 청중이라도 설교에 대한 기대가 없다면, 하나님을 만나지 못하고 기껏해야 자기 자신만을 발견할 뿐이다. 자신의 내면의 음성을 들을 뿐인데도 하나님의 말씀을 듣고 또 만났다고 말하는 청중이 많다. 메시지가 인간의 것인지 아니면 하나님에게서 온 것인지를 분별하지 못한 것이다. 그러므로 설교의 현실을 염두에 두고 설교자는 더욱 순전한 마음으로 설교하고, 청중은 자신의 생각과 뜻을 내려놓고 더욱 간절한 마음과 분별력을 갖고 귀를 기울여야 할 것이다.

다섯째, 예배나 집회에서 접하는 '설교'는 순서상 청중들이 하나님에게 귀를 기울이는 시간이다. 청중이 설교에 집중하는 까닭은 대개 예배 중에 행해지기 때문이다. 청중은 믿음을 통해 설교에 참여한다. 곧 인간의 말인 설교는 청중의 믿음을 통해 하나님의 말씀으로 받아들여진다.(히4:2 "그들과 같이 우리도 복음을 전함을 받은 자이나 들은 바 그 말씀이 그들에게 유익하지 못한 것은 듣는 자가 믿음과 결부시키지 아니함이라") 설교는 하나의 예배로서 하나님을 섬기며 또한 하나님의 은혜(섬김)를 받는 시간이다. 인간은 침묵하고 귀를 기울이며 하나님은 말씀하신다. 달리 말해서 설교자인 인간의 말에 귀를 기울이는 중에 하나님이 하시는 말씀을 듣는다. 그러므로 설교는 예배 중에 유일하게 나 아닌 타자에 집중하면서 내 안으로 들어온 말씀을 통해 하나님이 일하시도록 하고 또 그 결과 깨달음과 변화의 사건이 일어나도록 허락하는 시간이다. 내 생각과 의지와 주장을 앞세우지 않는 시간이다.

참고로 좋은 설교를 자주 들으면 인성과 품성이 개발되는 까닭은 나 아닌 타자에 귀를 기울이는 태도가 습성으로 굳어지기 때문이다. 설교에 귀를 기울이지 않는 사람은 자기를 주장하고 자랑하길 좋아할 뿐 타자를 배려하지 않는다.

지극히 수동적인 위치에 있는 시간이지만, 그럼에도 불구하고 설교자와 청중이 소통하는 시간이며, 더 나아가서 하나님과 나와 소통하는 시간이다. 내가 머물러 있길 좋아하는 세상, 나의 관심을 사로잡고 있는 세상, 내 삶의 터전인 세상을 떠나 나를 하나님 앞에 세워 놓는 시간이다. 세상에 대한 감각능력을 내려놓고 하나님에 대한 감각능력을 회복하는 시간이다. 육체의 소욕이 아닌 성령의 소욕에 나를 맡기는 시간이다. 설교 시간에 청중은 순종을 준비하고 있을 뿐이지 단순히 시청각적인 감각을 받아들이는 수동적인 입장에 있지만은 않다. 내적으로 묻기도 하고 대답하기도 하며 감동을 받고 때로는 충격을 받고 때로는 저항도 한다.

이상의 다섯 가지를 바탕으로 설교는 예배의 현장에서 청중이 하나님의 말씀을 듣도록 돕는 언어행위라고 말할 수 있다. 끝으로 설교에 대한 필자의 신학적인 견해를 언급해 보고자 한다.

4) 설교란 무엇인가?
(1) 인간의 말에서 하나님의 말씀을 듣는 신비

설교의 전통은 기독교인의 소명에서 찾을 수 있다. 다시 말해서 모든 기독교인은 여호와께서 참 하나님이심과 예수 그리스도를 통해 계시된 하나님이심을 세상에 나타내도록 부르심을 받는다. 기독교인의 삶은 성경이 진리임을 증거하는 삶이며, 하나님은 기독교인의 말로써 혹은 이웃과의 관계를 통해 혹은 선한 행위를 통해 세상 가운데 나타나신다. 기독교인은 믿지 않는 사람들이 소망의 이유를 물어올 수 있도록 하나님 나라를 소망하는 자로 산다. 기독교인은 무엇보다 서로가 서로를 사랑함으로써 사람들로 하여금 자신들이 예수 그리스도의 제자임을 알 수 있도록 한다. 삶을 예배로 보는 사도 바울의 로마서 12장의 말씀에 따라 모든 성도들은 삶에서 이것을 행히도록 부름을 받았다. 설교는 예전으로서 예배라는 시간과 공간에서 이 일을 실천하는 언어행위다. 이런 의미에서 설교는 설교자로 부름을 받은 자에게 주어진 일이다. 설교자를 포함해서 모든 성도가 삶 속에서 행하는 일을 설교자는 특별히 예배의 자리에서 말로 행하도록 부름을 받는다.

그러므로 설교는 설교자로 부름을 받은 자가 순종하며 행하는 일이며, 하나님과 그분의 행위가 청중들의 삶 속에서 드러나도록 격려하고 또 돕지만, 또한 청중들의 삶 속에서 경험되는 하나님과 그분의 행위를 인지할 수 있도록 도와준다. 그리고 세상의 거센 도전에 직면해 살면서 어떻게 그것이 가능한지에 관해서도 말한다. 신앙생활에서 설교가 중요한 까닭은 일상에서 일어나는 일들과 청중들의 경험들이 하나님과의 관계에서 어떻게 이해될 수 있는지를 아는 일에 기여하기 때문이다. 청중들이 자신의 생각과 삶 그리고 경험들을 성경 안으로 가지고 들어가서, 성경으로부터 의미를 발견하도록 한다. 곧 하나님을 만나도록 한다. 설교가 아니면 청중들이 자신들의 삶과 관련해서 성경이 무엇을 말하고 있는지를 집중해서 들을 기회를 얻지 못한다. 설교를 통해 청중은 자신에게 일어난 일들이 하나님이 하신 일임을 깨닫고, 하나님의 뜻과 자신의 뜻을 분별할 수 있기를 배울 수 있다. 무엇을 알아야 소망할 수 있는지, 시험과 유혹을 이기기 위해서는 어떻게 해야 하는지 등을 배운다. 하나님과 공동체의 관계에서 무엇이 중요한지를 깨닫는다. 이웃과 더불어 화평 가운데 살 수 있기 위해 하나님에 관해 무엇을 알아야 하고 또 무엇을 해야 하는지도 알게 된다. 설교자는 설교를 통해 여호와가 참 하나님이시며, 하나님이 어떤 분이고 무엇을 행하셨는지는 예수 그리스도를 통해 계시되었음을 증거하고, 오늘 우리에게 일어나야 할 당위성을 선포한다.

모든 기독교인들은 하나님을 말하고 그분의 행위를 증거하도록 부름을 받았다. 설교는 전문적인 신학교육을 받은 사람이 공동체에게 권한을 위임받아 행하는 신앙적 언어행위다. 설교자는 공동체의 권한위임을 통해 비로소 설교할 권한을 받는다. 목사 안수를 받았다고 해서 모두가 설교자로 부름을 받은 것은 아니다. 다만 자격을 갖추었을 뿐이다. 목사 안수를 받지 않았다고 해서 설교자가 될 수 없는 것도 아니다. 설교자는 공동체의 위임에 따라 예배 중에 설교하도록 부름을 받은 자이고, 하나님은 설교자의 진정성 있는 설교를 사용하여 말씀하신다.

한편, 설교에서 인간의 말이 하나님의 말씀이 되는 신비의 과정을 설명할 방법은 있을까? 두 가지를 말할 수 있는데, 하나는 하나님의 행위는 과거에 끝나지 않고 지금까지도 계속되기 때문이다. 다시 말해서 비록 인간 자신에 의해 일어나는 일이 아니고 성령의 임재에 따른 결과이지만, 성경을 설교하는 행위를 매개로 하나님은 설교자와 연합하여 일하신다. 연합은 본래 예수 그리스도에 대한 믿음으로 구체화되며, 설교자와의 연합은 특별한 은총이다. 비록 죄인이라도 설교자로서 부름을 받았기 때문이며, 하나님의 뜻을 전하는 하나님의 입으로써 사용되기 때문이다. 믿음은 예수 그리스도를 통해 계시된 하나님이 참 하나님이심을 인정하는 것이다. 연합은 설교자뿐 아니라 청중에게도 일어난다. 성령은 믿음으로 설교에 귀를 기울이는 청중과 연합하여 하나님의 말씀으로 받아들이도록 한다.

다른 하나는 기독교인은 하나님 나라와 세상 나라 사이에서 중간적인 실존을 갖고 있기 때문이다. 하나님 나라는 예수 그리스도를 통해 이미 현실로 나타났지만, 세상에서 그것은 부분적으로 드러나고, 또 언제나 다가오는 형태로 현존한다. 온전한 형태는 마지막 날에 나타난다. 다시 말해서 하나님 나라의 도래는 그 무엇에도 의존되어 있지 않으며, 오직 하나님의 주권적인 뜻에 따른다. 뜻하신 바가 있으면 나타났다가도 뜻하신 바가 있으면 사라진다. 인간의 욕망이 작용함과 동시에 사라지다가도 성령이 임하면서 나타난다. 그러니 하나님 나라는 이곳에 있거나 혹은 저곳에 있다고 말할 수 없고, 오직 하나님의 다스림이 현실이 되는 곳에서 경험될 뿐이다. 이처럼 하나님 나라와 세상은 서로 겹쳐 있어서 그 사이에서 실존하는 기독교인은 만일 하나님 나라가(곧 성령이) 임하면, 인간의 말을 들으면서도 하나님의 말씀을 듣고, 반대로 하나님 나라가 더 이상 현존하지 않으면(곧 성령이 임하시지 않으면) 자기가 듣는 것이 하나님의 말씀임에도 불구하고 또한 인간의 말만을 들을 뿐이다.

그러므로 설교에서 하나님의 말씀을 듣는 것은 하나님이 설교자와 연합할 뿐 아니라 또한 청중과도 연합하기 때문이며, 또한 기독교인은 비록 세상에 있으나 믿음으로 하나님 나라를 경험하기 때문이다. 설교는 성령의 역사 안에서 설교자와 청중의 협업으로 이뤄진다.

(2) 설교는 신학함(doing-theology)의 한 방식

신학함이란 하나님 경험에서 출발해서 신학적인 성찰을 거쳐 일정한 신학적 진술을 형성하기까지 진행되는 전 과정이며 이것을 비평하는 작업을 포함한다. 다시 말해서 '신학한다' 함은 단순히 신학을 연구하거나 가르치거나 배우는 일이 아니다. 연구하거나 가르치고 배우면서 신학함이 이뤄지기도 하고 이뤄지지 않기도 한다. 오직 내용을 전달하는 데에 치중한 가르침과 학습은 결코 신학함이 아니다. 어떤 이론이나 사상가를 연구하고 또 가르치며 배운다 해도 그 이론이 어떻게 형성되었는지를 고려하면서 그것의 정당성과 적합성을 성찰할 때, 비로소 '신학한다'고 말할 수 있다. 신학함은 경험을 성찰하는 일이고, 세상에서 제기하는 질문에 성경적이고 신학적인 대답을 주는 과정이며, 신학이론 형성 과정을 그 정당성과 적합성에 비춰 비평하는 작업이다. 크게 보면 하나님 경험을 하면서 끊임없이 질문을 제기하는 일과 질문에 대답을 하려는 일 그리고 이런 일들의 신학적인 정당성이나 적합성을 성찰하는 일로 나눌 수 있다. 처음 두 개는 신학이론 형성과정에서 볼 수 있고, 마지막 하나는 다분히 2차적인 작업으로 신학에 대한 비평을 말한다.

설교는 성경을 출발점으로 삼지만, 무엇보다 하나님 말씀이 청중의 삶을 통해 현실로 나타나도록 하는 일에 큰 관심을 갖는다. 하나님이 말씀하신 것은 현실이 되고 또 반드시 그래야 한다. 기독교 창조 신앙에서 핵심은 하나님이 말씀하신 것 혹은 하나님의 뜻이 현실로 나타날 때 세상은 선하고 아름답게 된다는 것을 믿는 것이다. 하나님의 창조를 말하고 있지만, 창조신앙의 핵심은 세상이 하나님의 말씀대로 되었다는 것이다. 한편으로는 세상이 처음의 상태에서 얼마나 벗어났고, 왜 그런지 그 이유를 신화적인 언어로 설명하고 있지만, 다른 한편으로는 개인적이든 아니면 국가적이든 다분히 종말론적인 경험을 전제한 신앙고백이다. 땅과 마음이 황폐해진 상태에서 더 이상 소망할 것이 없다고 여겨질 때, 그래도 소망할 수 있는 이유가 있다면, 하나님은 신실하시기 때문이다. 곧 하나님의 말씀이 현실이 될 때 다시금 회복할 수 있다는 희망이다. 하나님의 말씀에 귀를 기울이지 않았고 또 그 말씀대로 살지 않았을 때, 사람들이 심리적인 좌절과 국가의 멸망 그리고 세상의 혼돈을 경험했다면, 하나님의 말씀대로 산다면 세상은 다시금 평화롭고, 하나님 나라는 모습을 드러낼 것이다. 신명기 사가의 관점이기도 하지만, 창조신앙은 이것을 고백하고 또 기대한다.

설교는 궁극적으로 하나님의 말씀에 귀를 기울이게 하고, 그 말씀대로 세상을 살도록 해서, 결과적으로 세상이 하나님의 말씀대로 되어 하나님이 보시기에 좋은 세상으로 변화되도록 한다. 생각하는 방식과 세상을 보는 관점, 삶과 태도, 그리고 세상이 바뀌기를 기대한다. 설교는 말씀에 따른 창조가 오늘날의 상황에서 재현되길 기대하며 행해진다. 따라서 일차적으로는 성경에 대한 바른 이해를 추구하지만, 다른 한편으로는 인간과 세상을 이해하고, 하나님 나라의 현실을 제시한다. 설교는 하나님을 말하는 성경을 이해하고, 그 이해를 바탕으로 교회의 하나님 경험을 성찰하면서, 청중이 성경 속 하나님을 고백하도록, 또 성경 속 하나님의 행하심을 기대하도록 돕는다는 점에서 신학함의 한 방식이다.

성도들에게 나타나는 하나님 경험 혹은 하나님 부재 경험을 바탕으로 하나님을 새롭게 인식하고 고백할 수 있도록 돕는 목회는 신학과의 관계에서 볼 때 다분히-군대적인 상황을 염두에 둔다면-적과 대치하고 있는 전방 상황이다. 예측할 수 없는 일들이 발생하고, 그동안 배운 신학으로 잘 설명이 되지 않는 일들이 일어나기 때문이다. 목회자에게 위임되는 설교 역시 마찬가지다. 설교는 현장성을 매우 중시하기 때문이다. 예배에 참석하는 대부분의 성도는 기존의 신학으로 충분히 설명할 수 있는 경험을 갖고 오지만, 경우에 따라서는 그렇지 않은 경험을 갖고 예배에 참석한다. 설교는 가능한 한 공동체가 수용하는 신학에 근거해야 하지만, 식상하게 느끼는 설명인 경우 청중들은 교회 밖에서 해답을 찾으려고 한다. 예컨대, 법륜 스님의 강론에 기독교인들이 참가하여 질문을 하고 대답을 듣는 사례들이 보고되고 있다. 교회가 해결할 수 없는 문제라고 여겨서 이렇게 불교의 가르침에 귀를 기울인다는 것인데, 해결책이 없다기보다는 그런 인상을 심어 주었기 때문이라고 생각한다.

이런 점에서 설교자는 전방상황에 놓이게 된다. 따라서 신학자는 설교자들이 겪는 곤고함에 귀를 기울여야 하고 문제를 해결할 신학적 설명을 제시해야 한다. 세월호 사건과 관련해서 제기된 '인간의 고통과 하나님의 침묵'의 문제에 대한 고민들을 신학적으로 해결하려는 다양한 시도를 한 것은 매우 바람직한 현상이다.

설교는 성도들의 하나님 경험을 신학적으로 설명하나, 새로운 하나님 경험으로 초대하기도 한다. 설교는 기존의 신학적인 성찰에 기반을 두지만, 새로운 신학함을 촉구하기도 한다. 하나님과 그분의 행위와 뜻은 설교의 처음이며 내용이고 또한 마지막이다. 이런 점에서 설교는 신학함의 한 방식으로 이해된다.

(3) 설교의 창조신학적인 이해

창조신앙의 핵심은 한편으로는 하나님이 모든 것의 시작임을 믿는 것에 있지만, 다른 한편으로는 하나님의 말씀대로 되는 세상을 소망하는 것이다. 바벨론 포로 생활을 마친 유대인들은 '하나님의 말씀'에 대한 특별한 관심을 기울일 수밖에 없었다. 왜냐하면 나라의 멸망과 성전 파괴는 선지자들을 통해 주신 하나님의 말씀을 듣지 않은 결과라고 생각했기 때문이다. 그들은 '하나님 말씀'에 어떻게 반응하느냐에 따라 삶과 죽음의 길이 갈린다는 사실을 뼈저리게 경험히었다. 나라의 멸망과 성전 파괴가 말씀에 귀를 기울이시 않은 결과임을 경험한 후에 그들이 가진 기대는 분명해졌다. 만일 세상이 하나님의 말씀대로 되면, 세상은 어떻게 될까? 하나님의 말씀대로 살면 개인과 가족 그리고 국가는 어떤 결과를 보게 될까? 이런 질문들을 통해 하나님 말씀의 신학이라는 전통이 형성되었고, 신명기 사가들의 주장이 힘을 얻을 수 있었다. 그들은 이렇게 고백했다.

'하나님이 말씀하심으로 세상을 창조하셨고, 세상은 하나님의 말씀과 뜻대로 되었으며, 그것은 하나님이 보시기에 좋은 세상이었다.'

성경은 하나님의 말씀대로 되는 세상과 그렇지 않은 세상 사이에서 갈등하고 방황하는 인간의 모습을 전해 준다. 어떻게 해야 하나님이 보시기에 좋은 세상이 되는지, 또 어떻게 하면 하나님의 심판을 받는 세상이 되는지를 증거한다. 창조 기사는 하나님의 창조를 고백할 뿐 아니라 또한 새로운 창조에 대한 기대를 반영한다.

설교는 바로 이런 맥락에서 이해된다. 세상이 하나님의 말씀대로 새롭게 되기 위해 하나님은 당신의 말씀을 전할 사람을 설교자로 부르시고, 설교자는 하나님이 말씀하시는 시간으로 정한 '설교' 순서에 공동체의 부름에 따라 하나님의 말씀을 전하는 자이다. 청중이 하나님의 말씀을 듣고 하나님의 말씀대로 살 수 있도록 도와 결과적으로 청중들의 변화된 삶을 통해 세상이 하나님의 말씀대로 변화되게 한다. 이렇게 해서 설교는 하나님의 새 창조에 기여한다.

그러나 만일 설교자가 하나님의 말씀이 아닌 인간의 말을 전한다면, 세상은 하나님의 말씀대로 되지 않고 인간의 뜻대로 된다. 사람의 입을 통해 나온 예언이 하나님에게서 비롯한 것인지 아닌지를 식별할 수 있는 방법으로 성경은 그 말씀이 이뤄졌는지 그렇지 않은지를 보아 알 수 있다고 했다. 설교가 하나님의 말씀을 선포했는지, 아니면 설교를 빌미로 인간의 말을 전했는지는 그 결과를 보아 알 수 있다. 다시 말해서 세상이 하나님이 보시기에 좋은지 아니면 인간이 보기에 좋은지를 보아 알 수 있다.

종말에 있을 하나님의 심판은 모든 것을 원래대로 회복한다. 다시 말해서 그동안 인간의 뜻대로 되어 심하게 변형된 세상을 다시금 하나님의 뜻대로 되는 세상으로 돌려놓는 사건으로 회복의 시간이다.

이것을 굳이 '만인구원론'으로 이해할 필요는 없다. 세상이 하나님의 말씀대로 되어 하나님이 보시기에 좋다고 판단하시기 위한 하나님의 마지막 수정 행위이며, 더 이상 그 무엇에 의해서도 방해받을 수 없는 일이라는 의미에서 최후의 심판이다.

7. 설교는 사건이다

설교는 사건이어야 한다. 단지 전하고 듣는 가운데 의미를 소통하는 시간이 아니라 전하고 들으면서 하나님의 말씀을 듣고, 그 말씀에 따라 삶의 변화를 위한 결단이 일어나는 시간이다. 복음에 대해 전하는 것이 아니라 복음을 경험하는 시간이다. 예수 그리스도와 성령에 대한 이야기가 아니라 예수 그리스도와 성령을 경험하는 시간이다. 하나님과 그분의 행위에 대해 인격적으로 반응하는 사건이다. 이성적인 이해는 물론이고 감성에 호소하기 위한 수사학적인 고려는 이것을 위한 것이다. 때때로 원고를 읽는 것만으로 사건이 일어날 수 있지만, 매우 드문 일이다. 설교가 사건이 되기 위해서는 설교에 지성적인 측면 이외에도 감성적인 측면 곧, 드라마틱한 요소가 필요하다. 강약의 순간이 있어야 하고, 기승전결의 구조가 필요하다.

특히 설교의 출발점이 되는 성경은 율법과 복음으로 구성되어 있다. 설교는 양자 사이에서 균형을 잘 잡아야 한다. 율법의 정신에 따른 설교는 행위를 규제하고 책망하고 심판하시는 하나님의 행위를 주제로 삼는다. 이에 비해 복음에 따른 설교는 자유를 주고 위로하고 용서하고 은혜를 베푸는 하나님의 행위를 주제로 삼는다. 만일 양자 사이에서 제대로 균형을 잡지 못하고 한쪽으로 치우치게 되면, 설교는 책망이 되거나, 혹은 값싼 은혜를 소통하는 도구로 전락한다. 설교를 함부로 받는 일이 없어야 하겠지만, 설교를 함부로 전하는 일도 없어야 한다. 설교는 하나님이 당신의 뜻을 전하기 위해 부르신 자들을 통해 일하시는 방법 중 하나다. 전하는 자와 듣는 자 사이를 매개하시는 분은 성령이다. 따라서 설교자에게는 겸손할 뿐만 아니라 두려운 마음으로 그리고 성실하고 감사한 마음으로 임하는 자세가 필요하다. 듣는 자에게는 말씀을 듣는 중에 하나님이 임하시길 기대하는 마음을 갖고 겸손하고 두려운 마음이 요구된다. 설교는 설교 본문을 매개로 설교자와 청중 사이에서 하나님의 말씀이 사건으로 소통될 것을 기대하며 행하는 부름 받은 설교자의 책임 있는 언어행위다. 하나님의 새로운 창조를 위해 기여한다는 점에서 아무리 잘못된 설교가 많다 해도 설교 자체의 신학적인 의미와 중요성을 간과해서는 결코 안 된다.

|제4장|

설교자를 위한 성경읽기는 필요한가?

기독교인은 성경을 읽는다. 롤랑 바르트(Roland Barthes, 1915-1980)가 저자의 죽음을 말함과 동시에 독자 중심의 해석이 등장하면서 더욱 다양한 형태의 성경읽기 방식이 개발되고 있다. 이에 따르면 의미는 저자가 본문에 숨겨 놓고 있어서 일정한 방식의 해석을 통해 발견해내야 하는 것이 아니다. 오히려 의미는 본문과 독자의 상호관계에서 생산된다. 독자의 관점에 따른 해석에 의해 본문에서 드러나거나 혹은 독자의 적극적인 해석 과정을 통해 새롭게 생산될 수 있는 것이 된다. 이로써 그동안 주류의 입장을 고집했던 방식에서 벗어나 비주류의 관점을 반영하는 해석이 각광을 받게 되었다.

기독교인의 신앙생활에서 성경이 갖는 중요성과 권위에 비춰 볼 때, 권위에 근거한 해석은 종종 폭력적으로 경험되었다. 이런 과거를 비춰보면 독자 중심의 해석은 해석의 권한을 분산시켜 더 이상은 부당한 폭력이 발생하지 않으리라는 기대감을 갖게 한다. 정통이라는 이름하에 이뤄지는 권위적인 해석, 이것을 당연시했던 시대가 있었지만, 지금은 더 이상 가능하지 않다. 누구도 해석의 정당성을 설득하지 않고는 신분이나 성 혹은 힘에 의한 해석의 권위를 주장할 수 없다. 이런 현실에서 성경읽기 방식은 개인에 따라 달라지고, 의미는 상대화된다. 설교에서조차도 단언적인 진술을 하는 것에 어려움을 느낄 정도다. 이런 때일수록 이단의 침투가 많아지는 법인데, 성경읽기 방식이 다양해질수록 비평으로서 신학함의 역할은 더욱 절실해진다. 이처럼 수많은 관점에 따라 성경읽기가 실천되는 상황에서 굳이 설교자를 위한 성경읽기는 필요할까? 이 글에서 필자는 설교자를 위한 성경읽기가 왜 필요한지, 그 이유에 대해 살펴보면서 대답을 모색하고자 한다.

유대 기독교인들은 예수 그리스도를 믿은 후에 특히 그의 부활을 경험한 후로 구약성경을 읽는 유대인들의 관행을 더는 받아들일 수 없었다. 예수 그리스도와 그의 사역을 전하는 일과 관련해서 그들은 유대교에서 읽는 방식과 달리 성경을 새롭게 이해해야 했기 때문이다. 무엇보다 그들이 직면한 문제는 성경의 연속성과 불연속성이었다. 다시 말해서 예수 그리스도를 믿어도 여전히 실천에 유효한 말씀이 있는가 하면, 더 이상 유효하지 않고 다만 예표의 의미로 이해해야 하는 말씀이 있었다. 신약에는 이와 관련해서 전개된 논쟁의 흔적들이 여럿 있는데, 대표적인 것이 구약의 율법과 제사였다. 특히 할례와 안식일과 각종 절기를 두고 벌어진 논쟁과 율법의 구원론적인 의미에 대한 바울 사도의 비판은 대표적이다. 구약과 신약의 연속성과 비연속성과 관련한 문제는 초대교회에서뿐만 아니라 지금까지도 계속되고 있다.

초기에 구약성경과 그리스도 신앙과의 관계에서 연속성과 불연속성을 가르는 일은 특히 기독론적인 이해가 바탕이 되었다. 곧 성도들은 "예수는 주", "예수는 그리스도", "예수는 하나님의 아들"이라는 증거에 따라 구약성경을 읽었고 또 해석했다. 구약 성경을 예수 그리스도를 예언하고 증거하거나 혹은 예표하는 본문으로 이해함으로써 당시 유대교의 성경읽기 방식에서 과감하게 벗어났다. 오직 여호와만 유일한 하나님이라고 굳게 믿고 있었던 사람들은 예수를 그리스도요 하나님의 아들이라 고백하며 따르는 사람들의 성경읽기 방식 때문에 심각한 문제에 봉착했고, 이것은 당시 사람들에게 상반된 경험을 낳는 이유가 되었다.

대표적인 사례가 오순절 성령강림 사건 때 예루살렘 성전에 모인 수많은 순례자들에게 행한 베드로 사도의 설교와 그 이후 유대인들에게 행한 스데반 집사의 설교이다. 베드로와 스데반은 공통으로 예수 그리스도의 나심과 죽으심 그리고 부활하심을 증거하기 위해 구약을 길게 인용하며 설교하였다. 오늘날의 관점에서 보면 일종의 구속사적인 설교라 말할 수 있는데, 이에 대한 당시 청중들의 반응은 심하게 갈라졌다. 오순절의 역사를 함께 경험했던 사람들에게 행한 베드로의 설교는 많은 사람들에게 받아들여져 회개로 이어졌지만, 거리에서 불특정 다수를 대상으로 한 스데반의 전도 설교는 거절당했을 뿐만 아니라 오히려 설교를 듣는 사람들에 의해 공동체를 해치는 죄로 여겨졌다. 이때문에 스데반은 죽임을 당했고, 공동체는 흩어졌다(디아스포라 유대 기독교인의 형성). 초대 공동체에서 일어난 이 두 상반된 사건은 성령의 역사로 가능해진 복음 사역의 미래를 예고하는 의미를 갖는다. 예수 그리스도에 관한 이야기는 성령의 경험과 함께 청중에 의해 받아들여질 때 놀라운 일이 일어나지만, 받아들여지지 않을 때는 박해가 일어날 것이라는 말이다. 복음 선포는 순종과 불순종의 관계에서 전혀 상반된 결과에 직면한다. 구약이 어떤 점에서 초기 기독교인에게 문제가 되었는지는 '신약의 구약 사용'이라는 주제 하에 광범위하게 연구되고 있다.

초기 교회사에서 신약 성경이 문제가 된 것은 영지주의(Gnosticism)와 마르시온(Marcion of Sinope) 때문이었다. 비록 체계적인 분류는 없었지만 현재의 네 복음서와 서신서들은 당시 교회에서 아무 의심 없이 수용되었는데, 영지주의적인 성격의 문서들을 배제하려는 움직임이 나타나면서 성경의 범위에 대한 의문이 일어났다. 게다가 마르시온은 구약의 신과 예수 그리스도의 아버지로서 신을 구분하였고, 당시에 교회에서 회람되던 문서들 중에 은혜의 하나님을 전하는 것만을 자신의 공동체가 받아들일 수 있다고 보고 문서들을 선별하였다. 선별하였을 뿐만 아니라 과감하게 편집하였다(편집된 누가복음과 편집된 바울 서신서 10개). 구약의 하나님과 예수 그리스도의 아버지로서 하나님을 동일한 하나님으로 믿고 있었고, 비록 신약성경이 확정되기 이전이라도 비공식적으로 신약성경 27권을 포함하는 무라토리안 목록을 가지고 있었던 교회는 마르시온의 이런 조치에 당황할 수밖에 없었다. 그리고 그동안 아무 의심 없이 읽어왔던 문서들을 마르시온이 자의적으로 편집하자, 이에 대처하기 위해 오늘날 '신약'의 범위를 확정짓는 작업에 착수하였다. 2세기에 시작했으나 개별 문서들에 대한 평가에서 의견 차이가 있어서 논쟁을 거듭하는 중에 현재의 신약성서와 동일한 목록을 갖게 된 것은 4세기 말에야 가능했다. 곧 아타나시우스는 367년의 부활절 서신에서 성경 목록을 만들었는데, 이것을 동방교회에서 먼저 채택하였고, 서방교회는 382년에 수용하였다. 이후 397년 카르타고 회의에서는 현재 성경과 동일한 목록을 가진 것을 하나님의 말씀으로 채택하였다. 그 결과로 나타난 것이 신약 27권이었다. 오늘날 개신교에서 정경은 구약 39권과 신약 27권을 포함한다.

정경이 확정된 후에 성경이 직접적으로 문제가 된 경우는 없었지만, 종교개혁 당시 마르틴 루터는 믿음보다 믿음을 보이는 행위를 강조하는 야고보서를 소위 '지푸라기 복음'이라 여기며 문제로 삼았다. 그러나 복음적인 면이 약하다고 말했을 뿐 성경에서 배제하지는 않았다. 종교개혁 신학은 "오직 성경으로(*sola scriptura*)"라는 소위 성경원리(Schriftprinzip) 개념을 가지고 신학에서 차지하는 성경의 의미를 거듭 확인하였다. 성경원리란 성경을 기독교 신앙의 유일한 원천이며 또한 규범으로 받아들여야 한다는 규칙을 말한다. 종교개혁 전통의 교회들은 성경원리를 수용하였는데, 그러나 이런 수용과 함께 역설적으로 성경은 기독교 사상과 윤리의 정당성을 확립하는 일에서 자주 논쟁의 중심에 있었다. 엄밀히 말해서 성경 자체를 문제 삼았다기보다 신학적인 진술을 뒷받침하고 있는 성경이해가 정확한지를 두고 전개된 논쟁 때문이었다. 비록 고대와 중세에는 플라톤이나 아리스토텔레스의 철학을 배경삼아 신학적인 논쟁이 전개되었어도, 성경의 진술은 옳고 그름을 판단하는 일에서 결코 무시하지 못할 요소였기 때문이다. 그렇기 때문에 성경을 이해하는 방식에서 변화는 당연했다. 신학의 역사에서 나타나는 갈등하는 신학이론들은 대체로 성경 해석의 차이에서 비롯한다고 말할 수 있을 정도다. 비록 중세에 흔했던 4중적(문자적, 교훈적, 알레고리적, 영적) 성경이해방식은 비판했어도, 성경이해에서 알레고리적인 혹은 영적인 해석이 관행으로 여겨졌던 시기에서 이런 해석의 차이는 당연한 현상이라고 볼 수 있다. 이런 경향은 엄밀한 학문적인 방법에 따라 성경을 이해하는 필요성을 낳게 되었고, 인간 예수에 대한 연구와 더불어 성경에 대한 역사비평 연구가 등장하게 된 계기가 된다.

자의적인 해석을 지양하고 실증적인 역사 연구에 바탕을 둔 역사비평연구는 성경 기록 당시의 역사 문화 정치 종교 사회적 상황을 고려하여 성경을 읽도록 했고, 무엇보다 성경형성 과정에서 역사성을 지나치게 강조하여 계시성과 절대적 진리성에 의문을 품게 했다. 성경은 계시를 기록한 것이라기보다는 신앙과 교회의 역사적 상황을 고려하여 인간에 의해 기록된 것이고 또 역사 과정을 통해 점차적으로 형성된 문서로서 나중에 교회에 의해 정경으로 추인된 것이라는 생각을 하게 만들었는데, 이것은 종래의 계시로서 성경에 대한 이해를 송두리째 흔들어 놓았다. 성경은 하나의 문서로 전락할 위험마저 보였다. 도대체 성경은 무엇이고 또 어떻게 읽어야 할까? 성경은 여타의 다른 책과 마찬가지로 저자의 사상을 찾는 방식으로 읽어야 할까? 아니면 그럼에도 불구하고 하나님의 말씀으로 읽어야 할까?

성경을 역사비평적인 해석에 근거해서 이해하는 시도에서 근본주의자들은 자유주의 신학의 대표적인 악마성을 보고자 했다. 성경에 대한 역사비평적인 해석은 성경에는 오류가 없다는 신앙과 성경을 문자적인 계시로 이해하는 것을 불가능하게 하는 것 같아 보였기 때문이다. 그래서 독일에서는 성경의 고등비평을 주장하는 여러 신학대학교 교수들이 대학에서 쫓겨나기도 했다.

그러나 이것은 다분히 오해에서 비롯한 일이다. 역사 비평적 성경

해석은 성경의 역사성을 밝히고 또 성경의 전승과정에서 형성된 다중적이고 다층적인 구조를 밝히면서 성경을 새롭게 이해하려고 했을 뿐, 성경을 하나의 문서로 환원하여 탈정경화를 의도한 것은 아니었기 때문이다. 성경이 정경이라는 점에서는 의심하지 않았다. 다시 말해서 성경을 역사성을 바탕으로 비판적으로 읽기는 해도 하나님의 말씀으로 읽었다. 물론 예외가 없지 않아서 성경의 정경성을 부정하려는 시도나 새로운 정경논의를 주장하는 목소리도 있었다.

성경원리와 교회분열의 관계에 관해 조금 더 언급해 보자. 종교개혁은 교회의 부패에 대한 윤리적인 비판보다는 우선적으로 교리의 핵심을 구성하는 로마서의 구절에 대한 해석의 차이때문에 나타난 것이고, 그 후에 이어진 교회의 분열은 대체로 성경해석의 차이와 깊은 연관을 갖는다. 성찬논쟁부터 시작해서 루터파와 개혁파가 나뉘어졌고, 루터와 칼뱅 그리고 그들의 후예인 정통주의에서 벌어진 예정론 논쟁은 대표적이다. 해석의 차이가 분열로 이어진 데에는 진리에 대한 확신, 곧 '진리주장'이 큰 역할을 한다. 진리주장이라 함은 자신의 생각만이 진리라고 주장하는 태도를 의미한다. 내가 옳으니 너는 그를 수밖에 없도록 하는 배타적인 구조다. 따라서 양지기 일치점이나 타협점을 찾지 못하면 분열은 당연한 수순이다.

진리주장은 적어도 세계관의 일원화를 전제한다. 그래서 진리주장은 세계관 전쟁으로 이어진다. 포스트모더니즘은 같은 것이라도 시각의 변화에 따라 달리 보인다는 사실의 근거를 단순히 경험의 차이로만 보지 않았고, 오히려 다원적인 세계관을 주장하여 근대에까지 해석의 준거로 작용했던 메타내러티브를 해체하는데 크게 기여하였다. 하나의 세계가 아니라 복수의 세계가 존재하는 만큼 진리 인식도 하나가 아니라 복수로 존재할 수 있다는 것이다. 진리다원주의로 표현할 수 있는 이런 주장이 강력한 설득력을 가질 수 있도록 뒷받침한 것은 무엇보다 다양한 종교의 만남이었다. 종교는 문화의 차이가 진리 인식의 차이를 만드는 현상으로 대표적인 사례이기 때문이다. 다종교 현상의 부각은 진리다원주의를 가능하게 하였고, 이에 따라 세계는 더 이상 진리주장이 아니라 관점의 차이에 따라 다르게 인식될 수밖에 없는 것으로 여겨졌다. 포스트모더니즘의 등장과 함께 상대주의가 더욱 두드러진 것은 바로 이런 이유 때문이다.

이런 사고방식을 절대적인 진리를 말하는 성경해석에 적용하는 것은 처음에는 어려웠지만, 점차적으로 수용되는 추세다. 특히 관점의 차이에 따라 다르게 이해될 수 있다는 사실은 성경이해를 더 이상 진리의 문제가 아니라 해석의 문제로 전환하였다. 다시 말해서 어떤 삶의 자리에서 성경을 읽느냐에 따라 성경은 달리 이해될 수 있다는 것이다. 이런 이해에 크게 기여한 것이 바로 역사 비평적 성경 해석이었다. 그동안 유럽과 북미 중심의 성경 해석에 의문을 제기한 것은 물론이고, 남성 중심적인 해석도 예외는 아니었다. 물론 이런 발견은 인식능력의 한계를 인지하면서부터 가능했다. 그런데 이미 성경 안에서도 이런 한계는 증거되고 있었다. 우리가 보는 것은 모두 부분적이라는 것, 전체는 오직 하나님이 보여 주셔야만 알 수 있다는 것, 그리고 이 일은 마지막 날에나 일어날 일이라는 것은 사도 바울이 고린도교회의 분쟁 상황에서 주는 결론이었다.

우리가 보는 것이 전체 중에 일부분이라는 말은 관점의 차이로 현실화되고, 성경이해에 있어서 관점의 차이는 더 이상 갈등이나 분열이 아니라 온전한 인식에 이르기 위해 서로 협력해야 할 이유로 작용한다. 달리 말해서 인간은 본질적으로 일정한 관점에 매일 수밖에 없으며, 해석의 차이는 관점의 차이에서 야기하는 것에 불과하다. 그러므로 적어도 다양한 관점을 아우를 수 있기 위해서는 관점의 차이에 매달리며 그것을 강조하기보다 오히려 어떻게 하면 서로 다른 관점에도 불구하고 하나님을 믿고 더불어 살 수 있는지를 모색해야 할 것이다.

현재 성경을 읽는 다양한 관점들 가운데 대표적인 것들을 정리하면 다음과 같다. 역사비평적인 성경해석, 개인 및 사회 윤리적(공공신학적) 성경해석, 정신분석적인 성경해석, 성경인물을 모델로 삼아 행하는 역할극을 통한 성경해석, 근본주의적인 성경해석, 여성주의적인 성경해석, 종교사적인 성경해석, 문화적인 성경해석, 유대-그리스도교 대화를 통한 성경해석, 내러티브적인 성경해석, 에큐메니칼 성경해석, 예술을 통한 성경해석 등이다. 수많은 성경해석 방식을 설교자가 섭렵할 수도 없지만, 서로 다른 관점을 가지고 있는 청중들을 만족시키기 위해 모든 해석 방식을 사용하는 것도 쉽지 않다. 그렇다고 설교자의 성경읽기 방식만을 강제할 수도 없다. 청중 중심의 성경읽기는 불가능할 뿐만 아니라 그렇게 절실하지 않다. 왜냐하면 청중은 분명 고려되어야 할 대상이고, 또 청중이 성경을 어떻게 읽는지를 파악하는 것은 설교에 도움을 주기는 해도 성경읽기에 영향을 미치는 요소는 아니기 때문이다. 바로 이런 맥락에서 설교자들에게 필요한 성경읽기 방식은 도대체 있는지 묻지 않을 수 없다.

할 수 있는 한 공동체의 성격에 가장 적합하고 또 설교자에게 가능하다고 생각되는 해석 방식을 선택할 수밖에 없다. 설교자는 무엇보다 다양한 관점을 가진 성도들을 향해 하나님의 말씀을 전하도록 부름을 받았기 때문이다. 분명한 사실은 설교자에게 요구되는 성경읽기는 또 다른 차이를 부각하는 관점이 아니라 차이들을 최소화하고 더 나아가 종합할 수 있어야 한다는 것이다. 곧 모든 관점을 다 섭렵할 수는 없어도 설교자와 다르게 읽을 수 있다는 사실은 염두에 두는 것이 좋다. 곧 설교자에게는 성경을 바르게 이해하기 위해 서로 다른 관점의 차이를 인지하는 능력은 물론이고, 그것 때문에 나타나는 해석의 차이를 어느 정도까지는 종합할 수 있는 능력이 요구된다.

그러나 설교자 역시 지각 능력의 한계로 관점에서 자유로울 수 없기 때문에 엄밀히 말해서 이것은 불가능하다. 바르트는 하나님의 계시가 없이는 설교할 수 없다는 사실 때문에 설교자가 곤고할 수밖에 없다고 했는데, 실제적인 측면에서 관점의 차이를 극복할 수 없는 실존 상황 때문에 설교자는 곤고한 처지에 놓일 수밖에 없다. 종합적인 시각이 필요한 줄 알면서도 동시에 제한된 지각능력을 가진 인간이기에 그렇게 할 수 없는 한계 때문에 설교자는 인간의 능력에만 의지해서는 결코 설교할 수 없다. 결국 관점의 차이를 극복하고 종합적인 이해를 추구해야 하는 설교자는 절망할 수밖에 없다. 이때가 아니면 설교자는 언제 성령의 능력에 기댈 수 있겠는가?

설교는 어쩔 수 없이 설교자의 관점을 반영할 수밖에 없는 것인가? 설교자의 주관적인 관점에 동의하지 못하는 성도들이 표출하는 불만이 교회비판으로 이어지는 현실을 생각한다면, 이것은 그렇게 권고할 만한 일은 아니다. 그렇다면 동일한 성경본문을 청중들의 관점의 수만큼 매주 바꿔가며 설교를 해야만 할까? 이것 역시 가능한 일은 아니다. 그렇다면 어떻게 해야 할까? 이런 문제 때문에 비록 관점의 차이를 완전히 극복할 수는 없어도 어느 정도 다양한 관점들을 종합할 수 있는 성경읽기는 없는지를 묻게 된다. 설교자를 도울 수 있는 성경읽기는 무엇일까? 관점의 차이를 인지하고 또 그것을 어느 정도 종합할 수 있는 능력을 기를 수 있는 성경읽기 방식은 무엇일까?

하나님의 전능자적 시점을 얻지 못하는 한 명료한 대답은 불가능하지만, 그럼에도 불구하고 성경을 관점에 매이지 않는 방식으로 읽는 방식을 모색할 필요성은 여전히 남는다. 이와 관련해서 가장 분명한 대답은 이렇다. 성경은 하나님의 말씀이기 때문에 하나님이 원하는 방식으로 읽히길 원한다. 하나님이 계시하시는 대로 하나님을 알아야 한다는 말이다. 이것을 전통적인 표현을 빌려 말한다면, 설교자의 성경읽기에는 성령의 조명하심이 반드시 필요하다는 말이다. 성령은 하나님의 깊은 것이라도 통달하시기 때문이다. 하나님의 말씀은 성령의 영감으로 기록된 것이어서 오직 성령의 조명을 통해서만이 그것의 의미가 밝혀질 수 있다. 모든 설교이론에서 설교자의 영성을 중요하게 간주하는 까닭이다.

설교를 두고 이뤄지는 대화에서 자주 제기되는 질문은 설교의 능력에 관한 것이다. 설교를 잘 할 수 있는 설교 구조, 설교문 작성, 설교의 설득력을 높이기 위한 수사학 등. 때로는 어투나 강단에서의 몸짓까지도 고민하는 설교자도 있다. 이것들이 무조건 간과되어서는 안 되겠지만, 무엇보다 중요한 일은 먼저 설교자 자신이다. 사람이 먼저 있고 그 후에 행위가 있듯이, 설교에서 가장 우선적인 관심은 설교자 자신의 인격이다. 설교자의 인격이 갖춰지고 난 후에 이루어지는 설교훈련은 그 반대의 경우보다 더 많은 결실을 얻는다. 설교는 잘하지만 인격이 갖춰져 있지 않으면 설교의 목적인 삶과 현실이 하나님의 뜻대로 변화되는 것에까지 이르지 못한다.

기독교 영성을 이해하면, 영성이 설교자에게 얼마나 큰 의미가 있는지를 알 수 있다. 영성은 성령의 사역으로 인간에게 형성된 하나님의 능력을 의미한다. 필자는 『대중문화 영성과 기독교 영성』(글누리 출판사)에서 영성을 다섯 가지로 설명한 바 있다. 하나님을 인식하는 능력, 하나님의 행위를 인정하고 또 수용할 수 있는 능력, 하나님의 행위와 인간의 행위를 분별할 수 있는 능력, 하나님 경험을 표현하는 능력, 기도의 능력 등이다. 설교와 관련해서 듣는 고민을 살펴보면 다섯 가지 영성과 관련이 있다. 예컨대, 성경 본문을 통해 의미와 메시지를 발견하였지만 그것을 청중들이 공감적으로 들을 수 있는 말이나 글로 옮길 수 없다며 하소연하는 설교자들이 얼마나 많은지. 성경을 읽으면서도 명백히 드러나지 않은 채 말씀하시고 또 행하시는 까닭에 성경 본문을 통해 당신을 드러내시는 하나님을 인식할 수 없는 설교자도 있고, 성경의 내용이 하나님의 행위를 말하는 것인지 아니면 인간의 행위인지를 식별하지 못해 혼란 속에 머물러 있는 설교자도 많고, 자신에게 일어난 일들을 하나님의 행위로 수용하지 못하는 설교자들도 있다. 그런가 하면 자신의 스피치 능력을 과신하기 때문에 기도하지 않고 설교에 임하는 설교자들도 없지 않다.

한편, 영성은 오직 성령의 사역에 따라 인간에게 주어지는 하나님의 능력이기 때문에 설교자가 노력한다고 해서 얻을 수 있는 것은 아니다. 다만 예수 그리스도를 믿고 또 부름을 받은 자들에게 하나님은 당신의 일을 이룰 수 있도록 복 혹은 은사의 형태로 하나님의 능력을 주시므로, 만일 설교자로 부름을 받았다면, 이런 능력이 주어질 것으로 기대하고 영성을 계발하기 위해 꾸준히 노력할 뿐이다. 영성은 하나님의 선물로 얻어 훈련을 통해 실제 능력으로 발휘할 수 있을 뿐이지, 인간의 노력을 통해 획득할 수 있는 것은 아니다. 무조건 훈련한다고 해서 되는 것이 아니라 설교자로 부름을 받은 사람이 훈련할 때 비로소 결실을 얻는다.

설교자의 영성을 위해 필요한 훈련 중에 가장 기본적인 것은 하나님의 말씀이 자신에게 일어나도록 하는 일이다. 다른 말로, 순종과 겸손과 희생의 덕목을 쌓는 것이다. 왜냐하면 설교는 본질적으로 하나님의 말씀이 현실이 되게 하기 위해 하나님이 부르신 자를 통해 말씀하시게 하고 또 듣는 자들로 행하게 하시는 일이기 때문이다. 창조신학적인 맥락에서 이해된다. 성경은 기본적으로 하나님의 말씀이 현신이 되는 것을 겨냥한다. 읽는 자들이니 듣는 자들이 하나님의 말씀대로 살기를 바란다. 예수 그리스도는 말씀이 육화된 존재로서 무엇보다 하나님의 일이 당신에게 일어나도록 했고, 당신을 통해 이루어지도록 했다. 그렇기에 목회자 윤리에서 가장 중심이 되는 사항은 목회자가 먼저 하나님의 말씀을 실천하고 있느냐 하는 것이다. 성도들이 목회자에 대해 가장 크게 실망하는 점은 설교와 삶이 일치되지 않는 것이다. 비록 말이 어눌해도 설교와 삶, 말과 인격이 일치되면 존경을 받는다. 그러므로 비록 어렵고 힘들며 손해를 보는 일이라도 말쏨이 자신에게 일어나도록 하고 또 자신을 통해 이뤄지는 일에서 주저하지 않는 삶을 위해 꾸준히 노력할 때, 설교자의 영성은 더욱 깊어진다. 설교자의 영성이 커지면 커질수록 설교자의 성경읽기는 결코 주관적인 발견에 머물지 않는다. 개인의 신분으로 성경을 읽되 성령의 인도하심을 받으니 하나님이 원하는 방식으로 읽을 수 있다.

성경 읽기에서 성령의 조명하심이 필요한 이유에 대해 좀 더 살펴보자. 신앙생활이란 믿음을 가진 사람들이 세상에서 혹은 교회에서 살아가는 것을 일컫는다. 신앙을 가진 사람들의 생명활동이다. 신앙과 전혀 무관하게 사는 사람들도 있고, 신앙의 색깔을 분명하게 드러내는 사람들도 있고, 카멜레온 같이 필요에 따라서 적절히 처신하며 사는 사람들도 있다. 어떤 모습으로 살아가느냐에 따라 신앙생활이 달라진다.

교회는 신앙을 가진 사람들에게 교회 안팎에서 올바른 신앙생활을 돕는 역할을 한다. 신앙인의 생명활동을 돕는 것이다. 한 생명체가 태어나면 부모와 주변 사람들은 아이가 건강하게 성장하고 또한 인격적인 삶을 살아가도록 돕는다. 마찬가지로 교회는 신앙을 가진 사람이 무엇보다 하나님과 사람과의 관계에서 건강하고 인격적인 신앙생활을 할 수 있도록 돕는다. 성숙한 신앙인이 되기까지 도와야 한다. 신앙이 무엇인지 가르치고, 신앙을 어떻게 받아들여야 하는지, 신앙을 드러내며 사는 방식에 대해서, 신앙을 가진 사람과 신앙을 가지지 않은 사람과 어떻게 관계를 맺어야 하는지도 가르친다. 관건은 성도들이 가진 생명력을 더욱 풍성하게 하고 또 신앙의 역동성을 충분히 발휘하도록 돕는 것이다.

신앙생활의 삶의 자리라는 것이 있다. 신앙은 어디서 생명력을 발휘하느냐 하는 것이다. 앞서 신앙생활이 이뤄지는 곳으로 세상과 교회를 말했다. 신앙생활의 삶의 자리라 함은 장소에 대해 보다 구체적으로 묻는 것이다. 쉽게 말해서 어떤 때 혹은 어느 곳에서 신앙이 이슈가 되느냐 하는 것이다. 예컨대, 교회와의 관계에서만 신앙생활의 의미를 찾는 것은 잘못이다. 교회는 하나님과의 관계는 물론이고 사람들과의 관계에서 신앙이 의미 있게 작용할 수 있도록 돕는다. 사람들과 관계에서 우리의 신앙은 영향력을 행사하는가, 아니면 무기력한가? 가정생활에서 신앙이 갖는 의미가 있는가, 아니면 아무런 의미가 없는가? 의미가 있다는 것은 알아도 일부러 피하는가, 아니면 서로 묵인 하에 슬그머니 넘어가는가?

이를 위해 교회는 성경을 기준으로 삼는다. 성경을 캐논이라고 부르는 까닭이다. 어떤 모임이든 모든 생각과 일에 있어서 사람들은 저마다 생각과 느낌을 가지고 있다. 서로 다르지만, 성경은 다른 것들을 하나로 만들어 준다. 설령 하나로 만들어지지는 않는다 해도, 심지어 서로 다르다 해도 최소한 함께 소망하며 살아갈 수 있는 가능성을 열어준다. 왜냐하면 성경은 모든 신앙인이 신앙생활에서 반드시 고백해야 할 규범과 기준을 제시하기 때문이다. 따라서 회의에서 다수결로 일단 결정했더리도 최종적으로 결정하기 이전에 성경적인지 그렇지 않은지를 꼼꼼하게 따져 보아야 한다. 아무런 문제로 여겨지지 않던 일들이, 성경에 비춰 볼 때 문제가 되는 일들이 있다. 서로 의견이 다른 상황인데도, 성경에 비춰 볼 때 하나가 될 수 있는 가능성이 있기도 하다.

문제는 성경의 내용을 판단하는 일에서 서로 달라지는 것이다. 성경을 이해하는 방향이 다르기 때문이다. 성경만 최고의 규범으로 삼는다 해도, 그것을 해석하는 사람들의 생각이 다르기 때문에 의견이 달라진다. 갈등이 생기고 때로는 충돌하기도 한다. 성경 해석의 차이는 개신교의 장점이기도 하고 단점이기도 하다.

해석의 갈등을 극복하기 위한 노력은 이성적인 설득력만으로는 부족하다. 우리의 설득력은 대체로 이성적인 것이거나 감성적인 것이거나 아니면 의지적인 것으로 나타난다. 그러나 성경 해석에 있어서 설득력은 이것들만으로는 부족하다. 성경은 성령의 감동으로 기록된 것이라 성령의 조명하심을 필요로 한다. 그러므로 성경 해석은 지정의 모두를 포함할 뿐만 아니라 또한 영적이어야 한다. 성경 해석에 있어서 영성, 곧 하나님이 주시는 능력이 필요한 까닭이다. 또한 성경을 읽으면서 성령의 도움을 기도해야 하는 까닭이다.

다음에 이어지는 글에서 필자는 설교자를 위한 성경읽기를 위해 여섯 가지 방식을 제안하고자 한다. 첫째, 성경이 스스로 어떻게 이해되길 원하는지를 알아본다. 둘째, 성경이 장르에 따라 기록된 사실에서 성경의 장르적 읽기에 관해 알아보고, 셋째, 최근에 유행하는 인문학적 성경읽기가 설교자에게 어떤 의미를 갖는지를 살펴본다. 그리고 독일 본(Bonn)대학교 은퇴교수인 조직신학자 자우터(Gerhard Sauter)가 그의 저서 『교의학 입문(*Zugänge zur Dogmatik*)』에서 말하는 성경읽기를 위한 세 개의 규칙들을 바탕으로 설교자를 위한 성경읽기에 관해 서술하려고 한다. 자우터가 성경을 보는 관점은 특이하면서도 통합적인 성경읽기에 매우 유익하다. 그에게 성경은 하나님의 신실하심을 전하는 소식이다. 그래서 성경읽기의 핵심은 하나님의 신실을 인식하고 또 신실하신 하나님을 경험하는 것에 있다. 이를 위해서는 그는 소위 '성경읽기 규칙'에 유념할 필요가 있다고 말한다. 그가 '성경읽기를 위한 교의학적 규칙들'이라고 명명하면서 언급한 것들은 세 가지인데, "영과 문자", "복음과 율법", "언약과 성취" 등이다. 자우터의 말을 인용해 본다면, 성경읽기를 위한 규칙들은 "성경이 원하는 방식대로 우리가 각각의 성경 본문을 인식할 수 있도록 도와준다. 이런 원칙들은 우리가 텍스트 스스로가 지니고 있는 의미에 개입해서 본문을 우리 마음대로 '그럴듯하게 하고' 또 그럴듯하게 본문을 이용하는 것을 막아준다." 이들 규칙들은 성경의 남용을 사전에 막을 뿐만 아니라 교의학자로서 교의학적인 주장들의 상호갈등을 최소화하고 또한 가능한 한 공동의 고백(동의, consensus)를 지향하는 교의학을 위한 성경읽기 방식을 가능하게 한다. 그런데 필자가 보기에 이것은 특히 하나님을 전하기 위해 부름을 받은 설교자가 통합적인 관점을 얻기에 매우 유익한 성경읽기 방식이라고 생각한다. 아래의 4-6번은 자우터의 『교의학 입문』에 나온 글을 바탕으로 쓴 것이다.

1. 성경은 텍스트로 이해되길 원하는가, 아니면 사건으로 경험되길 원하는가?

사도행전 8장에 보면 빌립이 에디오피아 내시와 만나 세례를 주는 장면이 나온다. 예루살렘을 순례하고 고향으로 돌아가는 길에 내시는 고난 받는 종의 이야기를 읽으면서 그가 누구를 가리키는지를 이해할 수 없었던 것 같다. 빌립의 도움으로 그는 그것이 예수 그리스도와 그의 고난 그리고 십자가 사건과 관련된 내용임을 깨닫고 세례를 받는다.

일반적으로 이 본문에서 빌립의 설명을 일종의 '해석하는 행위'로 본다. 빌립의 기독론적인 해석에 도움을 받아 내시는 의미를 깨닫고 세례를 받게 되었다고 본다. 빌립의 설명은 초대 교회 시기에 유행했던 기독론적인 해석의 단면을 보여 준다. 초대교회 성도들은 구약을 기독론적인 관점에서 읽었고 또 예수 그리스도와의 관계에서 의미를 이해했다.

그런데 내시와의 만남을 기록한 본문을 읽어 보면, 그 핵심이 단순히 내시의 기독론적인 깨달음을 말하는 데에 머물러 있지 않음을 알게 된다. 그것이 중요한 동기이지만 의미를 깨달음과 동시에 세례로 이어졌다는 사실을 독자들이 주목하길 바라는 것 같아 보인다. 다시 말해서 성경은 내시가 성경의 의미를 예수 그리스도와 관련해서 깨닫는 것과 세례를 받는 행위의 상관관계를 이해하도록 인도한다. 성경을 읽고 이해하는 방식이 다른 문헌을 읽고 이해하는 것과 다르다는 사실을 보여 준다.

관건은 이 본문을 읽는 오늘 우리들에게 본문은 무엇을 겨냥하는지를 아는 것이다. 의미를 깨닫는 자는 자신을 하나님의 행위에 전적으로 내맡길 결심을 하게 된다는 말일까? 한편으론 그렇다. 그런데 다른 한편으로 이 본문에서 우리는 단순한 깨달음이 아니라 세례를 받는 일에 아무런 거리낌이 없다고 말한 내시의 말에 집중할 필요가 있다. 다시 말해서 내시의 하나님 경험에 주목하자는 말이다. 내시는 세례에 필요한 거룩(회개)의 문제에서 어떤 거리낌을 느끼지 않았다. 이 표현은 그동안 내시에게는 거리낌이 있었다는 것을 전제한다. 구약에 고환이 상한 자를 회중에서 배제하는 기록이 있었기 때문이었을 것으로 추측할 수 있다(레 21:20; 신 23:1). 그런데 그 거리낌이 사라졌다고 확신한 것이다. 왜냐하면 이미 예수 그리스도의 십자가 사건으로 죄의 문제가 해결되었기 때문이다. 이 사건을 통해 우리가 이렇게 말하면 어떨까? 내시는 빌립의 성경 해석을 통해 단지 의미만을 알게 된 것이 아니라 예수 그리스도를 만났다고, 따라서 성경 해석은 단순한 깨달음을 넘어 하나님 경험을 지향한다고. 실제로 성경읽기는 의미를 아는 것을 넘어 삶의 변화를 겨냥한다.

워낙 당연한 말이라 여겨져 아무 의심도 들지 않지만, 다른 한편으로는 성경의 '해석학적인 의미'에만 매달리는 신학함(doing-theology)의 관행에 의문을 제기한다. 이 부분에서 좀 더 명확해지기 위해 이런 질문을 해 보자.

성경은 의미를 담지하고 있는 텍스트인가, 그래서 해석 혹은 분석을 통해 독자들이 성경에서 의미를 발견하기를 원하는가? 아니면 성경은 의미가 아니라 궁극적으로 하나님과의 만남을 겨냥하는 걸까, 그래서 읽는 자로 하여금 하나님 경험을 기대하도록 하는 걸까? 그렇다면 성경의 의미는 결국 해석이나 분석을 통한 텍스트 이해가 아니라 하나님과의 만남을 말하는 것은 아닐까?

의미를 깨닫는 일과 실천을 분리하는 것이 그동안의 해석의 관행에서 오는 결과라면, 의미를 하나님으로 보고, 의미를 깨닫는 것을 하나님 경험으로 보는 것은 깨달음과 실천은 결코 분리할 수 없음을 확인한다. 실천되지 않는 깨달음은 아직 의미를 깨달음에 이르지 못했다고 말할 수 있다는 말이다. 의미는 이해의 과정을 거쳐 얻어지는 것이라면, 만남은 사건으로 경험되기 때문이다.

참고로 과거 불교계에 다소 충격적인 반응을 불러일으킨 현응 스님(대한불교조계종 교육원장)의 글 "깨달음과 역사, 그 이후(2015년 9월 16일자 '법보신문')"를 읽어 본 적이 있다. 이 글에서 현응 스님은 '이해하는 깨달음'과 '이루는 깨달음'을 구분하면서, 그동안 이해하는 깨달음에 치중했던 불교 수행의 방향에 문제가 있음을 지적했다. 이해에만 머물고 깨달음을 실천에 옮기면서 그것을 현실로 옮기는 노력을 게을리 하는 관행을 비판한 것이다. 필자가 하는 말의 요지를 잘 표현하고 있다고 생각한다. 곧, 그의 비판은 기독교에서 깨달음에 대한 이해에도 동일하게 적용된다.

무엇보다 성경은 이해되는 텍스트로만 존재하지 않는다는 사실을 명심하는 것이 좋겠다. 오히려 성경은 독자들이 하나님의 행위에 자신을 노출시켜 하나님을 만나길 원한다. 왜냐하면 성경은 하나님의 행위를 경험한 사람들의 고백이면서 또한 여전히 우리를 하나님 경험으로 이끌어 주기 때문이다. 하나님에 관한 이야기를 전하면서 동시에 우리가 우리 자신의 이야기를 만들 수 있도록 한다. 하나님의 말씀은 해석의 대상이 아니라 오히려 인간과 세상을 규정한다. 말씀을 읽는 자는 하나님을 이해하지 않고 오히려 하나님 앞에서 자신이 누구인지를 깨닫고 하나님 앞에서 어떻게 서 있어야 하는지를 안다. 이런 맥락에서 히브리서 4장 12절("하나님의 말씀은 살아 있고 활력이 있어 좌우에 날선 어떤 검보다도 예리하여 혼과 영과 및 관절과 골수를 찔러 쪼개기까지 하며 또 마음의 생각과 뜻을 판단하나니")은 진리의 말씀이다. 하나님의 말씀 곧 성경은 우리로 하여금 하나님을 만나도록 한다. 성경을 읽는다 함은 하나님의 말씀이 우리에게 현실이 되게 하고, 말씀에 우리 자신을 노출시키면, 하나님은 우리를 만지시고 고치신다. 하나님이 나를 읽으실 수 있도록 하는 일이다. 따라서 성경을 읽는다 함은 단순히 성경의 내용을 알고 이해하는 일만이 아니라 하나님과 만나는 일이다. 알고 이해하는 수준에 머무르지 말고 하나님을 만나는 곳까지 나아가는 일이다. 성령에 의해 변화되도록 자신을 내맡기는 일이다. 하나님과 만났으나 도중에 중단하면 하나님의 뜻에 따른 변화에까지 결코 이르지 못한다.

하나님을 만날 뿐만 아니라 무엇보다 말씀을 통해 역사하는 성령은 하나님을 세상 가운데 드러내고 말씀을 사실로 옮겨지도록 한다. 이 일이 자신을 통해 일어나도록 하는 것, 이것이 성경이 말하는 깨달음의 본질이다. 내시는 빌립의 도움을 받아 성경에서 하나님을 만났다. 내시의 세례는 죄를 용서하시는 하나님을 세상 가운데 드러내는 것이면서 또한 십자가 사건을 통해 이뤄진 죄 용서를 현실로 나타내는 일이었다.

성경이 단순한 이해가 아니라 왜 사건을 겨냥하는지 그 이유에 대해 생각해 보자. 이해는 우리의 인지체계 안에서 일어난다. 이해는 지성 작용에 따른 것이기 때문이다. 인지체계가 갖추어져 있지 않으면 이해가 일어나지 않는다. 나의 기억은 이해의 틀이 되고, 또 지성은 텍스트를 기억에 따라 이해하도록 작용한다. 결국 이해 행위는 하나님이 아닌 나 자신의 과거와 현재 그리고 미래를 보는 일이다. 과거를 현재화해서 성경을 이해하게 되니, 결국 하나님과 그분의 행위는 늘 나를 이끌고 있는데, 나는 늘 과거에 매여 있게 된다. 내가 보는 하나님, 내가 아는 하나님, 내가 경험한 하나님, 내가 기대하는 하나님이 이해의 순간에 작용한다. 그러므로 단순한 텍스트 이해를 통해서는 하나님의 새로운 행위를 인지할 가능성이 높지 않다. 언약을 통해 행하시는 하나님의 이야기를 담고 있는 성경을 중시하는 사람들이 역설적으로 왜 보수적이 되는지를 생각해 보라. 그럴 수밖에 없는 까닭은 그들이 이해하는 성경은 모두 기억 작용에 의지하고 있기 때문이다.

그러나 사건은 다르다. 사건은 전혀 예기치 않은 일이며, 나의 기억과 기대에 의지하기보다 오히려 언약에 근거해서 무엇이 일어날 것인지를 기대하게 하고 또 일어난 사건에 대해서는 그것이 무엇인지를 보도록 한다. 사건이 내 기억에 의존해서 일어난다면, 그것은 사건이 아니다. 그것은 연출이고 조작이다. 엄밀히 말해서 발생한 사건을 파악하는 일에서도 그것을 이해하기 위해서는 인지체계가 작용한다. 그러나 이해의 중심에는 나 혹은 나의 기억이 있는데 비해, 사건의 중심에는 나의 기억이 아닌 결코 예상할 수 없는 하나님의 행위가 있다.

이 점은 특히 설교를 위한 본문 읽기에서 매우 중요하다. 설교자는 자신을 세우신 하나님의 말씀을 전해야 하는 사명을 갖고 있다. 이를 위해 설교자는 무엇보다 먼저 자신의 하나님 경험을 갖고 있어야 한다. 다시 말해서 관건은 설교자에게 어떤 말씀이 주어져 있는가 하는 것이다. 단지 본문 주석을 통해 이해하여 얻은 의미만으로 만족할 수 없다. 그렇게 얻은 의미는 설교자의 인격이고 설교자의 기억이며 또한 설교자의 생각과 꿈일 수 있기 때문이다. 설교자에게 기대하는 것은 하나님과의 만남을 통해 받은 말씀이다.

성경이 보편화되지 않고 오직 교역자에게만 전유되었던 시대에 설교는 성경의 내용을 전하는 것이었다. 성경을 자유롭게 읽을 수 있었지만 신학적인 이해 방식에 낯선 성도들에게는 전문적인 신학 훈련을 받은 사람들이 성경의 의미를 해석하여 전해 주는 일이 중요했다. 그러나 오늘날처럼 모두가 성경을 읽을 수 있고 또 신학 서적이 대중적으로 읽히는 환경에서 성경 구절의 의미를 전한다는 것은 무엇을 의미하는가? 게다가 설교자의 이해와 성도들의 이해가 달라지는 경우에 발생하는 해석과 이해의 갈등은 어떻게 극복할 수 있겠는가.

성경의 내용과 해석된 의미에 매달리는 성도는 성경을 스스로 읽지 않을 때 나타난다. 성경을 스스로 읽는 시대에서 흔히 볼 수 있는 나태함이다. 특히 큐티(Q.T.)의 광범위한 보급으로 성도들의 성경에 대한 깨달음은 목회자의 그것에 결코 뒤지지 않는다. 차이가 있다면, 신학적인 내용일 텐데, 설교자 스스로 신학함을 통해 얻은 것이기보다는 주로 주석에 의지하는 편이니, 결국 차이가 있다면, 주석을 참조하느냐 아니면 그렇지 않느냐에 있을 뿐이다. 그런데 최근의 QT 교재는 웬만한 주석 못지않은 도움들을 수록해 놓고 있다. 결국 설교자와 성도 사이에 성경이해 수준에서 큰 차이를 갖지 못하는 결과가 나타난다.

설교자를 하나님의 말씀을 선포하는 자로 이해한다면, 설교자는 자신이 전하는 하나님 말씀을 가지고 있어야 할 것이다. 특히 오늘날 선지자와 설교자를 동일하게 볼 수 없지만, 선지자 전통에서 볼 수 있는 부분이 있음은 분명하다. 이와 관련해서 볼 때, 하나님은 말씀하시고, 선지자는 그 말씀을 백성들에게 전했다. 들은 말씀을 전한 것이지, 듣지도 않은 말씀을 전하지 않았다. 종종 듣지도 않은 말씀을 전하는 선지자가 있었는데, 그들을 가리켜 거짓 선지자라고 하여 차별화했다(신 18:9-22).

설교자는 본문에 대한 신학적인 이해의 차원을 넘어, 본문에 나타나 있는 하나님과 만나는 경험, 그리고 하나님에게서 말씀을 받는 경험이 있어야 한다. 말씀에 관한 생각이 아니라 말씀 자체를 받는 경험이 필요하다. 이것을 직접계시로 오해하면 안 될 것이다. 성경이 증거하는 하나님의 행위에 대한 개인적인 경험을 말할 뿐이다. 성경본문이 증거하는 하나님 앞에 자신을 세워 놓은 후에 하나님에게서 받은 말씀을 말한다. 이 경험을 위한 치열한 영적인 수고를 아끼지 말아야 한다는 말이다.

이것을 말하는 까닭이 있다. 만일 모든 성경이 삼위일체 하나님과 그분의 행위를 증거한다고 우리가 믿는다면, 우리는 성경 안에서 이해가 아니라 하나님을 만날 것을 기대할 수 있기 때문이다. 성경 저자들이 만난 하나님, 그 하나님을 오늘 설교자가 먼저 만나는 경험을 하고, 그 경험을 바탕으로 들은 말씀을 청중에게 공감적이면서 설득력 있게 전하는 일, 바로 이것이 설교다.

오늘날 교회 예배에서 가장 큰 문제로 지적되고 있는 점은 감동이 없는 것이다. 한편으로는 예배에 꼭 있어야 할 스토리텔링이 없기 때문이지만, 다른 한편으로는 설교를 통해 감동을 느끼지 못하기 때문이다. 곧 감동이 공감에서 온다면, 공감의 부재를 현저하게 느끼게 하는 부분은 설교다. 물론 찬양에서 세대 간의 차이때문에 공감을 느끼지 못하는 부분이 많고, 기도 역시 지나치게 개인적이고 기복적인 내용 때문에 공감하기 쉽지 않다. 그러나 무엇보다 공감의 결여를 느끼게 하는 것은 설교다. 설교의 가장 큰 문제로 지적되고 있는 점은 신학의 부재와 묵상인 것 같다. 신학의 부재라 함은 한편으로는 신학적인 이해 과정을 생략했다는 것이고, 다른 한편으로는 하나님과 그분의 행위에 대한 이해가 충분하지 않다는 말이다. 묵상의 부재는 한편으로는 본문의 의미를 이해하기 위한 콘텍스트와의 관계를 깊이 생각하지 않았다는 것이고, 다른 한편으로는 말씀과 설교자 자신과의 관계에서 깊이 생각해 보는 부분이 생략되어 있다는 말이다. 신학과 묵상의 부재를 지적하는 말에서 공통적으로 확인되는 부분은 설교자 자신의 하나님 이해와 하나님 경험의 부재다. 따라서 필자는 설교의 가장 큰 문제로 설교자에게서 하나님 경험이 부재하다는 사실을 지적하고 싶다. 단지 주석에 따른 의미 발견이나 개인적인 관계에서 그 의미를 해석하여 수용하는 것으로 가득한 설교는 현대판 영지주의적인 기독교를 양산할 뿐이다. 설교자에게는 말씀에 관한 생각이나 사상이 아니라 말씀 자체와 만나는 경험이 필요하다. 설교자는 본문이 증거하고 있는 하나님과의 관계에서 하나님이 자신에게 무엇을 말씀하셨는지, 그래서 어떤 상황에서도 반드시 전해야만 하는 것은 무엇인지를 분명히 숙지하고 있어야 한다. 그래야 하나님에게 전권을 위임 받은 설교자라고 말할 수 있다. 만일 그렇지 않다면, 하나님이 말씀을 주시지도 않은 사람이 하나님 말씀이라고 선포하는 것과 무엇이 다를 것인가? 하나님 경험이 부재한 설교에는 대개 인간의 화려한 말과 논리로 가득하다.

처음으로 돌아가 결론을 맺는다면, 성경은 단지 의미를 이해하는 데에 결코 제한되지 않는다. 설교자의 성경읽기는 말씀에 관한 해석된 의미가 아니라 바로 말씀 자체와 직면하는 계기가 되어야 한다. 성경은 설교자가 먼저 하나님을 경험하길 원한다. 굳이 의미를 말할 수 있다면, 그것은 독자의 입장에서 갖는 하나님 경험이다. 하나님이 어떤 분인지, 무엇을 행하시는지에 주목함으로써 그 하나님 앞에 우리 자신을 세우는 과정에서 일어나는 경험을 말한다. 성령을 통해 오시는 하나님을 우리가 받아들일 수 있기 위한 치열한 영적 수고를 통해 일어나는 이 경험을 통해 설교 본문은 하나님이 먼저 설교자에게 주신 말씀으로 작용하며, 그 말씀을 성도들에게 힘 있게 전할 수 있을 것이다.

2. 성경은 왜 장르에 따라 기록되었을까?

하나님의 계시인 성경은 하나님이 세상, 특히 인간에게 당신을 알리시는 한 방식이다. 한 방식이라 함은 성경만이 유일한 계시가 아니기 때문이다. 세상 창조도 계시이고, 자연의 변화나 법칙, 그리고 역사도 계시이다. 특별히 구분하여 일반계시라 말하지만, 이런 것들을 계시라 함은, 이것들을 통해서도 하나님이 어떤 분인지를 알 수 있기 때문이다. 시편 19편의 기자는 하늘의 해와 달과 별을 보고 하나님의 영광을 인지하고 또 고백할 수 있었다. 해와 달과 별이 스스로 하나님의 영광을 나타냈다기보다는 믿음을 갖고 그것을 보는 시인이 그것들을 매개로 하나님의 영광을 인지한 것이다. 다른 종교의 사람들은 시편의 기자와 달리 그들의 인지체계에 따라 자연만물을 인식한다. 그러니까 우리가 흔히 사용하는 계시라는 말에는 내용적인 관점에서 하나님에 대한 지식을 의미하는 것도 있지만, 내용을 기독교 신학적으로 인지할 수 있도록 돕는 방편의 의미도 있다. 해와 달과 별이나 역사 그리고 자연법칙 등은 지각 방식에 따라 다르게 인지된다. 그렇기 때문에 그 자체가 하나님을 알려 주는 것이 아니라, 다만 보이지 않는 하나님을 인지하고 경험할 수 있도록 도울 뿐이다.

한편, 계시의 내연적인 의미 중 하나는 하나님은 당신이 계시하신 대로 사람들이 인지하길 원하신다는 것이다. 사람이 자신의 이름을 소개했는데, 그것을 아는 사람이 다른 이름으로 부르는 것이 옳지 않은 것과 같다. 창조하셨다고 하면, 인간이 하나님을 창조주로 인정하길 원하신다는 말이다. 창조자를 피조물과 동일시해서는 안 된다. 육신을 입고 오셨다면, 하나님을 육신을 입고 오신 분으로 인정해야 한다. 영지주의자들처럼 오직 영으로서만 보면 안 된다. 영으로 나타나신다면, 영으로 알고 또 그렇게 인정하길 원하신다. 육으로만 보아서도 안 된다. 성령이 임재하시고 또 우리 가운데 역사하시기 때문에, 예수 이후의 역사를 오직 인간의 역사로만 보아서는 안 된다. 하나님의 이름은 믿는 자들이 하나님의 이름에 합당하게 하나님을 인지할 것을 하나님이 원하셨기 때문에 계시된 것이다. 이름은 계시되었지만, 전혀 그 이름에 합당하게 하나님을 인지하지 않으면, 바른 태도가 아니다.

성경은 이런 인지 방식을 아는 일에서 매우 중요한 단서를 제공한다. 다시 말해서 우리는 어떤 하나님을 믿어야 하는가? 라는 질문을 제기할 때, 성경은 여호와로서 계시된 그런 하나님을 믿을 것을 알려 준다. 그렇지 않거나 여기에서 벗어나면 우상숭배나 이단 신앙에 빠진다. 우상은 계시를 전제하는 현상이다. 하나님이 부재하시기 때문에 그 대신 존재하는 것을 섬기는 것이 우상이 아니다. 우상은 스스로를 계시하신 방식대로 하나님을 인지하지 않는 신앙형태다. 또한 보이지 않는 하나님의 존재를 가시화시킬 의도로 눈에 보이는 다른 것으로 대체하는 신앙 형태다. 그래서 하나님께서 그토록 강하게 금하신 것이다. 곧 우상숭배는 계시된 하나님과는 전혀 다른 형상을 마치 그것이 여호와 하나님인 것처럼 섬기는 일이다. 계시된 대로 알거나 믿지 않으면, 겉보기에는 아는 것 같고 또 믿는 듯이 보여도 실제로는 신앙이 아닌 자기도취에 불과하거나 우상숭배다.

성경은 하나님이 매우 다양한 모습으로 나타나셨다고 증거한다. 얼마나 다양한지, 칼 바르트는 "전적 타자(der ganz Andere)"라고 표현했을 정도이다. 도무지 예측할 수 없는 분으로서 계시하시기 때문이다. 또한 계시하면서 동시에 은폐하시는 분이라고도 말했다. 무엇이라 감히 규정할 수 없는 분이 하나님이다. 이런 현상을 가능하게 하는 것을 두고 하나님의 주권적인 자유라고 말한다. 하나님은 당신이 원하시는 사람에게, 당신이 원하시는 때와 장소에서, 그리고 당신이

원하시는 방식으로 계시하시되, 또한 계시하시면서 동시에 은폐하신
다. 이와 관련해서는 다른 기회를 통해 다루도록 하고, 계시와 성경의
장르와 관련해서 살펴보도록 하자.

성경은 매우 다양한 장르로 구성되어 있다. 설화적인 서술에서부
터, 역사, 율법, 시, 예언, 잠언(지혜문서), 묵시록, 복음, 편지 등이다.
장르는 마치 레시피와 같은 것이라서, 동일한 소재라도 어떤 장르를
사용하느냐에 따라 전혀 다른 맛과 느낌을 갖게 한다.

이런 질문이 제기된다. 성경 혹은 하나님의 말씀은 왜 이런 다양한
장르로 기록되었을까? 만일 계시라는 것이 우리가 하나님을 어떤 분
으로 알기를 원하는지를 지시해 주는 기호라고 한다면, 그래서 하나
님은 계시된 대로 그렇게 사람들이 하나님을 인지하길 원한다는 내
연적인 의미를 갖는다면, 다양한 장르로 기록된 현상은 무엇을 의미
할까? 단지 문학적인 형식에 불과한 것일까, 아니면 어떤 다른 의도
가 있을까?

사실 어떤 저자가 기록하였든 성경은 하나님이 아무리 다양한 모
습으로 나타나셨다 해도 동일한 한 분 하나님을 증거한다. 여호와 하
나님이며, 또한 삼위일체 하나님이다. 성부와 성자와 성령으로서 존
재하시나 동일한 한 분이다. 서로 다르면서도 본질에서 동일하신 분
이다. 서로가 서로를 사랑하고 또 상호 내주하며 상호 관계를 갖는다.
다만 하나님을 경험한 저자들이 자신들의 하나님 경험을 기록하거나
혹은 하나님의 말씀을 기록하는 과정에서 다양한 장르를 사용했을
뿐이다. 결과적으로 여기와 저기에서 다른 장르에 따라 기록되었다.
이것을 계시 이해의 다양성으로 이해할 수 있을까? 존재의 다양한 양
태라기보다는 하나님을 표현하는 방식을 넘어 하나님을 인지하는 방

식의 다양성으로 볼 수 있을까?

　위의 질문은 하나님을 아는 방식에서 획일화되어 있는 신학적 인지 방식에 큰 도전이 된다. 예컨대, 우리는 늘 교리적으로만, 곧 개념 언어나 이미지(리듬과 회화) 언어를 통해 하나님을 배운다. 서술과 기술 그리고 이야기 형태로 하나님을 배운다. 물론 다양한 장르로 기록되었다고 해서, 이것이 하나님 자신이 시를 사용하셨거나 혹은 설화를 사용하셨거나 편지를 사용하셨다는 의미는 아니다. 때로는 상징 행위를 통해, 때로는 장인들을 통한 작품을 통해, 때로는 삶을 통해, 때로는 이적과 기적을 통해, 하나님은 말씀하셨고, 또 행하셨지만, 그것을 인지하는 방식이 다양했고, 이것을 저자들은 다양한 장르를 사용하여 표현했다. 기계적인 영감론(혹은 축자영감설, verbal inspiration)으로는 결코 설명할 수 없는 현상으로 성경 저자들의 창의성이 돋보이는 부분이다. 그들은 하나님을 시적 경험, 율법적 경험, 설화적 경험, 예언적 경험, 복음적 경험, 서신적 경험, 묵시록적인 경험, 역사적인 경험, 심지어 예술적 경험을 매개로 인지하였다.

　이런 생각을 해 보자. 시편의 기자들은 하나님을 말하면서 왜 시라는 장르를 사용했을까? 시로 표현된 하나님 경험이 왜 성경이 되었을까? 하나님과의 관계에서 인간의 감정을 결코 간과하지 않았기 때문이다. 시적인 표현으로도 하나님을 증거할 수 있기 때문이다. 마찬가지로 왜 누구는 편지를 사용했고, 왜 누구는 역사적인 서술을 사용했고, 왜 누구는 묵시록적인 서술 방식을 사용했을까? 예수님의 제자들은 왜 복음서라는 형식을 사용했을까? 다양한 장르를 사용한 것에서 계시로 볼 만한 특별한 이유가 없지 않다면, 이런 기록 방식에서 그들의 지각과 인지 그리고 경험 방식을 엿볼 수 있지 않을까?

장르의 선택은 저자의 몫이다. 혹시 성령의 감동으로 그런 선택을 했을 가능성을 배제할 수 없지만, 하나님이 직접 정해 주시지는 않았다. 저자는 자신의 하나님 경험을 기록하고 싶을 때, 자신은 물론이고 듣는 자들에게 보다 효과적으로 전달할 수 있는 방법을 찾고, 다양한 것들 중에서 적합하다고 생각되는 것을 선택하여 결정하거나 때로는 자신이 선호하는 방식을 선택한다. 그러니까 동일한 하나님을 경험했어도, 사람에 따라 다르게 경험할 수밖에 없고, 이런 경험들은 저자의 취향에 따라 혹은 저자들의 주관적인 기억에 따라 혹은 효과적인 방식을 고려해서 다르게 기록되었다. 그렇게 형성된 기록들을 오늘 우리는 하나님의 말씀으로 읽고 또 듣는다.

성령의 감동과 성령의 내적인 조명을 고려해서 말한다면, 혹시 하나님은 당신을 계시하는 방식에서 장르를 중시한다고 말할 수 없을까? 달리 말해서 성경은 우리가 하나님을 다양한 장르적 특성에 따라 인지하길 원한다고 말할 수 없을까? 하나님을 인지하는 방식에서 때로는 이야기로, 때로는 시로, 때로는 편지의 형태로 인지하길 원하신다는 의미로 볼 수 없을까? 꼭 그래야만 한다고 주장할 순 없어도, 어느 정도 일리가 있다고 생각한다. 성경 자신이 다양한 장르의 글들을 포함하고 있기 때문이고, 또 장르에 따라 하나님에 대한 느낌이 다르기 때문에, 이 사실은 우리가 하나님을 인지하는 방식이 획일적이어서는 안 된다는 사실을 환기한다. 물론 해석의 과정도 마찬가지다. 획일적인 해석보다는, 만일 정당성만 확보된다면, 다양한 해석의 가능성을 열어 두어야 한다.

이제 설교와 관련해서 생각해 보도록 하자. 성경은 먼저 장르적 특성에 따라 이해되어야 한다. 시편은 시로 읽고, 설화는 설화로 읽고 이해해야 한다. 역사는 역사적인 관점에서 읽어야 한다. 편지는 편지의 특성을 고려해서 발신자와 수신자의 소통을 염두에 두며 읽는 것이 바람직하다. 곧 인간학적인 소통 방식을 충분히 고려해서 읽어야 한다. 하나님과 인간의 다양한 소통 방식에서 먼저 신학적인 관점에 지나치게 천착하게 되면, 성경은 오히려 인간에 의해 남용될 수 있다. 장르적 특성에 따라 독해과정을 거쳤다면, 그 후에 신학적으로 고려하고, 신학적인 의미를 발견한 후에 비로소 설교의 주제를 발견하려고 노력해야 할 것이다. 그 후에 성도들이 장르적 특성에 따라 하나님을 이해할 수 있도록 설교를 구성해야 할 것이다.

성경의 장르적인 특성을 염두에 둔다면, 설교자에게는 신학적이면서 동시에 인문학적인 교육이 필요하다. 특히 문학적, 철학적인 소양이 필요하다. 물론 과학에 대한 도전을 제대로 이해하여 대처할 수 있도록 과학에 대한 기초 교육도 필요하다. 성경의 장르를 제대로 소화할 수 있을 뿐만 아니라 또한 스스로 장르를 사용하여 설교할 수 있는 교육이어야 한다.

기독교인들 사이에서 종종 자조적인 어조로 말하는 것이 있다. 기독교인은 역사의식이 부족하다는 밀이다. 시대를 분별하는 능력이 많이 부족하다. 시대를 앞서 보는 통찰력도 부족하다. 시대를 선도하기보다 언제나 시대의 흐름을 뒤따라가기에 분주하다. 문학적 상상력이 부족하다는 말도 듣는다. 도그마에 사로잡혀 폐쇄적이라고 한다. 늘 쉬운 책만을 읽으려다보니 독해능력이 떨어진다는 말도 듣는다. 복잡한 사고를 귀찮아한다고도 하고, 나와 다른 것을 인정하지 못한다고도 한다. 구체적으로 누구를 가리키는 말일까? 설교자이고, 설교를 통해 기독교인의 정체성을 확립해 가는 성도들이다. 그리고 그들을 그렇게 가르친 신학자이다.

도대체 무엇이 문제일까? 현상적으로 개신교는 하나님을 경험하는 일에서 윤리적인 경험과 감정적인 흥분 그리고 의미의 깨달음(삶의 교훈)을 지나치게 중시하는 경향을 보인다. 이는 성경이 함의하고 있는 역사적 경험을 중시하지 않고, 문학적 경험을 중시하지 않고, 또 예언적인 상상력을 이해하지 못하기 때문은 아닐까? 성경을 너무 획일적으로 읽는 관행이 만들어낸 결과는 아닐까?

계시에 부합한 이해를 위해서는 무엇보다 먼저는 성경을 읽고 묵상하는 일에서 장르적인 특성을 고려해야 할 것이다. 시편은 시로 읽을 수 있고, 설화는 설화로 읽고, 율법은 율법으로, 편지는 편지로 읽어야 한다. 마치 하나의 논문 읽듯이, 모든 것을 분석적으로 독해해서 의미와 교훈을 읽어내는 것은 올바른 방식이 아니다. 이렇게 읽는 것이 설령 장르적 특성에 따라 읽는 것과 동일한 의미를 얻는다 해도, 느낌은 전혀 다르다. 메시지 전달은 말씀의 의미를 아는 수준을 넘어, 말씀에서 오는 느낌을 공감할 수 있을 때, 더욱 효과적이다. 언어에는 정보적인 기능 이외에도 정서적인 기능이 있다. 색에도 느낌이 있듯이, 언어에도 느낌이 있는데, 그 느낌을 살려 주는 것이 언어의 선택과 장르이다.

설교는 다양한 장르의 설교 본문을 매개로 설교자와 청중 사이에서 성령이 역사할 것을 기대하면서, 하나님의 말씀을 다양한 방식으로 소통하기 위해 부름 받은 설교자의 책임 있는 언어행위다.

3. 설교자를 위한 인문학적 성경읽기?

국내의 인문학 열풍에 따라 성경마저도 인문학적으로 읽을 필요성이 대두되고 있다. 지금은 고인이 된 스티븐 잡스(Steven Paul Jobs, 1955-2011)의 상품 개발에 미치는 인문학의 힘을 소문으로 접한 이후에 일어난 일이나 인문학 열풍이 실제로 인문학의 필요를 어필하기보다는 유행으로 그치는 감이 없지 않아 씁쓸하다. 취업률에 밀려 인문학 과목들이 대학에서 설 자리를 잃고 있기 때문이다. 인문학 역시 상품가치로 환산되고 있다는 증거다. 인문학이 경제생산에 기여할 때 비로소 사람들은 그것에 의미와 가치를 둔다는 말이다. 대학에서 인문학은 사라져도 인문학에 대한 대중들의 관심이 높아지는 까닭은 분명 정상적인 현상은 아니다. 대중화된 인문교양서들과 스타강사들 때문이지 결코 인문학 자체 때문은 아니다.

수요가 있어야 공급이 있기 때문에 처음에는 이런 식의 인문학 열풍이 점차적으로 인문학적 사고와 삶에 기여할 것을 기대하며 관심을 기울이지만, 수요에 관심을 두는 이유가 결국엔 돈을 벌기 위함에 있다는 사실을 알면 실망하지 않을 수 없다. 알맹이는 없고 껍데기만 보며 만족하는 것은 아닌지 의심이 든다. 인문학 강의에서 우리는 인문학적 사고를 하는 사람보다는 사람들의 눈과 귀를 자극할 수 있는 예능인으로 변신한 스타강사들만을 만날 뿐이다.

인문학이 진짜 중요하게 생각하는 것은 인문학적 지식이 아니라 인문학적 물음과 대답으로 이루어진 사유과정임을 전혀 고려하지 않고 있다. 인문학적 사고는 결코 지식을 안다고 해서 습득되지 않는다. 사실이나 현상을 이해하거나 설명하는 과정에서 다양한 질문을 던지고 또 상이한 대답을 두고 전개되는 토론을 통해 오랜 시간을 두고 숙성되는 것이다. 그런데 작금의 인문학 열풍은 스타강사들을 동원하여 인문학 지식을 나열할 뿐, 지식 형성 과정에서 전개되는 사고 과정을 경험할 수 있는 기회로까지는 이어지지 못하고 있다.

한편, 성경을 인문학적으로 읽는 것은 필요할까? 그것은 가능한 일인가? 하나님을 증거하는 성경은 기독교인들이 하나님을 앎으로써 삶의 교훈을 얻는 것을 겨냥한다. 그러니 성경은 하나님과 그분의 속성과 뜻 그리고 행위와 관련해서, 곧 신학적으로 읽는 것이 마땅하다. 설교와 조직신학의 관계를 말함에 있어서 필자는 무엇보다 신학적인 성경읽기를 강조하는 데 초점을 둔다. 그렇다면 인문학적 성경읽기는 처음부터 가능하지 않은 일이며 또한 기독교 신앙에 전혀 무관한 일일까? 그렇지 않다. 다른 어떤 신학분과보다 조직신학은 인문학적 성경읽기에도 많은 관심을 갖고 있다. 문제는 양자의 관계를 어떻게 설정하느냐이다.

무엇보다 설교라는 것이 청중의 공감적인 이해를 겨냥하기 때문에 소통을 위해서라도 설교자에게 인문학적 성경읽기는 필요하다. 성경의 세계와 청중의 세계는 너무 다르다. 시기적으로나 문화적으로 특히 세계관에서 차이가 심하다. 이 차이를 극복하기 위해서 청중을 성경의 세계로 인도하는 것이 가장 흔한 방법이다. 각종 성경공부는 청중으로 하여금 자신의 세계와 다른 세계관을 갖고 있는 성경을 이해할 수 있도록 돕는 일이다.

그러나 왜 청중을 움직이려고만 할까? 설교자는 설교를 위해, 달리 말해서 두 세계의 차이를 극복하고 하나님의 말씀을 청중들이 들을 수 있도록 전하기 위해 전문적으로 훈련을 받은 사람이다. 두 세계의 차이를 극복하기 위해 청중을 움직이기보다는 먼저 설교자 자신이 두 세계를 분별할 뿐 아니라 양자의 상호관계에 대한 분명한 견해를 갖고 있어야 하지 않을까? 교회 내 성경공부가 불필요하다는 말로 곡해하지 말기 바란다. 설교자가 먼저 성경이 제시하는 세계와 관련해서 청중과 청중의 세계를 이해할 수 있을 때, 강단에서 어떤 메시지를 전해야 할 것인지에 대한 확신이 커진다는 의미다.

다시 말해서 설교자는 인간과 세계를 이해할 수 있을 때 두 세계의 공통점과 차이를 분명하게 말할 수 있고, 세상에서 살아가는 청중 자신과 청중의 삶을 더 잘 이해할 수 있으며, 그리고 인간으로서 성도들이 일상에서 마주하고 있는 하나님이 어떤 분인지를 보다 더 자세히 설명할 수 있다. 인간과 하나님에 관한 지식의 상관관계를 통해 지혜가 더 풍성해진다는 것은 칼뱅의 지론이기도 하다. 다시 말해서 그는 『기독교 강요』 첫 권 첫 장에서 지혜 습득은 두 가지 방향에서 이뤄진다고 보았다. 하나는 계시를 통해 얻는 하나님 지식이고(via positiva), 다른 하나는 인간이해이다. 그리고 이어서 인간을 아는 지식은 결국 하나님을 아는 지식으로 이어진다고 말한다. 이것은 부정의 방법(via negativa)을 통해 하나님의 위엄과 영광을 아는 것을 말한다. 다시 말해서 하나님을 떠난 인간이 어떠한 죄인이며 또한 하나님 앞에 서 있는 인간이 얼마나 비참한지를 앎으로 인간을 마주하고 있는 하나님을 알 수 있다는 말이다. 이처럼 칼뱅의 전통에 따른다 하더라도 인문학적 성경읽기는 충분히 가능하다고 볼 수 있겠다.

인문학적 성경읽기란 무엇일까? 먼저 인문학은 인간과 인간이 경험하는 세상에 관한 이해를 추구하는 학문이다. 전통적으로 문학과 역사와 철학을 인문학으로 여겨왔는데, 학문의 분과가 나뉘면서 인문학은 인간과 인간의 세계 경험 및 세계이해와 관련한 모든 학문을 일컫는다. 과학도 세계와 인간 이해를 추구하지만 인문학이라고 하지 않는 이유는 대상을 보는 관점과 사유 방식의 차이때문이다. 최근에는 두 학문 분야의 융합 혹은 통섭을 추구하는 연구들이 많이 진행되고 있지만, 결코 학문이 분화되기 이전으로 돌아갈 수는 없다. 통합 연구는 필요하지만 하나로 분류할 수는 없다. 왜냐하면 영역이 너무 많이 세분화되었고 또 방법론이 다르기 때문이다. 과학의 결과물을 인문학적 연구에 사용할 수 있고, 인문학적인 연구를 과학연구에 기여하는 범위에서 사용할 수 있으며, 또한 과학자의 글이 과학뿐만 아니라 인문학적인 관심을 일으키고, 인문학자의 글이 인문학자와 과학자 모두의 관심을 끌기도 하지만, 영역구분을 무시하고 연구하는 것은 가능하지 않다. 과학이 인문학적 사유방식과 연구방식을 사용한다거나, 인문학에서 과학적인 사고와 연구방법을 사용한다는 것은 가능하지 않다는 말이다. 비록 같은 대상을 두고 연구를 한다 해도 방법에서 현격한 차이가 나고 또 지식을 생산하는 과정에서도 차이가 있다. 인간을 연구한다 해도 인문학은 인간 자체가 아니라 인간의 말과 생각과 행동 그리고 그 결과들을 대상으로 한다. 그러나 과학은 인간 그 자체를 연구한다. 세상에 대한 연구 관심도 마찬가지다. 그러므로 인문학은 단순한 연구 결과물로 지식내용이면서 그것의 기초로 인문사상이며 또한 방법론이다. 인문학은 사상적으로 휴머니즘을 기초로 하며, 방법적으로 합리적 사유를 매개로 하고, 사유의 대상으로 인간과 인간세계의 현상을 취한다. 결국 인문학적이라 함은 인간과 인간이 경험하는 세계와 관련한 사유를 가리키면서 또한 사유방식의 합리성을 추구하는 일체의 사유과정을 일컫는다.

성경을 인문학적으로 읽는다 함은 성경을 읽으면서 인간과 관련해서 인간과 세계의 이해를 지향한다는 말이며, 또한 이에 관한 사유에 있어서 소통 가능한 방식을 추구한다는 말이다. 근본적으로 기독교 인간학과의 관계가 밝혀질 필요가 있는 말이긴 한데, 왜냐하면 기독교 인간학 역시 하나님과의 관계에서 인간과 인간의 세계 경험을 아는 것을 추구하기 때문이다. 그러나 기독교 인간학은 신학의 한 주제이기 때문에 기본적으로 하나님 사상을 전제한다. 이에 비해 인문학은 그렇지 않다. 그러므로 인문학적 성경읽기는 한편으로는 인문학과 신학의 대화로 볼 수 있고, 다른 한편으로 하나님 없이 사는 인간과 인간의 세계 경험을 성경을 매개로 해서 이해하거나 혹은 성경을 이해하는 데에 도움을 주는 방법으로 연구하는 작업으로 볼 수 있다.

인문학의 범위가 너무 광범위해서 모든 것을 알아야 할 필요는 없지만, 인문학이 기본적으로 휴머니즘을 기반으로 하기 때문에 신학자로서 설교자는 비판적인 관점을 놓칠 수 없다. 인문학적 성경읽기를 위해 필요한 일은 최소한 인간과 인간의 세계 경험과 세계이해를 위한 질문과 문제의식을 숙지하는 것이다. 이것은 교양필독 도서 등을 참조하여 습득할 수 있다. 최근에는 문학과 역사와 철학 분야뿐만 아니라 과학에 관한 교양까지도 권장되고 있다. 인문학적 성경읽기를 위해 그만큼 많은 영역에 걸쳐 관심을 갖고 독서해야 한다는 의미로 이해해서는 안 될 것이다. 인문학적 성경읽기에서 무엇보다 중요한 것은 지식의 내용이 아니라 지식이 어떻게 형성되었고 또 토론되고 검증되었는지 그리고 사회에 어떤 영향을 미치고 있는지를 아는 것임을 명심하자.

인문학은 성경읽기에 어떤 방식으로 기여할 수 있을까? 타학문과 신학의 관계에서 항상 문제가 되는 것은 정당화 과정의 문제다. 타학문의 결과들이 신학자의 관심을 유발하고 또 신학에 인용된다고 해서 신학적 지식이 되는 것은 아니다. 신학적 지식이 되기 위해서는 신학적인 정당화 과정을 거쳐야 한다. 신학적이라 함은 주제가 신학적이라는 의미도 있지만, 무엇보다 정당화 과정을 염두에 둔 표현이다. 융합 혹은 통섭 혹은 학제 간 연구가 활성화되면서 타학문 분야의 지식을 아무런 신학적 정당화 과정 없이 신학지식으로 삼는 경우가 많은데, 이것은 신학의 정체성을 흐리게 하고 혼합화를 유발하는 이유가 되기 때문에 반드시 지양해야 한다.

인문학적 성경읽기 과정에서 포인트는 '인문학적'에 있지 않고 '성경읽기'에 있다. 인문학적 성경읽기는 성경을 읽는 다양한 방식 중의 하나에 불과하다. 성경을 다른 관점으로 혹은 보다 깊이 이해하기 위해 인문학적인 사고와 지식과 그 영향들을 참고하는 것이지 성경을 인문학의 대상으로 삼는다는 말이 아니다.

이런 관점에서 인문학은 하나의 질문의 형태로 모습을 갖는다. 인문학적인 사고는 인간과 인간의 세계 경험과 관련해서 질문을 한다. 그것은 무엇보다 대답될 수 있는 질문이어야 하며, 인문학적 성경읽기는 이 질문에 대한 대답을 성경에서 찾는다. 간혹 성경을 통해 질문을 제기하고 질문을 인문학에서 찾는 경우들을 보게 되는데, 특히 예화를 인용하면서 많이 실천되고 있는데, 이것은 본말이 전도된 것이다. 인문학적 성경읽기라는 이름으로 행해지는 과정에서 흔히 일어나는 오류이다. 사실 성경에서 제기된 질문은 대답하기 어려운 것이 많다. 이런 경우 인문학은 성경에서 유래한 복잡한 질문이 대답될 수 있는 질문으로 바꾸는 과정에 도움을 줄 수 있다. 이렇게 될 때 설교를 듣는 청중과 소통할 수 있다. 대답이라고 내놓은 것이 청중에게 이해될 수 없는 것이라면 허공을 치는 설교가 된다.

신학적 성경읽기는 신학적인 주제와 신학사적인 배경을 바탕으로 성경을 읽는다. 이것의 중요성을 간과해서는 안 될 것이다. 아무리 중요한 것이라도 처음에는 새롭게 들리겠지만, 한 교회에서 신앙생활을 오랫동안 해 온 사람에게는 식상한 이야기로 들릴 수 있다. 바로 이런 상황에서 설교자의 인문학적 성경읽기와 그것을 바탕으로 하는 설교는 새로운 관점으로 성경과 하나님을 이해할 수 있도록 도움을 준다. 달리 말해서 인문학적 성경읽기는 오랜 신앙생활에서 이미 익숙해져 식상하다고 여겨지는 설교에 새로운 자극일 수 있다. 전혀 다른 관점에서 성경을 조명함으로써 새로운 관심을 불러일으킬 뿐만 아니라 신앙에 새로운 톤을 부여할 수도 있다.

넓은 범위의 연구 영역과 방대한 양의 도서들을 생각할 때 인문학적 성경읽기를 강조하는 것은 설교자들에게 지나친 부담감을 안겨 주는 일이다. 이를 피하기 위해 인문학적 성경읽기는 어떻게 시작할 수 있을까? 무엇보다 먼저 성경 본문에서 사용된 소재와 주제에 유념하면서 시작할 수 있다.

가장 많은 논란이 되고 있는 창세기 1장을 예로 생각해 보자. 창세기 1장은 오히려 과학적 성경읽기와 관련되어 있다고 생각하겠지만, 고대 근동지역의 신화와 인간 이해와도 비교할 수 있다. 이럴 때 설교자는 하늘과 땅과 인간을 이해하는 고대근동지역의 신화를 참조할 수 있다. 그러면 창조에 대한 많은 이야기들을 접하게 되는데, 매우 유사한 내용들을 발견할 것이다. 이들 신화와의 차이점과 유사점들을 비교하면, 창세기 본문의 독특성을 이해하는 데 크게 기여한다. 창세기 기록은 다른 신화들과 왜 다를까를 묻는 질문을 얻을 수 있으며, 바로 이런 질문에 대한 대답으로 창조론의 관점에서 대답을 줄 수 있다. 이 대답을 설교의 내용으로 삼아도 될 것이며 때로는 메시지 형성에 참조할 수 있다.

설교본문의 주제가 확정되면 설교자는 주제연구를 한다. 이때 주제와 관련한 인문서적들을 참고할 수 있다. 주제와 관련된 문제들과 논점들과 주장들을 살펴보면서 성경의 주제와 연결할 수 있는 방법을 고려한다. 앞서 말했듯이, 성경이 대답할 수 있는 인문학적인 질문을 찾거나 혹은 성경의 주제를 명료하게 이해하는 데에 기여할 수 있도록 한다. 성경의 질문을 인문학적인 지식으로 대답하는 것은 결코 인문학적 성경읽기가 아니다. 칼뱅은 사람에게 미치는 영향력에 있어서 인문학 서적은 성경을 따를 수 없다면서 이렇게 말했다. 인문학 책을 읽고 성경으로 눈을 돌리면, "그것에서 큰 감동을 받고, 마음에 찔림을 받고, 골수에까지 박히게 되어, 그 깊은 영향과 비교할 때에 … (다른 인문학 서적에서 받은 감동은) 거의 없는 것이나 마찬가지가 되어 버릴 것이다."

4. 영과 문자: 율법 조문은 죽이는 것이요 영은 살리는 것이니라

하나님이 원하는 방식으로 성경을 읽기 위해 성경에서 '영과 문자'의 구별은 필수적이다. 성경을 읽는 일에서 '영과 문자'의 갈등 관계를 가장 분명하게 표현한 사람은 사도 바울이다. 그는 고린도교회에 보내는 두 번째 편지에서 "그가 또한 우리를 새 언약의 일꾼 되기에 만족하게 하셨으니 율법 조문으로 하지 아니하고 오직 영으로 함이니 율법 조문은 죽이는 것이요 영은 살리는 것이니라(고후 3:6)."고 말했다. 이것은 육체성을 부정하기 위해 말한 것이 아니다. 이 구절은 율법을 받아들이는 일과 관련해서 바울이 벌인 논쟁의 맥락에서 고찰되어야 한다. 이런 맥락에서 "율법 조문"이란 표현은 의미론적인 해석의 결과로 보인다. 구체적으로 말한다면 판단하고 정죄하는 행위를 겨냥하는데, 헬라어 성경에 사용된 단어에 따르면 그냥 '문자'라고 보아도 무방하다. 판단하며 정죄하는 방식으로 성경을 읽는 것은 타자를 죽이지만, 성령의 도움으로 성경을 읽는 것은 타자를 살리는 길로 인도된다는 말이다.

사도 바울은 자신이 감당하는 새 언약에 따른 사역이 율법의 요구를 실행하는 것이 아니라 성령의 역사 곧 생명을 살리는 일임을 분명하게 표현하였다. 하나님의 말씀은 인간의 죄를 찾고 또 판단한다. 그러나 설교자가 하나님의 말씀을 이렇게 읽는 것은 율법적인 사고로 이어지고 또 율법적인 사고를 낳는다. 그러나 새 언약에 따라 이해되는 하나님의 말씀은 죄인을 용서하고 생명을 살리며 구원한다. 성령은 이런 성경읽기를 가능하게 한다.

한편, 자우터는 바울의 말을 다음과 같이 해석한다. 하나님은 행하심에 있어서 당신의 말씀에 충실하시지만, 그렇다고 해서 인간이 말씀을 무사적으로 이해하는 방식으로 그리고 인간이 예측할 수 있는 방식으로 행하지는 않는다는 것이다. 이 말은 성경을 읽을 때 하나님의 약속으로 읽어도 되지만, 그렇다고 그것이 인간이 기대하는 모양과 방식으로 현실화되는 것은 아니라는 것이다. 하나님의 약속은 문자로 기록되어 있으나, 그것이 어떻게 현실로 나타날 것인지는 오직 성령만이 알 수 있다. 바울은 "주는 영이시니 주의 계신 곳에는 자유가 있느니라(고후 3:17)."고 말했다. 그런데 성경을 읽는 인간은 언제나 자신의 관점에 따라 읽을 수밖에 없는데, 이런 상태를 자우터는

"자기 자신 안에 갇혀 있는 인간의 마음"이라고 표현한다. 하나님은 성령을 통해 이런 인간의 마음을 열어 제치고 인간들로 하여금 하나님에게 접근할 수 있도록 해 주시기 때문에, 성경을 읽는 사람은 하나님의 영이 자신의 마음을 열어 제치시고 들어오실 것을 희망할 수 있다. 자우터는 성경을 읽는 자가 이렇게 희망할 수 있을 때, 그는 비로소 성경을 바르게 해석할 수 있고 또 성경을 바르게 들을 수 있다고 주장한다. 문자에 매이지 말고 하나님의 주권적인 자유에 합당하게 읽어야 한다는 말이다.

영과 문자를 분별하는 까닭은 양자가 서로 대립하기 때문이 아니다. 오히려 영과 문자는 성도의 구원을 위해 함께 작용한다. 이점을 가장 잘 표현한 사람은 칼뱅이라고 생각하는데, 그는 이렇게 말하면서 양자의 관계를 설명하였다.

> "하나님의 성령이 없이는 진리의 모든 빛을 다 잃어버리는 것으로 아는 것처럼, 또한 말씀이 바로 주께서 그의 성령의 조명하심을 신자들에게 베푸시는 도구라는 것도 잘 알아야 마땅한 것이다. 신자들이 아는 성령은 다른 분이 아니라 바로 사도들 안에 거하셨고 그들 속에서 말씀하신 그 성령이시며, 또한 그 성령께서는 그의 말씀을 통해서 신자들을 독려하셔서 날마다 말씀을 듣게 하시는 것이다(CR I 9, 3)."

5. 복음과 율법: 하나님의 구원하시는 말씀과 심판하시는 말씀

성경은 구약과 신약을 포함한다. 흔히 구약은 율법, 신약은 복음으로 이해하는 사람들이 있지만, 이는 오해다. 하나님의 복음이 무엇인지가 예수 그리스도를 통해서 드러났지만, 그렇다고 복음이 신약으로 시작하는 것은 아니다. 복음이란 인간의 행위에 앞서 행하시는 하나님의 구원행위를 가리킨다. 이런 의미에서 복음은 구약에도 있고, 이에 비해 하나님의 심판하시는 말씀을 율법이라고 한다면, 이런 의미의 율법 역시 신약에도 있다. 율법과 복음은 구약과 신약의 세계관을 구분하는 개념이 아니다. 오히려 하나님의 두 가지 행위를 일컫는 말씀이다.

율법은 하나님의 심판하시는 말씀을 말한다. 왜냐하면 하나님의 명령은 심판의 기준으로 작용하기 때문이다. 율법은 구체적으로 여호와가 이스라엘의 하나님이 되고, 이스라엘이 여호와 하나님의 백성이 되는 계약에서 하나의 조건으로 작용한다. 하나님은 이스라엘을 자기 백성으로 삼으시면서 그들이 율법을 지키기를 원했다. 이스라엘은 율법을 지킬 때 하나님의 백성으로서 은혜를 누린다. 지키지 않으면 그 은혜가 그들에게 아무 관계가 없고 오히려 심판을 받는다. 율법은 자유를 억압하는 도구가 아니라 오히려 하나님의 백성이 자유를 누리며 은혜 가운데 살 수 있기 위한 조건이며 환경이다. 인간이 자유를 누리겠다고 하면서 율법을 지키지 않으면 다른 사람의 자유를 침해할 뿐 아니라 결과적으로 자신의 자유마저 침해되기 때문이다. 그러니까 율법 속에 담긴 자유의 의미를 깨닫지 못하는 사람들은 율법을 억압으로 간주해 불법적이고 초법적인 행위를 통해 자유를 누리려고 하지만, 타인의 자유와 권리를 침해하는 것은 물론이고 결과적으로 자신의 자유마저 빼앗기고 말 것이다.

하나님의 말씀을 읽으면서 율법과 복음을 분별하는 것은 쉬운 일이 아니다. 루터는 이 일을 "최고의 기술"이라고 말했다. 루터가 이렇게 말한 까닭은 설교자들이 율법을 복음으로, 혹은 복음을 율법으로 혼동하는 일이 자주 일어났기 때문이다. 그러나 이것은 일어나서는 안 되는 일이었다. 같은 말씀이라도 언제는 복음으로 읽히다가 또 언제는 율법으로 읽히는 일이 다반사로 일어난다. 그러므로 설교자는 무엇보다 말씀을 읽는 중에 율법과 복음을 분별할 수 있어야 한다. 율법과 복음을 제대로 분별할 수 있을 때 일어나는 일은 무엇일까? 자우터는 다음과 같이 말한다.

> "이런 분별은 성경 말씀을 하나님의 판단으로 들을 각오가 되어 있는 모든 사람들로 하여금 하나님의 행위에 스스로를 노출시킬 수 있고 또 하나님의 행위를 전적으로 신뢰할 수 있도록 준비하게 한다."

설교자가 스스로를 하나님의 행위에 노출시키는 일은 성경 묵상에서 매우 중요한데, 이 일은 율법과 복음을 바르게 분별함을 통해 일어난다는 말이다. 설교자가 성경에서 주목해야 하는 것은 이것이다. 왜냐하면 설교자는 정죄하고 죽음을 일으키는 율법의 요구에 따라 부르심을 받지 않고 오히려 성령의 살리시는 역사를 위해 부르심을 받았기 때문이다. 이런 부르심에 충실하기 위해 설교자는 마땅히 성경을 읽을 때 세상을 판단하며 정죄하기 위해 읽지 않고 오히려 생명과 구원을 위해 읽는다. 비록 충분한 이유가 있어서 말씀을 바탕으로 세상을 비판하고 성도들의 잘못된 행실을 비난하고 교회를 힐난하는 것은 설교에서 당연하게 보이지만, 실제로는 그렇지 않다는 것이다. 설교는 성령의 살리는 역사가 일어나도록 부르심을 받고 행하는 행위이기 때문이다. 복음과 율법을 분별하는 까닭은 세상은 비판과 정죄를 통해 살리지 못하고 오직 예수 그리스도를 통해 나타난 하나님의 은혜의 복음과 성령의 살리시는 역사를 통해 가능하기 때문이다. 그래서 바르트는 계시의 순서와 관련해서 율법이 먼저 왔고 그후에 복음이 나타났다는 의미를 갖는 '율법과 복음'이라는 표현보다 '복음과 율법'이라는 표현이 보다 더 성경적이라고 했다. 곧 예수 그리스도 이후의 시대를 사는 사람들은 먼저 예수 그리스도를 통해 드러난 하나님의 은혜의 복음을 알고 난 후에 율법의 의미를 알게 된다는 것이다. 다른 말로 표현한다면, 은혜로 먼저 죄 용서를 받은 후에 죄에 대한 심판의 말씀을 듣게 된다는 것이다. 복음을 통해 하나님의 은혜를 만났다면 하나님의 심판하시는 말씀에 자신을 드러내지 않을 수 없을 것이다. 왜냐하면 예수 그리스도를 통해 이미 죄 용서를 약속 받았기 때문이다. 하나님의 심판하시는 말씀은 더 이상 정죄의 말씀으로 작용하지 않고 오히려 성도로 하여금 겸손하게 하며 하나님을 경외하여 예수 그리스도 안에 머물러 있게 한다.

6. 언약과 성취: 하나님은 당신이 말씀하신 것을 이루시면서 당신의 약속을 보여 주신다

성경은 하나님의 약속이다. 성경을 하나님의 약속으로 읽는 것에 익숙한 사람은 종종 성경의 신실성을 확인하기 위해 역사 속에서 성취된 현실을 찾는다. 많은 사람들이 그렇게 해서 성경의 진실성을 믿게 되었고, 그 후에 기독교인이 된 경우도 있다. 영화 "십계"의 감독(세실 B. 드밀)이 그렇다는 말을 들었다. 구약과 신약이라는 말에는 이미 약속이 포함되어 있다. 구약의 예언은 예수 그리스도를 겨냥하고 있고, 나사렛 예수의 출생과 그의 죽음과 부활을 통해 드러난 메시아로서 예수 그리스도는 예언의 성취로 믿어졌고, 하나님의 신실을 입증한다. 유대인들의 개종 가운데 다수는 예수가 그리스도라는 증거를 통해서 이뤄졌다. 구약에서 예언된 메시아가 예수이며, 그리스도는 비록 죽었으나 약속에 따라 부활하셨다는 사실은 유대 기독교인들에게 언약과 성취라는 도식으로 성경을 읽도록 고무했다.

이 사실은 이후 세대의 성경읽기에서 매우 중요한 점을 시사한다. 곧 성경이 가장 중점을 두고 있는 사실은 신실하신 하나님을 증거하는 것이다. 하나님은 약속하신 것을 반드시 지키시는 분이라는 말이다. 이 말을 조금 달리 말한다면, 하나님은 말씀하시고, 말씀하신 모든 것은 현실이 되며, 현실이 하나님의 말씀대로 되었을 때, 하나님이 보시기에 좋은 세상이 된다는 것이 기독교 창조신앙의 핵심이다. 그러므로 신앙이란 언약을 성취하시는 하나님에 대한 확신과 기대라고도 말할 수 있을 정도이다. 히브리서 11장 1절("믿음은 바라는 것들의 실상이요 보이지 않는 것들의 증거니")에서 믿음을 소망과 관련해서 정의내린 것은 성경이 하나님의 신실성에 대한 신뢰를 얼마나 중요하게 생각하는지를 보여 준다.

그런데 이런 방식으로 언약과 성취를 이해하는 것은 정당할까? 설교자의 성경읽기에서 '언약과 성취의 분별'은 왜 중요할까? 무엇보다 그것이 성경의 신실성에 대한 믿음을 일으키기 때문이다. 모든 성경은 하나님의 언약이며 또한 성취를 담고 있다. 문제는 성경의 내용에서 무엇이 언약이며 무엇을 성취라고 볼 수 있는가 하는 것이다.

이 문제와 관련해서 만일 누군가가 기도 목록을 만들 듯이 성경에 나오는 언약들의 목록을 만들고, 그것이 성취했는지 그렇지 않은지를 성경에서 일일이 확인하려고 한다면 크게 실망할 것이다. 왜냐하면 하나님의 언약은 성취되긴 했지만, 그것은 일시적인 것이었기 때문이다. 계속해서 미래로 지연되고 있다. 특히 땅에 대한 언약은 매우 중요한 것이었지만, 이스라엘 백성들은 거듭 땅으로부터 유리하는 자가 되었다. 그리스도에 대한 약속이 있었고, 성취되었지만, 그것 역시 다시금 종말로 옮겨졌다. 결국 성경에는 언약도 있고, 성취된 것도 있어 보이지만, 거듭 새롭게 조명되어야 했다. 성경에서 양자를 확연하게 분별하기란 쉽지 않음을 알게 된다.

자우터의 말에 귀를 기울여 보자. 그는 "하나님은 당신께서 말씀하신 것을 이루시면서 당신의 약속을 보여 주신다."라고 말했다. 그가 '언약과 성취'의 관계를 말하면서 했던 말이다. 이 말의 뜻은 하나님은 당신이 말씀하신 것이 이루어지기를 기다리지 않으시며, 하나님은 당신이 약속하신 것을 이루시면서 당신의 방법으로 일하신다는 것을 의미한다. 이것은 기존의 이해 방식, 곧 언약이 역사 속에서 성취된다고 보는 방식과는 다르다. 다시 말해서 자우터에게 언약은 몰트만이 말하듯이 인간이 어디로 가야하고 또 무엇을 해야 하는지를 가리키는 지표가 아니다. 인간에게 무엇이 결여되어 있는지를 지시해 주는 것도 아니다. 인간을 행동하는 실천으로 부르는 일도 아니다. 언약은 순전히 하나님의 의지의 표현이다. 언약을 들음으로써 우리는 하나님이 무엇을 행하실 것인지를 안다. 성취 역시 보통은 앞서 예고된 것이 나중에 현실이 되었다는 의미로 사용되는 말이지만, 자우터는 이 말 역시 달리 이해한다. 그에게 성취는 비어 있는 공간을 채워 넣는 행위가 아니라, 하나님이 모든 일에서 당신의 뜻을 관철시키는 충만함을 의미한다. 성취되었다 함은 예고한 것이 현실이 되었다는 말이라기보다는 하나님은 당신의 뜻을 반드시 관철시키시는 존재임을 환기한다.

달리 말한다면, 하나님의 언약과 성취의 분별은 인간에 의해서는 불가능하고, 오직 하나님에 의해서만이 가능하다. 그러므로 인간은 오직 현실경험을 통해 하나님이 당신의 뜻에 따라 세상을 다스리신 다는 것에 대해 동의할 수 있을 뿐, 그것이 약속된 상태에 못 미친다 거나 혹은 성취되었다고 판단하는 기회로 삼을 수는 없다. 언약은 다 만 미래가 하나님의 것임을 말하며, 성취는 하나님은 당신의 뜻대로 행하신다는 것을 의미한다.

설교자가 언약과 성취를 분별하며 성경을 읽는다 함은 이런 것이 다. 곧 미래를 향한 인간의 욕망을 내려놓고, 하나님의 뜻을 자신의 능력으로 이루려는 뜻을 내려놓으며, 오히려 말씀에 귀를 기울이면 서 하나님이 장차 행하실 일들이 일어나길 기대하며 긍정한다는 것 이다. 이것이 설교자에게 중요한 것은 청중은 예외 없이 미래를 자신 의 뜻대로 세우려는 욕망을 갖고 있고 또한 미래에 대한 불안감을 늘 갖고 있기 때문이다. 설교자 자신이 먼저 이런 욕망과 불안감을 내려 놓고 성경을 읽을 수 있을 때, 성경의 신실성을 믿게 되며, 모든 일에 서 하나님을 신뢰하고 또 기대하며 소망할 수 있다. 자신에게 먼저 일어나도록 하여 알게 된 일이니 설교에서 확신을 갖고 전할 수 있는 것이다.

제5장

설교자는 누구인가?

무엇보다 먼저 성경적인 설교자의 모습을 제시했다고 여겨지는 존 스토트(John Stott)의 『설교자란 무엇인가』의 내용을 언급하며 시작해 보자. 존 스토트는 이 책에서 다섯 가지 메타포를 사용해서 설교자를 설명하고 있다. 청지기(설교자의 메시지와 권위), 사자(설교자의 선포와 호소), 증인(설교자의 경험과 겸손), 아버지(설교자의 사랑과 온유함), 종(설교자의 능력과 동기) 등이다. 기존의 설교 관련 책이 설교자의 실제와 윤리를 다루고 있는 것과 달리, 이 책은 신약성경이라는 캔버스에다 설교자의 초상을 그려내려는 의도에서 집필되었는데, 하나님과 그분의 말씀과의 관계에서 설교자가 누구인지에 관해 서술하고 있다. 아버지의 마음으로 청중을 생각하고 또 말씀을 전하려는 설교자에게 매우 유익한 안내서이다.

이와는 대조적으로 마틴 로이드 존스(Martyn Lloyd-Jones)의 『설교와 설교자』는 설교행위를 중심에 놓고 그 준비부터 실제까지 과정에서 요구되는 주제들을 16개 항목으로 구분하여 다루었다. 특히 설교자에 관해서는 주로 설교자의 소명과 능력의 관점에 천착하여 다루고 있다.

1. 설교자는 필요한가?

설교자에 관한 필자의 견해는 앞의 글들에서 간헐적으로 언급되었으나, 이곳에서는 종합적으로 조명해 보고, 특히 설교자의 신학적인 의미에 천착하여 살펴보도록 하겠다. 시작하기 전에 이런 질문을 생각해 보자. 설교자는 왜 있어야 하는가? 종교개혁 이후 만인제사장론이 교회적으로 수용되었고, 사제가 아닌 예수 그리스도를 통해서 하나님과 성도의 직접적인 소통이 가능하다는 인식이 일반화되었다. 이로써 사제 의존적인 신앙전통에서 벗어나게 되었는데, 이로써 개신교는 미사가 아니라 예배를 정착하는 데 크게 기여하였다. 특히 설교는 예수 그리스도의 복음을 전하고 또 성경을 읽고 설명하던 전통을 이어받은 것인데, 오늘날처럼 글을 읽을 수 있는 성도라면 누구나 성경을 읽을 수 있고, 또 어느 정도 인지능력만 있으면 성경을 이해할 수 있는 환경에서 굳이 하나님의 말씀을 해석하여 전하는 설교자는 왜 필요한 걸까? 예배전통에 따른 관행일까? 아니면 신학적으로 정당한 이유가 있는 것인가? 설교자가 없으면 교회가 치명적인 해를 입게 될까?

성경과 관련해서 설교자와 청중 사이에 차이가 있다면, 설교자는 말하고 청중은 듣는다는 사실이다. 만일 설교가 반드시 있어야 하는 이유가 있다면, 말하는 자와 바로 듣는 자의 위치에 대한 신학적인 의미가 분명해야 한다. 그래야 말하는 자로서 설교자의 필요성을 말할 수 있기 때문이다. 설교, 곧 하나님의 말씀을 듣는 행위는 반드시 있어야 하는가, 그래서 누군가를 세워 말하게 하는 일이 필요한 걸까? 단지 개인이 성경을 읽음으로써 설교를 대체할 수는 없는 걸까? 스스로 크게 읽어 자신의 귀로 들을 수 있게 함으로써 성경의 내용이 들리게 하면서 들음을 실천할 수는 없을까?

기독교의 본질 가운데 하나는 듣는 행위를 매우 중요하게 생각한다는 것이다. 성경이 하나님을 '말씀하시는 하나님'으로, 심지어 하나님이 말씀이라고 증거하고 있기 때문이다. 하나님은 말씀으로 천지를 창조하셨다. 세상 모든 것이 하나님의 말씀에 따른다는 말이니, 이것은 성경의 세계관을 환기한다. 곧 하나님은 세상을 다스리시고, 특히 당신의 말씀을 현실이 되게 하신다. 하나님은 말씀으로 세상을 새롭게 창조하신다. 하나님은 말씀하심으로 당신을 세상 가운데 나타내시고, 인간은 들음으로써 하나님의 말씀을 받아들이고, 듣지 않음으로써 거부한다. 받아들이면 현실이 되고, 받아들이지 않으면 마땅히 나타나야 할 하나님의 현실로부터 스스로 배제 받은 것이니 이미 심판을 받은 것과 다르지 않다. 물론 여기서 듣는다 함은 단지 청각 작용을 말하지 않고 귀를 기울인다는 의미다. 믿음은 여기에서 난다고 하면서 듣는 행위에 구원론적인 의미를 부여할 정도다.

그런데 들음은 자신의 것이 아니라 타자의 말을 듣는 것이다. 타자의 말을 통해 전해지는 복음에 귀를 기울일 때 믿음이 생긴다는 말이다. 나 아닌 다른 사람이 전하는 복음에 귀를 기울이는 자에게 하나님은 믿음을 선물로 주신다. 이처럼 듣는 행위에서 더욱 분명해지는 타자성은 복음의 본질 가운데 하나다. 나 아닌 타자의 말에 귀를 기울이는 것, 특별히 하나님의 말씀은 나의 음성을 통해 나오는 소리를 듣기보다는 타자로부터 오는 것을 듣는 과정을 통해 구체화된다는 것이다. 죄를 지은 후 나 자신 안에 밀폐되어 있으려는 나를-사실 그것이 더 좋아 보이기 때문이다. 그러나-하나님은 타자를 통해 말씀하심으로 나를 밖으로 불러낸다. 기독교에서 듣는 행위를 실천하도록 규범으로 만든 것이 예전으로서 설교이다.

그러므로 설교자는 하나님의 말씀을 들을 수 있도록 말을 하는 자이다. 글로 쓴 설교를 읽는 것은 엄밀히 말해서 설교의 본질, 곧 나 밖에서 오는 말씀에 귀를 기울인다는 원칙에서 어긋난다. 이미 들은 설교를 회상하는 의미에서는 유익하지만, 글로 쓴 설교를 읽는 행위는 듣는 행위와 달리 결국 독자가 자기 안에 있는 것을 다시 발견하는 것에 불과하다. 읽는 설교만으로 설교를 비평하는 것이 옳지 않은 이유이다. 설교의 본질은 귀로 듣도록 하는 것에 있다. 따라서 청중이 들음을 실천할 수 있기 위해서는 말을 하는 자로서 설교자는 반드시 필요하다.

그렇다면 청각장애인의 경우는 어떤가? 청각장애의 경험이 없는 필자에게 이 경우를 단언적으로 말하는 것은 불가능하다. 다만 청각장애인과의 대화에서 얻은 바에 따르면, 농아인의 경우엔 수어(手語)가 있고, 또 보는 것으로 듣는 것을 대체한다고 한다. 청각 능력이 없기 때문에 보는 능력이 청각을 대체한다는 말을 들었다. 청각장애인은 특히 수어를 통해 듣는 행위를 대신한다. 청각장애인에게도 들음의 의미, 곧 나 밖의 말씀에 귀를 기울인다는 의미는 유효하다.

2. 부름을 받은 자

무엇보다 먼저 설교자는 설교하도록 부름을 받은 사람이다. 초대

교회의 전통이 예배의 예전으로 교회 안에 자리를 잡게 되면서부터 설교는 예전 행위의 하나로 인정되었다. 사도들이 예수 그리스도의 복음을 전하면서 시작된 가르침의 전통이 예배의 예전인 설교로 바뀌었는데, 이로써 설교는 단순히 인간의 언어행위만으로 이해할 수 없다. '하나님의 말씀하시는 행위'를 상징한다. 따라서 설교자는 예전 행위인 설교, 곧 하나님의 말씀을 듣는 시간 혹은 하나님이 말씀하시는 시간에 강단 위로 올라가 하나님의 말씀을 선포하도록 부름을 받은 사람이다.

설교자는 설교의 직분을 수행하는 자로서 이해될 뿐이며, 신분적으로 이해할 수 있는 근거는 없고 또 그래서도 안 된다. 이런 점에서 부름을 받고 강단에 서는 설교자는 기름 부음을 받고 선지자로서 신분을 얻는 일과는 전혀 다르다. 물론 더 이상 제사드릴 일이 없으니 제사장도 아니며, 통치하는 자가 아니니 왕도 아니다. 제왕적 목회 관행은 단지 인격적인 문제만이 아니라 신학적인 오류도 한 몫을 한다. 달리 말해서 목회자와 설교자를 직분이 아니라 신분적으로 이해한 결과다. 안수를 받은 목사라고 해서 자동적으로 설교자인 것은 아니고, 설교자라고 해서 모두가 목회자인 것은 아니다. 누구도 스스로를 설교자로 주장할 수 없고 오직 교회로부터 설교자로 부름을 받아야만 강단에 설 수 있다. 강단에서 하나님의 말씀을 선포하는 직분을 수행하는 자가 설교자다. 목회자가 설교하는 것을 당연시하는 것은 청빙과 더불어 설교자로서 부른다는 암묵적인 계약에 따른 것이다. 교회의 관행일 뿐이며 신학적으로 볼 때 자신이 설교자라고 주장하며 설교를 독점할 수 있는 사람은 아무도 없다. 왜냐하면 그것은 말씀하시는 하나님을 대신해서 행하는 일이기 때문이다. 공동체가 부르지 않으면 목회자라도 설교자가 될 수 없다. 설교자는 '설교자는 청중으로부터 나온다'는 말은 공동체의 부름에 따라 설교자가 된다는 것을 가리켜 한 말이다.

하나님의 부르심은 교회의 부름으로 구체화되기 때문에 교회에게는 분별력이 필요하다. 청빙과정에 설교 동영상 혹은 음성 파일을 요청하는 것이 당연시되는데, 이것은 문제라고 생각한다. 몇 번의 설교를 듣고 어떻게 사람을 알 수 있을까? 말을 잘한다거나 신학적인 지식이 풍부하다고 해서 무조건 설교자로 세우는 일은 없어야 하고, 오직 하나님의 말씀을 말과 삶으로 전하려고 애쓰는 사람을 설교자로 세울 수 있는 방법을 모색하는 것이 좋겠다. 작금의 청빙절차는 청빙위원들의 이해관계에서 오는 갈등을 피하기 위해 대체로 객관성을 유지하는 데에 비중을 두는 방식으로 진행되는 경향이 있다. 목회자 청빙을 이렇게 해서는 공동체에 맞는 목회자를 얻기가 쉽지 않다. 결코 서두르지 않아야 할 것이며 상당한 시간을 두고 살펴보아야 할 것이다.

한편, 교회로부터 부름을 받는다면 목회자가 아닌 사람도 설교할 수 있고, 이런 일은 이미 간증 설교 혹은 전도 설교를 통해 실천되고 있다. 부흥회 강사로 초대되어 설교하기도 한다. 그러나 누가 되든 일단 강단에서 내려오면 더 이상 설교자가 아니다. 목회자도 마찬가지고 성도들도 마찬가지다. 설교자가 설교내용에 책임을 지는 것은 당연하고, 그래서 강단 아래에서 발생하는 관계에서 설교를 전제하기 때문에 설교했던 사람이라는 의미에서 설교자일 수는 있어도 그 이상의 의미는 없다. 설교자가 되기 위해 준비한다는 점에서 설교자는 미래에 존재할 사람일 수 있고 또 그런 의미에서 설교자라 불릴 수 있지만, 엄밀한 의미에서 설교자로서 실존과 설교자의 직분과 오직 현장과 긴밀한 관계에 있다. 곧 하나님 말씀을 선포하기 위해 부름을 받고 강단에 오르는 사람만을 가리켜 설교자라 한다. 신분적으로 유지되는 설교자는 존재하지 않는다. 오직 설교자로만 부름을 받은 경우라도 강단을 떠나면 설교자가 아니다.

이점은 오늘의 상황에서 매우 중요하다. 설교자는 하나님의 말씀을 전하는 자이고, 그가 예배에서 전하는 말은 사람의 말이 아니라 하나님의 말씀으로 받는 것이 옳지만, 그것을 강단 아래에서도 요구하거나 주장한다면, 그것은 매우 잘못된 일이다. 설교의 내용에 따라 살라고 강요할 수도 없고, 또한 더 이상 설교자가 아니기 때문에 일방적인 소통을 당연시할 수 없으며, 성도들이 자신의 설교에 따라 살지 않는다고 설교자의 권위가 침해받았다고 여겨서도 안 된다. 강단에서 내려오면 설교자가 아니라 목회자가 되는 것이니 목양의 관심에 따라 말하고 행동하는 것이 옳다.

3. 전방 신학자

설교가 하나님과 그분의 뜻과 행위를 선포하는 언어행위라는 점에서 설교는 신학함(doing-theology)을 실천하는 신학자다. 신학자란 신학함을 실천하는 사람이라는 의미에서 그렇다. 신학자는 정의상 학문적인 영역에서 연구에 종사하는 사람만을 가리키지 않는다, 하나님을 적합하게 말하기를 애쓰며 또한 삶으로 실천하는 모든 사람을 말한다. 연구하는 신학자(교수)가 있는가 하면, 배우는 신학자(학생)가 있고, 삶의 현장에서 하나님 말하기를 실천하면서 성도들의 바른 신앙을 돕는 신학자(목회자)가 있다. 설교자는 성경에 기초하여 하나님을 적합하게 말하기를 실천하는 신학자다.

설교자의 하나님 말하기는 기존 신학의 틀을 따르지만, 때로는 목회 현장의 예측할 수 없는 성격 때문에, 예컨대 기존의 신학으로 설명할 수 없는 현상인 경우, 새로운 신학함을 실천할 수밖에 없다. 이런 의미에서 연구하는 신학자를 후방 신학자라 할 수 있다면, 설교자는 전방 신학자다. 설교자는 신학적 오류가 발생하지 않는 범위에서 스스로 설명하지만, 설명에 한계를 느낄 때는 연구하는 신학자들의 자문을 구한다. 이로써 설교자와 신학자는 상호보완관계를 유지한다. 설교자는 성경본문과 성도들의 삶의 현장의 관계에서 경험한 것들로부터 해결할 수 없다고 여기는 현상을 제시하고, 신학자는 기존의 이론으로 설명할 수 있는 것이라면 신학적인 설명을 주는데, 그렇지 않은 현상이라고 생각되면 이것을 새로운 연구의 기회로 삼는다. 예컨대, 이단의 출현, 인공지능, 뇌 과학의 결과들, 영상문화, 종교다원적인 현상, 생태계 교란, 혼잡한 성윤리, 그리고 정치와 경제 및 사회의 양극화 현상 등이 대표적인데, 이것들은 설교자가 직면하고 있는 문제들이고, 이 문제들과 관련해서 하나님을 말하려고 할 때 설교자는 상당한 어려움을 겪는다. 이럴 때 설교자는 자신의 생각대로 말하는 것을 지양하고 신학자 혹은 신학 서적의 도움과 협력에 손을 뻗어야 할 것이다. 그래야 신학적인 오류에서 벗어날 수 있고, 성도들에게 올바른 영적 지도를 행할 수 있다.

4. 미디어

　설교자는 하나님과 청중 사이에서 상호소통이 가능할 수 있게 하는 미디어다. 미디어는 단순히 도구적인 의미만을 갖지 않는다. 미디어는 광장이며 또한 다양한 세상으로 향하는 문이기도 하다. 미디어는 소통의 의지를 갖고 있는 사람들 사이에서 소통이 가능해지기 위해 사용되는 도구이지만, 때로는 청중의 감성과 의지와 지성에 작용하여 일정한 영향력을 행사하며, 그 결과 변화가 일어나기도 한다. 미디어는 도구이고 형식이고 또 내용이지만, 때로는 그 이상을 의미하기도 하고 심지어 내용을 왜곡하기도 한다.

　하나님은 당신의 뜻과 말씀 그리고 행위를 청중들에게 알리기 위해 설교자를 세우시는데, 이 사실과 관련해서 흔히 나타나는 오해 중 대표적인 것은 소위 '신언전달자'라는 표현이다. 설교자를 '하나님의 말씀을 전달하는 사람'으로 이해하는 것인데, '신언전달자'라는 표현의 원래 의도에도 맞지 않을 뿐만 아니라, 설교는 결코 성경의 내용을 그대로 전달하는 것으로 이해할 수 없다. 설교자는 성경이 증거하는 하나님과 그분의 행위와 뜻을 청중이 자신의 상황에서 들을 수 있도록 선포하는데, 이때 비로소 청중은 설교를 통해 하나님의 말씀을 듣는다. 그러므로 설교자는 단지 말을 증폭시키는 스피커로써만이 아니라 자신의 인격을 바탕으로 증거하여 청중들이 하나님을 바로 알고 또 하나님을 경험할 수 있도록 돕는다. 하나님의 말씀을 전달하지만 대체로 지적인 해석과 인격적인 경험을 통해 적극적으로 선포한다.

　하나님과 청중이 소통하는 과정에서 설교자는 매우 중요하나 결코 결정적이지는 않다. 곧 설교자는 하나님과 청중 사이에서 유일한 중

개자가 아니며, 하나님과 청중의 직접적인 소통은 성령을 통해 언제든지 가능하다. 이는 예수 그리스도의 십자가 사건을 통해 가능해진 일이며, 또한 십자가 사건을 통해 계시되었다. 설교자는 청중이 하나님을 인지하고 경험하는 데에 필요한 인지체계가 청중 안에 갖춰지도록 하고, 또 이미 잠재해 있는 것들을 활성화시키는 역할을 한다. 설교자는 설교를 통해 청중으로 하여금 하나님을 새롭게 알게 하거나, 혹은 이미 하나님을 알고는 있으나 생동감이 결여된 신앙을 깨우는 설교를 할 수 있다.

5. 새 창조를 위한 하나님의 동역자

창조는 말씀의 사건이다. 말씀이 있었고, 세상은 그 말씀대로 되었으며, 이로써 세상은 하나님이 보시기에 좋다는 평가를 받았다. 이것은 성경의 세계관이다. 하나님의 말씀이 현실이 될 때 세상은 하나님이 보시기에 좋은 곳으로 변할 수 있다는 것이다. 성경을 기록한 목적은 사람들로 하여금 하나님을 알게 해서 세상이 하나님의 말씀대로 새롭게 변화되도록 하는 데에 있다. 타락한 세상의 거듭남을 위해 말씀이 육신이 되었고, 하나님은 거듭난 세상이 온전히 나타나도록 설교자를 통해 말씀하신다. 말씀이 있기 때문에 설교자가 불필요하다고 생각할지 모르지만 하나님은 듣는 방식을 즐겨 사용하신다. 이는 성경에서 하나님은 말씀하시는 자(Deus dixit)로 증거되고 있기 때문이다. 하나님은 말씀하시고 인간은 듣는다. 이 과정에서 설교자를 세워 당신의 말씀을 전하도록 하신 것이다. 따라서 설교자로 부름을 받은 자는 세상에서 현실로 나타나길 바라는 하나님의 말씀과 뜻을 청중들이 들음으로써 순종하여 말씀이 현실로 나타날 수 있도록 한다. 이런 의미에서 공감 있는 설교가 무엇보다 중요하다.

세상은 종말을 피할 수 없다. 이는 하나님은 새 창조에 대한 약속을 성취하신다는 말이다. 세상을 하나님이 보시기에 좋은 곳으로 만드신 하나님은 세상이 그렇게 유지되길 원하신다. 이 일이 이뤄지는 매개가 바로 설교이다. 설교는 하나님의 뜻을 알게 하고 하나님의 말씀을 듣게 함으로써 청중이 세상에서 하나님의 뜻이 현실로 나타나는 일에 순종하도록 촉구하는데, 이로써 하나님은 타락한 세상을 새롭게 창조하신다. 달리 말한다면 하나님은 설교를 들은 청중의 순종 안에서 하나님 나라를 임하게 하심으로 인간으로 하여금 새롭게 창조된 세상을 보게 하신다.

제6장

설교자가 갖추어야 할 덕목은 무엇인가?

모든 일에는 그에 합당한 능력을 전제한다. 그러나 자격증을 요구하는 세상과 달리 교회는 기능을 수행할 능력보다 믿음과 인격을 더 중시한다. 믿음과 인격이 먼저이고 그 후에 하나님은 당신의 부름에 순종하는 사람들에게 능력을 은사로 주신다. 설교자로 부름을 받는 일은 능력이 있기 때문이 아니다. 먼저 하나님의 부름에 순종하여 설교자로 세워진 사람은 하나님의 은사를 받아 설교를 행한다. 그러나 은사가 보다 나은 능력으로 발휘되기 위해서 설교자가 교육과 훈련을 통해 갖춰야 할 덕목이 있다. 잎으로 이이지는 내용은 설교자가 마땅히 갖춰야 할 덕목에 관한 것이다. 설교자라면 반드시 고려해야 할 덕목이라 생각한다.

1. 겸손하게 배우는 자세

말은 의사소통을 위한 도구이지만, 현대 사회에서는 권력으로도 작용한다. 전문가의 말과 CEO의 말, 그리고 권력자의 말에는 관철시키는 힘이 있다. 이들이 말할 때에는 주로 들어야 한다. 사회가 인정한 권위를 갖고 있기 때문이다. 여기에 설교자의 말도 포함된다. 설교자의 말은 어쩌면 이들보다 더 강력한 힘으로 작용한다. 청중은 설교자의 말을 통해 하나님의 말씀을 듣도록 훈련되었기 때문이다. 권력으로 작용하는 힘에 있어서 최고이지만, 실제로 현실로 옮기는 능력과 관련해서는 그 순위가 뒤집힌다. 설교자의 말이 들어도 그만, 듣지 않아도 그만인 경우에는 특히 그렇다. 외형적으로는 말에 최고의 권위를 갖지만, 실제적으로는 그렇지 않다.

여하튼 설교자의 말이 실제로 어떻게 받아들여지느냐는 상관없이 설교자의 말 자체는 권위를 갖는다. 그것이 설교자 자신에게서 오는 것이 아니라 하나님에게서 오기 때문에 설교자에게 필요한 덕목은 겸손이다. 말에서 겸손할 뿐 아니라 설교자로 서기 위해 준비하는 과정에서부터 겸손한 자세로 배워야 한다. 다양한 성격과 다양한 직업을 가진 청중들이 공감할 수 있는 설교가 되기 위해 부지런히 배울 필요가 있다. 설교자의 덕목으로서 겸손에 대해 알아보자.

'겸손'에 대한 다양한 이해에서 공통점은 이 말이 주로 인간관계에서 사용된다는 데에 있다. 너와 나의 관계에서, 혹은 공동체에서 주로 사용되고 있다. 나 혼자 있을 때나 아무 상대도 없이 겸손하다고 말하지 않는다. 사물이나 동물과의 관계에서도 그렇다. 그러니 겸손을 말할 때는 무엇보다 누구와의 관계를 전제한다. 사람은 누구에게는 겸손하지만 누구에게는 겸손하지 못하다는 말을 들을 수 있다. 항상 겸손할 수 있지만, 그러기는 쉽지 않다. 또한 겸손하다고 말은 해도 실상은 그렇지 않은 경우들도 있다. 비굴함과 아첨 그리고 양보하는 태도가 그렇다. 특히 상대와의 관계에서 자신을 지나치게 혹은 불필요하게 낮추는 것은 비굴함이고, 불필요하게 혹은 지나치게 상대방을 높이기 위해 자신을 낮춘다면, 이는 아첨이다. 비굴과 아첨은 모양에 있어서 겸손과 비슷하나 분명히 구분해야 한다.

설교자에게 무엇보다 필요한 덕목은 겸손이다. 이는 겸손의 반대말을 생각해 보면 더욱 분명해진다. 겸손의 반대말로 사람들은 보통 자기 과시 혹은 교만을 말한다. 자기 과시와 마찬가지로 교만은 자신을 불필요하게 혹은 지나치게 높이는 태도이다. 자신을 높이다 보니 자연스럽게 다른 사람을 낮게 여긴다. 다른 사람 앞에서 뽐내고 우쭐거리고 잘난 체한다. 바로 이와 관련해서 대개는 남을 존중하고 자기를 내세우지 않는 태도를 겸손이라 한다. 겸손은 자신에 대해 너무 지나치거나 부족하지 않는 태도이다. 타자와의 관계에서 적당한 자리를 유지하고 또 적절한 태도를 보이는 일이 겸손이다. 사전적인 의미에서 볼 때, 겸손은 다른 사람을 존중한다는 점에서 적극적인 측면을 가지고 있지만, 자기를 내세우지 않는다는 점에서는 소극적인 태도이다. 남을 존중하되 지나치지 않고, 자기를 삼가되 지나치지 않는 태도, 이것이 바로 겸손이다. 따라서 설교자에게 요구되는 덕목으로 겸손은 특히 하나님과 청중의 관계에서 절실해진다. 설교자는 하나님과의 관계에서 너무 삼가지 않고, 청중과의 관계에서 너무 지나치지 않아야 하기 때문이다.

성경에서 말하는 겸손은 무엇보다 주인과의 관계에서 종이 취하는 태도를 말한다. 소극적인 태도라면 지시를 받는다는 점이지만, 종은 주인과의 관계에서 언제나 적극적으로 자세를 취한다. 주인이 말하기 전에 혹은 주인이 원하는 것을 미리 살펴서 준비하고 행한다. 그러니까 겸손은 종으로서 갖춰야 할 태도를 적극적으로 취하는 삶의 자세이다. 종은 지시를 받을 때, 그것의 의미와 타당성을 묻지 않는다. 어떻게 하면 주인의 뜻에 맞게 실현될 수 있을지를 고민한다. 지시를 받아 일하는 사람으로서 스스로를 타자화하기보다 오히려 적극적으로 자신의 일로 삼으면서 스스로를 일의 주체로 여긴다.

겸손은 하나님의 종으로서, 복음의 종으로서, 말씀의 종으로서의 삶을 적극적으로 그리고 끝까지 사는 태도이다. 말씀을 전하는 일에서 하나님의 말씀을 나의 말로 대체하지 말아야 하며, 뒤섞지 말아야 하고, 나의 말을 더 우선해서도 안 된다. 말씀이 먼저 자신에게 이뤄지도록 하며, 하나님이 자신을 통해 나타나도록 하고, 복음이 자신을 통해 결실이 맺도록 하는 삶, 그것이 겸손한 설교자의 삶이다.

무엇보다 설교자의 겸손은 배움과 관련해서 빛을 발한다. 솔로몬은 잠언 11장 2절에서 "교만이 오면 욕도 오거니와 겸손한 자에게는 지혜가 있느니라"고 말했다. 겸손한 자에게 지혜가 있다는 말은 지혜의 근원인 여호와를 경외하는 일과 깊은 관계를 갖고 있음을 암시한다. 잠언 15장 33절에서 겸손은 "존귀의 길잡이"라고 표현되었다. 존귀와 영광을 얻기 위해서는 겸손한 삶을 살아야 한다는 말이다. 잠언 22장 4절에 따르면, 겸손은 보상으로 "재물과 영광과 생명"을 얻는다. '보상'이라는 표현에서 알 수 있듯이, 겸손은 쉬운 일이 아니다. 고난의 길이다. 그러나 거기에는 보상이 주어진다. 재물과 영광과 생명이다. 뿐만 아니라 하나님이 함께하시는 사람은 마음이 겸손한 사람이라고 했다(사 57:15). 하나님이 사람에게 요구하는 것도 겸손하게 하나님과 함께 행하는 일(미 6:8)이다. 하나님이 함께하는 삶의 방식이 바로 겸손이다.

신약에서 겸손은 구약에서 말하는 내용을 가감 없이 수용하고 있다. 다른 점이 있다면, 우선적으로 예수 그리스도를 지칭하는 데에 사용된 것이다. 스가랴 9장 9절을 인용하여 고난당하시기 위해 예루살 렘에 입성하실 때의 모습을 묘사한 것이 대표적이다. 사도 바울은 빌 립보서 2장 3절에서 겸손한 마음을 가질 것을 권고하고 있는데, 이는 예수 그리스도의 마음을 본받는 일이라고 말한다. 다시 말해서 6-8 절에 기록된 대로 예수님은 하나님과 본체이심에도 불구하고 동등됨 을 취할 것으로 여기지 않았고, 오히려 자기를 비워 종의 형체를 가 져 사람들과 같이 되었으며, 자기를 낮추시고 죽기까지 복종하셨다. 그러니까 종으로 오시어 종으로서 살다가 종으로서 죽으셨다는 말이 다. 하나님의 말씀에 죽기까지 복종하고, 하나님의 뜻이 이뤄지기 위 해 십자가의 고난을 받으셨다. 하나님의 계획을 피하기보다는 자신 을 통해 이뤄지도록 했다. 이것이 하나님 나라 복음 자체이시면서 또 한 복음을 전하시기 위해 세상으로 보냄을 받고 오신 예수 그리스도 를 겸손의 왕이라 일컫는 이유이다. 결국 겸손의 삶을 살았기 때문에 하나님께로부터 존귀와 영광을 얻을 수 있었다.

이런 질문을 해 보자. 설교자를 포함해서 사람들은 왜 겸손의 문제 에서 자주 실패하는가? 왜 하나님의 뜻이 자신을 통해 이루어지는 일 을 받아들이지 않고 자신의 가치관, 생각, 입장 등을 내세우며 다른 의견을 제시하는가? 결국 불순종하는 결과로 이어지는 것은 왜 그런 가? 하나님의 뜻에 대한 확신이 있었어도 그럴까? 그렇지 않다. 하나 님의 존재를 확신하고 또한 하나님의 뜻에 대한 확신이 있는 사람은 결코 자신을 하나님보다 앞세우지 않는다. 종의 신분에서 벗어나지 않는다.

겸손하지 못하는 가장 큰 이유는 하나님의 존재에 대해 확신하지 못하고 또 하나님의 뜻에 대한 확신이 없기 때문이다. 이것은 신뢰의 문제로 이어진다. 다시 말해서 하나님에게 신뢰하지 못하고 오히려 자기 자신이 확실하고 안전하다고 여기는 것을 신뢰한다. 겸손한 사람은 하나님의 보호와 인도하심을 기대한다. 그래서 하나님을 갈망한다. 이에 비해 겸손하지 못한 사람은 자기 자신을 스스로 보호하려고 한다. 생존 문제에 직결된 것은 물론이지만, 인정욕구와 자신의 비전과 관련해서도 마찬가지다. 하나님께 매달리는 일을 불필요하게 여긴다. 불필요하게 여기진 않는다 해도 소홀히 한다. 겸손은 믿음의 문제이다.

겸손은 결국 내가 나를 지키고 보호하고 주장하고 내세우기보다 오직 하나님의 보호와 인도하심에 나를 맡기고, 하나님이 인정해 주실 것을 기대할 때 가능해진다. 결국 겸손의 문제는 우리를 다음의 질문 앞에 세워 놓는다.

나는 누구의 보호와 인도하심을 바라며 살 길 원할까? 나 자신인가 아니면 하나님일까?

사람들은 자기 자신의 보호를 가장 안전하게 생각한다. 그래서 선뜻 하나님에게 나를 맡기지 못한다. 그러면서도 생각과 마음으로는 하나님을 신뢰한다고 한다. 행동으로 옮기지 못하면서도 생각과 의식으로만 신뢰하다보니 자신을 은폐하기 위해, 곧 자신이 실천에 옮기지 못하고 있고 또 그러고 싶지 않은 자신을 은폐하기 위해 오히려 자기 자신을 더욱 드러내고 또한 다른 사람을 적극적으로 판단한다. 심지어 자신을 보호하기 위해 다른 사람을 공격한다.

겸손은 결코 생각이 아니다. 생각과 말로만 겸손하고 행동에서 그렇지 못한 사람은 표리부동한 사람으로 여겨진다. 설교에서 아무리 겸손한 말을 한다 해도 강단에서 내려와서 겸손하지 못하면 설교는 무의미해진다. "겸손하다"는 말은 말이나 행동으로 나타날 때 하는 표현이다. 설교자를 위한 겸손 교육은 행동으로 실천하는 노력이 동반되어야 한다. 인지교육만으로는 결코 얻을 수 없는 품성이다. 내가 죽고 사는 일이 하나님께 달렸다는 고백도 중요하고, 하나님의 뜻이 내 생각과 뜻보다 더 우선되어야 하는 이유를 아는 것도 중요하지만, 더욱 중요한 것은 명시적인 하나님의 뜻에 무조건 순종하면서, 그것으로부터 하나님을 기대하며 신뢰하는 훈련을 하는 것이다.

2. 관계에서 인격적이어야 한다

성경에는 다소 의아할 정도로 '인격'이라는 말이 나오지 않는다. 이 사실이 우리를 놀라게 하는 까닭은 이것이 평소 인간은 물론이고 하나님을 이해하는 데에 중요하게 작용하는 개념이기 때문이다. 왜 그럴까? 성경은 인격에 관심이 없는 걸까?

인격을 사전에서는 "사람의 됨됨이"로 정의하고 있다. 다분히 동양적인 사고를 반영한다. 왜냐하면 수양의 노력을 전제하기 때문이다. 엄밀히 말해서 수양과 연관해서 인격을 생각하는 것은 동양 종교의 특징이다. 불교는 깨달음을 위한 공부 곧 수양을 중시한다. 유교에서는 하늘이 인간에게 부여해 준 본성을 수양을 통해 갈고 닦아 체득하여 어느 정도 수준에 이르게 된 상태를 두고 인격이라고 한다. 먼저 하늘로부터 주어졌다는 사실을 말하고 있다는 점에서 '먼저 은혜로(*prima gratia*)'로 말할 수 있겠지 싶다. 여하튼 주어진 것을 바탕으로 갈고 닦아 일정한 경지에 이른다는 점에서 기독교적인 주제와 매우 닮아 있다.

성인 혹은 군자는 유교의 이상적인 인간상을 지칭한다. 그들은 인격을 판단하는 기준을 제시하는 사람이다. 기독교에서 예수에 해당하는 의미를 갖는다. 특별히 다섯 가지 덕목 인, 의, 예, 지, 신은 인격을 판단하는 데에 매우 중요한 역할을 한다. 동양에서는 전통적으로 사람됨, 곧 인격을 중시하였고 모든 면에서 사람됨(참 사람으로 이해할 수 있다)을 관심의 대상으로 삼았다. 지식을 중시하고 또 조직에서 필요로 하는 기능적인 역할에 대한 수요가 늘어난 시기라고 해도 인격을 중시하는 경향은 줄지 않고 있다. 다소간의 부침은 있다 해도 관심은 꾸준하다. 최근에는 품성 혹은 직장 내의 동료들과 상호관계를 형성하는 능력에 높은 관심을 보이는데, 이것 역시 인격에 대한 관심에서 멀지 않다.

그러나 기독교는 수양보다는 은혜를 더 중시하고 또 우선시한다. 거룩함에 이르는 연습을 배제하지 않지만, 은혜를 더욱 중시하기 때문에 기독교는 비록 의에 있어서 일정한 수준에 이르지 못해도 예수 그리스도를 믿음으로써 그의 의가 주입되어 하나님에 의해 의롭다 인정받는다고 믿는다. 이 점이 수양을 통해 인의예지신에 있어서 일정한 경지에 이르러야 비로소 참 인간됨을 실현한다고 보는 유교와 다른 점이다. 특히 종교개혁으로 로마 가톨릭과 차별화의 길을 선택한 이후 개신교는 구원을 위해 기울이는 인간의 노력을 무력화시켰고, 오직 은혜로만 가능하다는 것을 개신교 원리로 삼았다. *sola gratia*(오직 은혜로)는 가톨릭으로부터 오해와 비난을 많이 받았고, 지금은 교회의 세속화와 목사들의 윤리적인 타락 때문에 그리고 성도들이 부르심에 합당한 삶을 살지 못해 세인들의 비난을 받는 실정이다. 삶의 과정에서 마땅히 있어야 할 경건의 노력을 간과한 결과로 여겨졌다. 그리스도의 값진 희생으로 얻은 은혜가 싸구려로 전락했다는 내부적인 비판도 없지 않다. 특히 디트리히 본회퍼 목사의 비판은 너무나도 유명하다. 여하튼 원래는 "오직 은혜로"가 아니라 '먼저 은혜로(*prima gratia*)'인 것을 '오직 은혜로'로 잘못 표현한 결과인지 따져봐야 할 일이다.

그런데 '먼저 은혜로'는 가톨릭의 의화론(개신교의 칭의론에 대비되는 이론으로, 하나님이 은혜를 주시어 선을 행할 수 있는 능력을 주셨고, 이에 따라 선을 행해야 의롭게 될 수 있다는 이론)에 매우 가깝다고 여겨지는데, 그렇기 때문에 가톨릭과 종교개혁 전통의 개신교(특히 칼뱅주의)의 관계는 가톨릭과 타 종교와의 관계보다 더 멀게 느껴지는 건 아닌지 모르겠다.

'오직 은혜로'의 결과는 무엇일까? 기독교인의 인격도 구원과 마찬가지로 은혜로 얻어질 수 있는 것일까? 그렇지 않다. 인격을 생각할 때 부딪히는 조금 어려운 점은 우리가 보통 사람의 됨됨이로 이해하는 '인격' 개념 자체가 동양적인 맥락에서 정의된 것이기 때문에 비롯한다. 인격에 대한 신학적인 이해가 필요하다.

비록 성경 어느 곳에도 나와 있지 않지만, 신학에서는 삼위일체 하나님을 이해하는 데에 있어서 '인격'으로 번역되는 개념인 '*persona*(원래는 마스크)'를 사용하고 그것을 '위격(일본 신학계에서는 '인격'으로도 번역하여 사용한다.)'으로 말하고 있다. 다시 말해서 서방 라틴 세계에 처음으로 삼위일체 용어를 도입한 터툴리안(Tertullianus, 160-225)은 삼위일체를 라틴어로 '세 위격, 하나의 실체(*tres personae, una substantia*)'라고 표현했다. 성부, 성자, 성령의 각 위격을 영어의 person으로 변역되는 *persona*를 사용한 것이다. 여기서 문제는 *persona*

의 관용적인 의미를 투영한 것인지, 아니면 그와 별개로 삼위 하나님의 상호 관계 속에서 *persona*의 의미를 새롭게 이해한 것인가 하는 것이다. 보통은 전자로 이해하고 있는 것 같다. 당연한 일이라고 생각하는데. 왜냐하면 보통은 인간이 사용하는 언어용례에 따라서 유비적으로 신을 이해하기 때문이다. 만일 전혀 다른 의미로 사용한다면, 다시 정의하려는 노력이 선행해야 하는데, 터툴리안은 그런 노력을 기울이지 않았다. 그렇기 때문에 *persona*가 당대에 어떤 의미로 사용되었는지를 추적해서 그 의미를 발견하고, 그것을 삼위 하나님을 이해하는 데에 적용하는 것은 누구나 쉽게 생각할 수 있는 과정이다. 그것은 다음과 같다.

고대 제의 전통에서 신의 현현을 표현할 때 제사장은 신의 형상을 한 마스크를 착용했다. 이것을 삼위 하나님에게 적용했다는 것은, 인간의 하나님 경험은 하나님이 당신을 나타내실 때 가능한 데, 하나님은 성부, 성자, 성령으로 나타내 보여 주신다는 것을 말하기 위함이다. 한 분이신 하나님에 대한 경험의 세 가지 다른 측면 혹은 차원을 표현하기 위해 터툴리안은 *persona*를 사용한 것으로 여겨진다. 그러니까 *persona* 개념에서 중요한 것은 인간의 하나님 경험이다. 하나님이 각각 다르게 나타나시고 사역하심을 전제한 것이지만, 경험적으로 볼 때 인간이 경험하는 세 가지 다른 차원이다. 그래서 그리스 교부들은 *persona*란 표현이 주는 오해를 피하기 위해 *hypostasis*(실체)로 번역하였다.

바로 여기서 더욱 궁금해진다. 도대체 위격은 무엇에 초점을 두고 있는가 하는 것이다. 다르게 경험된 세 위격을 한분 하나님으로 고백했다는 사실이 삼위 하나님을 기술하는 개념, 곧 위격의 발견을 위해 중요했다면, 그 경험은 어떤 성격의 것일까? 게다가 하나님은 당신을 계시하시면서(*Deus revelatus*) 동시에 당신을 숨기시는 분(*Deus absconditus*)이다. 도대체 인간이 경험한 하나님은 어떤 존재였을까? 현실적으로 다르게 경험했고, 그 경험을 바탕으로 하나님을 삼위일체로 표현하기는 했어도 관건은, 하나님에 대한 경험은 무한하고, 또 인간은 그 끝을 다 알 수 없다는 것이다. 결국 하나님을 경험하면서도 하나님은 신비로 남아 있게 된다. 따라서 삼위로서 한 분이라는 고백에서 핵심은 "신비"이다. 이것은 *persona*의 일상 언어적인 의미를 사용하면서 동시에 새로운 의미를 부여한 결과라고 생각한다.

다시 인격이라는 개념으로 돌아가 보자. 동양종교에서 말하는 방식이 아니라, 기독교적으로 이해할 경우, 인격은 어떻게 이해할 수 있을까? 오늘날 우리가 사용하는 인격의 개념으로서 person은 데카르트 이후 전개된 근대 사상에서 유래한다. 그것은 개체의 원리이며 타자와의 자유롭고 독립적이며 주체적인 관계를 본질로 한다. 그러나 엄밀히 말해서 그것은 이미 삼위일체와 관련해서 사용되고 있는 개념을 차용한 것이다. 따라서 무엇보다 삼위일체에서 사용된 방식을 고려해야 한다고 생각한다. 다시 말해서 인간의 상호관계에서 나타나 상호 경험되는 주체이지만, 서로가 서로에게 아직 다 알려지지 않는 부분으로 존중되어야 하는 것이라고 생각한다. 그렇다면 관계가 인격적이라 함은 바로 이런 무지의 영역을 전제하고 그것으로부터 비롯하는 새로운 것을 기대하며 관계를 가지는 방식을 말하는 것이다. 아무리 오랫동안 알고 지냈어도, 이미 알려진 것으로 그 사람을 규정하는 것이 아니라, 아무리 노력해도 알려지지 않는 것을 전제하고 새로운 것을 기대하는 마음으로 늘 새롭게 그 사람을 대할 때, 우리는 그 관계를 인격적이라고 말할 수 있다. 마르틴 부버는 "그것(It)"과의 관계와 대조적으로 "당신(You 혹은 너)"이라는 관계로 인격적인 관계를 표현했다. 부부관계에서, 부모와 자녀의 관계에서, 그리고 이웃과의 관계에서 다툼과 오해가 일어나는 경우의 다수는 여전히 드러나 있지 않은 개인의 고유한 부분이 존중받지 못하거나 혹은 침해받거나 혹은 무시당할 때이다. 상대를 "너"가 아니라 "그것"으로 대할 때 문제가 생긴다. 인격 침해는 물론이고 인권 침해도 발생한다. 물론 사람의 관계에는 관습과 관행이라는 것이 있어서 설령 그렇게 생각할 만한 이유가 충분할 수 있다. 설령 그렇다고 하더라도 우리는 여전히 알려져 있지 않은 무엇을 전제하고 상대방을 생각해야 한다. 다르게 나타날 수 있고 또 다르게 경험될 수 있기 때문이다. 마치 하나님이 전혀 예상치 못하는 방식으로 우리에게 나타나시며 당신을 경험토록 하기 때문에 언제나 기대하는 마음으로 하나님을 만나야 하듯이, 우리 인간의 관계가 인격적이 되기 위해서는 그래야 한다.

설교자의 덕목으로서 인격은 하나님과 인간의 관계에서 요구된다. 하나님을 자신의 경험과 사고방식에 따라 생각하지 않아야 한다. 설교자가 종종 성경 본문을 잘못 해석하는 경우는 하나님을 계시하시는 분으로서가 아니라 자신의 경험과 생각에 따라 이해하려 할 때다. 실존적인 해석에 따르면 불가피한 현상이지만, 하나님의 무한한 자유를 인간의 사고에 가둬두는 순간부터 인간의 삶에 오류가 발생한다는 사실을 결코 간과할 수 없다. 청중에 대한 생각 역시 마찬가지다. 설교를 들으면서 청중이 곤혹스러워지는 상황은 대개 자신의 상황이 설교자에 의해 일방적으로 규정되고 또 무시되는 느낌을 주는 말을 들을 때다. 마치 설교자가 청중의 상황을 다 아는 것처럼 말하고 판단할 때다. 같은 시대를 살고 또 같은 문화권에서 살고 있다 해도 남녀의 차이에 따라 그리고 형편과 상황에 따라 경험은 다를 수 있다. 이런 차이를 전혀 고려하지 않은 채 자신의 경험과 생각과 지식이 전부인 양 말하는 설교자는 청중과의 관계에서 비인격적인 태도를 보이는 것이다.

설교자는 하나님과의 관계에서 늘 새로운 것을 기대하는 마음을 가져야 하겠지만, 청중과의 관계에서도 온전히 드러나지 않은 것이 있음을 숙지하고 있어야 한다. 왜냐하면 하나님과 청중과의 관계에서 어떤 일들이 일어나는지 설교자가 미처 헤아리지 못하는 일들이 있기 때문이다. 따라서 설교자는 하나님과 청중에게로부터 귀를 기울이길 중단해서는 안 된다. 설교자의 인격은 상대방의 말을 얼마나 진지하게 듣고 또 자신과 다른 상대의 입장을 어떻게 받아들이느냐에서 분명해진다.

3. 거짓말을 하지 않아야 한다

복음은 진리를 말할 때 나타난다. 거짓으로 복음을 위장할 수는 있지만, 결코 복음이 아니다. 복음을 전하고 하나님의 말씀을 전하는 자로서 설교자는 거짓을 말하지 말아야 한다. 지극히 당연한 말이지만, 유감스럽게도 하나님의 말씀을 전하는 자들이 거짓을 말하는 일은 이미 구약 성경에 기록되어 있을 정도로 오랜 역사를 갖고 있다. 설교자가 거짓을 말하는 것은 설교를 그럴 듯하게 포장하기 위한 가장 쉬운 유혹이면서 하나님 앞에서 가장 큰 죄 가운데 하나다. 거짓말을 함으로써 결국엔 하나님을 거짓말하는 자로 만들기 때문이다.

거짓은 참의 반대말이다. 거짓을 참으로 여기도록 하는 말이 거짓

말이다. 거짓과 참의 관계를 전제하기 때문에 거짓을 이해하기 위해
선 참을 알아야 한다. 참이 아니라고 해서 모두가 거짓은 아니다. 참
이 아니면서 거짓이라고 볼 수 없는 것 가운데 오류라는 것이 있다.
오류는 참을 찾는 과정에서 추리를 잘못하여 발생한 결과이다. 생각
을 잘못한 결과이다. 생각이라는 것은 어느 정도 의도(intention)를 포
함하기 때문에 오류 역시 의도가 개입되어 있다. 그러나 참을 왜곡하
려는 의도가 아니기 때문에 흔히 실수라는 말로 표현한다. 참에 접근
하려는 의도를 갖고 있었지만 여러 가지 이유로 참에 이르지 못한 결
과이다.

이에 비해 거짓은 참을 의도적으로 왜곡하는 일이다. 왜곡할 뿐만
아니라 참이라고 믿게 만든다. 거짓을 사실로 믿게 만드는 말을 거짓
말이라고 한다. 거짓말은 듣는 자로 하여금 진실에 접근하지 못하게
한다. 진실이라고 착각하게 만든다. 자신의 의도를 관철하기 위한 목
적으로 사용하는 것이 거짓이다. 그래서 사탄이 가장 즐겨 사용하는
언어행위는 거짓말이다. 하나님은 진리이시지만 사탄은 진리를 의도
적으로 왜곡하고 또 사람들로 하여금 진실이라고 믿게 만들기 때문
이다. 성경은 사탄을 거짓을 말하는 영(lying spirit)으로 지칭한다.

거짓말을 하는 이유는 매우 다양하다.

첫째, 거짓말을 버릇처럼 하는 사람들을 두고 거짓의 영에 사로잡
혀 있다고 한다. 자신이 하는 말이 거짓인 줄조차 모르기 때문이다.
구약에 보면, 하나님은 이스라엘을 심판하시기 위해 선지자들에게
거짓의 영을 보내 그들로 하여금 거짓을 믿고 행하도록 하신다. 결국
하나님의 뜻에 어긋나게 되니 심판을 받을 수밖에 없다. 하나님의 심
판을 피할 수 없다는 의미를 담고 있다. 설교자가 수시로 거짓말을

함에도 청중이 분별하지 못하는 현실은 거짓의 영에 사로잡혀 있다고 볼 수 있으며, 하나님의 심판의 때임을 암시한다.

둘째, 두려움 때문에 거짓말을 한다. 사실을 말하면 벌을 받거나 손실이 발생하거나 이미지에 크게 손상을 받게 될 것을 염려하기 때문이다. 사람은 속일 수 있어도 마음을 보시는 하나님은 결코 속이지 못한다. 두려움 때문에 거짓말을 하는 이유는 하나님의 용서보다 하나님의 책망을 더 크게 여기기 때문이다. 복음을 제대로 알지 못하는 것이니 치명적인 결격 사유를 가진 설교자다.

셋째, 듣는 자에게 자신의 의지나 계획을 관철시키기 위해 거짓말을 한다. 계획은 사람에게 있어도 그 일을 이루시는 분은 하나님이시다. 거짓말로 사람을 속여 잘 되는 것 같아도 그것이 하나님의 역사를 이루지는 못한다. 설교자는 설교의 설득력을 높이기 위해 거짓말을 한다 해도 그 결과를 이끌어 가시는 분은 하나님이시다. 설령 듣는 자들의 귀와 마음을 사로잡는다 해도 하나님의 역사는 일어나지 않는다.

넷째, 양치기 소년과 같이 재미로 하다가 습관이 되는 경우가 있다. 남을 속이는 일은 종종 재미가 있다. 그러나 이런 일이 반복되다 보면 신뢰 관계에 심각한 손상을 입게 된다. 정작 진실을 말하며 도움을 청할 때 거부되는 일이 일어난다. 설교자들의 습관적인 거짓말은 설교에 대한 신뢰를 무너뜨릴 뿐만 아니라 목회 자체를 파괴하는 단초다.

다섯째, '하얀 거짓말'로 불리는데, 의를 지키고 보호하기 위해 하는 거짓말이다. 거짓과 부정이 가득한 사회에서 의를 이루기 위해 오히려 거짓말을 하는 경우를 말한다. 위기에 처한 성도들을 보호하기 위해 불가피하게 거짓을 말해야 할 때가 있다. 그러나 강단이 아닌 경우에는 혹시 몰라도 강단에서 설교를 통해 해야 하는 경우라면 신중하게 생각하고 판단해서 행동해야 한다. 왜냐하면 설교자의 거짓말로 위기를 모면한 성도에게는 고마운 일이지만, 다른 성도들에게는 상황에 따라 거짓말을 할 수 있다는 인상을 줄 수 있다. 이렇게 되면 다른 상황에서도 설교자가 거짓말을 할 수 있다고 생각한다. 거짓말이 담긴 설교로 자신을 위기에서 보호해 주었다고 생각한 성도는 설교자를 제대로 신뢰할까? 그렇지 못하다는 사례들이 많다. 따라서 어떤 경우든 설교에서 거짓말을 하는 일은 삼가야겠다.

설교자에게 흔히 일어나는 거짓은 세 번째와 네 번째이다. 요즘은 영적 지도자로서 설교자들이 영적으로 깨어있지 못해 거짓의 영에 사로잡혀 있다는 인상을 받는다. 여하튼 설교자는 자신의 설교가 청중에게 받아들여질 수 있도록 거짓말을 하는 경우가 종종 있는데, 청중이 마치 모르고 있는 것처럼 계속 반복한다. 결국 청중들로 하여금 말씀에 대한 신뢰를 잃게 만든다. 뿐만 아니라 거짓을 피해야 하는 이유는 거짓말 때문에 다른 사람들이 손해를 보기 때문이다. 자기에게는 이익이 될지 모르지만, 말을 듣고 진실로 받아들인 사람에게는 손실이 일어나고 배신감을 불러일으킨다. 거짓말은 인간의 탐욕을 드러내는 하나의 방법이다.

설교자는 할 수만 있으면 거짓을 피해야 한다. 무엇보다 하나님이 보시고 있음을 염두에 두어야 한다. 거짓은 하나님이 보신다는 사실을 부정한다. 거짓말은 모든 기독교인이 피해야 할 일 가운데 하나다. 거짓말은 신뢰를 무너뜨릴 뿐만 아니라 사탄이 가장 즐겨 사용하는 방법으로 스스로 사탄의 종으로 인정하며 또 실천하는 일이기 때문이다. 거짓말은 신용사회에서 가장 큰 적에 해당한다.

거짓은 사실과 다른 말을 의도적으로 하는 일이지만 말과 행동이 다른 경우도 거짓에 해당한다. 표리부동한 사람, 곧 겉과 속이 다른 사람, 언행불일치한 사람은 거짓의 또 다른 모습이다. 설교자는 말을 하는 사람이지만, 행동으로 실천해보이지 않는다면, 본의 아니게 거짓을 말하는 자가 된다. 그러므로 설교자는 자신의 말이 먼저 자신에게 적용할 수 있도록 노력해야 한다.

인지부조화론이 있다. 일반적으로 흔히 볼 수 있는 현상이지만, 특히 자기 성찰력과 합리화 능력이 있는 설교자에게 많이 나타난다. 흔히 드는 예를 소개하면 이렇다. 여우가 포도나무 앞에 있다. 먹고는 싶지만 너무 높아서 따 먹을 수 없다. 그때 여우는 자신이 따 먹을 수 없다는 것을 인정하지 않고 "포도가 너무 시어서 먹을 수 없는 것일 거야!"라고 말한다. 흔히 '자기합리화'로 표현되는 현상이다. 청중들이 부정적인 진실을 대면하면 불편해하고 결과적으로 신앙생활에서 부정적인 태도를 취할 것에 대한 두려움으로 일부러 긍정적인 것을 포장하여 말하며 환심을 사려는 설교자에게서 흔히 볼 수 있다. 분명히 거짓인 것도 있지만, 거짓이 아니라 진실을 보지 못하도록 다른 측면을 불필요하게 부각시키는 일도 있다.

거짓의 영인 사탄이 영원히 사라지지 않는 한, 거짓말은 인간 스스로 쉽게 극복할 수 없는 현상이다. 사람을 믿을 수 없다는 말은 바로 이런 맥락에서 나온다. 도무지 맹세하지 말라는 이유도 여기에 있다. 오직 하나님만을 신뢰하는 삶, 그리고 진리의 영이신 성령의 도움에 의지하는 삶을 통해서만 극복할 수 있다. 진리의 영에 사로 잡혀 있을 때 우리는 거짓의 영을 이길 수 있다. 하나님의 말씀을 전하는 일에서 비록 설교자 자신에게 손해를 본다 해도, 잠시 동안의 징벌을 피할 수 없는 일이라 해도, 자존심이 상하는 일이라 해도 진리의 영이신 성령이 임하시길 기도한다면, 그래서 진실을 말하고 또 대면하길 주저하지 않는다면, 하나님은 당신을 신뢰하는 중에 진실을 말했던 사람들을 결코 외면하지 않으신다. 모든 것을 당신의 뜻 가운데 합력하여 선을 이루실 것이다.

4. 말과 행동에서 정직해야 한다

거짓말을 하지 말아야 한다는 것과 정직해야 한다는 것은 사실 동일한 사실에 대한 다른 표현이다. 정직하다 함은 거짓을 말하지 않는 것을 의미하기 때문이다. 그런데 따로 다루는 이유는 거짓말을 하지 않는 태도로 다 표현하지 못하는 것이 정직이라는 말에 들어 있기 때문이다.

정직은 품성 중 하나로 바르고 곧은 태도를 가리켜 말한다. 정직은 반드시 누군가와의 관계를 전제하여 나타나는 태도이다. 다시 말해서 사람들 사이에서 나타나는 태도이지만, 자기 자신과의 관계나 하나님과의 관계에서도 사용된다. 어떤 일을 행하거나 말을 할 때 행동과 동기가 투명하다는 말이다. 행동의 동기와 행동의 모양이 다르면, 정직하지 않다고 한다. 이것을 외식 혹은 위선이라고 한다. 마음을 다른 곳에 두고 있음에도 행동은 전혀 그렇지 않은 척 하는 것이다. 정직은 위선과 외식의 대척점에 있는 가치이며, 표리부동하지 않은 태도를 정직이라고 한다. 숨김과 거짓이 없다는 의미에서 종종 '진실'과 혼용된다. 그러나 진실과 겹쳐지는 부분이 있다 해도 분명 구분된다. 또한 말과 행동에 꾸밈이 없다는 의미에서 '순수하다'는 의미를 포함한다.

한편, 바르고 곧다는 말에서 알 수 있듯이, 정직은 어떤 기준을 바탕으로 평가되는 덕목이다. 다시 말해서 기준이 달라지면 정직이라는 평가도 달라진다. 따라서 어떤 사람이 정직한지 그렇지 않은지를 알려면 먼저 그 사람이 속해 있는 사회적 관습과 가치를 공유해야 한다. 관습과 가치관이 다르면 정직에 대한 평가도 달라진다.

가령 범인으로 몰려 쫓기는 사람이 있고, 그 사람을 숨겨 주는 가족이 있다고 하자. 경찰의 입장에서 정직한 자는 숨겨 준 사실을 밝히는 사람이다. 그러나 쫓기는 자의 가족이 숨겨 주는 일은 인간의 도리이다. 경찰은 법에 따라 정직을 평가하고, 가족은 인간의 도리에 따라 평가하기 때문에 평가가 달라질 수밖에 없다. 이것은 공자 선생이 섭공과 정직을 두고 나눈 대화의 한 부분을 현대적으로 바꿔 본 것이다. 성경에서도 다윗이 사울의 공격을 피해 망명 생활을 할 때, 속마음을 숨기고 살았다. 그런 불편한 상황에서도 다윗은 적장인 아기스에게 정직하다는 평가를 받았다(삼상 29:6). 그러니까 보편적인 의미에서 정직하다는 평가를 들을 수 있는 사람은 아무도 없다. 아무 숨김없이 말한다고 해서 아무런 비밀이 없다는 말은 아니다. 그래서 때로는 어떤 사람에게 정직하게 행한 태도가 다른 사람에겐 '순진하다', '바보 같다', '어리석다'는 평가를 받기도 한다.

바로 여기서 정직과 관련해서 갈등상황이 벌어진다. 대체 누구에 대해 혹은 어떤 가치관에 대해 정직하다는 말을 받는 것이 바람직한 일일까? 공자는 혼자 있을 때 오히려 삼가한다는 말을 했다. 이것은 자신의 행동이 누군가에게 보이기 위한 것이 아니어야 한다는 말이다. 비록 아무도 보지 않는 상황에서도 스스로 삼가함으로써 타인은 물론이고 자기 자신에게도 정직해지려고 노력한다는 말이다. 공자는 하늘이 부여한 성(性)에 충실하게 살면서 예와 인을 삶으로 구현한 군자라, 자신의 양심을 규범으로 삼아도 전혀 거리낌을 느끼지 않았다. 그러나 보통 사람들에게는 쉬운 일이 아니다. 다시 말해서 자기 자신에게 정직한 삶을 사는 것은 보통사람들이 지향해야 할 목표에 불과하다. 그것을 실천하지 못한다면, 스스로 자책하며 부끄러워할 수는 있어도 그것에 대해 나무랄 사람은 아무도 없다.

군자가 아닌 우리는 정직한 삶을 위해 규범을 반드시 필요로 한다. 그렇다면 어떤 규범에 따라 정직하다는 평가를 받아야 할까? 그리스도를 믿는 사람으로서 우리는 성경을 삶의 규범으로 받아들인다. 참 믿음을 갖는다는 말을 종종 성경 이전의 하나님과 예수 그리스도에 대한 믿음으로 제한하려는 사람들이 있는데, 큰 오해이다. 우리는 오직 성경을 통해 하나님을 알고 예수 그리스도를 알기 때문이다. 믿음을 갖는다 함은 성경을 삶의 기준으로 삼겠다는 고백이기도 하다. 따라서 그리스도인의 정직에 대한 평가는 성경에 근거를 둔다. 달리 말하면, 하나님과의 관계에서 평가된다는 말이다. 하나님은 인애(미 7:18)와 정직(대상 29:17; 잠 15:8)과 정의(잠 11:1)를 기뻐하신다고 했다. 하나님은 사람을 정직하게 지으셨다(전 7:29). 정직은 하나님을 기쁘게 해 드리는 일 중에 하나이다. 사람에게 아무리 정직하게 보인다 해도 하나님과의 관계에서 정직하다고 평가받지 못한다면, 정직하지 않은 사람이다.

여기까지 이르면 틀림없이 제기되는 질문이 있다. 설교자가 하나님에게 정직한 사람인지 아닌지를 어떻게 알 수 있을까? 이 질문은 우리가 정직을 판단할 필요가 있다는 사실을 전제한다. 그러나 성경은 우리가 정직한지 아닌지와 관련해서 서로를 판단할 것을 말하고 있지 않다. 정직은 오직 하나님과의 관계에서 판단되는 일이기 때문이다.

그러나 사람과의 관계에서 위선과 기만과 외식에 속지 않기 위해선 정직에 대한 분별력이 필요하다. 하나님과의 관계에서 정직한지를 판단하는 것은 인간에게 속한 일이 아니지만, 적어도 사람과의 관계에선 스스로 정직해야 하고 또 종종 정직한 자를 분별해야만 하는 상황이 발생한다.

성경은 정직을 말하면서 하나님의 평가를 중시한다. 하나님의 평가에서 정직하다는 평가를 받기 위해 타인이 아닌 '나'를 염두에 두고 생각해야 한다. 내가 하나님 앞에서 정직하다는 평가를 받으려면 어떻게 해야 할까?

성경에 보면 정직하다는 평가를 받은 사람들이 있다. 대표적으로 다윗과(왕상 15:5), 욥(욥 1:1)이다. 다른 사람들도 있지만 모두 다윗을 모델로 삼아 평가되고 있다. 그들의 삶은 어떠했기에 정직하다는 평을 받았을까? 성경은 사실 정직이 무엇인지를 개념적으로 설명하고 있지 않다. 다만 하나님이 보시기에 좋았던 이유로 정직을 말할 뿐이다. 그러므로 구약에서는 어떤 경우에 정직이란 말을 사용했는지를 아는 것은 하나님 앞에서 정직한 삶이 무엇인지를 이해하는 데에 도움을 줄 것이다.

구약에서 주로 사용한 정직이란 표현은 하나님의 말씀에 순종하는 삶을 가리킬 때 사용되었다. 순종이라는 말이 있는데도 굳이 정직으로 표현한 것은 성품과 행위를 구분하기 위해서라고 생각한다. 정직은 순종하는 삶을 구체적으로 드러내도록 하는 힘이다. 하나님의 말씀과 뜻이 자신을 통해 순수하게 드러나도록 하는 힘이며, 그 힘으로 사는 태도를 정직이라고 말한다. 그러니까 정직하다 함은 순종이 요구되는 순간에 있을 수 있는 갈등 상황을 전제한다. 피할 수도 있지만, 하나님에게 자신이 피조물임을 솔직하게 인정하면서 자신을 하나님에게 드러내는 태도이다. 사실 모든 것을 보시는 하나님 앞에서 우리가 있는 것을 숨기거나 없는 것을 있다고 과시할 것은 하나도 없다. 그러니 이 사실을 인정하고 하나님 앞에 나 자신을 모두 드러내 놓는 것이다. 정직한 자는 하나님 앞에서 자랑할 것이 없다. 실제로 그럴 만한 것이 인간에게는 없기 때문이다. 그리고 또한 하나님 앞에서 죄를 인정할 수밖에 없다. 죄를 고백하고 용서와 인도하심을 기대하며 산다. 나의 나 됨을 인정하고 하나님의 은혜를 갈망하며 사는 것, 이것이 정직이다.

그러므로 하나님 앞에 정직하다 함은 하나님 앞에서 자신이 어떤 상태인지를 인정하고, 죄를 고백하며, 하나님의 용서와 도움 그리고 은혜를 갈망하는 태도를 말한다. 이런 까닭에 정직한 자는 오직 하나님만을 신뢰하는 태도로 이어진다. 이런 점에서 다윗과 욥 그리고 다른 많은 사람들이 정직하다는 평가를 받았다. 하나님 앞에서 정직한 사람은 사람에게 무엇을 숨기거나 혹은 없는 것을 일부러 과시하지 않는다. 사람에게 정직한 사람이 하나님 앞에서 정직하지 않다는 판단을 받을 수 있고, 하나님에게 정직한 사람이 사람에게 정직하지 않다는 말을 듣는 것은 박해의 경우가 아니면 드문 일이다. 그렇다고 모든 것을 다 드러내는 것이 정직한 것은 아니다. 하나님 앞에서는 숨길 것도 또 과시할 것도 없지만, 사람 앞에선 숨겨야 할 경우가 종종 있다. 이때문에 뱀 같은 지혜가 필요한 것이다.

한편, 성경이 하나님 자신과 예수님에 대해 정직하다는 말을 사용하지 않은 것은 다소 의외이다. 물론 진리 혹은 진리의 영이라는 표현은 있고, 진실하시다는 말도 있다. 그런데 정직하다는 말을 사용하지 않은 것은 이 말이 오직 인간에게 적용되는 것이기 때문은 아닐까? 신약의 저자들은 예수님을 단순한 인간이 아니라 하나님으로 믿었기 때문은 아닐까? 어떤 설교자들은 하나님의 진실을 정직으로 이해하며 설명하는 경우가 있는데, 오해이다. 하나님의 진실은 하나님이 진리이시고 또 약속을 반드시 지키시는 분임을 말한다.

정직을 위한 훈련은 하나님 말씀 앞에 자기 자신을 노출시키는 방법을 몸으로 체득하게 하는 것이다. 하나님의 말씀에 민감하게 반응할 수 있도록 하는 것이다. 순종의 훈련, 말씀 앞에서 나 자신을 가감 없이 드러내는 훈련, 하나님 앞에서 나의 죄를 숨김없이 고백하는 훈련이다. 할 수 있다고 기도하지 않거나, 할 수 없는 상황이라고 쉽게 포기하는 것도 정직하지 못한 삶의 하나다. 할 수 있어도 기도하며 하나님의 도움을 구하고, 할 수 없다고 해서 포기하지 않고 하나님의 도움을 구하며 최선을 다하는 것, 하나님 앞에서 어린아이가 되는 것, 이것들이 정직한 자가 되기 위한 훈련이다.

뿐만 아니라 정직에는 항상 갈등 상황이 전개된다. 정직하지 못하게 만드는 일들이 동시에 일어난다. 왜냐하면 정직해짐으로써 잃는 것이 있기 때문이다. 정직하면 손해를 본다는 말이 괜히 나온 것이 아니다. 죄를 고백함으로써 오는 부끄러움, 사회적인 비난 등 잃는 것들이 많다. 그래서 정직은 바보들이나 하는 일이라는 속설을 실감한다. 그러니 두려워하고 염려하며 죄를 숨기는 것이다. 심지어 하나님 앞에서 말하는 것조차 숨긴다. 변화되어 새롭게 될 가능성보다 정직해짐으로써 겪어야 할 불이익 불편 등에 대한 두려움이 더욱 크기 때문이다. 한마디로 말해서 하나님을 온전히 신뢰하지 못한 것이고, 믿음이 깊지 못하기 때문이다. 달리 말한다면 정직하지 못하기 때문이다. 따라서 온전히 정직해지기 위해서는 모든 것을 보시는 하나님을 제대로 알고, 그분을 온전히 신뢰하는 것이 선결되어야 할 과제이다. 무엇보다 코람 데오(*Coram Deo*, 하나님 앞에서 사는) 신앙은 우리를 정직한 삶으로 이끌어 줄 것이다.

5. 공감할 수 있어야 한다

공감과 공명하는 설교를 위해 설교자에게 필요한 덕목 가운데 으뜸은 공감하는 마음이다. 공감의 의미를 살펴보면서, 현대 설교자에게 왜 공감하는 마음이 절실한지를 알아보자.

세계적인 미래학자 제레미 리프킨(Jeremy Rifkin)은 방대한 분량의 책 『공감의 시대』에서 공감을 키워드로 인류의 역사를 조망하면서 공감이 인류의 발전에 어떻게 기여했는지를 밝혔다. 특히 그는 공감-엔트로피, 곧 공감 의식이 커질수록 지구의 에너지와 그 밖의 자원의 소비가 급증하고, 그 결과 지구의 상태가 급속도로 악화된다는 역설을 해결하길 원했다. 그는 인간을 공감하는 존재(*Homo empathicus*)로 규정하고 거시적 차원에서 지구적인 공감(global empathy)에 이르러야 비로소 디스토피아적인 미래를 막을 수 있다고 주장했다. 그의 책을 통해 필자가 얻은 결론이 있다. 미래 사회는 공감의 시대가 될 것이며, 차세대 지도자는 공감 능력을 갖춘 자이어야 할 것이라는 사실이다. 공감은 미래 사회의 키워드다.

공감은 다른 사람의 기쁨과 고통을 느끼게 되는 상태를 말한다. 그것은 다만 공유하는 것을 말할 뿐, 이전되는 것은 아니다. 공감한다고 해서 타자의 기쁨과 고통이 내게 이양되지는 않는다. 그러나 고통을 겪거나 기쁨을 누리는 사람에게는 자신을 공감해 주는 사람을 만날 때 기쁨이 배가 되거나 고통이 덜어지는 효과가 일어난다. 이런 이유로 공감은 공유하는 차원을 넘어서 실제로 나눠진다는 느낌을 일으킨다. 고통 중에 있을 때 공감해 주는 사람을 만나면 한결 가벼워지고, 기쁨을 누릴 때 공감해 주는 사람을 만나면 기쁨이 더 커진다.

공감은 종종 감정이입으로 설명된다. 독일어에서 감정이입에 해당하는 말 Einfühlung(아인퓔룽)을 영어로 번역하면서 empathy란 말이 생겨났다고 하는데, 테오도어 립스(Theodor Lipps)에 의해 처음 도입되었고, 미국의 심리학자 티치너(E. B. Titchener)가 1920년대 사용하여 널리 알려지게 되었다. "감정이입(empathy)"이란 어떤 대상에 자신의 감정이나 정신을 불어넣거나, 대상으로부터 얻는 직접적인 느낌을 바탕으로 대상과 자기가 서로 통한다고 느끼는 일, 그리고 다른 사람이 어려운 처지에 있을 때 그 사람이 느끼는 아픔을 함께 느끼는 방식으로 반응하는 것을 말한다. 일종의 타인의 고통에 대한 육체적 모방이다. 이에 따르면, 공감은 기본적으로 자기인식에 토대를 두며, 공감이 일어나는 이유는 상대의 감정 상태로 내가 들어가서, 비록 직접 겪지는 않았다 해도 마치 직접 겪은 것처럼 느낌을 받기 때문이다. 그러므로 자신의 감정 상태에 대해 더 많이 알면 알수록 공감의 가능성은 더욱 커진다. 나를 사랑할 줄 모르는 사람이 이웃을 사랑할 줄 모르는 것과 같은 이치다. 나의 감정 상태에 폐쇄적이면 다른 사람의 감정에 대해서 불감증으로 나타난다.

한편, 공감과 혼동되는 현상으로 "투사"라는 것이 있다. 심리학에서는 "역전이(逆轉移)"라는 말을 사용한다. 이것은 자신이 느낀 것을 다른 사람에게 옮겨 놓고 그것을 느끼는 현상이다. 내가 느낄 수 있는 '너의 감정상태'를 만들어내고 그것을 마치 나도 느끼는 것처럼 반응한다. 이것은 상대의 내면 상태와는 전혀 무관하고, 상대에게서 자신의 느낌을 확인할 뿐이다. 소위 남의 마음을 자신의 관점으로 읽는 것에 불과하다. 이것은 겉보기에는 타인을 공감하는 듯이 보이지만 사실은 타인의 감정을 무시하는 행위다. 소통관계에서 불쾌감을 일으키는 주요인이다. 이에 비해 공감과 비슷하게 사용되지만 의미와 느낌이 전혀 다른 말에는 동정(同情)이 있다. '불쌍히 여기다'는 뜻을 갖는데, 하나님이 인간에 대해 보이는 태도를 말할 때는 종종 등장하지만, 인간관계에서는 잘 사용하지 않는 말이다. 부정적으로 동정은 타인의 느낌을 공유하지 않은 채 다만 일반적으로 알려진 느낌을 지식으로 갖는 경우를 가리킬 때 사용한다. 예컨대, 자신은 전혀 슬퍼하지 않으면서 누군가가 슬프다는 사실을 알고 불쌍히 여기는 마음을 말한다.

감정이입은 어떻게 일어날까? 과거에는 오직 경험을 통해서만 다른 사람의 감정을 공유할 수 있다고 보았다. 그러나 원숭이를 대상으로 실험하여 발견한 소위 거울신경세포(mirror neuron)가 인간에게도 있음을 확인하였다. '거울신경세포'란 다른 사람의 행동을 관찰하는 것만으로도 관찰자의 뇌에서 동일한 반응을 보이는 신경세포를 말한다. 이것은 자코모 리촐라티(Giacomo Rizzolatti)와 이탈리아 연구진이 공동으로 수행된 신경과학 분야에서 얻은 가장 획기적인 발견으로 꼽힌다. 공감이 특정 세포와 결합되어 있지 않고 전두엽 부분에서 일어나는 것으로 확인된 후로는 거울신경세포보다는 거울신경체계 개념으로 대체되고 있다. 그러니까 공감은 뇌의 신경네트워크의 작용에 의해 일어나는 현상이라는 말이다. 그렇다고 해서 공감이 인지적인 차원에만 머물러 있지는 않다. 뇌의 작용은 감정의 동요에 지대한 영향을 미친다.

인간에게 공감할 수 있는 능력이 선천적으로 갖춰져 있다는 사실은 무엇을 의미할까? 공감능력은 이해능력으로 대체할 수 없는 부분이 있다. 이해능력은 합리적인 추론을 바탕으로 하지만, 이해한다고 해서 공감하는 것은 아니다. 질병으로 고통을 겪는 사람을 이해할 수는 있지만, 그렇다고 그 사람의 고통을 공감하는 것은 아니다. 공감을 포함하는 이해도 있지만, 이해와 공감은 다르다. 이해는 인지적인 측면이 강하지만, 공감은 정서적인 측면에서 일어난다. 다시 말해서 거울신경체계는 인간이 감정적으로 서로 연결되어 있음을 입증해 준다. 지성적으로 이해할 뿐만 아니라 감성적으로도 서로 받아들일 수 있다.

그러나 공감능력이 뇌신경체계의 형태로 갖춰져 있다 해도 누구나 공감할 수 있는 것은 아니다. 최근에 우리 사회에서 볼 수 있는 부정적인 현상인 '혐오' '갑질' '차별' 등은 한국 사회에서 공감능력이 얼마나 결여되어 있는지를 잘 보여 준다. 거울신경체계를 활성화시키기 위해서는 자극이 필요하고, 또 공감을 위해서는 공감능력을 깨우고 또 단련시켜야 한다. 영국 출신의 대중철학자 로먼 크로즈나릭은 『공감하는 능력』에서 경제적 성공을 위한 치열한 경쟁을 벌이는 시대에 지구적 공감을 구체화시킬 수 있는 관계의 혁명을 일으키기 위해서 공감 능력을 개발할 필요성을 역설하며 그것을 어떻게 개발해야 할 것인지를 서술하고 있다. 공감을 이해할 뿐만 아니라 공감 능력을 개발하기 위해 매우 유익한 책이라 생각한다. 공감능력을 활성화시키기 위해서는 상상력 개발이 필요하며, 새로운 체험을 두려워하지 말고, 다른 사람들의 말을 경청하고, 특히 영상문화를 십분 활용하고, 자신의 주변과 주변 국가에 대해 꾸준히 관심을 기울일 것을 제안하고 있다.

이제는 공감이 기독교인의 삶에서 왜 중요한지를 생각해 보자. 성경엔 공감이라는 말이 나오지 않는다. 이 말은 비교적 후대에 등장한 말이기 때문이다. 그럼에도 성경은 공감을 매우 중시하고 있는데, 이와 관련해서 생각해 보자.

성경에서 가장 중요한 계명으로 언급되는 것은 하나님 사랑과 이웃 사랑이다. 그런데 하나님을 사랑하는 것은 단순히 종교적인 헌신만으로 평가할 수 없다. 기독교 역사를 살펴보면 보이지 않는 하나님을 사랑한다면서 얼마나 많은 사람들에게 피해를 입혔는지 모른다. 요한은 편지에서 보이지 않는 하나님을 사랑한다면서 만일 이웃을 사랑하지 않는다면 그것은 거짓말이라고 단언했다. 이 말은 이웃 사랑에서 하나님 사랑을 알 수 있으며, 하나님 사랑은 이웃 사랑을 통해 나타난다는 의미로 이해할 수 있다. 그런데 이웃 사랑을 말하는 대표적인 사례는 크게 두 가지다. 하나는 하나님이 인간이 되신 사건이며, 다른 하나는 사마리아 사람의 비유다.

예수 그리스도는 하나님이 세상을 사랑하신다는 사실을 나타내 보였고, 그 사랑을 같은 인간의 모습으로 실천하였다. 신학적으로 보면 하나님의. 사랑이지만, 인간학적인 측면에서 보면 이웃 사랑이다. 인간으로서 인간을 사랑하되 십자가에서 못 박혀 죽는 것을 마다하지 않았다. 이웃 사랑의 전형은 예수 그리스도에게서 볼 수 있다. 예수님은 인간을 깊이 이해할 뿐만 아니라 깊이 공감하셨다. 히브리서(4:15)와 베드로전서(3:8)에서는 예수께서 '동정하셨다'는 표현을 사용하였다. 긍휼히 여겼다는 말이다.

선한 사마리아 사람은 이웃의 대표적인 사례로 소개되고 있다. 이 비유도 예수 그리스도가 중심이 되어 있지만, 죽어 가는 생명을 살리는 일, 곧 도움을 절실하게 필요로 하는 사람을 돕는 일, 그들을 동정하는 마음이 그 어떤 종교적인 의무 이행보다도 소중하며, 진정한 이웃이 되기 위한 조건이라는 말이다. 이란 감독 압바스 키아로스타미가 만든 영화 〈내 친구의 집은 어딘가〉(1996)는 퇴학 위기에 처한 친구의 딱한 사정을 자신의 문제로 삼으면서 자신의 의무에 앞서 친구를 돕는다는 내용을 담고 있다. 선한 사마리아 사람의 이야기를 떠올리는 영화다.

다른 사람의 형편과 처지에 무심한 태도를 보이는 것이나 차별하는 행위와 이기적인 욕심 그리고 긍휼이 없는 말과 행동 등은 다른 사람들의 형편과 처지에 공감하지 못하는 사람들에게서 흔히 나타난다. 교회 안에서도 어렵지 않게 볼 수 있는 차별 현상을 극복하기 위해선 무엇보다 공감 능력을 키우는 일이 시급하다.

한편, 수많은 성도의 상황을 설교자가 일일이 공감하는 건 사실상 불가능하다. 다만 인간의 보편적인 감정을 공유하고 있기 때문에 어느 정도 공감할 수 있을 뿐이다. 문제는 인간을 이해하지 못하는 설교자로부터는 공감의 태도를 기대하기 힘들다는 것이다. 무엇보다 공감능력이 없는 설교자의 셜교는 공허하다. 이를 극복하기 위해 필요한 것이 설교자의 인문학적인 소양이다. 인간에 대한 깊은 이해는 공명과 공감되는 설교에 기여한다.

6. 복음 선포에 담대해야 한다

담대함의 사전적인 의미는 겁이 없고 마음의 생각이 확고하며 외압에 대해 조금도 뜻을 굽히지 않고 끝까지 버티어 나가는 성품이나 태도를 말한다. 나와 너 혹은 나와 그것과의 관계에서 압도당하지 않으며 대등한 관계에서 생각하거나 혹은 우위에 있다는 느낌을 갖고 임하는 태도를 말한다. 그 반대편에는 소심함과 두려워하는 마음이 있다. 소심함과 두려움 모두 염려하고 근심하며 무서워하는 마음에서는 같다. 소심함은 조심성이 너무 지나쳐 결정을 못하거나 일을 시작하지 못하고, 시작했다 해도 끝까지 밀고 나가지 못하는 태도를 말한다. 자기 규율이 지나치게 엄격해도 소심한 태도를 보인다. 일의 결과에 대해 책임을 지는 일에서나 잘못이 드러날 것에 대한 염려와 근심이 지나칠 때 사람은 소심해진다. 이에 비해 두려움은 자신이 무서워하는 일이 일어날 것 같은 예상이나 예감 때문에 발생하는 감정이다. 상대에게 공격당하거나 압도당할 것을 염려할 때 나타난다. 담대함의 반대편에 있는 두 개의 태도를 통해 드러난 담대함의 의미는 소심하지 않고 두려워하지 않는 태도이다. 곧 실수를 염려하여 행위를 스스로 제약하는 소심함도 없고, 무서운 일이 발생할 것이라는 두려움에 사로잡혀 움츠려들지 않는 태도이다. 소심함은 곧잘 두려움으로 이어지고, 두려움은 사람을 소심하게 만든다. 소심함과 두려움은 말과 의미는 달라도 현상적으로는 서로 연결되어 있다. 따라서 담대함은 소심함과 두려움을 동시에 극복한다.

　설교자가 담대함을 성품으로 갖추어야 하는 이유는 분명하다. 하나님의 말씀을 전하는 자들이 직면할 어려움과 관련해서 하나님은 담대하라고 말씀하셨기 때문이다. 심리학적인 연구는 소심함을 극복하고 또 두려워하지 않는 태도를 위해, 곧 담대할 수 있기 위한 여러 교훈들을 알려 준다. 이것들은 설교자가 참고로 삼을 수는 있어도 결정적인 순간에, 특히 설교를 할 때나 하나님 앞에서 살아갈 때 부딪히는 일에서는 큰 도움이 되지 않는다. 오히려 하나님이 담대하라고 말씀하셨다는 사실 자체에서 우리는 더 유익한 의미를 음미해 볼 수 있다.

　먼저 담대함은 그리스도인이 하나님과 함께 있을 때가 아니라 하나님의 부르심을 받고 세상으로 보냄을 받을 때 절실한 덕목이다. 특히 수많은 부정적인 현실을 향해 하나님의 말씀을 선포해야 하는 설교자에게 필요한 덕목이라 볼 수 있다. 물론 하나님이 함께하시리라 말씀하셨지만, 감각적으로 지각할 수 있는 형태가 아니기 때문에 담대하라고 말씀하신 것이다. 부름을 받은 자가 세상으로 보냄을 받을 때 담대해야 하는 이유는, 세상에서 살 때 인간은 하나님의 임재보다 부재를 더욱 크게 느끼기 때문이고, 또한 그리스도인이 직면하는 세상이 그렇게 호의적이지 않고 오히려 위협적이기 때문이다. 예배하러 와서 말씀을 듣는 청중이라도 설교자에게는 위협적일 수 있다. 왜냐하면 사람들은 자신들이 듣고 싶어 하는 것만을 들으려하기 때문이다. 자신들에게 불이익이 되는 것은 비록 설교라도 듣기를 원치 않고, 그럼에도 말하는 설교자가 있다면, 좋아하지 않는다. 세상은 하나님의 뜻을 인정하고 받아들이는 데 인색할 뿐만 아니라, 하나님의 말씀이 자신의 생각과 의지를 제한하거나 판단하기 때문에 싫어한다. 그러니 하나님의 뜻에 따라 살고, 하나님의 말씀이 현실이 되는 삶을 추구하는 그리스도인이나 그것을 순종하라고 요구하는 설교자에게 세상이 호의적이지 않은 태도를 보이는 건 당연하며, 심지어 악의적으로 대하는 경우도 있어 설교자와 그리스도인은 세상에서 고난을 경험할 수밖에 없다. 하나님이 부재하는 듯이 여겨지는 이런 세상이라 해도 하나님의 뜻은 반드시 이뤄져야 한다. 따라서 하나님의 뜻에 따라 보냄을 받은 그리스도인은 겁을 먹지 말고 나아가야 하며, 유혹을 받거나 위협을 당할 때에도 요동하지 않아야 하고, 어려운 때를 만난다 해도 끝까지 믿음을 지켜야 한다. 이럴 때 필요한 것이 담대함이며, 또한 담대함은 하나님이 마침내 그리스도인의 수고와 인내를 통해 당신의 뜻을 이루실 때, 이것을 경험할 수 있기 위해 필요한 태도이다. 담대한 자만이 하나님의 영광을 볼 것이다.

하나님이 담대하라고 말씀하신 또 다른 이유는 하나님의 뜻에 따라 살고 또 그것을 선포하려 할 때 인간을 가로막는 가장 큰 이유가 두려움이기 때문이다. 두려움은 '엄습해 온다'. 그래서 더욱 충격적이고 위협적이다. 두려움은 그리스도인을 충격의 도가니로 몰아가서 얼어버리게 하며, 그리스도인을 위협하여 세상 편에 서도록 함으로써 하나님의 말씀대로 살지 못하게 한다. 부름을 받아 사는 사람들이 두려워하는 이유는 한편으로는 하나님이 그들 곁에 계심을 깨닫지 못하기 때문이고, 그래서 하나님을 신뢰하지 못하기 때문이다. 그렇기 때문에 담대하라 혹은 두려워하지 말라는 말씀과 더불어서 가장 많이 등장하는 말씀은 하나님이 '너와 함께 있다'이다.

네 평생에 너를 능히 대적할 자가 없으리니 내가 모세와 함께 있었
던 것 같이 너와 함께 있을 것임이니라 내가 너를 떠나지 아니하며
버리지 아니하리니 강하고 담대하라 너는 내가 그들의 조상에게 맹
세하여 그들에게 주리라 한 땅을 이 백성에게 차지하게 하리라 오직
강하고 극히 담대하여 나의 종 모세가 네게 명령한 그 율법을 다 지
켜 행하고 우로나 좌로나 치우치지 말라 그리하면 어디로 가든지 형
통하리니 이 율법책을 네 입에서 떠나지 말게 하며 주야로 그것을
묵상하여 그 안에 기록된 대로 다 지켜 행하라 그리하면 네 길이 평
탄하게 될 것이며 네가 형통하리라 내가 네게 명령한 것이 아니냐
강하고 담대하라 두려워하지 말며 놀라지 말라 네가 어디로 가든지
네 하나님 여호와가 너와 함께하느니라 하시니라(수 1:5-9).

두려워하지 말라 내가 너와 함께 함이라 놀라지 말라 나는 네 하나
님이 됨이라 내가 너를 굳세게 하리라 참으로 너를 도와주리라 참으
로 나의 의로운 오른손으로 너를 붙들리라(사 41:10).

너는 그들 때문에 두려워하지 말라 내가 너와 함께하여 너를 구원하
리니 나 여호와의 말이니라 하시고(렘 1:8).

하나님의 뜻에 따라 부름을 받아 사는 인간이 하나님이 함께 계심
을 깨닫지 못하면 두려워할 수밖에 없다. 하나님의 뜻을 포기하면 모
를까, 그렇지 않는 한 다른 방식으로는 세상의 위협을 이길 수 없기
때문이다. 우리가 예수 그리스도를 믿어야 하는 이유는 그분이 바로

'우리와 함께하시는 하나님', 곧 임마누엘이시기 때문이다. 이 일이 쉽지 않기 때문에 시편 기자는 스스로를 향해 주문을 외듯이 외친 것이다.

> 내 영혼아, 네가 어찌하여 낙심하며 어찌하여 내 속에서 불안해하는가? 너는 하나님께 소망을 두라. 그가 나타나 도우심으로 말미암아 내가 여전히 찬송하리로다(시 42:5).

하나님이 담대하라고 말씀하시지만 부름을 받고 사는 그리스도인을 사탄이 위협할 때 사용하는 가장 강력한 무기는 바로 두려움이다. 사탄은 의미상 하나님의 뜻이 하늘에서와 같이 땅에서도 이루어지는 것을 방해하는 세력을 가리킨다. 부르심을 받고 하나님의 뜻을 이루기 위해 헌신하는 그리스도인이 도중에 좌절한다면 그것은 두려움 때문이다. 올바른 일을 결심했다가도 포기했다면-한편으로는 욕망이 작동하여 유혹받았을 수도 있지만 다른 한편으로는-두려움에 압도당했기 때문이다. 두려움은 하나님의 뜻을 향한 열정을 포기하게 한다. 고통에 대한 두려움, 상실에 대한 두려움, 실패에 대한 두려움, 실망에 대한 두려움, 배신에 대한 두려움, 불행에 대한 두려움, 죽음에 대한 두려움, 심지어 마음의 상처 때문에 사람 자체를 두려워하기도 한다.

두려움은 심리적인 현상이지만, 사탄의 강력한 무기로 사용되기 때문에 심리적인 치료만으로는 결코 해결할 수 없다. 두려움의 실체를 바로 알아야 담대할 수 있다. 두려움을 피하지 말고 맞서 싸워야 하는 때가 있는 것이다. 그리스도인에게 두려움은 영적으로 맞서 싸울 대상이다. 다시 말해서 하나님을 신뢰함으로써만 극복할 수 있는 두려움이 있다. 예컨대 복음을 전하며, 진실을 지키고, 하나님의 말씀대로 사는 일에서 만나는 두려움은 심리적인 해결책만으로는 부족하다. 두려움이 엄습해 올 때 하나님에 대한 신뢰, 그의 약속에 대한 확신이 필요하다. 그래서 성경은 신뢰와 확신에 해당하는 말을 담대함으로 번역하기도 했다(엡 3:12; 히 10:35; 요일 2:28, 3:21, 4:17, 5:14). 의미를 고려하여 번역한 것이라 생각한다.

이처럼 담대함은 하나님의 통치를 받기를 포기하도록 위협하는 두려움에 맞서 싸우는 무기이기 때문에 설교자는 담대함을 성품으로 갖출 수 있도록 노력해야 한다. 담대함은 궁극적으로 우리와 함께 계시는 하나님을 증거하고, 약속을 지키시는 하나님을 증거하며, 우리를 확실하게 구원하시는 하나님을, 그리고 미래의 하나님임을 증거한다. 그렇다면 어떻게 해야 담대해질 수 있을까? 이에 대답하기에 앞서 먼저 두려움에 대해 살펴보자.

사실 두려움은 인간의 생존에 절대적으로 필요한 감정이다. 위험을 미연에 예방한다. 뇌의 편도체에서 관할하는 두려움을 전혀 느끼지 못한다면 그것은 정상이 아니라 뇌에 이상이 생긴 것이다. 매우 위험한 상태를 감지하지 못해 생명을 잃을 수도 있다. 『두려움의 재발견』의 저자 로버트 마우어와 미셸 기포드는 인간에게 자연스런 감정인 두려움을 회피하지 말 것을 권고한다. 오히려 두려움을 인지하고 그것을 건강하게 대처하는 방법을 찾고 마침내 그것을 극복할 때 새로운 세계로 진입할 수 있다고 말한다. 이것이 성공한 사람들에게서 볼 수 있는 특징 가운데 하나임을 강조한다.

두려움은 현재의 어떤 일을 경험하면서 미래의 불확실성 혹은 주변에 산재해 있는 위험을 현저하게 느끼게 될 때 나타나는 감정이다. 아직 존재하지 않지만, 있을 것으로 예상하여 나타난다. 이것은 과거의 경험에서 오기도 하지만, 때로는 본능적으로 느끼는 감정이기도 하다. 과거의 경험에서 비롯하든 아니면 본능적인 반응이든 두려움을 극복하려면 무엇보다 먼저는 미래에 대한 불안과 염려에서 자유로워져야 한다. 계산과 예측이 가능한 길을 간다면 두려움을 느끼지 않는다. 그러나 불확실한 경우엔 아무리 경험이 있다 해도 두려워진다. 에베레스트 산 등반에서 성공한 사람이라도 다시 오르려 하면 두려움을 느낀다고 한다. 예측할 수 없을 정도로 변화무쌍한 기후 상황 때문이다. 한 번의 성공이 두려움을 없이 하는 게 아니라, 매번 솟아나는 두려움을 극복하면서 등반한다고 한다.

한편, 성도에게 유익한 거룩한 두려움도 있다. 하나님을 경외할 때 나타나는 감정이다. 죄인이 하나님을 두려워하는 건 당연하다. 하나님 앞에서 두려움을 갖고 살 때 죄를 멀리할 수 있으며, 하나님의 자비와 도움을 구하며 산다. 이에 반해 사탄은 죄책감을 자극하여 하나님을 두려워하게 하고, 그 앞에 나서지 못하게 한다. 아무도 도울 사람이 없음을 각인시키고 또 교회와 사회를 이기적으로 몰아간다. 이것을 극복하는 방법은 예수 그리스도를 믿는 것이다. 그를 믿음으로써 그의 긍휼하심을 얻을 때 우리는 은혜의 보좌 앞에 담대히 나아갈 수 있기 때문이다(히 4:16). 또한 믿음을 가질 때 그리스도의 형상으로 살아가는 공동체의 도움을 신뢰할 수 있다. 믿음은 모든 두려움에서 벗어나게 하고 또한 하나님의 영광을 위한 모든 일에서 담대해질 수 있게 한다.

극심한 두려움은 담대하지 못하게 만드는 주요인임에 분명하다. 그러므로 두려움을 극복할 방법을 찾아서 그것을 습득하는 것이 담대해질 수 있는 길이다. 앞서 언급했듯이, 가장 우선되는 방법은 하나님이 함께하심을 확신하고 모든 일에서 하나님을 신뢰하는 것이다. 이를 위해 말씀을 늘 가까이 해야 하고, 모든 일에서 하나님이 일하심을 인정하며 기도하는 실천이 필요하다. 다윗의 담대함에는 여러 이유가 있지만, 그중에 하나가 바로 신뢰이다. 그분이 나와 함께하신다는 확신 때문에 사망의 음침한 골짜기를 지나도 해를 당할 것을 두려워하지 않았다. 다니엘과 세 친구들이 바벨론의 느부갓네살 왕 앞에서 보인 담대함은 오직 하나님의 존재와 살아 계심에 대한 믿음 때문이었다. 풀무불에 던져질 위기에도 그들은 하나님의 구원을 기대했고, 설령 구원이 일어나지 않고 불에 타 죽는다 해도 하나님에 대한 견고한 믿음 때문에 그들은 두려워하지 않았고 담대함을 잃지 않았다. 하나님은 산자의 하나님일 뿐 아니라 죽은 자들의 하나님이기 때문이다.

둘째, 두려움을 극복하는 방법은 사랑이다. 사도 요한은 마지막 날의 심판에 대한 두려움으로 떠는 공동체에게 보내는 편지에서 하나님을 향한 사랑을 권고하였다.

> 사랑 안에 두려움이 없고 온전한 사랑이 두려움을 내쫓나니 두려움에는 형벌이 있음이라 두려워하는 자는 사랑 안에서 온전히 이루지 못하였느니라(요일 4:18).

자녀를 사랑하는 엄마는 결코 두려워하지 않는다. 두려움이 없다기보다는 능히 극복할 수 있는 힘을 사랑으로부터 얻는다. 세상을 사랑하시는 하나님은 스스로 가치 없는 존재가 되어 죄로 가득한 세상으로 오시고 또 십자가에 못 박혀 죽는 것을 결코 두려워하지 않으셨다. 예수님의 겟세마네 기도에서 볼 수 있듯이, 두려움이 전혀 없다고 볼 수 없지만, 인간으로서 겪어야 할 최고의 두려움, 곧 죽음에 대한 두려움을 하나님에 대한 신뢰와 세상을 향한 사랑으로 극복하였다. 하나님에 대한 사랑과 그 뜻이 이뤄지길 간절히 원하는 마음은 세상으로부터 오는 어떤 두려움도 능히 극복할 수 있다. 사랑이 식으면 두려움이 생기고, 사랑이 뜨거워지면 두려움은 그리스도인 안에서 자리할 공간을 얻지 못한다. 사랑은 두려움을 내어 쫓기 때문이다. 인간의 감정인 두려움은 결코 무의미하지 않으며, 오히려 우리 안에서 사랑이 얼마나 강력한지를 보여 주는 지표이다.

청중이 자신의 설교를 어떻게 생각하고 판단할지를 두려워하는 설교자가 의외로 많다. 약간의 긴장감은 필요하지만, 그것이 설교를 온전히 전하는 데에 방해가 된다면 문제다. 그러나 성도를 사랑하는 마음으로 설교를 하면 성도들의 마음을 아프게 한다 해도 두려워할 일이 아니다. 마음의 진정성은 통하기 마련이기 때문이다.

목자로서 정체성은 설교자의 두려움을 극복하는 데에 크게 기여한다. 우리는 모두 하나님의 양이지만 또한 목자의 삶으로 부름을 받았다. 하나님의 양으로서 성도는 이웃과의 관계에서 목자로서 정체성을 갖는다. 다윗의 담대함은 양을 지키겠다는 목자의 책임감에서 비롯했다. 여성은 약하지만 엄마는 강하다는 말이 가능한 이유는 엄마는 아이를 지키려는 강한 책임감을 갖고 있기 때문이다. 그리스도인은 어디에서 어떤 일을 하든지 목자로서 정체성을 갖고 있을 때 담대함을 얻을 수 있다.

셋째, 하나님의 약속에 대한 확신이다. 사실 하나님을 신뢰하는 일은 그분이 행하신 일에 대한 확신이지만 또한 하나님이 장차 행하실 것을 알려주신 약속에 대한 확신에서 비롯한다. 애굽의 손에서 벗어난 이스라엘 백성들은 하나님이 행하신 일을 분명히 목격했음에도 어려움이 닥칠 때마다 두려워했다. 하나님이 앞으로 행하실 일들에 대해 분명히 말씀하셨음에도 불구하고 그들은 하나님의 약속을 확신하지 않았다. 하나님의 뜻에 순종하면서 하나님의 말씀대로 살려는 성도들이 어려움을 만날 때 가장 큰 힘을 발휘하여 담대해지도록 하는 힘은 약속에 대한 확신으로부터 나온다.

이것을 너희에게 이르는 것은 너희로 내 안에서 평안을 누리게 하려 함이라 세상에서는 너희가 환난을 당하나 담대하라 내가 세상을 이기었노라(요 16:33).

넷째, 누군가가 도와줄 것이라는 확신이다. 어떤 사회든 서로 돕는 관계가 세워지면 어려움을 만날 때 담대해질 수 있다. 문명사회는 보험제도로 그것을 대체하고 있지만, 문명 수준에 미치지 못하는 사람들이나 그런 사회에서는 품앗이와 같은 형태의 문화에 힘입어 아직까지도 서로가 서로를 돕는 일이 관습적으로 행해지고 있다.

예컨대, 아프리카 공동체 정신은 우분트(ubuntu)라고 알려져 있다. 매우 다양한 의미를 갖고 있다고 하는데, 우분투의 기본 가치는 평화와 공존과 화합에 있다. 흔히 "당신이 있기에 내가 있다"라는 말로 표현된다. 이런 우분투 정신을 남아프리카 공화국 성공회 대주교인 데스몬드 투트는 이렇게 설명했다.

"우리나라에 전해 내려오는 격언 중에는 우분투라는 것이 있습니다. 그것은 인간이 갖추어야 할 기본 조건이지요. 인간은 혼자서는 살아갈 수 없는 존재라는 것이 바로 우분투의 핵심이다. 우분투는 우리가 서로 얽혀 있다는 점을 강조합니다. 홀로 떨어져 있다면 진정한 의미에서 인간이라고 할 수 없고, 우분투라는 자질을 갖추어야만 비로소 관용을 갖춘 사람으로 인정받을 수 있습니다.

우리는 자신을 다른 사람과 상관없이 존재하는 개인으로 생각할 때가 많습니다. 그러나 우리는 사실 서로 이어져 있으며 우리가 하는 일 하나하나가 세상 전체에 영향을 미칩니다. 우리가 좋을 일을 하면 그것이 번져 나가 다른 곳에서도 좋은 일이 일어나게 만듭니다. 그러므로 그것은 인간 전체를 위하는 일이 됩니다(위키백과)."

우분투는 서로를 존중하는 문화이다. 상호 존중은 신뢰를 쌓고, 신뢰는 서로에 대한 믿음을 만든다. 노벨 평화상 수상자인 남아프리카공화국 대통령을 지냈던 넬슨 만델라(Nelson Mandela)는 우분투를 다음과 같이 설명하였다.

"옛날에 우리가 어렸을 적에 여행자가 우리 마을에 들르곤 합니다. 여행자는 음식이나 물을 달라고 할 필요가 없습니다. 들르기만 하면 사람들이 밥상에 음식을 차려주기 때문입니다. 이것은 우분투의 한 측면이고, 다양한 측면이 있을 것입니다. 우분투는 사람들이 자신을 위해 일하지 말라는 것이 아닙니다. 중요한 점은, 그렇게 하는 것이 여러분 주변의 공동체가 더 나아지게 하기 위해서 그 일을 하느냐는 것입니다. 이런 것들이 인생에서 가장 중요한 것들이고, 만일 여러분이 그런 일을 한다면, 다른 사람들이 고마워 할 아주 중요한 일을 한 것입니다(위키백과).”

　기독교는 인간에 대한 생각을 하면서 서로 돕는 존재를 부각한다. 인간은 인간을 돕는 존재로서 정체성을 갖는다. 아벨을 죽이고 하나님 곁을 떠나 유리해야 했던 가인은 돕는 존재로서 인간에 대한 생각을 하지 못했고, 오히려 사람들이 자신을 만나면 해칠 것이라며 두려워했다. 그리스도인의 담대함은 하나님께서 성령을 통해 우리의 연약함을 도우시고 예수 그리스도를 통해 주신 약속을 반드시 지키실 것을 확신하는 데서 나온다. 하나님의 도움은 하나님을 인정하며 성령의 감동을 실행에 옮기는 인간을 통해 온다. 이에 비해 아무 도움이 없을 거라고 생각하면 두려움에 쉽게 빠진다.

　다섯째, 모든 일의 목적을 하나님의 영광에 두는 것이다. 하나님의 영광을 위한 일은 설교자로 하여금 매사에 담대하게 한다. 어떤 위협과 위험이 엄습해 와도 담대함을 결코 잃지 않는다. 왜냐하면 그 일은 항상 옳고 또 설교자에게 마땅한 일이기 때문이다. 따라서 어떤 일을 할 때 두려운 느낌이 앞선다면, 하나님의 영광을 위해 계획한 일인지 점검해 볼 필요가 있다. 예수님은 십자가의 죽음 앞에서 두려움을 숨기지 않았다. 그러나 하나님의 뜻이 이뤄질 것을 원했고, 또 그 뜻이 이뤄지는 방법에 순종했기 때문에 빌라도 앞에서 또한 죽음 앞에서 담대할 수 있었다. 순교자의 삶 역시 목적이 분명한 신앙을 가지고 있었기 때문에 가능했다. 그들의 선택은 자신의 생명보다 하나님의 영광을 더 소중하게 생각한 결과였다. 그들은 사나 죽으나 모든 것이 하나님의 영광을 위해 존재하는 것임을 잘 알았다. 하나님을 영화롭게 하는 삶은 하나님을 사랑하는 삶이다.

7. 분노를 조절할 수 있어야 한다

성도와의 관계에서나 혹은 개인적인 일에서 겪는 불쾌함 때문에 적지 않은 수의 목회자들이 스트레스를 받는 일은 충분히 이해가 되면서도, 그것이 종종 설교를 통해 분노로 분출되는 것을 보면 안타까움을 금할 수 없다. 성도들에 대한 분노는 설교에 대한 오해와 의도적인 오독과 비판 그리고 설교를 듣고도 순종과 변화의 의지를 보이지 않을 때 나타난다. 인간으로서 끓어오르는 분노를 억제하는 것이 지도자로서도 필요하지만, 특히 설교자는 자신의 분노를 조절할 수 있어야 한다. 그렇지 않으면 청중과의 관계가 틀어질 뿐만 아니라 설교의 목적에 결코 이르지 못한다. 설교자의 분노 조절을 위해 먼저 분노에 관해 살펴보도록 하자.

분노는 화가 격렬하게 발전되고 또 표출된 감정 상태이다. 심리적이기도 하고 행동적이기도 한다. 생리학적으로도 이해된다. 분노는 아드레날린과 노르아드레날린이라는 호르몬 작용과 관계하고 있음이 밝혀졌다. 사실 두 호르몬은 인간의 생존을 돕는 기능을 한다. 인간으로 하여금 최대의 수행능력을 발휘할 수 있게 함으로써 생존의 가능성을 높여 준다. 그러나 이 호르몬이 한도를 초과해서 분비가 되면 오히려 신체기관에 치명적인 해를 끼치는 독으로 작용한다. 지나치면 차라리 없는 것만 못하다는 말을 실감케 하는 호르몬이다. 지나치게 많이 분비되는 때는 생존에 위협을 받거나 혹은 높은 수행 능력이 요구되는 상황이다. 현대 사회에서 많이 쓰는 용어를 사용한다면, 스트레스가 높아질 때이다. 스트레스에 많이 노출된 사람일수록 아드레날린과 노르아드레날린이 많이 분비가 된다. 동공이 확장되고,

심장 박동이 빨라지며, 식은땀이 나고, 두통이 커지며, 호흡 곤란이 생긴다. 한마디로 정상적인 생체리듬에서 이탈한다. 현대사회를 성과사회라고 하면서 동시에 피로사회 혹은 소진사회라고 하는 것은 바로 생리학적으로 이 두 호르몬과 깊은 관계가 있다.

독일 위키피디아(Wut: 분노)는 심리적으로 분노의 세 가지 이유를 설명하고 있다. 하나는 분노의 발생은 절망감에서 표출되는 격한 감정으로 본다. 더 이상 희망할 이유를 찾지 못했을 때, 혹은 희망할 수 없는 상태일 때, 화를 발하게 되는데, 특히 절망감을 느끼게 될 경우에는 분노로 표출된다. 이것은 인간이 본질적으로 희망과 떼려야 뗄 수 없는 존재임을 확인해 주는 사실이다. 다른 하나는 모든 인간에게 있는 공격적인 충동을 조절하지 못할 때 나타난다고 본다. 특히 지그문트 프로이트(Sigmund Freud)가 대표적으로 이 입장에 서 있다. 그에 따르면, 인간에게는 두 가지 본능이 있는데, 죽음의 본능과 생의 본능이다. 공격적인 충동은 죽음의 본능에 속하는 기제인데, 이것을 무조건 강압적으로 억누를 수만은 없다고 한다. 왜냐하면 그렇게 되면 심리적인 문제가 발생하기 때문이다. 강제적으로 억압할 일이 아니라 다양한 형태로 분산적으로 발산되도록 해야 한다. 예컨대 취미활동이나 운동 등이다. 마지막 하나는 분노가 학습되었기 때문이라고 본다. 화가 언제나 분노로 발전하는 것은 아니다. 주위 사람들에게서 화가 분노로 표출되는 것을 보았거나 혹은 대중매체를 통해 간접적으로 경험하게 되었을 때, 이것들이 유사한 상황에서나 혹은 격한 감정을 일으키는 자극을 받았을 때, 분출된다는 것이다. 이상의 세 가지 분노의 원인은 매우 설득력 있다고 생각한다.

행동적으로 분노는 대체로 육체적으로나(생명의 위험) 심리적으로

(자존심 침해나 인간 존엄성이 훼손되었다는 느낌) 위험에 처했다는 느낌 때문에 촉발되기 때문에 매우 공격적인 태도로 나타난다. 앞서 설명한 프로이트도 공격적인 충동이론과 연속선에서 이해될 수 있는 것이지만, 관점을 조금 달리해서 본다면, 분노는 생리학적인 불균형과 심리학적인 파행을 넘어 윤리적으로나 도덕적으로 심각한 결과를 일으킨다. 인간관계를 파괴하고, 심하면 생명을 앗아가기도 한다. 집단 차원에서 일어난 분노는 공동체의 존재를 위협하기도 한다. 무엇보다 심각한 것은 분노에 사로잡힌 사람은 자신을 전혀 통제할 수 없는 상태에서 행동한다는 것이다. 16세기 인본주의자 에라스무스(Erasmus)는 분노는 이성이 스스로 목매달러 가도록 더욱 공격적으로 굴어 결국 이성이 포기하게 만든다고 했다. 몰아의 상태로 오직 상대를 공격할 일에만 전념한다. 그래서 분노는 일종의 광기로 이해된다.

세 가지 관점에서 설명하는 분노를 보다 자세히 들여다보면 분노를 어떻게 예방할 수 있는지에 대한 대책이 보인다.

첫째, 호르몬은 항상 분비되는 것이고 또 두 가지 얼굴을 갖고 있기 때문에 인간 스스로 통제할 수 없다. 다만 할 수 있는 일이 있다면, 가능한 분노의 상황이 일어나지 않도록 스스로 조절해야 하는 것인데, 다시 말해서 스트레스에 장기간 노출되지 않도록 해야 한다. 건강한 신체와 활력이 넘치는 삶을 위해 없어서는 안 되는 호르몬이 정상적인 기능을 발휘하도록 하려면, 스트레스는 쌓일 때까지 놔두지 말고 이내 풀어야 한다. 운동이나 여가활동 혹은 사람들과의 대화를 통해서 풀 수 있고, 이런 것으로 되지 않으면 전문 상담가의 도움을 받아야 한다. 어느 정도 통제할 수 있다고 생각하고 방치해 두면, 나도 모르는 사이에 분노가 폭발하고, 그때가 되면 이미 늦은 것이다. 다만 후회만이 있을 뿐이다.

둘째, 심리적인 측면에서 분노는 감성 훈련과 품성 훈련을 통해 예방할 수 있다. 무엇보다 어려서부터 인내와 자제력을 기르도록 애를 써야 할 것이다. 평소에 화가 나는 상황에서 자신에게 일어나는 감정의 변화와 행동의 변화를 꼼꼼하게 살펴봐서 처음부터 화를 초래할 일을 만들지 않든가, 혹시라도 화가 나더라도 분노가 아닌 방식으로 문제를 풀 수 있도록 노력하는 일이 필요하다. 뿐만 아니라 분노의 상태에서 일어날 수 있는 상황을 학습이나 경험담을 듣거나 혹은 상상을 통해 미리 간접적으로 경험함으로써 분노에 대한 예감 능력을 길러야 한다. 대중문화가 미치는 부정적인 영향은 심각하다. 앞서 분노가 학습된 행동의 한 형태일 수 있다고 말했는데, 대중문화를 비판적으로 수용할 수 있도록 평소부터 비평 능력을 길러야 할 것이다.

특히 대인관계에서 절망감에 이르지 않도록 인격 훈련이 필요하다. 인간관계에서 절망감을 느끼는 이유는 자신의 힘으로 상대를 변화시키려 했기 때문이다. 분노는 타인을 자신의 뜻과 의지에 강제적으로 동의하게 하는 도구로 작용한다. 아무리 훌륭한 교훈이나 조언이라도 상대가 받아들이려 하지 않는 일이 발생할 수 있다. 생각이 다르고 삶의 방식이 다르기 때문에 당연한 일이다. 만일 이때에 자신이 원하는 방식으로 상대를 강제로 설득하려고 할 때, 절망감을 느낀다. 오를 수 없는 높은 벽을 마주하고 서 있다거나 절벽 끝에 서 있다는 느낌을 받는다. 이런 상황에서 그냥 포기하고 돌아선다면, 그나마 절망감보다는 다른 대안을 발견할 여유를 얻을 수 있다. 그러나 강압적으로 밀어붙이려고 할 때, 절망감은 더욱 커지고 또 깊어져 화는 이내 분노로 바뀌게 된다. 관계를 해치는 치명적인 일이 벌어지게 되고, 심하면 분노가 살해의지로 바뀔 수도 있다.

예를 들어 영화 "사도(이준익, 2014)"에서 볼 수 있듯이, 사도 세자의 아버지인 영조는 아들에 대한 기대에서 출발해서 곧 실망하게 되고 아들의 행동에 대해 화를 발하는 단계에서 분노로 그리고 마침내는 살해의지로까지 이어진 대표적인 케이스이다. 사도세자는 영조 당시 거대담론의 피해자요 희생자였다.

가능한 한 화를 참아야 하지만, 사람 사는 세상에서 모든 화를 참을 수는 없다. 비록 화를 낼 순 있다 해도 어떤 일이 있어도 분노는 피해야 한다. 이를 위해서는 어려서부터 인격 훈련과 품성 훈련 그리고 영성 훈련을 게을리 하지 말아야 한다. 무엇보다 경쟁구조에서 살아갈 수밖에 없는 한국 교회 상황에서 설교자에게 분노 조절을 위한 다양한 훈련은 필수라고 생각한다. 신학교교육만으로는 불가능하기 때문에 개인 각자가 성품과 관련해서 꾸준한 노력을 기울일 필요가 있다.

8. 기뻐할 수 있어야 한다

설교자는 청중들의 주목을 받는다. 설교자의 얼굴 표정에 따라 설교를 듣는 청중의 반응은 달라진다. 인간에게 기본적으로 갖춰져 있는 공감능력 때문이다. 설교자의 감정은 설교자를 지켜보는 청중에게 그대로 전해진다. 그러므로 설교자는 복음을 전하는 자로서 자신의 얼굴표정을 관리할 수 있어야 한다. 슬픈 이야기는 슬픈 표정이 필요하고, 기쁜 이야기는 기쁜 표정을 필요로 한다. 그렇다고 해서 배우처럼 그렇게 완전히 자신을 숨기고 역할에 만족할 수는 없다. 설교자의 표정 관리는 역할 수행자로서가 아니라 성숙한 내면으로부터 가능해지도록 해야 한다. 설교자의 표정관리는 예외적인 경우가 전혀 없지 않다 해도 인위적이어서는 안 된다. 설교자의 감정 가운데 특히 기쁨은 "항상 기뻐하라"는 말씀에 따르기도 하지만, 무엇보다 복음 자체가 기쁜 말씀이기 때문이다. 그러므로 복음을 전하는 설교자가 먼저 기쁨의 삶을 살아야 하는 것은 당연한 일이다.

기쁨은 행복한 느낌, 즐거운 느낌, 긍정적인 느낌을 말한다. 생리적인 이유라면 뇌 호르몬의 작용으로 오는 것이지만 심리적인 작용으로도 생긴다. 육체적인 자극을 받아 기쁨을 느낄 수도 있다. 어떤 원인에서 비롯하든 어느 정도는 육체적으로 표현된다. 큰 웃음을 동반하지만 잔잔한 미소의 형태로도 나타난다. 때로는 춤과 같이 육체적으로 격렬한 움직임을 일으키지만 감정적으로 약간의 미동만을 일으키는 가운데 마음의 평안으로 경험되기도 한다.

그런데 어떤 기쁨이든 그것은 인간의 바람과 떼려야 뗄 수 없는 관계를 갖는다. 바라지 않는 일이 일어나면 결코 기뻐할 수 없다. 뜻하지 않게 일어나는 일 때문에 기뻐할 수 있지만, 아무리 그렇다 해도 원하는 것과 관계가 있어야 한다. 바라는 것이 현실로 나타났을 때, 비록 그것이 가시적이거나 물질적인 것이 아니라 해도, 그것을 원했을 때만 기쁨이 될 수 있다. 그렇지 않으면 남들이 보기에 아무리 좋은 것이라도 정작 본인은 기쁨을 느끼지 못한다.

무엇 때문에 기뻐한다면 그것을 바랐기 때문이다. 대개는 분명히 의식하고 있지만 때로는 의식하지 않은 상태에서 바라는 것일 수 있다. 예컨대 내가 바라는 일이 일어나지 않고 또 상황이 안 좋다 해도 불현듯 기쁨을 느낄 수 있다. 이렇게 되는 이유는 설명하기 쉽지 않은 만족이 내면에서 일어나기 때문이다. 내가 무엇으로 기뻐하느냐는 평소에 내가 무엇을 바라며 살고 있는지를 말해 준다.

인간의 품성은 하나님의 성품을 반영한다. 하나님의 형상으로 창조되었기 때문이다. 창조를 오늘의 관점에서 이해한다면, 인간이 새로운 존재로 거듭나길 원하시는 하나님의 부르심으로 볼 수 있다. 그러니까 모든 인간은 예수 그리스도를 모시고 또 그와 친밀한 교제를 통해 하나님의 성품을 세상 가운데 나타내도록 부름을 받았다고 볼 수 있다. 다만 그리스도인과 비 그리스도인의 차이가 있다면, 부르심을 명시적으로 드러내려고 노력하는 사람이 그리스도인이라면, 비 그리스도인은 부르심을 의식하지 못한 채 드러내거나 혹은 전혀 그럴 의지가 없는 사람이다.

기독교는 본래적으로 기쁨과 상관하고 있다. 복음은 기쁜 소식을 말하기 때문이다. 들어서 기쁨을 경험할 수 있도록 하는 것이 복음이다. 만일 듣고 믿음에 이르면 기쁨을 넘어 구원의 복을 얻는다. 그런데 기독교에서 기쁨은 단순히 심리적이거나 생리적인 현상만을 말하지 않는다. 하나님의 기쁨을 반영하는 성도의 품성 가운데 하나로 언급되고 있다(희락, 갈 5:22). 품성의 하나로 거론되는 기쁨은 불쾌한 상황에서도 즐거운 상태를 유지하는 태도를 말한다. 마음이 불쾌할 때 짜증을 내거나 화를 내는 것은 일반적인 현상이다. 심지어 어떤 사람들은 분노를 발하기도 한다. 인간관계에서는 이런 감정 상태의 사람들을 무조건 비난하기보다는 어느 정도 관용하려고 노력한다. 악조건에 있는 사람들에게 무조건 기뻐하라고 강요할 수 없고, 또 불쾌하면 누구에게나 나타나는 현상임을 잘 알기 때문이다.

그런데 '항상 기뻐하라'는 말씀은 그런 불쾌한 상황에서도 기뻐하라는 것인데, 이것이 기쁨을 품성의 하나로 이해할 때 겪는 어려움이다. 이것이 어떻게 가능할까? 훈련을 통해 가능해질 수 있을까? 아니면 성령의 결실(희락) 가운데 하나로 언급되고 있는 사실을 염두에 둘때, 오직 성령의 역사에 힘입을 때만 가능한 일이라고 생각해야 할까?

한편, 천성적으로 낙관적인 사람들도 있다. 어떤 상황에서도 즐거운 마음을 잃지 않는다. 그래서 힘들 거라 여기며 안타깝게 바라보는 주위 사람들을 종종 놀라게 한다. 고통을 못 느끼고, 슬픔을 표현할 수 없기 때문에 그런 것일까? 아니면 슬픔을 이기고 고통을 인내할 뿐만 아니라 그런 상황에서도 기뻐할 또 다른 이유가 있거나, 혹은 남들은 볼 수 없는 특별한 이유가 있기 때문일까? 어떤 이유에서 그렇게 할 수 있는지 모르지만, 대부분의 사람들의 경우는 그러지 못한다. 슬플 때나 괴로울 때 기뻐하는 사람이 없고, 고난 중에 기쁨을 표현하는 것은 매우 드문 일이다. 제정신이 아니라면 모를까, 누구도 그런 일을 쉽게 할 수 없다. 그러므로 품성으로서 기쁨을 갖출 수 있기 위해선 고통과 슬픔 가운데서도 기뻐할 이유를 배워야 하고, 그것을 식별할 수 있을 뿐만 아니라 그것을 내 것으로 삼을 능력이 갖춰져 있어야 한다. 불쾌한 감정 상태를 극복하고 능히 기뻐할 수 있는 이유는 무엇일까?

교회사의 한 장면을 생각해 보자. 기독교가 박해를 받던 시대에 콜로세움에서 굶주린 사자와 대면한 성도들 가운데 일부는 기쁨으로 죽음을 맞이할 수 있었다. 그 이유는 무엇일까? 동일한 사건을 경험하면서 어떤 성도는 울부짖었고, 사자를 피해 다녔으며, 어떤 성도는 하늘을 향해 손을 뻗고 찬송을 부르며 죽어 갔다. 이런 차이는 무엇 때문에 나타난 것일까? 부활에 대한 하나님의 약속을 확신했기 때문이다. 하나님 나라에 대한 확신이다. 이 땅에서의 삶이 전부가 아니라 하나님 나라에서 계속될 영생을 확신했기 때문이다. 또한 죽음으로 써 오히려 예수 그리스도를 더욱 분명히 증거할 수 있다는 확신 때문이다. 환난 중에 기뻐하고, 슬픔 중에 오히려 다른 사람의 슬픔을 위로할 수 있는 까닭은 슬픔과 고난으로 결코 끝나지 않는 또 다른 세계에 대한 기대와 확신이 있기 때문이다.

새 찬송가 336장 "환난과 핍박 중에도"는 아름다운 노랫말과 리듬으로 널리 알려지고 성도들이 즐겨 부르는 찬송이다. 이 곡은 원래 가톨릭 신부 페이버(F. W. Faber)가 1849년에 지은 찬송 "Faith of our fathers, Mary's prayers(신앙 선배들의 믿음, 마리아의 기도)"였는데, 이런 훌륭한 노랫말을 가진 찬송이 가톨릭에 제한되어 있는 것을 안타깝게 생각한 왈튼(J. G. Walton)이 1874년에 편곡하여 그가 편집한 『*Plain Song Music for the holy communion Office*(단선율 찬송가집)』에 수록하여 오늘에 이르게 되었다. 이 노랫말을 보면 환난과 핍박 중에서 신앙을 지킨 성도들을 생각할 때, 기쁨이 충만하다는 표현이 있다. 기쁨이 충만하게 된 이유는 죽도록 충성하며 신앙을 지킨 성도들을 생각했기 때문이었다. 당시 성도들의 충성을 가능하게 했던 신앙이 자신에게도 계속되고 있는 것을 기쁨의 이유로 삼았다는 말이다. 불행에 대한 두려움이 아니라 오히려 기뻐할 수 있었던 것은 그들의 신앙이 결코 멈추지 않고 앞으로 계속 될 것을 확신했고 또 기대했기 때문이다. 그것은 3절에 잘 나타나 있다. "성도의 신앙 본받아 원수도 사랑하겠

네 / 인자한 언어 행실로 이 신앙 전파하리라."

죽도록 충성하는 성도들은 상황이나 감정에 매이지 않았다. 악조건에 처해 있다 해도 또 감각적으로 느끼는 것은 고통이라 하더라도 그리고 자신들을 바라보는 사람들이 슬퍼할 수밖에 없는 상황에서도 그들은 오히려 천국을 소망하며 기뻐할 수 있었다. 죽음으로써 예수 그리스도를 전할 수 있었기 때문에 기뻐할 수 있었다.

우리가 기뻐할 수 없는 이유는, 곧 우리의 기쁨이 상황에 좌우되는 이유는, 기쁨의 이유를 나의 감정 상태나 내가 기대하고 바라는 것에 두기 때문이다. 환경에서 이유를 찾기 때문이다. 이에 비해 사도 바울은 로마서 5장 3절에서 환난 중에도 즐거워할 수 있다고 말하면서, 그 이유를 소망에서 찾았는데, 이는 곧 하나님이 약속을 반드시 지킬 것을 확신했기 때문이라는 말과 다르지 않다. 우리를 사랑하시고 그 사랑을 반드시 나타내 보여 주실 것을 확신했기 때문에 환난을 당하는 동안에도 오히려 즐거워할 수 있다고 말한 것이다.

그러므로 기쁨이 설교자의 품성이 되기 위해서는 하나님의 사랑과 그분의 약속에 대한 확신이 모든 일상에서 지배하도록 해야 한다. 하나님의 약속의 성취를 간절히 기대하고 또 예수 그리스도가 다시 오실 것을 소망하는 삶의 태도가 설교자로 하여금 상황에 매이지 않고 또 나의 감정에 사로잡히지 않고 항상 기뻐할 수 있게 해 준다.

9. 용기 있게 살고 또 전해야 한다

설교자는 말로써 청중으로 하여금 구체적인 행동을 권고하는 사람이다. 말로는 무엇이든 할 수 있지만, 자신이 했던 말을 실제 행동으로 옮기는 일에는 용기가 필요하다. 옳은 것을 알고도 행하지 않는 일이 설교자에게 종종 발견되어 청중들의 비난을 받는데, 성경에서는 이것을 죄로 규정하고 있지만, 이런 일이 발생하는 이유는 설교자에게 용기가 부족하기 때문이다. 용기란 신행일치의 삶을 모범적으로 실천해야 하는 설교자에게 매우 중요한 덕목이다.

빈센트 반 고흐는 생전에 사람들로부터 인정받지 못했지만, 사후에 위대한 화가의 반열에 우뚝 선 사람으로 잘 알려져 있다. 그가 용기에 관해 이런 말을 했다고 한다. "위험을 감수할 용기가 없다면, 인생이란 대체 무엇인가?" 이렇게 반문하면서 그는 인생을 다양하게 경험하는 일에서 용기가 얼마나 중요한 일인지를 강조하였다. 세상을 다양하고 다채롭게 경험할 수 있게 하는 것이 용기라는 말이다. 그의 풍성한 세상 경험을 반영하는 왕성한 작품 활동은 혹시 그의 용기 있는 삶에서 비롯한 것은 아닐지 싶다.

고대 그리스 자연철학자 데모크리투스(Democritus)에 따르면, 용기가 있어야 할 자리는 행동의 처음인데 비해, 행복은 마지막에 있다고 했다. 그렇다고 해서 행복이 용기로 시작한다거나 행복이 용기 있는 행동의 결과라는 말로 이해해서는 안 될 것이다. 다만 무엇을 시작할 수 있기 위해 필요한 덕목이 용기이고, 행복은 일의 결국에서 얻는 것임을 말한 것이다.

용기에 관한 두 사람의 말에서 용기의 본질적인 측면을 어느 정도 엿볼 수 있다. 다시 말해서 용기란 현실을 넘어서게 하는 힘 혹은 주어진 한계를 극복하게 하는 힘으로써 스스로를 위기에 던져 넣는 행동으로 이어진다. 과거나 현재와 다르게 세상을 새롭게 경험할 수 있는 기회를 제공하고, 신념을 행동으로 옮기는 일에서 매우 중요한 요인으로 작용한다. 특별히 옳은 일을 실행하는 일에서나 혹은 옳지 않은 일을 하지 않는 일에서 용기는 그것의 시작을 가능하게 한다. 옳은 일임에도 행하길 주저할 때나 옳지 않은 일임에도 끊지 못하는 것은 용기가 부족하기 때문이다. 때로는 비겁하다고 하고, 때로는 우유부단하다는 말을 한다.

용기는 가치에 대한 인식과 판단을 전제한다. 가치를 제대로 알지 못하거나 혹은 상반된 가치가 충돌하는 상황에 놓이게 되면 용기를 발휘하지 못한다. 옳은 줄 알고 있는데도 불구하고 의도적으로 행하지 않는 것은 비겁한 일이고(성경은 이를 죄로 규정한다), 충돌하는 가치 때문에 주저하며 결단을 내리지 못하는 것은 두 마음을 품고 있거나 성격이 우유부단하기 때문이다. 용기를 발휘하기 위해서는 가치에 대한 확신이 필요하다. 마땅히 행해야 할 것만을 강조하기보다, 행동함으로 혹은 행동하지 않음으로써 나타날 반대급부에 대한 두려움과 직면해서 그것을 극복할 수 있어야 한다. 이를 위해서는 설교자에게 가치에 대한 교육은 물론이고 정신적 육체적인 훈련이 필요하다. 만일 아무런 가치판단 없이 혹은 사리를 분별하지 않고 마구 행한다면, 그것은 용기가 아니라 만용이다.

인간관계에서 용기는 도덕과 윤리적인 맥락에서 덕목으로 이해된다. 예컨대, 사전적인 의미에서 용기는 사람의 태도와 행동양식의 하나로, 올바른 가치관을 갖고 환경과 조건에 구애 받지 않고 마땅히 해야 할 일들을 해내는 태도와 행동양식을 말한다. 과거 군사력이 중요하게 여겨진 시대에 용기는 대체로 싸움에 임하는 군인들에게 필수적인 덕목으로 인식되었으나, 민주주의사회에서 용기는 일종의 시민들이 갖춰야 할 덕목이다. 소위 시민정신이라는 맥락에서 용기는 정의 실현을 위해 꼭 필요하기 때문이다. 불의에 맞설 용기가 없이는 민주주의의 기능이 제대로 발휘하지 못한다. 왜냐하면 국민 주권사상을 천명하는 민주주의는 잠재적으로 언제나 독재정치와 맞서 있기 때문이다. 시민이 깨어있지 않거나 불의한 상황에서 용기를 발휘하지 않는다면, 독재는 언제고 모습을 드러내게 되어 있다.

한나 아렌트(Hannah Arendt)가 부조리한 현상으로 언급한 "악의 평범성(banality of evil)"은 옳지 않은 일을 행하지 않을 용기가 없기 때문에 나타난 현상이다. 중국 천안문 시위에서 한 청년이 탱크 앞에 당당히 맞서 있는 모습을 담은 사진은 이미 세계적으로 잘 알려져 있다. 시민정신으로 여겨지는 이런 용기가 민주주의를 수호하기 위해 필요하다. 용기는 개인과 사회와 국가 그리고 세계의 차원에서 주어지는 의무를 실천하기 위해 요구되는 덕목이다. 적극적으로 무엇을 행함으로써 가치를 구현하기도 하고, 무엇을 하지 않음으로써 반대 가치를 구현한다. 용기는 종종 칭찬의 이유이지만, 때로는 다른 사람들에게 미움을 받는 이유로도 작용한다.

『미움 받을 용기』는 한국 출판계에서 베스트셀러가 된 기시미 이치로와 고가 후미타케가 지은 책이다. 자유롭고 행복한 삶을 위한 아들러(Alfred W. Adler) 심리학을 대화 형태로 풀어 놓았는데, "미움 받을 용기"라는 말을 유행시켰다. 타인에게 부정적인 인식으로 각인될 것을 염려해 스스로 부자연스런 삶을 사는 사람들을 향한 메시지이다. 그는 자유를 "타인에게 미움을 받는 것"으로 정의하는데, 이를 근거로 말한다면, 미움 받을 용기란 자유로운 삶을 위한 용기이다. 예의를 중시하는 한국인, 특히 상사의 눈치를 살피며 처신하길 강요하는 조직사회에 몸담고 있는 사람들이 새겨들어야 할 말이다. 문화와 사고방식이 서로 다를 뿐만 아니라 자신이 욕망에 따라 살기를 원하는 인간들을 향해 하나님의 가치를 선포해야 하는 설교자에게 용기는 반드시 갖춰야 할 덕목이다.

성경적인 의미에서 용기는 일종의 힘이며 하나님을 의지하는 사람에게 주어진다(삼상 30:6; 미 3:8). 대표적인 사례를 들면 예수님이겠지만, 이외에도 갈 바를 알지 못한 채 오직 부르심 하나를 의지하고 집과 친척을 떠난 아브라함, 바로 앞에 선 모세, 바알 제단을 무너뜨린 기드온, 갈멜산에서 바알과 아세라 선지자들과 맞서 싸웠던 엘리야, 골리앗 앞에 선 다윗, 생명의 위협에도 하나님의 말씀을 전하길 주저하지 않았던 이사야와 예레미야, 로마 황제 앞에 선 바울 등을 들 수 있다. 이들은 한결같이 생명의 위협에도 불구하고 하나님을 위해 마땅히 해야 할 일들을 주저하지 않았다. 뿐만 아니라 정탐꾼들의 도피를 도와준 라합, 어리석은 남편을 대신해서 다윗과 그의 군대를 선대한 아비가일, 다윗의 향수를 달래기 위해 적진에 위치한 우물의 물을 길어온 용사들, 암울한 미래가 예상됨에도 불구하고 시어머니를 따라 간 룻, 그리고 처녀임에도 성령에 의한 아이의 잉태를 기꺼이 받아들였던 마리아 등도 용기 있는 모습을 보였다. 교회의 역사에서 수많은 사람들이 믿음을 지키기 위해 죽음을 불사했는데, 순교자들 역시 용기 있는 사람들이다.

용기는 어떤 상황에서도 하나님의 뜻에 순종하려는 태도이다. 뿐만 아니라 하나님의 뜻이 아니라면 아무리 좋게 보이거나, 혹은 다른 사람들은 모두 거리낌을 느끼지 않고 행하는 일이라 해도 하지 않는 태도이다. 예! 할 때와 아니요! 할 때를 분명히 분별하여, 신앙이 요구하는 일이라면 반드시 행하고, 신앙에 반대되는 일이라면 어떤 일이 있어도 행하지 않는 것, 이것이 바로 용기 있는 태도이다. 이런 태도의 근저에는 오직 여호와만이 참 하나님이라는 신앙고백이 있다. 여호와만을 참 하나님으로 섬기고, 그래서 오직 그분만을 신뢰하며 살려 할 때 가능한 태도이다. 옳은 줄 알고도 행하지 않는다면, 곧 용기를 내어 행하지 않는다면, 죄를 짓는 것이라고 했다. 옳은 줄 알고도 행하지 않는 사람이 있다면, 여호와 하나님 외에 다른 신을 갖는 것과 다르지 않다. 기독교 덕목 가운데 하나로 오직 하나님을 신뢰함에 따라 성령이 주시는 용기는 하나님을 세상 가운데서 참 하나님으로 드러내게 하는 원동력이다.

신앙의 용기를 위해 필요한 일은 하나님이 무엇을 말씀하시든지 항상 옳다고 인정하며, 하나님을 신뢰하고, 또 그분의 약속의 성취에 대한 확신과 소망을 갖는 것이다. 이것은 믿음의 선조들이 온갖 환난 가운데서도 용기 있는 신앙을 통해 마침내 하나님을 영화롭게 할 수 있었던 가장 중요한 이유이다. 설교자의 용기는 힘 있고 확신 있는 설교로 나타난다. 설교자로 하여금 청중의 호오 감정에 매이지 않게 하며, 마땅히 전해야 할 것이라면 주저하지 않고 전할 수 있게 하는 힘이다.

10. 인내해야 한다

설교자에게 조급함은 금기다. 설교의 결실이 청중에게서 당장 나타나지 않는다고 해서 조바심을 갖는다면, 설교자는 마음에 화를 품게 되고, 이런 일이 계속 되면 시간과 함께 설교는 점점 거칠어진다. 결과적으로 청중과 잘못된 관계를 갖게 된다. 설교자에게는 하나님의 인내가 필요하다. 하나님은 천년을 하루같이 여기실 뿐만 아니라 또한 하루를 천년같이 여기신다고 했다. 베드로서 기자는 한 명이라도 더 구원받기를 원하시는 하나님의 열심을 이렇게 표현하였다. 설교의 결실은 하나님의 일이며, 설교자는 설교의 결과를 인내를 갖고 기다릴 줄 알아야 한다. 인내로 기다리는 설교자는 청중과의 관계에서 실패하지 않는다. 설교자가 갖춰야 할 인내에 대해 좀 더 살펴보면서, 어떻게 하면 설교자가 복음을 위해 인내할 수 있는지에 관해 알아보자.

인내와 같은 의미로 사용되는 말 가운데 '오래 참음'이란 표현이 있다. 두 말은 성경에서 자주 나타나는데, 같은 의미로 사용되긴 해도 다른 의미도 있어서 상황에 따라 구별하여 사용된다. 예컨대, 디모데후서 3장 10절에는 두 말이 함께 나오는데, 이는 각각 다른 의미를 갖고 있기 때문이다. 먼저 이점을 염두에 두고 성품으로서 인내를 살펴보자.

사도 바울은 로마서 15장 5절에서 "인내와 위로의 하나님"을 말하면서 마치 하나님이 인내하는 분임을 말하고 있는데, 하나님에 관해 말할 때 인내를 말하는 것은 이곳이 성경에서 유일한 부분이다. 여기서 사용된 '인내'의 헬라어 표현은 ὑπομονη(휘포모네)이다. 누가복음 8장 15절에서도 사용된 것과 같은 표현으로, 누가복음에서는 사람의 인내를 가리킨다. 그 뜻은 '확고함'을 말하는데, 굳은 마음으로 어려운 상황을 견디어 내어 마땅히 있어야 할 곳에서 벗어나지 않고 그 안에 머물러 있다는 의미다. 그러니까 이 말은 로마서15장 4절에 나오는 '인내로'를 염두에 둔 표현이다. 4절에서는 사람의 태도와 관련해서 사용했다. 바울이 이 말을 하나님에 대해 사용했다면, 그것은 성도로 하여금 소망을 갖고 또 어려움을 극복할 때까지 오래 참으신다는 말을 하고 싶었기 때문이다.

그러니까 인내가 오래 참음이라는 의미로 사용된다면, 하나님은 심판을 유예하여 인간에게 돌아올 시간을 주신다는 의미다. 하나님은 죄에 대해 당장에 심판하지 않으시며, 잘못에 대해 급하게 분을 내지 않으신다. 이것을 말할 때 하나님의 '오래 참음'이란 표현을 사용한다. 물론 인간이 인간에 대한 태도에서 오래 참음을 말하기도 한다. 부정과 불의에 대해 분노할 수 있고, 급하게 반응할 수 있지만, 자제한다는 의미다. 충분히 행할 수 있고 또 그 일이 정당하지만, 행하기를 지연하는 태도가 오래 참음이다. 이런 의미에서 성경은 '오래 참음'을 하나님과 인간 모두에 대해 사용하고 있다. 그러나 인내는 오직 인간에게만 사용한다.

하나님은 왜 오래 참으실까? 인간에게 회개하며 돌아올 기회를 주기 위해서다. 이것은 하나님의 사랑과 긍휼에서 비롯한다. 피조물이 원칙에서 벗어나 살면서 비록 당신의 통치 밖에 있다 해도, 하나님은 인간이 언제라도 깨닫고 돌아오길 기다리신다. 집 나간 탕자를 포기하지 않고 언제라도 돌아오길 기다리는 아버지와 같다. 하나님의 오래 참음은 기다림이다.

그렇다면 인간은 왜 오래 참아야 할까? 무엇보다 하나님의 오래 참음을 나타내 보이기 위함이고, 따라서 하나님의 사랑과 긍휼을 알리기 위함이지만, 다른 한편으로는 인간에게 오래 참음은 하나님이 행하신 일들을 인간이 온전히 알지 못하기 때문이며, 또한 오래 참음으로써 내 뜻이 아니라 하나님의 뜻을 이룰 수 있기 때문이다. 이런 의미에서 오래 참음은 관용과 비슷한 의미로 사용된다. 오래 참음으로 분을 내지 않으면 범죄의 가능성을 피할 수 있을 뿐만 아니라 또한 오래 참음으로 서로를 용납할 수 있다. 부모는 오래 참음으로써 성령께 자녀를 위탁하며, 이로써 자녀들은 스스로 깨달을 기회를 얻는다. 선생은 오래 참음으로써 제자들이 시행착오의 과정을 거쳐 자기 스스로 길을 찾으며 성장하도록 돕는다. 부부는 서로에 대해 오래 참음으로 하나님이 서로에 대해 다른 방식으로 돕고 있음을 배운다. 이웃은 서로에 대해 오래 참음으로써 나보다 남을 더 낫게 여기는 삶을 실천하며, 비록 불만이 없지 않다 해도 좋은 관계를 유지한다. 설교자는 청중의 반응에 대해 오래 참음으로써 하나님의 오래 참음을 나타내 보인다.

이에 비해 인내는 부정적인 의미를 갖는 상황에서 굴복하지 않고 상황이 지날 때까지 견디어 내는 태도를 말한다. 내가 할 수 있는 것보다 더 큰 힘과 규모로 다가와 오직 견디어 내는 것이 최선일 때 사용한다. 박해를 받거나 고통을 겪는 상황을 인내한 사람만이 이전과는 다른 전혀 새로운 상황을 경험할 수 있다. 인내를 말할 때 흔히 욥의 인내를 떠올리는데, 그만큼 모범적인 의미를 갖기 때문이다. 욥은 자신이 알 수 없고 또 감당하기 쉽지 않은 상황을 만났을 때, 그리고 심지어 하나님에 대한 신뢰를 지키기가 쉽지 않은 상황에서도 믿음을 잃지 않고 견디어 내었고, 그 결과 하나님을 새롭게 알게 되었을 뿐만 아니라 세상을 새롭게 경험할 수 있었다.

인내가 필요한 시기는 하나님의 뜻을 알 수 없는 일이 일어나 고통을 받을 때다. 이럴 때 사람들은 흔히 시험을 받는다고 생각한다. 외부의 박해로 혹은 까닭 없는 비판으로, 혹은 질병과 사고로 우환이 끊이질 않을 때, 그럼에도 불구하고 믿음을 지킬 수 있을지 의심이 되는 상황에서 필요한 덕목이 인내다. 이런 상황에서 믿음을 버리고 때로는 하나님을 원망하며 세상의 가치에 따라 사는 사람들이 많다. 그들의 숫자가 많기 때문에 사람들은 그 길을 가는 것을 당연하게 생각한다. 처음에는 주저하다가도 그런 일이 반복되면 더 이상 죄책감을 느끼지도 않는다. 경제인이나 정치인들 그리고 각 분야에서 두각을 나타내는 사람들 중에 부정적인 의미에서 여론에 회자하는 그리스도인들의 다수가 대체로 이런 길을 걸었다. 인내하지 못하는 성도들은 세상의 길을 걸을 수밖에 없다. 하나님이 원하시는 길을 가지 않고, 오직 생존을 위해서만 살게 된다. 예수님은 성도들의 연약함을 잘 알고 있었기 때문에 무엇을 먹고 무엇을 마실까 염려하지 말라 하셨다. 오직 하나님을 신뢰하며 먼저 하나님의 의와 하나님의 나라를 구하라고 했는데, 이 말을 달리 말한다면, 믿음 안에서 약속의 성취를 기다리며 인내하라는 말이다. 성도들이 인내하면 하나님은 이 모든 것을 더하신다고 했다. 요한계시록 14장 21절에는 이렇게 말하고 있다. "성도들의 인내가 여기 있나니 그들은 하나님의 계명과 예수에 대한 믿음을 지키는 자니라."

성도에게 예상치 못했거나 원치 않는 불행한 일이 일어났을 때 인내할 수 있기 위해 필요한 것은 무엇일까? 무엇보다 하나님을 신뢰하는 것이 중요하다. 하나님은 당신이 행하실 일들을 약속을 통해 알려주셨다. 따라서 약속을 확신하는 것은 인내할 수 있기 위해 가장 필요한 조건이다. 하나님을 신뢰하고 싶은 마음은 모두에게 있지만, 그 신뢰가 현실이 되게 하는 힘은 결코 내 안에서만 나오지 않는다. 약속을 통해 일하시는 하나님의 도움이 있어야 한다. 약속은 하나님이 연약한 우리가 인내할 수 있도록 돕는 한 방법이다. 인내함으로써 시험에서 이기게 되어 하나님에게서 벗어나지 않게 되고 결국엔 소망에 이를 수 있게 된다(롬 5:4).

인내가 주는 유익은 우리가 지금까지 알고 또 믿었던 하나님과는 전혀 다른 하나님을 경험하고 또 만날 수 있게 한다는 것이다. 우리의 인내를 통해 하나님은 그동안 숨겨져 있던 모습을 알게 하신다. 욥은 귀로만 들었던 하나님을 눈으로 보게 되었다는 고백을 했다. 그러므로 어려움을 만날 때 마다 하나님을 기대하는 마음을 더욱 크게 가질 필요가 있다. 야고보서에는 "인내를 온전히 이루라 이는 너희로 온전하고 구비하여 조금도 부족함이 없게 하려 함이라(1:4)."고 기록되어 있고, 또한 "시험을 참는 자는 복이 있나니 이는 시련을 견디어 낸 자가 주께서 자기를 사랑하는 자들에게 약속하신 생명의 면류관을 얻을 것이기 때문이라(1:12)."고 했다. 인내하는 자가 복 있는 자다. 심지어 누가는 "너희의 인내로 너희 영혼을 얻으리라(21:19)."고 말하기도 했다.

한편, 성도의 인내는 하나님의 도움을 통해 가능하다고 했다. 이 일은 하나님의 도움을 위해 특별히 부르신 성도들을 통해서 나타난다. 곧 성도들이 어려움을 겪을 때 이들을 돕는 성도들이 필요하다는 말이다. 이들을 외면하는 것은 부르심에 합당한 삶을 살지 않는 일이며, 선을 행할 줄 알고도 행하지 않는 죄를 범하는 것이다. 하나님이 굳이 교회로 성도들을 부르신 까닭은 서로가 서로를 도움으로써 환난을 이기고 시험을 극복하며 어려운 상황을 인내할 수 있기 위함이다. 하나님은 성도에게 인내를 요구하시면서 또한 성도가 서로를 도우며 살면서 어려움을 겪는 성도가 넉넉히 극복할 수 있길 원하신다. 본인이 어려움을 만난다면 인내할 수 있도록 소망하며 기도해야 하지만, 어려움을 만난 성도를 본다면, 그들이 스스로 인내하길 기다리는 것만이 아니라 인내할 수 있도록 적극적으로 돕는 것이 성도의 본분이다.

인내하는 동안에 무엇을 해야 할까? 만일 견디기 힘든 상황에서 맞서 싸우면서 극복하려고 노력한다면, 이것은 인내라고 말하기보다 투쟁에 가깝다. 인내는 다분히 수용적이다. 상황을 긍정하진 않아도 어려움이 지나갈 때까지 불의한 환경을 견디면서 기다리는 태도다. 인내하는 자가 할 수 있는 최선은 하나님을 신뢰하면서 쓰러지지 않고 견디어 내는 일이며, 하나님을 신뢰하는 자에게 주어진 하나님의 약속을 소망하는 것이다. 안더스 니그렌은 『아가페와 에로스』에서 시편 103편 17-18절을 인용하면서 하나님이 약속을 주시는 까닭은 사랑하시기 때문이라고 보았다. 약속이 있는 한 하나님이 사랑하신다는 확신을 가질 수 있고 또한 성취에 대한 기대와 소망으로 어려움을 참을 수 있다. 나의 뜻이 아니라 하나님의 뜻이 이뤄지길 원하는 의미에서 드리는 기도는 신뢰하고 견디어 내며 약속을 소망하는 삶을 위해 필수적이다. 예수님은 고난을 투쟁으로 맞서지 않으셨으나, 죽음에 이르기까지 당신의 뜻을 굽히지 않으셨다. 예수께서 기도했던 것은 하나님의 뜻이 이뤄지는 것이고, 예수께서 바랐던 것은 하나님의 약속이 성취되는 것이다. 하나님은 부활을 통해 약속을 온전히 이루셨다. 설교자는 선포하지만 청중을 이끄는 분은 하나님이시다. 비록 성도들이 설교에 따라 살지 않는다 해도 하나님의 뜻이 이뤄지길 소망하며 인내할 때 설교자는 여유를 얻을 수 있다. 설교자는 인내함으로써 하나님의 오래 참음을 배울 수 있다.

제7장

설교에서 청중은 누구인가?

　설교와 관련해서 자주 듣는 '청중 중심'이라는 말은 양면성을 갖는다. 하나는 설교가 청중의 반응을 염두에 두어야 한다는 말로 이해하는 것이다. 청중이 듣길 원하는 것을 매개로 메시지를 전하는 것이다. 형식적인 면이나 내용면에서 청중의 관심을 면밀히 검토한다. 이런 의미의 청중 중심은 교회가 먼저 세상으로 다가가야 한다는 신념에서 비롯한다. '아래로부터의 신학'이라는 흐름의 한 방향이다. 때때로 이것은 소위 '하나님 중심'이라 일컬어지는 설교를 비판하면서 나오는데, 곧 청중의 반응과 상관없이 오직 하나님의 말씀을 올바르게 전하는 일에만 집중해서 전하는 설교, 곧 설교는 선포의 형식을 갖춰야 하며 시대의 흐름에 편승해서는 안 되고 오직 하나님 말씀만을 전해야 한다는 주장에 대한 비판에서 출발한다. 비판하는 이유는 이렇게 되면 교회와 세상이 너무 동떨어지게 된다고 보기 때문이다.

　청중 중심의 또 다른 하나는 청중은 설교를 가능하게 하는 조건 가운데 하나이기 때문에 청중이 공감적으로 들을 수 있어야 한다는 말로 이해하는 것이다. 설교에서 차지하는 청중의 의미를 확인하고, 또 청중이 들을 수 있는 언어가 되어야 하며 청중이 공감할 수 있는 내용이어야 한다는 주장이다. 그렇다고 청중이 원하는 형식과 듣고 싶은 내용에 집중한다는 말은 아니다. 불트만(Rudolf Bultmann, 1884-1976)을 비롯하여 자유주의 설교자들이 했듯이, 성경의 내용을 이성적인 사고에 따라 이해할 수 있도록 설교가 도와야 한다는 말은 아니다. 물론 그 당시 신학적 자유주의자들의 설교는 청중 중심이었다. 그러나 설교에서 청중 중심이란 하나님 말씀이 지향하는 청중의 상황과 문제의식 그리고 그들의 기대지평을 충분히 고려한다는 말이다.

설교에서 청중 중심을 말할 때 필자는 전자가 아니라 후자의 의미를 염두에 둔다. 전자는 교회의 세속화를 가속화시키는 주범이다. 소통을 염두에 두고 있지만 명분에 불과할 때가 많으며, 사실은 인기에 영합하려는 것으로 목회자의 타락을 부추기는 주범이다. 진정한 의미에서 청중 중심의 설교는 청중의 설교신학적인 의미를 충분히 인지하고, 청중이 들을 수 있고 또 공감적으로 이해할 수 있는 설교를 말한다. 청중을 배려하여 설교를 준비하고 또 설교해야 한다고 주장한다. 사실 이것은 하나님과 청중이 소통할 수 있도록 양자를 매개하는 일종의 미디어로서 설교라는 맥락에서 볼 때 지극히 당연한 일이다. 이런 점에서 설교에서 청중의 의미에 관한 질문이 제기된다. 설교에서 청중은 누구이며 또 어떤 의미를 갖는가? 설교에서 청중의 의미는『어떻게 하면 설교를 바르게 들을 수 있을까』에서 자세히 다루었지만, 이곳에서는 설교자의 관점에서 청중의 의미를 생각해 보고자 한다.

1. 예배로 부름을 받은 자

청중은 무엇보다 먼저는 예배로 부름을 받은 자이다. 이점은 청중과 설교의 관계를 말할 때 흔히 간과되는데, 설교가 예전의 하나로 행해지는 일이기 때문에, 청중 역시 무엇보다 먼저 예배와의 관계에서 이해될 필요가 있다. 세속으로부터 벗어나 예배자로서 부름을 받은 청중은 하나님에게 집중한다. 다른 것에 집중하는 태도는 예배자로서 옳지 않다. 그분을 맞이하고, 높이고, 기도하며, 죄를 회개하면서 점점 더 하나님 자신에 대해 궁금해하는 것이 마땅하다. 그러므로 청중이 설교자에게 집중하도록 하는 것이나 하나님 이외에 다른 일에 집중하도록 하는 것은 잘못이다. 예배의 자리로 나아갈 때부터 필요한 일이지만, 무엇보다 다음의 질문은 예배자가 예배 중에 대답을 들을 수 있길 기대해야 하는 것이다. 하나님이 오늘 나 자신과 나의 삶 그리고 교회와 세계와 관련해서 어떤 말씀을 주실까? 예배로 부름을 받은 청중은 하나님을 기대하는 예배자로서 당연히 하나님이 하실 말씀에 귀를 기울인다.

2. 하나님의 말씀을 듣도록 초대된 자

또한 청중은 설교를 통해 하나님의 말씀을 듣도록 초대된 자이다. 하나님 앞에 나아가는 것이 은혜라면 설교를 듣는 것 역시 은혜이다. 청중 자신이 성도로서 마땅히 들어야 할 것이 있다면서 설교자에게 그것을 요구하는 것은 예배에서 허락되지 않는다. 예배의 한 순서로 설교가 있지만, 자신이 듣고 싶은 것을 설교자에게 요구할 수 없다. 초대된 자로서 청중은 다만 겸손히 듣는 자이다. 특히 부름을 받았다기보다 초대받았다는 표현을 선호하는 이유는 청중은 무엇보다도 하나님의 말씀을 듣는 자로서 은혜를 입은 자이기 때문이다. 예배에 참석하는 것도 그렇지만, 특히 예배에서 하나님의 말씀을 듣는 것은 은혜로 주어지는 일이다.

주의 말씀은 내 발의 등이요 내 길의 빛이라고 고백한 시인의 마음을 생각해 보라. 그의 인생에서 경험한 어둠은 어떤 것이며, 그 어둠으로 얼마나 마음 조아리는 삶을 살았을 지를 상상해 보라. 캄캄하고 어두워 아무것도 보이지 않는 현실에서 어디로 가야할지 모를 때, 자기 앞에 어떤 장애물이 있는지 전혀 예측할 수 없어 불안해 할 때, 시인은 오직 주의 말씀에만 힘입어 길을 갈 수 있었고, 삶을 살아갈 수 있었다며 고백하고 있다. 이런 경험을 했다면 누구든지 주의 말씀을 듣는 것을 가장 큰 은혜로 여겼을 것이다. 이처럼 청중은 예배의 자리에서 설교를 듣도록 허락된 것 자체가 은혜이기 때문에 설교를 감사함으로 받을 것이다.

이런 시인의 마음으로 설교를 대한다면 설교를 통해 하나님의 말씀을 듣는 자리에 앉아 있다는 것 자체가 은혜다. 이에 반해 만일 하나님의 말씀을 듣고자 하는 갈망이 없다면, 한번쯤 돌아볼 필요가 있다. 내가 주의 뜻에 따라 살길 원하고는 있는지, 하나님 말씀대로 살아서 그것이 현실로 나타나는 것을 원하고는 있는지, 혹시 내 뜻에 따라 살고, 세상이 원하는 방식대로 살길 원하는 것은 아닌지 등.

3. 하나님 앞에 서 있는 자

초대받아 예배의 자리에 참석하는 청중은 설교에서 하나님 앞에 서게 된다. 먼저 하나님 앞에서 자기 자신에게 물음을 던질 수 있는 기회를 설교를 통해 받는다. 이것은 설교 이전의 의식들을 통해서 이뤄지는 것이 바람직하지만, 혹시라도 놓쳤다면 청중은 설교를 통해 다시 한 번 하나님의 말씀에 대한 평소 자신의 태도를 돌아봄으로써 자신이 지금 누구 앞에서 귀를 기울이고 있고 또 누구에게 마음을 열어야 하는지를 확인한다.

그런데 청중에게 하나님의 말씀에 대한 갈망도 있고 갈증도 있지만, 아무리 귀를 기울여 들어도 이해할 수 없을 정도로 난해하거나 정리가 되지 않았다면, 혹은 설교자 자신의 관점이 지나치게 반영되어 전혀 공감하며 들을 수 없다면, 혹은 하나님의 말씀이 아니라 인간의 말만 듣게 된다면, 설교문의 잘못이든, 아니면 준비하지 않은 설교 때문이든, 아니면 인간으로서 설교자의 부족한 모습을 노출시켰기 때문이든, 만일 이렇게 되면 청중은 처음에는 답답해하고 또 혼란을 느끼다가 결국에는 설교를 더 이상 하나님의 말씀으로 듣지 못한다. 설교자에 대한 비판을 넘어 설교 자체에 대한 불신으로 이어진다. 교회를 비판하는 사람들에게서 흔히 들을 수 있고 또 볼 수 있는 현상이다.

4. 하나님의 말씀을 현실이 되게 하는 매개

청중은 단지 듣는 자만이 아니다. 설교에서 설교자가 말씀을 전하도록 사용되는 매개라면, 청중은 하나님의 말씀을 현실이 되게 하는 데에 사용되는 매개다. 설교자가 먼저 자신에게 일어나도록 해서 현실이 될 때 하나님의 말씀은 진실성을 입증한다. 이렇게 될 때 설교자를 통해 선포되는 하나님의 말씀은 청중 안에서 세상과 만난다. 이처럼 설교자의 순종은 하나님의 말씀의 진실성을 증거하고, 청중의 순종은 말씀을 현실이 되게 한다. 예배가 의식을 통해 하나님을 인정하고 높이며 신뢰하길 배우면서 동시에 실천하는 행위라면, 순종은 하나님이 세상에서 참 하나님으로 인정받고 높아지도록 하며, 또 이 순종을 통해 하나님은 당신의 뜻대로 현실을 새롭게 창조하신다. 그러므로 순종이 제사(예배)보다 낫다고 말한 것이다. 창조신앙에서 배우는 일은, 하나님은 당신의 말씀이 언제나 현실이 되길 원하신다는 것이다. 하늘과 땅 그리고 그 사이에 있는 모든 일들, 또 보이는 일이든 보이지 않는 일이든 모든 일은 창조주 하나님의 뜻대로 된 것이며, 비록 인간의 불순종으로 혼돈 상태가 되었으나 하나님은 무너진 것들을 다시 세우시며 또한 새롭게 창조하신다. 이미 하나님 나라에서 이뤄진 것 같이 새로운 창조는 땅에서도 분명하게 나타나게 될 것이다. 이것은 성경의 세계관이기도 하다. 이런 맥락에서 청중은 하나님의 새로운 창조의 동역자이다. 죄로 타락한 세상을 새롭게 지어나가는 일을 위한 부름을 청중은 설교를 통해 듣는다. 청중은 설교를 통해 하나님이 무엇을 행하시는지를 알고 그 일이 자신에게 일어나길 기대한다.

5. 반응하는 자

한편, 최근 들어 교회에서 가장 큰 변화가 있다면 교회운영의 민주화이고 또한 청중의 교회론적인 의미에서 나타난 변화다. 그동안 청중은 언제나 수동적인 입장에 있었다. 설교의 의사소통 방식이 일방적일 수밖에 없었기 때문이고, 그래서 청중은 설교에 당연히 귀를 기울여 들어야 한다고 생각했다. 그러나 오늘날 청중은 더 이상 수동적인 위치에 있지 않고 또 그것을 원하지도 않는다. 자신의 문제와 생각이 설교에서 반영되길 원한다. 자신이 듣고 싶어 하는 내용이 없다고 노골적으로 불만을 토로한다. 이런 방식으로 설교에 영향을 미친다. 적어도 합리적인 측면에서 납득이 되지 않으면 귀와 마음을 닫고 거부한다. 심하면 교회를 떠난다.

이런 현상, 곧 청중이 설교를 통제한다고 보면서 청중의 주장과 요구를 억압하거나 비판만 하는 시기는 지난 것 같다. 설교와 관련해서 나타나는 청중의 적극적이면서 설교 비판적인 태도는 어떻게 생각해야 할까? 하나님 말씀에 대한 반발로 여겨야 할까? 하나님의 말씀보다 자신의 생각을 더 우선하는 교만으로 보아야 할까? 하나님의 뜻보다는 자신의 뜻과 생각이 이뤄지길 원하는 행위로 보아야 할까? 아니면 청중의 태도를 통해서 그동안 알지 못했지만 이제는 인지해야 할 새로운 무엇이 있는 것일까?

과거 개방과 공유 그리고 소통을 철학으로 내세웠던 웹2.0 기술은 단순히 정보 수신자의 입장에만 있었던 사람들을 적극적인 생산자로 변신할 수 있게 했다. 그리고 계속되는 소통기술의 변화는 설교자와 청중의 관계에 큰 영향을 미치고 있다. 예컨대 설교하는 동안에는 어렵지만 설교 후 인터넷 댓글을 통해 설교에 대한 자신의 견해를 주저하지 않고 또 숨김없이 표현하는 청중들이 많아졌다. 익명성을 보장하는 인터넷 기술 때문에 가능하게 되었지만, 비록 실명을 요구하는 경우에도 댓글을 통한 비판은 계속되고 있다.

이런 현상들을 접하면서 필자는 먼저는 잘못된 설교의 원인이 무엇인지 알 수 있었고, 그 다음에는 청중이 어떤 설교를 기대하는지도 알게 되었다. 그리고 특히 청중에 의한 설교 비판을 읽으면서 많은 경우가 설교자의 독단적인 생각과 말 그리고 비윤리적인 행위를 향하고 있고, 신학적으로 수긍할 수 없는 논리를 겨냥하고 있으며, 잘못된 교리를 문제 삼고 있었다. 다른 한편으로는 옳음의 문제가 아니라 생각의 차이에 불과한 것을 설교의 문제로 지적하고 있었다. 설교자가 마땅히 귀를 기울여 들어야 할 내용들이 많지만, 또한 도대체 설교자에게 전능자적인 관점을 갖도록 요구하는 것 같은 비판을 하는 사람들의 글을 대하면서 설교자들이 얼마나 힘들어 하고 또 심지어 절망하는지를 그들이 알고는 있는지 궁금해졌다. 이런 점에서 청중에게도 설교신학과 설교이해와 관련해서 기본적인 교육이 이뤄져야 한다고 생각한다. 청중이 설교를 비판하고 또 간접적으로 설교에 영향을 미치는 소통과정을 피할 수 없다면, 무엇보다 설교의 본질을 알고 행하는 것이 더 낫다고 생각하기 때문이다. 그렇다고 그들이 설교할 수 있도록 도와주는 일이 아니라 설교에서 무엇을 들어야 하고 또 무엇을 듣지 않아도 되는지를 분별할 수 있도록 돕기 위함이다. 청중은 더 이상 듣는 자로서만이 아니라 또한 반응하는 가운데 설교에 영향을 미치는 자가 되었다. 따라서 설교자는 청중으로 하여금 하나님의 말씀과 은혜에 반응하는 자로 스스로를 인지할 수 있도록 할 필요가 있으며, 또한 청중이 능동적으로 반응하면서 신앙생활을 할 수 있는 설교를 구성해야 한다.

|제8장|

설교와 에로스

1. 설교에 과일이 열리지 않는다

한국에는 세계적인 규모의 교회들이 있고, 다른 어떤 나라와 비교할 수 없이 많은 성도들이 성경공부 및 제자교육을 받고 있다. 세계인이 놀랄 정도라고는 하나, 한국 교회 현실은 기대하는 만큼의 결실을 내지 못하고 있다. 한 마디로 말해서 믿음의 선한 영향력을 행사하지 못하고 있다. 하나님이 더 이상 말씀하시지 않고 있거나 아니면 하나님의 계시에 합당한 반응을 유기하고 있다고 말할 수 있다. 이런 현실에 대한 책임으로부터 신학자이며 목사로서 필자 역시 결코 자유로울 수 없다는 자각에서 그 이유를 알고 싶었다.

그간 신학자로서 또 목회자로서 지내면서 먼저는 자아성찰 방식으로 나 자신의 이중성을 파헤쳐보았고 또한 다양한 분야를 넘나들면서 현실을 이해하고 또 설명할 수 있는 가능성을 타진해 보았다. 그렇다고 해서 하나님의 말씀을 윤리적인 규범으로 삼아 기독교인들의 잘못된 행동을 찾아내는 일은 하지 않았고 오히려 그것의 배후에 있는 신학과 목회에서 그리고 양자의 상호관계에서 원인을 찾아보았다. 기독교 현실이 신학이론에 따라 구성되는 것은 아니나 적어도 목회에 영향을 미치는 것은 사실이고 또한 교회 목회는 기독교 현실에 긍정적이든 부정적이든 많은 영향을 미치기 때문이다. 뿐만 아니라 세상 문화와 기독교 문화의 상관관계를 가늠해 보기도 했다. 기독교 문화와 관련해서는 단지 이론적인 궁구에만 머물지 않기 위해 기독교 문화를 생산하는 방향에서 영화와 시 분야에서 적극적인 노력을 기울여 보기도 했다. 특히 대중문화 영성이 기독교 문화에 침투하여 기독교 영성과 더 이상 구분되지 않는 현실을 발견하고는 기독교 영성의 본질을 궁구해 보기도 했다. 오랜 여정을 거치면서 필자는 신학문화와 설교문화에 문제가 산적해 있음을 발견하였고, 이 문제를 해결하기 전에는 한국 교회의 갱신은 생각할 수 없겠다는 생각에 이르게 되었다.

이곳에서 필자는 설교에만 집중하고자 한다. 유독 설교에만 문제가 있는 것은 아니지만, 기독교를 소통하는 일에서 중요한 역할을 하는 것이 신학과 설교라는 개인적인 확신에서, 신학에 관한 것은 이미 『신학문화』(2014)에서 어느 정도 언급했다고 생각하기 때문이다. 이 글을 통해 필자는 잘못된 신학함이 잘못된 신학문화를 생산하고, 이 것은 또 다시 잘못된 신학함을 양산한다는 사실을 입증하려 노력했다. 교회문화의 중요한 축을 형성하는 '목회문화' 역시 앞으로 다룰 고찰의 대상이다. 신학자의 신학함에 영향을 미치는 문화가 있다면, 생명의 주체로서 목회자의 삶을 통해 문화가 형성되고 또한 목회자의 인격과 목회에 영향을 미치는 문화가 있다. 그것을 '목회문화'라 부를 수 있을 것이다. 이것과 관련해서는 다른 기회에 다루기로 하고, 이곳에서는 잘못된 설교의 뿌리에 에로스가 자리 잡고 있음을 주장하고, 이것을 극복하기 위한 방안을 모색해 보려 한다.

글을 시작하기 전에 먼저 밝혀야 할 사실이 있다. 이 글은 스웨덴 신학자 안더스 니그렌(Anders Nygren, 1890-1978)의 대표적인 저서『아가페와 에로스』(1998)에 힘입은 바가 크다. 구스타프 아울렌(Gustaf Aulén, 1879-1977)과 함께 신학적인 이론 형성에서 동기의 의미와 역할을 탐구하는 방법에 있어서 독보적인 위치에 있는 니그렌은 기독교의 근본 동기를 아가페로 보았는데, 예수 그리스도를 통해 계시된 아가페가 고대와 중세를 거쳐 노모스와 에로스 그리고 까리타스 영성에 의해 어떻게 왜곡되었고, 또 서로 갈등하면서도 상호 종합되었는지, 그리고 루터의 종교개혁을 통해 어떻게 다시 회복되었는지를 서술하였다.

나는 몇 년 전에 성경의 핵심이 요한복음 3장 16절에 나타나 있다고 보고, '하나님이 세상을 사랑하신다.'는 사실을 바탕으로 성경을 처음부터 다시 읽어 본 적이 있다. 이 경험에서 필자는 '하나님을 사랑하고 이웃을 사랑하라.'는 것을 핵심 계명으로 삼는 것과는 조금 다른 것을 느낄 수 있었다. 그 결과 얻은 바로는 기독교인으로서 가장 중요한 경험은 하나님의 사랑을 받는 것이지, 하나님을 사랑하는 것에 있지 않다는 것이다. '하나님을 사랑하는 일'은 한편으로는 인간의 열심을 일으키지만, 다른 한편으로는 어떻게 사랑하는 것이 옳은 것이고 또 그 사랑은 어떤 것인지를 두고 논쟁을 불러일으키고 갈등을 초래하며 더 나아가 분열을 초래하는 경우를 수차례 경험하였기 때문이다. 논쟁과 갈등과 분열의 과정에서 사람들은 하나님을 향한 열심, 하나님을 사랑한다는 명분을 내세웠다. 대표적으로 십자군 전쟁이나 각종 종교전쟁 등은 하나님을 사랑한다는 미명하에 치러진 일이었다. 오늘날에도 교회 분열의 당사자들은 하나님을 사랑하고 교회를 사랑하기 때문이라고 말한다. 이 경험을 바탕으로 필자는 '하나님이 사랑하신다.'는 사실을 바탕으로 성경을 새롭게 읽을 필요성을 느꼈고, 그 결과를 짤막하고도 쉬운 글로 정리해서 새 가족을 위한 성경공부에 사용했다. 기독교의 핵심이라고 생각했기 때문이다.

니그렌 역시 "사실상 기독교 내부에서도 역사적으로 에로스가 영향력을 행사"(『아가페와 에로스』, 50)한다고 말하고 있지만, 당시 나의 글에는 아가페와 에로스가 혼재하였다. 비록 양자를 구분하지 않았던 것은 아니나 에로스도 충분히 기독교적일 수 있다고 생각했다. 하나님을 향한 열정을 깨우는 힘으로 이해했기 때문이다. 하나님과 그분의 행위에는 매력이 있기 때문에 인간이 그분을 사랑할 수 있는 것이라 보았다. 그래서 하나님의 말씀과 행위에서 인간의 마음을 끄는 것들을 소개하여 하나님을 사랑하며 살 수 있도록 돕고자 했다. 에로스와 아가페가 서로 뒤섞이다 보니 '하나님이 사랑하신다'에 초점을 두고 말하면서도 종종 '하나님을 사랑하는 일'을 말해야 했다. 왜 이런 일이 발생하는지 그 이유를 깊이 생각할 필요를 느끼지 못했다.

당시 필자에게 에로스에 관한 지식으로는 조르주 바타유(Georges Bataille, 1897-1962)의 『에로스의 눈물』과 플라톤의 『향연』을 통해 얻은 것이 전부였다. 이런 독서를 바탕으로 그리움 정서가 바탕이 된 하나님 경험을 시적으로 표현했었는데, 하나님과 교제하기 위한 간절한 마음이 하나님을 그리워하는 마음으로 나타났고, 이것을 글로 표현한 것이었다. 이 경험을 계기로 에로스도 기독교적일 수 있다고 확신했고(시집 『하나님과 신나게 놀던 날은 얼마나 아름다운가』(이담)의 서문), 에로스 영성을 말할 수 있겠다고 생각했다. 2013년에는 시집 『오늘 아침 너를 보고 싶은 까닭』(도서출판 자우터)을 출판했는데, 마찬가지로 하나님을 향한 갈망하는 마음과 그리움을 담은 시들이었다. 에로스 영성은 내 삶과 신앙의 원동력으로 작용하고 있다고 생각했다. 2014년에는 같은 열정으로 쓴 시들을 모아서 『가을이 초경할 무렵』 (이화)을 출판하였다. 그 후에 차정식의 『성서의 에로티시즘』(꽃자리, 2013)을 접했는데, 이 글을 통해 필자는 에로스 영성도 충분히 기독 교적이라는 생각을 더욱 굳힐 수 있었다.

그런데 나의 생각을 크게 재고할 기회를 갖게 된 것은 니그렌의 글을 읽고 또 한병철의 『에로스의 종말』(문학과 지성사, 2015)을 접한 후였다. 두 서적을 접하고 또 에로스에 대한 새로운 관점으로 연구한 결과 아가페와 에로스에 대해 내가 미처 생각하지 못한 부분들이 있음을 알게 되었고, 특히 에로스에 관한 생각을 대폭 수정해야 했다. 뿐만 아니라 『대중문화 영성과 기독교 영성』(글누리, 2010)에서 필자가 '대중문화 영성'으로 규정한 "의미 경험을 추구하는 것"이 결국 자신을 만족시키려는 노력인 에로스 영성과 다르지 않음을 확인할 수 있었다. 의식하고는 있었지만, 그것이 에로스와 깊은 관련성을 갖고 있음을 미처 생각하지 못했던 것이다.

그 후 신학자들이 아닌 사람들의 교회비판 서적들을 조심스럽게 들여다보았는데, 그들의 비판에는 목회자와 설교에 대한 부정적인 경험이 큰 비중을 차지하고 있음을 발견했다. 경우에 따라서는 충격적이랄 수 있는 경험을 바탕으로 나는 한국 교회의 신학과 설교를 다시 들여다보았고, 한국 교회와 신학교의 강단에 에로스 영성이 넘쳐나고 있음을 확인할 수 있었다. 필자가 에로스 영성이라 말한 것을 니그렌은 "에로스 경건"이라는 표현을 사용하였는데, 그가 에로스 경건을 기독교의 "가장 위험한 경쟁자(니그렌, 165)"로 여길 정도로 그것은 기독교에 치명적인 영향력을 끼칠 수 있는 것이다.

나는 이 글에서 니그렌의 에로스와 아가페 이해에 근거하여 설교에 작용하고 있는 에로스 영성을 비판적으로 살펴보려고 한다. 설교에서 에로스 영성이라 함은 청중들의 욕망을 자극하고 그 욕망에 꿈, 희망, 성공, 행복이라는 의미를 부여하여 욕망을 더욱 강화시킬 뿐만 아니라 욕망에 따른 삶을 헌신으로 혹은 신앙으로 착각하게 하는 설교를 말한다. 하나님을 가치로 환산하고 가치를 구현하기 위한 노력을 촉구하는 설교이다. 설교비평으로 잘 알려진 정용섭 역시 지적하고 또 비판하고 있지만[1], 이런 설교가 한국 교회 강단에 넘쳐나고 있음은 조금만 주의를 기울이면 알 수 있다.

에로스 영성에 근거한 설교는 어떻게 한국 교회 강단을 지배했을까? 사실 이런 설교가 어디서 어떻게 시작했는지는 확실하지 않다. 외국인 선교사로서 평양신학교 교수였던 곽안련은 한국에서 최초의 설교학 교과서로 알려진 『강도학』[2]을 썼는데, 저자 자신의 설교 경험과 청교도 설교를 참고하여 집필한 것이다. 그는 설교신학보다는 설교의 실제를 위한 구체적인 도움을 주는 데에 특별한 관심을 보여, 설교의 형태와 구성 같은 수사학적인 측면에 많은 지면을 할애하였다. 아마도 수사학적인 관심으로 시작했지만 청중들의 유교적인 토양에 맞는 설교를 추구하면서 다소 변형되었을 가능성을 배제할 수는 없을 것 같다. 철학으로서 유교는 기본적으로 윤리적 세계관을 갖

1　정용섭, 『속 빈 설교 꽉 찬 설교』(서울: 대한기독교서회, 2006), 『설교와 선동 사이에서』(서울: 대한기독교서회, 2007), 『설교의 절망과 희망』(서울: 대한기독교서회, 2008).

2　1925년에 출판된 것이 나중에 1954년에 '설교학'이라는 이름으로 개명되어 출판되었고, 이것을 대한기독교서회에서 현대어로 교정하고 새롭게 편집하여 1990년에 출간하였다.

고 있으며, 종교적인 면으로는 형이상학적인 면이 없지 않으나 대체로 그것을 현실로 옮기는 능력을 기르는 것을 목표로 하는 수양종교라 말할 수 있기 때문이다. 여기에다 한국 사회에서 대중매체의 발달과 함께 대중문화가 발달하고, 또 전도를 위해 대중문화와 무관할 수 없다는 생각 때문에 혹은 교회 성장에 대한 조급함 때문에 수사학적인 고려가 에로스 영성으로 변형되어 자리를 잡지 않았나 싶다.

오늘날 한국 교회에서 헌신으로 포장된 에로스 영성을 거부하면 마치 복음을 값싼 은혜로 여기는 것처럼 간주하고 있다. 실천을 위한 열정을 강조하지 않는 것처럼 보이기 때문이다. 그러나 현재 한국 사회에서 교회를 진원지로 하는 충격적인 진동 현상들을 생각할 때, 그 원인은 에로스 영성에 있다. 하나님을 헌신적으로 사랑하게 만든 설교가 오히려 다른 사람을 배려하지 않는 태도로 이어졌고, 결과적으로 하나님의 영광을 가리고, 또 인류를 향한 하나님의 사랑을 무의미하게 만드는 이유가 되었다. '하나님을 사랑한다.'의 의미를 오해한 까닭이다. 성도의 하나님 사랑은 하나님에게 가치를 두고 그 가치를 소유하고 또 현실에서 구현하려는 열정에 있지 않고, 오히려 예수 그리스도를 통해 나타난 하나님의 사랑을 받아들이고 그 사랑에 감사하며 또한 그 사랑의 능력으로 이웃을 사랑하며 사는 것이다. 사도 요한은 그것이 곧 하나님을 사랑하는 것이라 했다. 중요한 것은 하나님의 사랑이 무엇인지를 아는 것이며, 그 후에 일어나야 할 일은 보이지 않는 하나님을 사랑하는 열정이 아니라 그 사랑에 반응하면서 성령이 공급하는 충만함으로 이웃을 사랑하는 것이다. 이것은 내가 무엇을 해야 하는가를 묻기 이전에 내가 무엇을 받았는지를 생각할 때 가능하다. 하나님을 사랑한다는 명목으로 행하는 일들은 대체로 인간의 욕망에서 비롯하는 일들이다. 나를 사랑하는 것이고, 나의 형상으로 만든 하나님을 사랑하는 것이다. 다시 말해서 인간은 하나님을 사랑하는 마음으로 무엇을 행한다고 생각하면서 자신의 뜻과 생각을 관철시키려 한다. 하나님을 방편으로 삼아 자신의 의지를 관철시키려 한다. 그래서 교회에 대한 열심이 크면 클수록 교회는 혼돈에 혼돈을 거듭하는 기현상을 반복한다. 갈등 가운데 있는 교회의 목회자나 성도들을 보면 서로 하나님을 사랑한다고 말하고 또 하나님에 대한 열심이 뜨겁다. 아이러니하다. 이런 까닭에 필자는 에로스 영성의 실체를 파악하고, 이것을 극복하는 일은 현대 교회의 개혁을 위해 선행되어야 할 일이라고 확신한다.

참고로 종교개혁자 루터 역시 가톨릭 곳곳에 스며들어 있는 에로스 영성을 극복하려고 노력했다(참고: 안더스 니그렌, 748-800, 특히 768ff). 하나님 앞에서 의인으로 설 수 있기 위해 처절한 노력을 기울였던 루터는 오히려 절망할 수밖에 없었다. 그는 절망적인 순간에서도 그 자리에 마냥 머물러 있지 않았는데, 성경 연구를 통해 이런 절망의 뿌리에 가톨릭의 잘못된 영성이 있음을 알게 되었다. 그의 개혁은 하나님의 의에 관한 신학적 발견으로 시작했으며 또한 당시 가톨릭에서 전통으로 여겼던 잘못된 영성을 깨뜨리는 시도였다. 이로 말미암아 드러난 가톨릭과의 갈등은 단순한 신학적인 비판을 넘어 결국 프로테스탄트를 태동하게 만들었다. 루터의 신학적인 발견과 더불어 표면에 드러난 새로운 영성은 오직 예수 그리스도의 의가 믿음을 통해 죄인에게 주입됨으로써 의인이 된다는 것이다. 니그렌은 루터의 칭의론을 하나님의 아가페를 바탕으로 이해하였다.

필자가 이 글을 통해 말하려는 요지는 한국 교회와 설교에 에로스 영성이 넘쳐나고 있으며, 이것은 기독교의 본질을 심하게 왜곡시키는 원인으로 작용한다는 것이다. 한국 교회 현실에서 볼 수 있는 부정적인 모습들이 그 증거다. 수사학적인 필요에서 수용한 에로스 영성은 에로스 과잉으로 이어졌고, 심지어 부흥회나 대형집회 그리고 각종 수련회 캠프에서는 에로스가 설교의 목적이 되는 기현상도 나타나고 있다. 윤리적이고 도덕적인 설교로 가득하고, 성공적이고 행복한 삶과 마음의 평안 그리고 재미를 추구하는 설교가 넘쳐나고 있는 것이 단적인 사례다. 하나님과의 교제를 인간의 열정으로 얻으려고 한다. 투쟁을 통해 흑인 및 여성의 자유를 얻을 수 있었던 것처럼 투쟁으로 하나님의 나라를 얻을 수 있다고 선포한다. 개인의 욕망을 하나님의 비전으로 변형시키고 또 정당화하는 주범이 되고 있다.

이런 설교는 가족과 직장과 사회 그리고 국가에서 인정받으려는 욕망을 충족시키려는 청중에게 매력적인 요소로 작용하긴 해도 기독교의 본질에는 부합하지 않는다. 하나님의 말씀과 행위가 아닌 다른 것이 죄인인 인간의 마음을 끈다면, 그것은 오히려 교회의 세속화를 촉진하고 복음을 변질시키는 길로 쉽게 발을 들여놓게 한다. 설교에 작용하고 있는 에로스 영성은 오늘날 한국 교회의 현실을 형성하는 데에 크게 기여하였다. 적어도 이것이 한국 교회의 맘몬이즘과 성공 및 성장지향주의 그리고 윤리적/도덕적인 설교로 가득한 현실에서 목회자와 성도들의 일탈을 설명할 수는 있다.

2. 설교와 수사학

예전 행위로서 설교는 하나님이 말씀을 통해 당신을 나타내는 사건이며, 하나님이 말씀하시는 사건이면서, 또한 그 자체로 하나님의 말씀으로 이해된다. 설교에서 인간의 말은 성령의 작용에 의해 하나님의 말씀으로 작용한다. 이것은 합리적으로 설명될 수 없는 일이며, 성경이 하나님의 계시라는 사실에 근거한다. 곧 하나님은 말씀을 통해 당신을 나타내신다.

칼뱅은 하나님이 설교를 통해 인간과 만난다고 보았다. 예배에서 설교가 차지하는 비중이 커진 것은 소위 성경원리 곧, 전통보다 말씀을 중시한 종교개혁의 결과이지만, 한국 교회에서는 특히 칼뱅 신학 전통에 있는 개혁교회의 역할이 크다. 특히 한국 교회 설교자들에게 모범으로 칭송받는 청교도적 설교는 지루함을 느낄 정도로 경건을 비롯하여 기독교의 핵심적인 교훈을 거듭 반복하고 있는데, 이런 반복을 수사학적인 기제로 사용했다고 말할 수 있을 정도다.

설교에서 흔히 간과되는 부분은 수사학적인 측면이다. 설교는 예배 참석자가 인내를 갖고 일방적으로 듣는 시간이고, 또 설교에서 성령의 역사를 강조하기 때문이다. 설교는 하나님의 말씀을 경청하는 시간이지 인간의 감각을 자극하거나 흥분시키는 것을 목적으로 하지 않는다는 생각이 지배적이다. 또한 성령의 역사는 인위적으로 일으킬 수 없다는 확신도 한 몫 한다. 사실 성령 하나님의 행위를 인간이 원하는 대로 촉발하는 것은 불가능하다. 하나님의 행위에 대한 반응에서 인간은 전적으로 수용적이다. 성령은 하나님으로서 주권적인 자유를 행사한다.

이런 점에서 성령의 감동으로 기록된 성경에 기초하여 하나님을 말할 때, 곧 설교할 때, 설교자는 인간으로서 모습은 가능한 한 감추고 오직 성령이 말씀을 통해 스스로 일하실 것을 기대할 뿐이다. 만일 아브라함과 사라처럼(하갈을 통해 아들을 낳으려 했던 것처럼) 설교자의 말과 행위로 하나님이 하실 일을 대신할 수 있다고 하거나, 하나님의 약속에 매료된 야곱처럼 너무 조급하게 생각하여 그릇된 방식으로(이삭을 속이고 축복을 가로채는 방식으로) 하나님이 하실 일을 앞당기려고 한다면, 이것은 중대한 문제들을 초래하는 이유가 된다. 설교자는 설교를 화려하게 치장하지 않고 반드시 전해야 할 것, 곧 하나님 나라의 복음을 전해야 한다. 설교는 인간이 인간을 움직이기 위한 도구가 아니기 때문이다. 설교는 인간을 하나님 앞으로 불러내어 인간으로 하여금 하나님 앞에서 자신을 돌아보게 하는 사건이고, 하나님이 인간의 말을 사용하여 인간에게 말을 거는 일이며, 하나님이 인간의 순종을 사용하여 말씀으로 세상을 새롭게 만드는 방편이다. 설교자가 성경을 바탕으로 하나님을 말하면, 하나님은 그것을 사용하여 당신의 뜻을 이루신다.

설교가 수사학을 홀대하고 또 인위적이 되어서는 안 된다고 말하는 이유는 대충 이렇다. 설교에서 관건은 청중이 하나님의 말씀을 듣게 하는 것이지, 매력적인 것을 통해 청중의 마음을 사로잡으려 하거나 설교의 설득력으로 설교자가 원한 대로 청중을 변화시키는 것은 아니라고 생각한다. 여기서 수사학은 설교의 설득력만을 높이는 것으로 간주된다.

그런데 이렇게 되면 설교에 귀를 기울이는 일은 전적으로 청중의 몫이 된다. 활력이 있고 또 살아 움직이는 하나님의 말씀이 설교를 매개로 청중의 마음에 닿으면 좋은 일이지만, 만일 청중이 아무런 감동을 받지 못하면 누구의 문제일까? 설교가 하나님의 말씀으로 들리느냐 그렇지 않느냐를 결정하는 것은 무엇일까? 책임은 대체 누구에게 있는 걸까?

언젠가 부흥집회를 인도하는 유명 강사와 개인적인 대화를 나눈 적이 있었다. 그는 치유기도와 병행해서 부흥집회를 인도하여 인기가 많았다. 필자는 과거 한 성도를 병문안했을 때 가족의 부탁을 받아 행한 치유기도에서 응답을 받지 못해 당황했던 경험을 말하면서, 성도들로부터 치유기도를 부탁받는 일에 심적으로 부담을 느낀다고 말했다. 다소 웃자고 하는 말이었다. 그런데 예상외로 충격적인 말을 들었다. 그는 자신은 치유기도에 아무런 부담을 갖지 않는다며 이렇게 말했다. '치유가 일어나면 하나님의 능력으로 일어난 것이지만, 만일 치유가 일어나지 않으면 치유를 필요로 하는 사람에게 믿음이 부족하기 때문이라고 말하면 된다. 왜냐하면 예수님은 네 믿음이 구원하였다고 말씀하셨기 때문이다.' 인간의 행위와 하나님의 행위의 관계를 오독하는 대표적인 사례이지만, 설교에 수사학적인 고려를 무시하는 사람들은 종종 이 논리를 설교에 적용한다. 곧 설교를 듣고 은혜를 받으면 성령의 역사이고, 만일 아무런 감동이 없다면 청중에게 깨닫는 능력이 부족하거나 믿음이 없기 때문이라고 말한다.

얼마나 황당한 논리인가? 하나님의 은혜는 신앙적인 노력에 비례하는 걸까? 만일 그렇다면 더 이상 은혜라고 말할 수 없을 것이다. 은혜는 예수 그리스도를 믿는 자에게 하나님이 거저 주시는 것이지 노력을 통해 획득하는 것이 아니기 때문이다. 심지어 일부 청중들은 이런 논리 때문에 거의 집착에 가까운 노력을 기울인다. 설교에서 은혜를 받지 못하면, 신앙에 문제가 있다고 생각하기 때문이다. 노력에 비례해서 기대하는 은혜를 경험하지 못하면, 실망을 넘어 절망에 이르고, 결국 냉소적인 가나안(교회에 출석하지 않지만 예수 그리스도에 대한 신앙을 포기하지 않는) 성도를 양산해 낸다.

설교는 하나님이 말씀을 통해 당신을 나타내시는 계기이지만, 다른 방향에서 이해한다면, 성경을 근거로 하나님을 말하는 인간의 언어행위다. 설교자는 자신의 말을 하나님이 사용하실 것을 기대하면서 청중들이 하나님의 말씀을 분별하여 들을 수 있도록 설교한다. 설교는 하나님이 말씀하시며 하나님이 행하신다는 것을 환기할 뿐이다. 그리고 설교는 예배 가운데 임재하신 하나님이 실제로 말씀하시는 사건이다. 하나님의 임재를 확신하지 않고 예배하는 것과 하나님이 직접 말씀하신다는 확신과 기대 없이 설교하는 것은 예배와 설교를 타락시키는 주범이다. 하나님은 말씀하실 때 청중이 들을 수 있도록 말씀하신다. 그래서 칼 바르트는 설교자는 오직 성경만을 강해해야 한다고 주장한 것이다(『칼 바르트의 설교학』, 1999).

만일 설교를 이렇게 이해한다면, 설교가 들리느냐 들리지 않느냐의 책임이 청중에게만 있다고 말할 수는 없다. 만일 청중이 듣지 못한다면, 혹시 하나님이 말하도록 하지 않고 인간의 말로만 가득한 설교는 아니었나? 설교가 아니라 연설을 행한 것은 아니었나? 설교 자체에 매력과 설득력이 없었던 것은 아닐까? 설교에 귀를 기울일 만한 요소는 있었나? 청중의 영적인 관심을 끌만한 것이 과연 있었던 걸까? 하나님과 그분의 행위에 집중할 수 있도록 고려되었나?

이런 질문들을 갖고 고민하다 보면 자연스럽게 설교에서 청중의 관심을 끄는 요소, 곧 내용적인 측면에서 진정성과 수사학적인 측면에서 적합성을 고려하게 된다. 설교는 '무엇'을 말하는 것일까? '어떻게' 설교해야 청중이 하나님의 말씀을 들을 수 있게 될까? 설교의 메시지는 설교 본문에서 나오기 때문에 설교의 관건은 성경묵상과 해석이다. 성경을 읽고, 해석하고, 묵상하면서 메시지를 발견할 수 있기까지는 오랜 훈련의 과정을 거친다. 신학교교육은 단지 맛보기일 뿐 성경묵상과 성경해석 능력은 꾸준한 공부와 현장 경험을 통해 숙성과 숙련의 과정을 거친다. 성경을 바르게 읽는 방법도 중요하고, 성령이 이끄는 묵상도 중요하고, 또 메시지를 발견하는 과정도 중요하다. 메시지는 반드시 신학적인 성찰과 검증 과정을 거쳐야 한다. 그렇지 않으면 비록 성경으로 시작했더라도 잘못된 메시지를 전할 수밖에 없다.

메시지를 제대로 파악했고 설교가 메시지에 맞게 작성되었고 아무런 방해를 받지 않는 소통과정을 거쳤다면, 청중은 귀를 기울인다. 왜냐하면 올바른 설교라고 말할 수 있다면, 그것은 청중이 마땅히 들어야 할 내용이기 때문이다. 설교 본문에 따라 내용이 달라지겠지만, 어떤 본문을 바탕으로 설교를 하든 설교의 메시지는 하나님과 그분의 행위와 관련한 진술이다. 하나님이 어떤 분이고, 하나님이 우리를 위해 무엇을 행하셨는지를 아는 것은 기독교인으로서 마땅히 들어야 할 일이다. 만일 설교자가 하나님을 정당하게 말하기만 한다면, 하나님은 설교를 통해 청중에게 말씀하신다. 그러므로 메시지를 발견하는 것만으로 만족하지 말고, 이 메시지를 어떻게 전달해야 효과적일 수 있는지도 고려해야 한다. 설교에서 매력은 설교자가 올바르게 말한 하나님 자신이다. 관건은 하나님이 직접 말씀하신다는 신뢰를 주고 있느냐 하는 것이다. 여기에는 설교자의 인격이 가장 크게 작용하지만, 그렇다고 해서 설교자 개인에 좌우되는 설교는 바람직하지 못하다. 아리스토텔레스는 연설자의 인물됨을 가장 중시했지만, 설교는 다르다. 부교역자들의 설교는 내용과 상관없이 폄하하고 담임목사의 설교만 중시하는 잘못된 경향은 설교에 대한 신뢰를 설교자에 두기 때문에 발생한다. 설교의 권위에 있어서 종종 설교자와 예수님을 비교하는 경우가 있는데, 이것은 결코 가능하지 않은 일이다. 설교자 개인의 비중보다 더욱 중요한 것은 하나님이 직접 말씀하신다는 확신이 들도록 설교하는 것이다.

메시지를 확정하고 이것을 설득력 있게 전할 때 필요한 것은 수사학적인 고려다. 설교에서 수사학적 측면은 설교가 인간의 언어행위이기 때문에 있는 것이며, 또한 기본적으로 설교가 인간과 인간의 소통행위이기 때문에 반드시 필요하다. '어떻게' 하나님을 정당하게 말할 것인지를 두고 고민하는 것이 관건이다. 설교에서 수사학적인 고려는 순전히 설교의 메시지가 청중에게 들릴 수 있고 또 청중이 받아들일 수 있도록 배려하여 땅을 고르는 작업이다. 단순히 청각적인 소통의 효율성을 높이기 위한 것은 아니다. 이것도 간과해서는 안 되지만, 설교에서 수사학적 측면은 무엇보다 청중이 메시지에 집중하여 듣고 내용을 공감하며 말씀에 따라 살려는 결단의 동기를 북돋을 수 있기 위해서만 고려된다. 성령의 작용을 인위적으로 조작하려거나 청중의 심리를 이용해서 자신의 생각과 주장을 관철시키기 위한 전략이 될 수 없고 또 그렇게 활용해서도 안 된다. 단순히 흥미를 유발시키는 일도 아니다. 설교에서 수사학적인 측면은 하나님과 그분의 행위에 청중이 집중하게 하는 자극이며, 청중에게 말을 건네는 설교이기 위한 노력이며, 삶의 결단을 돕는 든든한 토대에 주목하게 한다. 시청각을 자극하는 언어적 신호들을 매개로 복음과 성경의 세계 그리고 하나님 나라에 대한 경험이 가능할 수 있게 하는 일이다. 무엇보다 하나님의 사랑을 듣고 받아들이며 하나님의 생명을 누릴 수 있도록 한다(요 3:16, "하나님이 세상을 이처럼 사랑하사 독생자를 주셨으니 이는 그를 믿는 자마다 멸망하지 않고 영생을 얻게 하려 하심이라."). 말씀에 순종하려는 의지는 무엇보다 하나님을 바로 알 때 비로소 일어난다. 간단히 말해서 수사학적인 고려를 통해 청중이 귀를 기울이는 설교는 청중들이 하나님의 부르심을 듣고 스스로를 하나님 앞에 세우고, 자기 자신이 하나님 앞에서 어떤 존재인지를 깨달으며, 청중들이 자신을 향한 말씀에 집중하고, 하나님의 사랑을 받아들이고, 하나님의 생명을 발견하며, 그리고 하나님 사랑에 반응하면서 말씀에 순종할 용기를 발견하도록 돕는다.

청중이 귀 기울여 듣는 설교를 위해 수사학적으로 설교자가 최소한 준비해야 할 것들은 결코 적지 않다. 신학을 배웠고 설교자로 부름을 받았다고 해서 누구나 좋은 설교자가 되는 것은 아니다. 레스터 드 코스터(Lester De Koster, 1916-2009)는 설교자를 "수사학자"로 규정한다.[3] 그만큼 설교에서 수사학적인 고려가 필요하다는 말이다. 수사학적인 고려에서 우선적인 것은 메시지를 글로 표현하는 일이다. 아무리 적합한 메시지를 얻었더라도 설교문을 작성하는 과정에서 설교자는 다양한 문제들을 만날 수 있다. 예컨대, 메시지를 글로 표현할 어휘력이 부족하거나, 문법적인 오류를 담고 있거나, 글의 구성력이 부족해서 진부하게 느껴지는 경우다. 오랜 신앙생활에서 성경본문을 익히 알고 있고 또 그것에 관한 설교를 들어본 적이 있는 청중에게 새롭지 않은 설교 구성은 지루함과 식상함을 불러일으킨다. 논지가 흐려지는 경우도 종종 발생한다. 이 문제를 해결하기 위해서는 평소에 다양한 분야의 독서와 꾸준한 글쓰기 연습이 요구된다. 또한 설교는 발화행위이기 때문에 호흡이나 발성 그리고 적절한 몸짓(시선, 손놀림 등)에 대한 고려도 필요로 한다. 특히 설교의 느낌을 전하기 위해 필요한 감정연습 역시 간과할 수 없다. 메시지의 내용에 따른 감

---

3 Lester De Koster, "The Preacher as Rhetorician", "수사학자로서의 설교자", in: Samuel T. Logan Jr., *The Preacher and Preaching*, 이덕신 옮김, 『개혁주의 설교와 설교자』(서울: 솔로몬, 2016), 370-403.

정을 표현하는 능력은 훈련을 통해 습득할 수 있다.

설교에서 수사학적인 측면이 갖는 의미를 영화를 예로 들어 생각하면 이해에 도움이 될 것이다. 영화에는 기본적인 이야기가 있다. 영화의 매력은 관객으로 하여금 이야기를 보게 하면서 관객이 영화로부터 말 걸어옴을 경험하도록 하는 데에 있다. 동일한 이야기라도 촬영과 편집의 차이에 따라 달라지고, 장르에 따라 달라지며, 출연하는 배우와 감독에 따라서도 이야기는 전혀 색다른 옷을 입는다. 관객은 비록 이야기를 익히 알고 있더라도 어떻게 누가 또 어떤 장르로 만드는 지에 따라 그리고 어떻게 편집하느냐에 따라 전혀 다른 경험을 갖는다. 영화적으로나 내용적으로 영화에 몰입하게 하는 요소가 있으면, 영화를 보는 내내 긴장감을 유지할 수 있고 또 감상 후에도 계속 영향력을 미치지만, 만일 그렇지 않다면, 영화는 관객의 관심을 끌지 못하고 외면당한다. 영화적으로 중요하게 여기는 것들이 있지만, 보통 영화가 긴 여운을 남기는 이유는 영화적인 효과에 힘입어 작용하는 강렬한 메시지 때문이다. 영화 이야기가 설교의 내용이라면, 이야기를 영화적으로(장르, 배우, 조명, 미장센, 촬영, 편집 등) 구성하는 작업은 설교에서 수사학적인 고려에 해당한다. 메시지를 어떤 주제와 연결시킬 것이며, 어떤 이야기 틀에서 전개할 것인지를 고려한다. 어휘력과 문장력은 메시지를 부각시키기 위해 필요한 정도면 족하다.

설교에서 수사학적인 측면을 고려하는 시도는 이미 설교의 형태를 고려하는 과정에서 많이 나타났다.[4] 3대지 설교, 분석 설교, 토크

---

4 김운용의 다음의 세 편의 글을 참조; "창조적인 설교를 위한 방법—청중이 듣도록 돕는 설교 형태",「기독교사상」46(2), 2002, 82-96; 46(3), 101-113; 46(4), 113-126.

설교, 내러티브 설교, 영화 설교, 드라마 설교, 찬양 설교, 대화식 설교, 4페이지 설교, 귀납적 설교 등이다. 예컨대 설교의 연역적 구조가 갖고 있는 문제는 듣는 자의 상황이 종종 무시된다는 점이다. 성경과 현대의 시간적인 차이에서 발생하는 부분을 극복할 시간적인 여유를 갖지 못하고, 성경의 메시지를 무조건 받아들여야 하는 문제가 생긴다. 듣는 자가 설교를 공감할 수 있는 가능성을 찾기가 쉽지 않다. 이에 비해 귀납적 설교의 핵심이면서 장점은 청중이 공감할 수 있도록 구성한다는 것에 있다.

물론 귀납적인 구조가 공감적인 설교를 보장하지는 않는다. 공감을 위해 무엇보다 중요한 것은 메시지에 청중의 상황을 반영하는 일이다. 설교본문을 묵상하면서 분명한 메시지를 발견하는 것이 설교준비에서 가장 우선적인 작업이지만 안타깝게도 설교준비 과정에서 이것이 가장 많이 간과되고 있다. 자신의 생각과 뜻과 깨달음을 전하려는 의지가 앞서다 보면, 청중이 본문을 어떻게 이해하고 또 메시지에 대해 어떤 기대를 하며 또 어떤 경험을 할지를 전혀 고려하지 않게 된다. 뿐만 아니라 하나님이 말씀하시도록 여지를 두지 않고 자신의 말로 가득 채우는 설교가 허다하다. 성경적인 언어들과 신학적인 개념들을 사용하지만, 깊은 성찰이 부족한 것이라 마음을 울리지 못하고 단지 공허한 울림으로 스쳐 지나갈 뿐이다. 설교 준비에서 우선적인 작업은 메시지를 발견한 후에 설교자 스스로를 하나님 앞에 세우고 귀를 기울이는 일이다. 메시지에 대한 나의 생각이나 느낌에 사로잡히기 전에 메시지 자체에 집중하는 것이며, 메시지와 청중의 관계를 충분히 숙고하는 일이다. 예컨대 청중은 메시지를 어떻게 이해할까? 왜 메시지에 합당하게 살지 못하는 걸까? 이런 성찰을 한 후에 메시지를 어떤 형식과 구조에 담아야 할 것인지를 결정해야 한다. 이에 따라 청중이 귀 기울이는 정도가 달라지기 때문이다. 아리스토텔레스는 청중이 주로 철학자인 상황을 고려해서 사실과 논증과 논리를 사용하여 머리에 호소하는 것을 선호했는데, 그렇다고 감정적인 호소력을 등한시하지는 않았다. 이것이 설교에서 이뤄지는 수사학적인 고려다.

그런데 청중이 설교에 집중할 수 있도록 배려하는 수사학적인 노력을 남용하고 또 오해하는 설교들이 너무 많다. 정용섭은 책 제목을 붙이면서 "설교와 선동 사이에서"라는 표현을 사용하였는데, 매우 적절하다고 생각한다. 설교는 청중이 듣기에 좋은 말을 하는 것도 아니고, 다수 청중의 정치적 성향에 조율되어서도 안 된다. 설교는 감정적으로 흥분시키는 일이 결코 아니며 설교자의 생각과 뜻에 동조하도록 촉구하는 것도 아니다. 또한 어떤 행위를 하도록 부추기는 선동은 더욱 아니다. 이런 남용과 오해는 기독교 설교에 매우 치명적이다. 복음을 왜곡한다. 간단히 말해서 일반 종교에서 행하는 설교와 기독교의 설교 혹은 설교와 강연을 전혀 구분하지 않는 것이다. 이런 오해와 남용은 복음의 빛이 새어나오지 못하도록 어둔 장막을 치는 일이며, 설교에 대한 신뢰를 떨어뜨릴 뿐이다. 왜 이런 일이 일어나는 걸까?

필자가 보기에는 한편으로는 설교자가 자신을 드러내려 하고, 다른 한편으로는 설교자가 청중을 지나치게 의식하기 때문이다. 그래서 설교를 잘하려고만 하지 제대로 된 메시지를 전하려는 일을 등한시 한다. 청중의 맘에 들고 그들의 관심을 끌고 그들에게 인정을 받을 수 있는 내용과 방법을 사용한다. 간단하게 말해서 에로스 영성때문이다. 갖가지 방법을 동원하여 청중의 마음을 얻으려 노력하지만, 이것이 지나치면 오히려 설교의 본질에서 벗어날 뿐이다. 설교의 미학적 측면을 고려하긴 해도, 신학적 미학에 따라 설교를 고려하지 않을 때 발행한다. 먼저 에로스가 무엇인지 알아보고, 그 후에 에로스 영성으로 가득한 현대 설교의 현실과 문제점을 살펴보도록 하자.

3. 설교에서 에로스

1) 절대 타자성으로서 에로스

플라톤의 『향연(Symposium)』에 등장하는 소크라테스는 진리를 향한 사랑을 주제로 삼아 열띤 토론을 벌인다. 여기서 화두는 에로스다. 에로스는 육체와 정신의 아름다움에 끌려 나타나기 때문에, 오직 이데아의 세계에서만 안식을 얻는다. 철학을 지혜에 대한 사랑으로 이해한다면, 이 사랑을 할 뿐만 아니라 사람들로 하여금 이 사랑이 일어나도록 애쓰는 사람이 철학자다. 소크라테스는 산파술로 알려진 특유의 대화법으로 인간에게 내재해 있는 진리에 대한 기억을 깨우고 그것에 관심을 갖도록 열정을 불러일으키는 사람이었다. 우리 안의 무지를 일깨워 진리를 향한 열정을 갖도록 했다. 에로스는 사람의 감각과 정신을 끄는 힘이며, 그것이 있을 때 비로소 진리추구를 위한 열정이 생겨난다.

앞서 언급한 안더스 니그렌은 『아가페와 에로스』(괄호 안 숫자는 이 책의 쪽수를 가리킨다.)에서 아가페가 기독교의 근본동기임을 주장했는데, 이것이 많은 혼돈을 겪었다고 보고, 아가페와 에로스의 관계가 교회사에서 어떤 과정을 거쳤는지를 연구하였다. 그는 플라톤의 에로스를 "천상적 에로스(50)"라 말하면서, 에로스가 "가장(54)"한 것이라 했다. 천상적 에로스로 가장한 에로스는 "매우 고상하고 심령화된 형태를 갖추고 아가페 개념과 경쟁(52)"하는데, 이것의 특징을 다음과 같이 말했다(172).

> "에로스(eros)는 사람이 감각계에서 초감각계로 전향하는 개심(conversion)이다. 그것은 인간 영혼의 상향성이다. 그것은 영혼을 이데아 세계로 향하여 몰아가는 실재적 힘이다. 에로스와 같은 것이 없다면, 두 세계 사이의 교류는 멈추게 되며 그것들은 움직이지 못하고 서로 나란히 놓여 있을 것이다. 상승과정을 작동시키는 것은 에로스다. 그리고 에로스는 이데아계가 감각세계와 상대하는 큰 기회이다. 왜냐하면 이데아는 인간 생활에 적극적으로 도움을 주지 못하지만 에로스를 갖춘 인간은 이데아가 자기 권위를 주장할 수 있도록 하라는 요청을 받기 때문이다."

단순히 남녀 간의 사랑으로 이해했던 것과 비교할 때 참으로 멀게 느껴지는 이야기다. 그러나 에로스의 본래 의미를 생각한다면, 자기만족을 위한 진리에의 사랑이나 남녀의 사랑 모두를 이해할 수 있다. 니그렌은 에로스의 세 가지 의미를 말한다. "욕망의 사랑" 혹은 "획득적 사랑"이며, "인간이 신적으로 가는 길"이며, "자기중심적 사랑"이다(177-182). 달리 말한다면, 에로스는 어떤 가치를 인정하고 그 가치를 소유하고 그것을 향유하려는 마음에서 비롯하는 사랑이다. 그것은 결핍을 느끼는 상태에서 발원한다. 거짓 속에서 진리로, 어둠 속에서 빛으로, 추위 속의 따스함으로, 외로움 속에서 위로로, 고통 속에서 평안으로, 분쟁과 갈등 속에서 평화의 모습으로, 불안과 염려 속에 안정감으로, 끝없는 여정에서 안식으로, 수많은 질문에 대한 대답으로, 죽음 속에서 생명으로 스스로를 드러낸다. 그러니 관심을 기울이지 않을 수 없다. 에로스가 있는 곳에는 언제나 진리와 안식을 향한 뜨거운 열정이 일어난다. 그러나 자기중심적이고 자기만족을 추구한다.

예컨대, 한병철은 『에로스의 종말』에서 에로스를 절대적 타자성에 대한 경험으로 이해한다. 이 말은 에로스는 타자를 향한 열정적인 지향을 의미하는데, 만일 타자와 일치가 되면 더 이상 에로스는 무의미해진다는 말이다. 에로스의 종말이란 절대적인 타자성을 상실한 현상을 일컫는다. 설교가 하나님을 말하는 일이라면, 설교에서 에로스는 하나님과 인간의 관계에서 인간이 절대 타자로서 하나님을 열정적으로 지향하도록 하는 힘을 말한다. 결코 하나가 될 수 없는 관계에서 끝없이 추구하도록 하는 관계다. 우상은 더욱 자극적인 끌림을 일으키고 결국 신자들을 소진시키지만, 설교를 통해 말씀하시는 하나님은 충만함 때문에 끌림을 일으키기는 해도 결코 소진시키지는 않는다. 그런데 에로스를 바탕으로 하는 설교는 끌림을 일으키고 수많은 청중을 매료시키기는 해도 충만함을 주지 않으며, 들어 알고 있다는 것으로 만족할 뿐, 하나님을 나타내는 삶으로 쉽게 이어지지 않는다. 진리를 열정적으로 추구하지만 진리를 공유하지 않는 가장 근본적인 이유는 진리에 이르지 못했기 때문이다. 그러니 스스로 진리를 삶으로 옮겨놓을 수도 없다. 이것은 우상숭배가 빚어내는 결과와 무엇이 다를 것인가?

2) 대중문화와 예술에서 에로스

필자가 『대중문화 영성과 기독교 영성』에서 '대중문화 영성'을 말할 때 의도했던 것은 대중문화가 사람들에게 의미 경험에 대한 욕망을 자극하고, 심지어 그것을 채워 줄 수 있을 것처럼 생각하게 하는 힘을 기독교 영성과 구분하려는 것이었다. 대중문화는 많은 대중을 겨냥하고 있기 때문에 대중의 관심을 끌지 않으면 이내 사장된다. 이 것은 예술도 마찬가지다. 비록 당대에 주목을 받지 못하는 것들이 후 대에 빛을 보는 경우도 있지만, 예술은 무엇보다 사람들로 하여금 주 목하게 하고, 새롭게 생각하게 하면서 의미 혹은 진리를 경험하도록 한다. 대중문화와 예술을 생산하는 과정에서도 에로스가 큰 역할을 하지만, 그것을 소통하며 소비하는 과정에서도 에로스는 매우 중요 하다. 홍보나 광고라는 이름으로 행해지는 것들은 모두 사람들의 이 목을 끌기 위한 것이며, 그것을 통해 사람들은 문화 및 예술 콘텐츠 에 접근할 동기를 부여받는다.

그러나 대중문화나 예술이 갖고 있는 에로스는 사람들의 이목을 끌 수 있고 또 그것을 통해 의미에 관해 생각하고 또 일시적으로 경 험할 수 있게 하지만, 그것은 단지 새로운 삶을 위한 동기부여일 뿐, 그것으로 온전한 의미에 이를 수는 없다. 만일 그럴 수 있다고 자신 한다면, 그래서 그것을 통해 사람들의 마음을 사로잡으려 한다면, 그 것은 문화나 예술이 아니라 실체이다. 만일 기독교인이 그렇게 생각 한다면 그것은 우상이다. 기독교 신앙은 여호와 하나님 이외의 다른 신이 없다고 믿으며, 이것은 어떤 것도 삶의 의미를 온전히 드러내지 못한다는 뜻으로 이해된다. 예술은 현실과 다른 세계 혹은 더 나은 세계를 지시할 뿐이다. 예술의 영성은 결코 안주하지 않도록 한다. 이 런 점에서 예술은 에로스에 의해 추동된다.

3) 성경은 에로스적인가?

한편 성경의 근본 동기를 아가페라 본 니그렌의 입장에 반해『성 서의 에로티시즘』(괄호 안 숫자는 이 책의 쪽수를 가리킨다.)의 저자 차정식은 다른 견해를 제기한다. 탁월한 언어 감각과 풍부한 인문학적인 소양을 가지고 에로스와 에로티시즘을 화두로 성경 이야기들의 사건과 인물의 의미들을 새롭게 조명하고 있다. 성경에서 에로스의 그림자들을 추적한 결과 그가 얻은 결과는 이렇다. 성경에서 "아가페는 신의 사랑뿐 아니라 인간의 사랑, 그것도 미화되기 어려운 사랑, 가령 인간의 욕정과 영광을 사랑하는 행동까지 표현한다(7)."고 본다. 현대문명의 타락이 에로스와 에로티시즘에서 비롯한 것이 아니냐는 오해와 더불어 비난받는 현실에서, 그는 그렇다고 해서 "에로스와 에로티시즘의 심오한 의미마저 소거할 수는 없는 노릇"이라고 말하며 두 가지 의미를 제시한다. 하나는 "인간의 현 존재를 가능케 하는 생명의 거푸집이자 그것의 재생산 구조이며, 나아가 모래알처럼 분립되고 흩어진 인간의 하나 됨을 갈망하는 오래된 인류의 꿈"이며, 다른 하나는 "숨 막히는 현대문명의 두터운 금기를 성찰하고 그것을 과감히 위반하는 동기를 부여함으로써 생명의 숨구멍을 끊임없이 확장하는 비평의 풀무질"이다(차정식, 7-8).

차정식이 말하는 에로스는 니그렌이 말하는 에로스와 크게 다르지 않다. 곧 헬라 사상이 말하는 에로스다. 바타유도 『에로스의 눈물』에서 말하고 있듯이, 이것은 남녀 사이에서 성적인 에너지로 분출되지만, 진리에 대한 열정도 포함하고 있는데, 차정식은 오직 남녀의 관계만을 염두에 두고 있다. 그러나 그가 성경의 에로티시즘 연구를 통해 부각하고 싶은 것은 "아가페와 에로스의 이분법적 구도를 극복"하기 위한 것이며, 이를 통해 "생태적인 창조론의 관점"을 얻고자 한다. 생태적인 창조론이라는 것이 정확하게 무엇을 말하는지 상술하고 있지 않지만, 그는 두 개의 관점을 거론하는데, "인간의 아름다움이란 관점"과 "하나됨을 갈망하는 인간의 꿈이라는 관점"이다(8-9). 인간의 유기체적인 상호관계를 통해 하나님은 은밀히 당신의 세상을 창조해 나가신다는 의미로 이해할 수 있을지 모르겠다.

에로티시즘을 하나님의 아가페와 구별하지 않고 이해하려는 시도는 니그렌의 주장을 통째로 거부하고 배제하는 일이지만, 그는 서문에서 아가페와 에로스의 고전적인 구분과 관련해서만 언급할 뿐이다. 아가페와 에로스가 교회사에서 어떻게 이해되고 종합되었는지 그리고 결과적으로 각자가 종교개혁 신학에서 어떤 모습으로 자리를 잡았는지를 추적하고 성경의 근본적인 동기가 아가페라고 주장한 니그렌의 주장은 전혀 고려되지 않고 있다. 그 이유는 니그렌의 저서를 전체적으로 읽지 않았거나 성서의 에로티시즘을 그만큼 확신했고 또 그런 해석에 자신이 있었기 때문일 것이다. 그의 서술은 그만큼 설득력을 갖고 있을까?

우선 아담과 하와의 에로스를 다룬 1장의 경우를 살펴보자. 그는 상상력을 동원하여 성경을 다시 기술하는 과정을 거쳤다. 그리고 급기야 아담과 하와의 관계를 "에로스의 관계(18)"로 규정한다. 그는 에로스를 남녀의 관계에 제한해서 이해하는데, 그 의미가 축소되어 있다. 당연히 플라톤이 『향연』에서 언급하고 있는 에로스에 미치지 못한다. 헬라적인 의미에서 에로스는 결코 육체적인 만남만을 의미하지 않기 때문이다. 에로스의 본질을 획득하려는 욕망에 두고 있다. 창조이야기에서 아담은 결코 획득하려는 욕망을 표현하지 않았다. 홀로 있는 것을 파트너에 대한 욕망으로 이해하거나 혹은 그것이 결코 영이신 하나님만으로 채워지지 않는 육체적인 것에 대한 욕망으로 이해하는 것은 에로스를 주입하여 이해한 결과다. 하나님은 그가 독처하는 것이 보기에 좋아 보이지 않았기 때문에 돕는 배필로서 여자를 주신 것이다. 하나님이 은혜로 주셨고, 아담은 그것을 감탄과 함께 받았을 뿐이다. 삼위일체적인 관점에서 이해한다면, 인간의 독처가 하나님의 공동체적인 본질과 달랐기 때문에 좋지 않게 보였다고 말할 수 있다.

그런데 차정식이 에로스에 대한 상세한 설명이 없이 아담과 하와의 관계를 에로스의 관계로 본 것은 그가 기본적으로 에로스를 남자와 여자의 만남으로만 생각했기 때문이다. 그리고 그의 저서에서는 이런 관점에 집중하고 있다. 만일 이것이 "아담 이후의 상황을 대변한 후 사후 승인적인 원칙을 투사한 결과(21)"라고 하더라도, 성경은 결코 아담의 갈망과 욕망이 작용한 결과로 서술하지 않고 있다는 사실을 주목할 필요가 있다. 성경은 남녀 관계에서도 기본적으로 욕망을 바탕으로 말하려는 것에 관심을 두고 있지 않기 때문은 아닐까. 물론 성경의 남녀의 관계에서 에로스를 느낄 여지는 충분하다. 성경의 에로티시즘을 말할 수는 있다. 그러나 이것을 성경이 아가페와 에로스를 구분하지 않는다는 증거로 삼기에는 턱없이 부족하다. 그럼에도 불구하고 남녀의 성적 관계와 생산과정을 "생명의 창조주로서 하나님의 위치에 서 보는 경험(25)"으로 보는 것은 다른 종교와 달리 성경에서 결코 발견할 수 없는 여신의 존재를 전제하는 듯이 오해하게 만들 뿐이다.

그뿐 아니라 차정식은 성경에 나오는 남녀의 한 몸 되기를 넘어 성도와 그리스도의 하나되기의 과정을 말하고 있는데, 이것은 특히 여성 선교사가 남장을 하고 활동한 사례를 들면서 가부장적인 사회에서 생존의 가능성 때문에 발생한 일이긴 해도, "태초의 인간을 회복하는 길이 아니었다."고 단언한다. 오히려 에로스의 상실이 초래한 역기능으로 작용했다는 평가를 받아들인다(28-30). 그는 아가서에서 묘사된 "남녀 간의 성적인 쾌락"이 "신적 창조세계의 선함과 함께 그

궁극적인 지향점이 희열에 있음을 일깨워(184)"주는 것으로 보고, 급기야 에로스가 "구원에 이르는 지름길(185)"이라는 말을 서슴지 않는다. 이것은 플라톤의 구원론과 다르지 않은 주장이다. 성경은 결코 헬라 사상의 구원론을 말하지 않는다.

차정식은 성경의 의도와 성경에서 사용된 표현을 구분하지 않고 있다. 성경은 비록 다양한 형태로 에로티시즘을 사용하고 있지만, 그것은 인간의 에로스의 현실을 보여줄 뿐이고, 상대적으로 하나님의 사랑, 곧 아가페를 드러내기 위한 장치일 뿐이다. 그는 성서의 에로티시즘을 기술하고 또 그것의 특징을 드러내고자 했고 또 그것이 하나님의 뜻을 이루는 하나의 방법으로 사용되었다고 주장했다. 예컨대 롯과 두 딸이 자신들의 실존이 위협당하는 상황에서 저지른 근친상간을 말하면서 그는 그것이 하나님의 역사로 볼 수 있을 가능성을 배제하지 않는다. "철저한 멸망과 함께 찾아온 파열의 경험 속에 살아남은 세 명의 기이한 결합이 그 전후 맥락을 통해 에로틱한 에너지를 분출하였고 그 결과로 하나님은 생명을 잉태하게 만들었다는 게 중요하지 않을까. 금기를 통해 역사하신 하나님이 또한 불쌍하게 숨어 사는 그 세 명의 부녀들에게는 위반을 통해 역사하신 것으로 봐 주어야 하지 않을까(50)." 이것은 성경에서 사용된 에로디시즘을 마치 하나님의 역사인 것처럼 말한 것이다.

사실 롯과 두 딸의 근친상간이 암몬과 모압 족속의 기원을 설명하고, 유다와 며느리 다말의 관계에서 예수 그리스도의 계보가 이어졌다는 점에서 성경이 하나님의 구원사를 말하면서 에로티시즘을 사용하고 있는 것은 사실이다. 차정식의 글은 바로 이런 점을 아주 잘 포착하여 보여 주었다고 생각한다. 그렇다고 해서 에로스와 아가페의 일치를 말하는 것으로 볼 수는 없다. 성경은 인간의 에로스와 에로티시즘에 대해 침묵하지 않고 있지만, 하나님의 아가페를 드러내는 소재일 뿐이다.

4) 에로스 영성에 따른 설교들

설교에서 수사학의 기능을 오해하는 사례의 대표적인 경우는 그것을 청중의 바람을 채워 주는 일로 이해하는 것이다. 사실 수사학적인 구성을 통해 청중의 감각과 정신을 적절하게 자극해 설교의 내용에 집중하게 하면, 설교의 메시지는 수용 가능성이 높아진다. 다만 수용 가능성이 높아질 뿐, 그것이 현실로 나타나는 것은 아니다. 이것을 오해하면 설교자가 청중에게 감각적인 자극을 주어 행복과 성공과 번영에 대한 욕망을 자극하고, 또 욕망 충족을 위한 노력과 하나님 나라를 추구하는 것을 동일시하는 결과가 나타난다. 그뿐 아니라 설교자는 설교를 통해 긍정적인 가능성을 주입하고, 세상에 매여 있는 청중으로 하여금 세상에서 벗어나 있는 하나님 나라를 추구하게 한다. 무엇보다 하나님을 더욱 알고자 하는 마음을 일으켜 교회의 가르침에 더욱 더 의존적이게 하고 교육의 필요성에 대한 열정을 자극하며, 예수님을 더욱 간절히 본받도록 고무해 교회 행위에 더욱 열심히 참여하게 한다. 일상의 삶에서 수많은 질문을 안고 사는 청중들에게 대답을 주고자 하고, 또 대답을 얻기 위해 그에 상응하는 실천 행위나 헌신을 요구한다. 소명자와 헌신자 그리고 순교자는 하나님과 그의 나라에 대한 열정을 특징으로 하는데, 설교는 이것이 가능해지도록 구성된다. 설교에서 에로스는 하나님을 기쁘게 하는 인간의 행위를 요구한다. 하나님과의 교제를 위한 열정을 촉구한다. 인간의 인위적인 조작에 불과하지만, 에로스 영성에 붙들려 있으면, 성령이 설교를 통해 일하시는 하나의 방식으로 이해된다.

한편, 성경이 장르에 따라 다르게 기록된 것이나 동일한 사건이라도 저자에 따라 다르게 표현된 것을 보거나, 그리고 성경을 읽는 독자를 끄는 내러티브적인 요소가 있는 것은 성경의 저자 역시 수사학을 배제하지 않았기 때문이다. 성경의 저자들은 당시에 통용되던 수사학적인 측면을 충분히 고려하였다. 그러므로 앞서 언급했듯이, 설교의 수사학을 말한다고 해서 결코 잘못은 아니다.

그러나 그렇다고 해서 성경이 에로스 영성에 기반하고 있을까? 정의 실현에 대한 인간의 욕망을 자극하고, 욕망충족을 위해 하나님에 관심을 갖게 하고, 꿈 혹은 비전을 통해 하나님 나라를 추구하게 하며, 하나님 나라의 확장을 위한 열정을 일깨우는 것을 목표로 할까? 엄밀히 말해서 이런 이해는 기독교의 본질에서 비껴갈 뿐이다. 이것은 앞서 말한 에로스 개념에서 분명해진다. 끌림은 있고 진리를 향한 열정을 불러일으키지만, 가치와 소유를 지향하고 또 자기중심적이어서 결코 만족과 안식이 없는 삶으로 이끈다. 이것은 성경이 원하는 바가 아니기 때문에 설교에서 지양해야 한다.

하나님은 세상으로 하여금 당신을 추구하도록 하지 않으셨다. 오히려 세상적인 관점에서 볼 때 주목할 만한 것이 전혀 없는 예수 그리스도를 세상에 보내셨다. 그를 통해서 또 그 안에서 당신이 누구인지를 나타내 보이셨다. 예수 그리스도는 "나는 길이요 진리요 생명"이라고 말했다. 그분에게는 더 이상 무엇인가를 얻기 위한 추구라는 것이 필요하지 않다. 그는 하나님에 의해 보냄을 받은 자로서 하나님이기 때문에 오직 자기 자신으로 남아 있으면 충분하다. 결핍된 존재가 아니라 하나님이요 또한 인간으로서 충만하다. 오히려 사람들에게 스스로를 드러내고("나는 ~이다."), 그 결과 그동안 공허하고 무지개를 잡는 것만 같았던 하나님에 대한 신앙의 허구적인 본질을 구체적으로 드러낸다. 율법을 지킴으로써 하나님과 교제하고, 또 하나님의 의에 이를 수 있다는 생각이 잘못임을 드러낸다. 사람의 욕망을 자극하지 않고, 오히려 부족함을 느껴 열정적으로 욕망에 따라 사는 사람이나 세상이 주는 것으로 만족하며 세상에 안주하며 사는 사람들에게 다가오셔서 구원의 필요성을 일깨운다. 인간의 노력으로 하나님과 교제할 수 있다고 생각하는 사람들의 생각과 신념이 잘못임을 폭로한다. 예수 그리스도는 바로 이런 무지개 잡는 것 같고, 자기 의를 드러내도록 구조화되어 있는 신앙에 철퇴를 가한다.

그러므로 성도는 하나님에 관한 지식을 예수 그리스도를 통해 얻고, 예수 그리스도를 통해 하나님과 교제를 갖는다. 예수 그리스도는 비록 절대타자로서 세상 가운데 나타나셨고 그래서 결코 온전히 알 수 없는 분이지만, 믿음을 갖고 그를 받아들이는 사람은 그분과의 관계에서 자신을 결코 소진하지 않는다. 오히려 만족하며 안식을 얻는다. 왜냐하면 예수 그리스도는 우리의 노력으로 발견하는 분이 아니라 우리를 찾아오시는 분이기 때문이다. 예수 그리스도는 추구의 대상이 아니다. 그분이 우리에게 오실 때 서슴지 말고 영접해야 할 분이다.

삭개오와의 만남에서 예수님은 삭개오의 집으로 가길 원하셨다. 삭개오는 그의 오심을 받아들였고, 예수 그리스도를 영접한 삭개오는 그의 방문에 압도되어 삶의 변화를 고백했다. 예수님은 그의 변화를 가리켜 구원이 이르렀다고 말씀하셨다. 차지도 덥지도 않은 신앙을 가진 라오디게아 교회는 예수님을 영접하지 않은 상태로 묘사된다. 예수님은 문밖에 서서 들어가길 원하셨다. 오신 그분을 영접한다면 그와 함께 풍성함을 누리겠지만, 만일 그렇지 않으면 토해냄을 당할 뿐이다. 사마리아 여인을 만났을 때 예수님은 스스로를 더 이상 목마르지 않는 생명의 물에 비유하셨다.

예수 그리스도는 절대타자로서 우리와 동일한 모양으로 나타나시므로 우리의 관심을 끄는 분이 아니다. 오히려 그를 영접하는 자에게 만족이 되신다. 이사야서 53장은 고난 받는 종에게는 인간의 주목을 끌 만한 것이 아무것도 없다고 하지 않았는가. 예수 그리스도는 마치 스타와 같이 사람의 이목을 끌만한 가치가 있기 때문에 추구해야 하는 존재가 아니다. 오히려 예수 그리스도는 영과 진리 안에서 예배하는 자라면 누구든지 더 이상 스스로 하나님에 이르려 노력할 필요가 없다고 말씀하셨다. 예수 그리스도가 우리를 하나님과 화해시켰을 뿐만 아니라 하나님의 다스림을 받을 수 있게 했기 때문이다. 예수 그리스도를 통해 우리는 하나님과 교제하게 되고, 그를 통해 하나님의 충만함에 참여한다. 그분이 보이신 길을 따라 단지 걸을 뿐이다. 이것을 마치 열정적으로 그분과의 교제를 추구하는 것으로 오해하면 안 된다. 신앙은 하나님의 선물로서 인간으로 하여금 하나님을 추구하기보다 오히려 그분을 받아들이고 참 하나님으로 인정하며 또 찬양하게 한다. 예수 그리스도를 믿음으로 우리는 하나님의 사랑을 받아들인다. 예수 그리스도를 믿음으로 받는 하나님의 사랑 때문에 우리는 더 이상 진리를 추구하지 않고도 하나님을 알 수 있고, 하나님을 신뢰할 수 있으며, 또 하나님 안에서 안식을 얻을 수 있다. 그를 믿고 제자로서 사는 사람은 그로 인해 살아갈 이유를 찾고, 풍성한 삶을 선물로 받으며, 그의 사랑을 자극으로 삼아 그 사랑을 세상에 나타내는 것을 목표로 삼는다. 예수 그리스도는 인간으로서 우리와 동일하면서도 또한 영원한 타자로 존재한다. 하나님을 추구하는 이유는 그분과 교제를 하거나 그분과 하나가 되기 위함이 아니라 이웃에게 하나님을 전하기 위함이다. 예수 그리스도는 추구의 대상이 아니라 하나님과 교제하며 그의 충만함을 향유하면서 동시에 이웃과 나누도록 한다. 더 이상 추구의 대상이 아니라 하나님의 사랑을 실천함으로써 사람들이 그분 안에 계신 하나님을 알 수 있도록 한다. 예수 그리스도는 하나님의 충만으로서 우리에게 임하신다. 인간의 열정이 아니라 예수 그리스도를 통해 계시된 하나님의 은혜와 사랑이 자발적인 순종과 헌신을 가능하게 한다.

미국 남 침례교회 목사로서 활발한 저술활동과 복음을 철저하게 따르는 실천 지향의 목회로 잘 알려진 데이비드 플랫(David Platt)이 말하는 복음의 본질은 에로스 영성에 사로 잡혀 있는 사람들이 귀를 기울여 볼 만하다.

> "기독교의 복음은 하나님을 '주인을 기쁘게 하거나 심기를 달래기 위해 노예의 신분인 내가 해야 할 일들의 목록'을 나눠 주는 분으로 설명하지 않는다. 오히려 '죄와 고통의 깊은 수렁에 빠진 너를 찾아가 만나겠다. 너를 회복시키겠다. 대속하겠다. 내 목숨으로 값을 치르고 널 사서 언젠가 죄와 고통에서 완전히 벗어나게 하겠다'고 말씀하시는 주님으로 묘사한다(『카운터 컬처』, 177)."

그러므로 청중이 하나님의 말씀을 들을 수 있도록 하려면, 설교는 청중의 욕망을 자극하기보다, 가장 먼저 청중이 하나님의 부르심을 듣고 스스로를 하나님 앞에 세울 수 있는 용기를 갖도록 해야 한다. 하나님 앞에 선 인간이 하나님의 말씀을 어떻게 외면할 수 있겠는가. 이를 위해 필요한 것은 예수 그리스도를 통해 드러난 하나님의 사랑과 구원을 알도록 하는 것이다. 그것만이 만족을 주고 또 구체적으로 하나님의 사랑을 현실로 나타내는 일에 헌신할 힘을 공급하기 때문이다. 이에 비해 에로스는 열정을 일으키고, 살아 있다는 활력을 느끼게 하지만, 결코 만족을 주지 않고 안정을 약속하지 않는다. 죄를 지적하지만, 용서에 필요한 헌신을 요구하고, 구원을 위한 행위를 요구한다. 기본적으로 가치를 지향하고 소유하려고 하기 때문에 자기중심적인 본질에서 벗어나지 못한다. 인간의 자기중심적인(자기폐쇄적인) 본질을 볼프하르트 판넨베르크(Wolfhart Pannenberg, 1928-2014)는 원죄로 여겼음을 주지할 필요가 있다. 자기중심성은 인간으로서 스스로 극복할 수 없는 문제임을 암시한다.

하나님의 말씀은 활력을 주는 것이 아니라 활력 자체이다(히 4:12). 안정은 오직 타자와 맺는 관계의 확실성에서 온다. 내가 타자를 신뢰하고, 타자는 나와의 관계를 배신하지 않을 때다. 이에 반해 에로스는 비록 열정을 일으켜 끊임없이 추구하게 만들어도 안정감을 주지 않는다. 끊임없는 결핍을 특징으로 갖기 때문이다. 가진 것이 없다고 생각하고 늘 부족하다 생각하기 때문에 실천할 힘을 얻지 못한다. 경건의 모양은 있지만, 경건의 능력은 찾아보기 어렵다. 열정은 있지만, 결실은 없다.

현대인이이 피로함에도 피로를 느낄 수 없는 것은 성과사회가 결코 안식할 수 없는 구조를 갖고 있기 때문이다. 한병철의 『피로사회』는 안식에 이르지 못하는 성과에 대한 과잉열정이 인간을 피로하게 할 뿐임을 보여 준다. 성과사회와 현대인의 피로를 말한 후에 그가 『에로스의 종말』을 쓴 것은 결코 우연이 아니다. 그에게는 이미 인간의 추구와 열정을 구조화 한 사회를 염두에 두고 있었고, 그것은 결국 에로스에 대한 성찰로 이어진 것이다.

인간은 쉼을 추구하지만 에로스 영성으로는 결코 쉼에 이르지 못한다. 오직 하나님의 충만함을 받아들임으로 쉼과 안정을 얻을 수 있다. 하나님의 안식은 창조로 만족하셨기 때문이다. 세상이 하나님의 말씀대로 될 때 비로소 안식할 수 있다. 부지런히 찾는 자가 하나님을 찾을 것 같지만, 오히려 믿음 가운데 잠잠히 하나님을 바라는 자가 우리를 위하여 일하시는 하나님을 만난다.

설교는 하나님이 충분히 신뢰할 만한 분임을 드러내는 일이다. 다시 말해서 에로스 영성을 기반으로 하는 설교는 욕망의 한 형태로 하나님을 추구하도록 할지 모르지만, 결코 안식을 주지는 않는다. 이런 설교로는 청중들을 자기중심적인 신앙에서 벗어나지 못하게 한다. 설교는 추구하도록 동기를 주는 것이 아니라 하나님의 말씀을 기반으로 하나님을 말함으로써 듣는 자가 하나님의 충만함과 사랑을 경험하게 함으로써 위안을 받고 또 안식을 누릴 수 있게 하는 것이다. 설교는 절대 타자 곧 하나님과의 관계에서 신뢰할 수 있다는 확신을 줄 때 비로소 빛을 발한다. 하나님의 말씀을 듣고, 말씀 가운데 임하시는 하나님을 받아들일 때, 성령을 통해 하나님의 뜻에 합당한 삶을 살 용기를 얻는다. 설교는 청중들로 하여금 귀를 기울이도록 하지만, 결코 종교적인 열정을 일으키진 않는다. 설교는 청중이 하나님으로 만족하게 하고 이웃사랑을 향한 뜨거운 열정을 일으키는 것을 목적으로 한다. 신앙생활의 동기가 결핍을 느끼고 채우려 추구하는 노력에서 하나님으로 만족해하면서 은혜를 나누는 삶으로 바뀔 때, 신앙의 온전함이 드러난다. 범사에 감사하고 항상 기뻐하며 또 쉬지 않고 기도하는 삶은 에로스 영성으로는 결코 가능하지 않다. 오히려 하나님의 충만함으로 살 때 가능하다. 그렇다면 무엇을 전하고 또 어떻게 해야 설교가 청중들이 하나님의 충만함을 기대하게 할 수 있을까?

5) 잘못된 에로스 영성

한국 교회의 설교에는 에로스적인 요소가 지나치게 많다. 나름 수사학적인 측면에서 청중의 관심을 불러일으키려는 시도는 언제나 있었다. 설교를 시기적으로 연구한 글들을 읽어보거나[5] 한국 교회만 해도 시기적으로 설교가 달랐음을 알 수 있다.[6] 일제 강점기와 해방 이후[7], 전쟁과 전후 시대, 경제개발과 그 이후 시대의 설교는 각각 달랐다. 설교는 시대에 따라 사람들로 하여금 예수 그리스도에 대한 믿음과 복음으로 관심을 돌리기 위해 다양한 방법을 사용하였다. 유머와 찬양과 열정적인 웅변 그리고 감성을 자극하는 영상을 사용했는데, 시대마다 끌림의 요소로 작용했다. 이 땅에서의 부족과 결핍을 자극하여 풍성함과 만족을 추구하도록 했다. 여기에 반공주의, 기복주의, 성공주의, 그리고 번영신학은 끌림의 효과를 증폭시키는 시너지 역할을 했다. 단순히 주목을 끄는 목적을 넘어 그것을 추구하도록 했다. 하나님을 아는 것과 예수 그리스도에 대한 믿음은 성공하기 위한 방편이며, 행복에 이르기 위한 과정이고, 또 반공이데올로기의 첨병이었다. 수사학적인 고려가 에로스 영성으로 탈바꿈한 것이다.

예컨대, 현실도피적인 초월적 내세관과 번영신학에 근거한 기복주의와 성공주의 그리고 행복주의다. 각종 프로그램들은 교회 성장을 위해 동원되었다. 소비자 중심주의에 기반하고 있다. 어려운 시대를

---

5 Paul Scott Wison, *Concise History of Preaching*, 김운규 옮김, 『그리스도교 설교의 역사』(서울: 대한기독교서회, 2015).

6 정성구는 초기 선교사들의 활동시기부터 1960년대까지 한국 교회 주요 목회자들의 설교를 소개하고 분석했다. 정성구, 『한국 교회설교사』(서울: 총신대학교 출판부, 1986). 류응렬, "한국 교회 설교의 역사적 흐름과 성경적 설교를 위한 제언", 「신학지남」 309호(2011. 12.), 231-260.

7 박규환, "일제강점기 개신교 설교에 나타난 기독교 신앙과 민족 국가의식", 한국기독교역사연구소, 「한국기독교와 역사」 39(2013. 9.), 251-279.

살아야 했던 사람들은 내세의 삶을 소망하였다. 이때문에 내세의 삶을 강조하는 설교가 많았다. 뿐만 아니라 복을 주로 물질적인 풍부함으로 이해했던 시대에는 물질적인 풍요로움을 하나님의 복으로 간주하였다. 성공한 사람은 하나님의 복을 받은 사람이라 생각하다 보니, 하나님의 복을 받았음을 입증하기 위해서라도 성공해야 했다. 물질적인 번영과 성공을 통해 기독교는 전도할 기반을 마련할 수 있었다. 정치적인 혼란의 시기에 정치적인 이슈 역시 설교에 관심을 끄는 요소였다. 정치적인 문제를 통해 하나님 나라의 정의에 관심을 기울이게 했다. 정치경제적으로 안정이 되어 물질적인 풍요에 대한 욕구가 충족되면서 이제는 예술과 문화에 관심을 기울이고 있고, 이와 관련해서 행복에 관심을 기울였다. 웰 빙과 웰 다잉은 설교의 중요한 주제로 부상하였다. 마음의 평안과 정신적인 행복은 대도시의 부유한 지역의 사람들에게 큰 관심이었고, 대형교회를 중심으로 전국적으로 퍼져나갔다. 부유한 자와 권력 있는 자들의 성경읽기 방식을 교회의 설교를 통해 대변한 것이다. 대형교회로 사람이 몰리는 이유를 보라. 사람들은 자신들이 속해 있는 교회에서 느꼈던 부족함을 대형교회에서 채우려 하고, 대형교회는 이런 요구에 부응하기 위해 더욱 고품질의 프로그램을 운영한다. 자기중심적인 욕망을 충족시켜줄 수 있다는 착각을 불러 일으켜 수많은 성도를 불러들이고, 그들의 욕망을 자극하여 교회 행위에 동참하게 하여 헌신의 감정을 느끼게 하지만, 현실은 하나님 나라로부터 점점 멀어질 뿐이다. 에로스는 끌림을 위한 출발점을 넘어서 어느새 목적이 되어 버렸다. 설교에 재미와 관심을 끌기 위한 요소가 가득해졌다. 설교는 재미와 감동이 있어야 했다. 연예인을 동원하는 것은 물론이고 예배를 하나의 엔터테인먼트로 기획하는 경우도 없지 않다. 설교자는 또 다른 연예인이 되어야 했다. 스타 목사들을 동원한 대형집회를 기획한다.

교회로 끌어당기는 요인들은 많아졌지만, 그것이 항상 예수 그리스도에 대한 믿음과 헌신으로 이어진 것은 아니었다. 복을 받았다고 증거하는 사람들은 넘쳐났고, 교회는 부자가 되었고, 진리에 대한 욕망은 행복에 대한 욕망으로 바뀌었다. 욕망의 변화는 모습을 바꿔가면서 거듭 반복되었을 뿐 안식은 결코 얻지 못했다. 교회는 설교를 통해 성도들에게 끌림의 요소를 제공하지만, 결국 소진하게 할 뿐이다. 하나님의 충만함을 물질적인 풍요로움과 심리적인 안정으로 바꾸어 사람들을 교회로 이끄는 데에만 관심을 집중했다. 이렇게 되면 에로스는 쾌락의 모습으로 전락한다.

설교에서 에로스는 청중들의 관심을 끌기는 해도 더 이상 하나님 나라에 대한 끌림이 아니라 결핍을 느끼게 하고 그것을 충족하려는 노력으로 모습을 드러냈다. 행복, 만족, 성공, 마음의 평안 등의 이름으로 포장된 쾌락은 설교에서 사람들을 끄는 요소이다. 이런 쾌락을 확산시키기 위해 전도에 열을 올린다. 현재 한국 교회 언론에서 자주 모습을 드러내는 목회자와 교인들의 도덕적이고 윤리적인 타락은 욕망의 충족을 추구했던 설교자와 성도들이 만들어낸 작품이다. 설교에서 에로스는 신학적으로 올바르지 못한 길이기 때문에 결국 개인과 교회를 파국으로 이끌 뿐이다.

최근에 영성에 대한 높은 관심은 잘못된 에로스에서 벗어나려는 한 시도이다. 다른 사람들을 교회로 인도하기 위한 요인을 더 많이 만들기보다는, 먼저 하나님을 더 깊이 알고 또 더 깊이 교제할 방법을 모색한 결과이다. 늦었지만 매우 바람직한 현상이다. 그러나 자세히 들여다 보면 영성에 대한 관심 역시도 진리를 얻기 위해 노력하거나 하나님과의 교제를 지향하는 한 에로스와 크게 다르지 않다. 기독교의 핵심은 진리를 얻거나 획득하려고 노력하는 것에 있지 않고, 하나님의 오심으로 주어지는 은혜를 받아들이고, 그것에 고무되어 이웃에게 은혜를 나누는 데에 있다. 결핍에서 시작해서 충만하게 이르는 것이 아니라, 예수 그리스도를 받아들여 은혜로 충만해진 상태에서 비어짐으로 내려가는 데에 있다. 예수 그리스도는 하나님과 본체이시나 오히려 종의 형체를 입고 내려오셨다.

예수님은 광야에서 마귀에게 시험을 받았을 때, 감각적인 것에 끌림을 받지 않았고, 신비한 사건에도 끌림을 받지 않았으며, 세상의 영광에도 끌림을 받지 않았다. 오히려 하나님의 말씀에 더 신뢰를 두었다는 사실을 명심할 일이다. 그러나 일부 교회와 설교는 여전히 세속적이고 육체적인 에로스의 모습에서 벗어나지 못하고 있다. 영성조차도 교회의 양적인 성장을 위한 방법으로 삼고 있기 때문이다. 성도들에게 올바른 신앙을 환기하기보다는 성도들을 목회자 개인의 목회 활동을 돕는 사람으로 만들려는 노력에서 하루 속히 벗어나야 할 것이다.

예컨대 제자교육은 하나님의 은혜로 주어지는 충만함을 경험하게 하고, 충만한 은혜를 받고 그것을 이웃을 위해 비우는 삶을 살도록 하는 일이지만, 현실적으로 제자교육은 다만 제자들의 수를 늘리는 일에 급급하다. 하나님의 은혜와 사랑이 신앙의 원동력임을 강조하면서도 은혜를 받아야 한다고 설교함으로써 오히려 신앙생활을 은혜 받기 위한 노력으로 전락시키고 있다.

그렇다면 설교에서 청중들의 마음을 움직여 하나님의 은혜와 사랑을 받아들이고 이웃 사랑을 통해 그 은혜를 나타내도록 결심하고 실천할 수 있도록 돕기 위해서 우리는 어떻게 해야 할까? 설교에서 끌림의 요소들로 여겨지는 것들을 비판적으로 살펴보면서 그 방법을 찾아보자.

6) 설교에서 끌림의 요소 1: 청중

김홍진은 앙케이트 조사를 통해 성도의 설교에 대한 니즈(필요)를 분석한 후에 설교자들이 성도들의 니즈를 반영하는 설교를 구성해야 할 것이라는 결론을 내렸다.[8] 이에 따르면 설교는 청중에게서 나온다. 이 말을 오해하면 안 될 것이다. 설교의 주제와 메시지는 성경본문에서 나온다. 그런데 설교에서 끌림의 요소는 청중에게서 나온다. 이것은 지각이론에 의해 입증된 견해다. 지각은 자기가 갖고 있는 인지체계에 의존한다. 따라서 청중이 단지 설교를 감각적으로 듣기보다 설교를 지각하도록 하려면, 다시 말해서 청중이 설교에 집중하는 이유가 있다면, 그것은 자기 안에 있는 것들과 무관하지 않기 때문이다. 바라고 원하는 것들을 듣거나 익숙한 것이라도 새롭게 혹은 충격적으로 듣게 되는 경우다. 의문의 형태로든 아니면 이론의 형태로든 아니면 관심의 방식으로 표현되든, 설교에 끌리는 이유는 대개 자기 안에 내재해 있다. 설교가 이깃을 긴드려 주면 청중은 귀를 기울인다. 김홍진의 논문은 바로 이 사실을 통계적으로 확인했을 뿐이다.

영화 관계자 사이에서 회자하는 개념 가운데 '관객이미지'라는 것이 있다. 관객이 보고 싶어 하는 이미지를 말한다. 제작사나 영화사

---

8 김홍진, "'설교자의 설교에 대한 의도'와 '성도의 설교에 대한 니즈'의 비교분석", 「대학과 복음」 14(2009. 12.), 179-208.

는 광범위한 조사를 통해 관객들이 보고 싶어 하는 이미지를 찾아내어 그것을 영화제작에 반영하는데, 이는 많은 투자비용 때문에 손실을 막기 위해 불가피한 일이다. 지금까지 한국에서 천만 관객을 동원한 영화들의 목록을 보자. "명량", "국제시장", "베테랑", "괴물", "도둑들", "7번방의 선물", "암살", "광해, 왕이 된 남자", "왕의 남자", "태극기 휘날리며", "해운대", "변호인", "실미도", "부산행" 등이 있다. 이 중에 장르적인 재미로 흥행한 "해운대(재난영화)", "부산행(좀비영화)", "도둑들(스릴러)"을 제외하면 한결같이 시대적인 이슈와 밀접한 관련을 맺고 있다. 결국 영화는 관객들이 보고 싶어 하는 이미지를 관객들로 하여금 보게 함으로써 흥행을 기대한다. 영화 속 이미지가 얼마나 관객이미지에 가까운 지에 따라 흥행이 결정된다. 영화는 문화의 흐름과 시대정신과 불가분리의 관계에 있다. 영화가 사회성을 갖는 이유는 바로 이것 때문이다.

청중의 마음을 끌려는 설교 역시 동일한 길을 걷는다. 설교는 비록 성경을 바탕으로 하나님을 말하지만, 하나님의 어떤 속성이나 행위를 말하고 또 어떻게 말하는지를 결정하는 것은 청중들의 관심과 분리되지 않는다. 다시 말해서 메시지가 확정되면, 그것을 설교로 옮길 때 설교자는 청중을 고려할 수밖에 없다. 설교가 청중들이 관심을 갖는 하나님의 성품과 행위 그리고 인간의 문제를 포함할 때, 청중은 설교에 강한 끌림을 경험한다.

그러나 여기서 설교의 에로스가 갑자가 모습을 드러낸다. 설교가 청중들로 하여금 하나님과의 교제를 얻으려 하거나(예컨대 성령 충만) 혹은 하나님에 이르려 하거나(예컨대 진리인식) 하면 에로스가 작동한다. 에로스와의 줄다리기에서 끌려가지 않기 위해서는 하나님의 절대 타자성을 어떻게 유지하느냐에 달려 있다. 하나님을 너무 가깝게 대하게 하거나 너무 멀게 느끼도록 하면 끄는 힘은 소멸한다. 결코 일어날 수 없는 일임에도 마치 가능한 것처럼 미혹해서 하나님과의 일치를 신비적으로 추구하도록 하면 잘못된 신앙으로 빠질 위험이 커진다. 그렇다고 하나님을 너무 멀게 느끼게 해도 마찬가지다.

에로스의 미혹에 빠지지 않기 위해서 성경이 제시하는 하나의 원리를 언급한다면, 경외라는 표현이 적합하다. 경외는 두려워하는 마음과 친밀함을 모두 포함한다. 하나님을 두려워하면서도 친밀한 교제를 갖는 것이다. 경외는 하나님을 두려워하여 스스로 삼가면서도 친밀한 관계를 유지하는 태도이다. 설교는 청중들이 하나님과 친밀한 교제에 머물러 있으면서도 하나님을 두려워하게 해야 한다. 설교가 청중들과 그들의 관심을 존중하면서도 에로스 영성에 빠지지 않기 위해선 스스로를 계시하시는 하나님과 숨어 계시는 하나님, 사랑과 공의, 복음과 율법, 문자와 영, 하나님과 인간 사이의 긴장감을 잘 유지해야 한다. 이처럼 설교에서 끌림의 요소는 경외하는 태도로 예배하는 청중이 설교를 통해 드러나는 하나님 앞에 서 있게 될 때 분출된다. 설교를 듣는 청중이 스스로 하나님 앞에 서 있다고 느낄 때, 청중은 하나님의 충만함으로 빨려 들어간다. 설교를 듣는 중에 하나님의 충만함에 머물게 되면서 하나님 나라를 경험한다.

청중과 그의 관심을 설교에 반영하는 것은 중요한 일이지만, 그것을 설교에서 끌림의 요소로 삼는 것은 바람직하지 않다. 설교는 청중들이 관심을 갖는 것을 충족시켜 주기보다 하나님과의 관계에서 청중이 본질적으로 가져야 할 필요를 일깨우고, 또 청중이 마땅히 관심을 가져야 할 것들을 전하는 일이다. 설교에서 끌림의 요소는 하나님과 그분의 행위를 선포하면서 공의와 사랑, 복음과 율법, 문자와 영,

하나님과 인간 사이에서 설교가 어느 한쪽으로 치우치지 않고 긴장감을 잘 유지할 때 분출된다. 설교는 성도들의 관심에 집중하는 대신에 하나님과 그분의 행위로 관심을 돌려서 청중들이 하나님과의 교제를 받아들이고, 이 교제로부터 받은 하나님의 사랑을 이웃사랑으로 드러내도록 한다.

7) 설교에서 끌림의 요소 2: 목회상담적인 설교

청중이 설교를 듣고 싶다면, 그때는 일상의 경험에서 발생한 문제들이 설교를 통해 새롭게 이해되거나 혹은 삶의 질문들에 대한 대답이 설교 안에 있다고 느끼거나 인지했을 때 혹은 적어도 그것을 기대할 수 있을 때이다. 정치적인 문제는 청중의 관심을 끄는 힘이 있다. 그러나 설교가 정치적인 문제를 해결하려는 것은 다양한 견해를 가진 청중을 생각한다면 매우 힘든 일이고, 또 설교자가 비록 원치는 않았지만 여야의 대립과 갈등 구조 때문에 어쩔 수 없이 특정 정당의 입장을 대변할 수밖에 없는 구조가 된다면, 정치를 거론하는 것은, 만일 그것이 기독교 진리를 침해하는 것이 아니라면, 어떤 이유에서라도 결코 바람직하지 않다.

설교는 현실에서 일어나는 사건과 관련해서 전개되는 정치적인 갈등을 다루는 장이 아니다. 이 사건으로 겪는 기독교인의 갈등과 고민은 다룰 수 있다. 환경문제와 관련한 정치적인 견해가 아니라 환경문제와 관련해서 기독교인이 마땅히 가져야 할 태도와 관련한 질문들, 성 소수자 문제에 대한 정치적인 견해보다 성 소수자의 실존적인 위기와 또 그들과 어떤 방식으로든 함께 살 수밖에 없는 환경에서 기독교인의 고민들을 다룬다. 가정의 문제, 청소년의 문제, 문화, 평등과 정의 등의 문제도 마찬가지다. 신학은 바로 이런 일들을 신학적인 문제로 인식하고 또 신학적으로 해결할 수 있도록 훈련하는 과정이다. 단순히 정치적인 관점에서 바라보지 않고 신학적인 관점에서 이해하고 신학적인 문제로 볼 수 있고 더 나아가 신학적으로 문제를 해결할 수 있는 능력을 기르는 과정이다. 바르트는 설교자는 한 손에는 신문을 그리고 다른 한 손에는 성경을 가져야 한다고 말했다. 마틴 로이드 존스는 교회의 임무로서 설교를 "인간의 진정한 필요가 무엇인지 밝히며 그 유일한 해결책 내지 치료책을 밝히는 것"[9]으로 이해했다.

성도들의 삶에서 겪는 문제와 질문들에 관심을 갖고 함께 고민하면서 문제해결을 위해 먼저 설교본문을 신학적으로 이해하고 신학적인 성찰에 근거하여 얻은 결론을 바탕으로 설교하면서 하나님께 기도할 수 있는 이유를 제시해 준다면, 그리고 수많은 문제를 안고 산다 해도 하나님을 신뢰하며 살 수 있는 이유를 분명하게 제시해 준다면, 청중은 설교에 끌리게 되고, 그 끌림의 끝에서 하나님의 말씀으로 위로를 받는다. 이런 설교를 가리켜 목회상담적인 설교라고 말할 수 있겠다.[10]

목회상담적인 설교는 단순히 문제를 해결하라고 촉구하지 않는다. 문제 해결의 실마리를 찾으라고 외치지 않는다. 하나님의 관점에서 문제를 볼 뿐만 아니라 하나님 안에서 이미 온전하게 해결된 결과들을 아멘으로 수용하면서 희망을 갖고 세상으로 나갈 수 있게 한다. 설교는 다만 문제를 제기하는 것이 아니라 문제를 신학적으로 이해하게 되면 하나님 안에 해결책이 있음을 환기하고 하나님을 소망하

---

9 Martin LLoyd-Jones, *Preching and Preacher*, 정근두 옮김, 『설교와 설교자』(서울: 복있는사람, 2005), 41

10 목회상담적인 설교에 관해서는 다음을 참고: Christian Möller, *Seelsorglich Predigen. Die parakletische Dimension von Predigt, Seelsorge und Gemeinde*(Göttingen: Vandenhoeck & Ruprecht), 1990.

게 한다.

목회상담적인 설교에 스며드는 에로스 영성은 종종 기복신앙과 성공지향의 신앙으로 모습을 드러낸다. 이것을 뒷받침 해 주는 것이 번영신학과 맘몬이즘 그리고 세속주의이다. 예컨대 문제를 제기만 하는 설교는 비록 청중들의 마음을 끌 수는 있지만 결코 안식과 만족 그리고 희망을 주지는 않는다. 이런 설교는 문제를 지적하여 성도들의 관심을 일으키고, 문제 해결을 위한 간절한 마음을 갖도록 하며, 결국 헌신을 요구하는 결론으로 마무리한다. 문제를 해결하고 복을 얻고 또 성공하기 위한 열정은 갑자기 열정 있는 신앙이라는 이름을 얻는다.

이와 반대로 문제해결의 실효성을 위해 세상의 방법을 동원한다. 신비적이고 비합리적인 사고에서 벗어나 과학적이고 합리적인 방법으로 해결할 수 있음을 설득한다. 교회와 기독교 비판은 합리적인 신앙이고, 적극적이고 긍정적인 사고방식은 보수적이고 개혁해야 할 대상으로 전락한다. 검증 가능한 신앙행위만이 선호된다. 교육을 통해 얻는 교양과 합리성은 갑자기 새로운 시대에 적합한 신앙을 평가하는 기준으로 부상한다.

세상에서 사는 기독교인이 겪는 문제들을 해결하기 위해서는 당연히 합리적이고 교양에 따른 것이어야 하겠지만, 그렇다고 해서 그것이 세상에서 기독교인으로서 사는 것을 보장하지는 않는다. 세상의 기독교인은 이중적인 정체성으로 혼란을 경험하고, 그 때문에 어려움을 겪고 고난을 당하지만, 그렇다고 해서 세상에서 부딪히는 문제들을 교회가 반드시 해결해야만 하는 것은 아니다. 문제들을 함께 고민하지만, 설교자는 그 문제들을 신학적으로 이해하고 신학적으로 해결할 수 있도록 도울 수 있을 뿐이다. 비록 문제를 대하고 해결하는 과정이 세상 사람들이 볼 때 비합리적으로 보인다 해도 하나님의 능력이 나타나는 기회가 된다면, 오히려 세상으로 하여금 하나님을 주목하게 할 수 있다.

8) 설교에서 끌림의 요소 3: 예수 그리스도

설교에서 끌림을 말할 때 가장 중요한 요소는 예수 그리스도이다. 청중은 누구보다도 예수 그리스도에 끌릴 수 있어야 한다. 이것은 너무나도 당연한 사실이다. 이사야 선지자는 고난 받는 종에게 매력적인 것이 아무것도 없다고 했지만, 결국 그에게 주목해야 할 것을 역설하였다. 설교에서 올바른 끌림이 있기 위해서 예수 그리스도는 비록 세상의 관점으로 볼 때는 매력적이지 않다 해도, 하나님의 구원을 바라는 사람들에게는 강력한 끌림의 요소로 인지되어야 한다. 따라서 모든 설교는 예수 그리스도를 어떻게 전해야 할지를 고민할 수밖에 없다. 그를 어떻게 전하고 또 어떻게 받아들이느냐에 따라서 하나님 이해가 달라지기 때문이다.

그런데 그리스도를 통해 청중을 끌기 위해 많은 설교자들은 영광의 그리스도에 관심을 가졌다. 비록 실패한다 해도 세상에서 결코 실패한 자로 머물 수 없다고 생각하기 때문이다. 살아서 영광을 누리는 것을 신앙의 목표로 삼기 때문이다. 살아서 하나님의 영광을 보는 일이 필요하긴 해도, 교회의 역사에서 이것은 잘못된 끌림의 요소로 작용하여 교회의 세속화를 촉진하는 요인이 되었다. 교회로 하여금 부유함과 권력과 명예를 추구하도록 했기 때문이다. 영광의 그리스도는 오직 십자가의 그리스도를 통해서만 말할 수 있다. 그것은 고난을 인내한 자가 얻는 선물이지만, 때로는 죽음 후에 부활의 영광을 통해서도 나타난다. 영광의 그리스도가 종말론적인 지평을 갖는다는 사실을 간과하면, 세상에서의 성공을 포기할 수 없게 된다.

엄밀히 말해서 십자가의 그리스도를 말한다 해도, 아니면 어떤 모습이든 예수 그리스도는 설교를 듣는 자에게 강한 끌림으로 나타나야 한다. 예수를 닮기 원하는 마음을 일으키는 것을 넘어 예수의 삶을 실천하도록 해야 한다. 예수 그리스도를 통해 나타난 하나님을 받아들이고 그 하나님을 세상 가운데 드러내려는 마음이 일어나야 한다. 달리 말하면 설교는 기독론적인 구조를 갖춰야 한다는 말이다. 구약 본문으로 설교를 한다 해도, 설령 주제 설교를 한다 해도 예수 그리스도는 길이고 진리이며 생명임을 모든 사람들이 고백할 수 있도록 해야 한다. 왜냐하면 예수 그리스도는 우리로 하여금 참 하나님을 알 수 있게 하기 때문이다.

예컨대 복음서는 그의 생애와 사역에 관심을 두고 기록되었고, 사도행전은 예수 그리스도가 육체적으로 부재하는 현실에서 그분의 인격과 사역이 성령을 통해 그리고 성령에 충만한 사도들을 통해 어떻게 계속 이어졌는지를 강조했고, 서신서는 구체적인 교회 문제와 관련해서 예수 그리스도와 그의 죽음 그리고 부활을 말했고, 계시록은 고난 받는 성도들을 위로하기 위해 장차 오실 그리스도를 선포하였다. 이 모든 것은 예수 그리스도로 만족할 방법을 찾는 오늘 우리에게 매우 의미 있는 사실이다.

다시 말해서 우리의 말과 행위와 인격을 통해 예수 그리스도의 인격과 사역이 계속된다는 사실을 드러내야 하며, 우리의 구체적인 문제와 관련해서 예수 그리스도가 어떤 의미를 갖는지를 말해야 하고, 비록 박해는 받지 않는다 해도 세상으로부터 혹은 교회 안으로부터 비판받는 교회와 관련해서 하나님의 위로를 받기 위해 장차 오실 그리스도가 오늘 우리에게 어떤 의미가 있는지 설교에서 밝혀야 한다.

예수 그리스도를 설교하면서 청중의 관심을 끌기 위해 영광의 그리스도에만 초점을 두면 예수 그리스도는 구주로 예배의 대상이 되기보다는 따라야 할 모범이 된다. 이렇게 되면 설교가 변질되는 것은 물론이고 기독교 신앙이 타락한다. 영광의 그리스도든 십자가의 그리스도든 중요한 것은 종말론적인 지평을 놓치지 않는 것이다.

9) 설교에서 끌림의 요소 4: 예화와 스타

서두에 수사학적인 측면을 말했는데, 설교가 어떻게 구성되느냐에 따라 관심을 기울이는 정도는 확실히 달라진다. 소설이나 드라마 그리고 영화가 사람들의 관심을 끄는 이유는 긴장감 있는 내러티브에 있다. 단순한 이야기가 아니라 흥미를 유발하는 이야기다. 주제는 비록 대동소이해도 주제를 드러내는 소재 선택과 이야기를 전개하는 방식이 독특하면 관심을 끈다. 세상은 이처럼 다양한 스토리텔링을 개발하면서 사람들로 하여금 관심을 끄는 일에 혈안이 되어 있다.

코펜하겐 미래학 연구소 소장을 역임한 롤프 옌센(Rolf Jensen)은 정보사회 이후의 시대를 "드림 소사이어티"[11]로 보고, 상품과 서비스에 감성적 가치를 판매하는 시대가 올 것이라고 했다. 그리고 이 시대에 중요한 무기가 감성을 자극하는 이야기가 될 것이라고 말했다. 여기에 한 걸음 더 나아가서 최근에 개스턴 레고부루(Gaston Legorburu)와 대런 맥콜(Darren McColl)[12]은 단순한 스토리텔링을 넘어 소비자의 이

---

11 Rolf Jensen, *Dream Society*, 서정환 옮김, 『드림 소사이어티』(서울: 리드리드출판, 2005).

12 Gaston Legorburu/Darren McColl, *Story Scaping*, 박재현 옮김, 『스토리 스케이핑』(서울: 이상, 2015).

야기를 반영할 수 있는 스토리텔링 방식을 제안하였다. 이것은 오늘날 상품 개발에 혁신적인 아이디어로 환영받고 있다. 예컨대, 캐릭터와 이야기가 있는 단순한 곰 인형을 파는 것이 아니라, 소비자가 인형을 입양한다는 개념을 도입하여 소비자가 자기의 취향에 맞는 인형을 만들고 옷을 입히는 등의 일을 할 수 있게 하였다. 이는 거대담론의 근간이 되었던 메가 스토리의 필요성이 상실되면서 나타난 현상이다. 사람들은 더 이상 다른 사람의 이야기에 자신의 삶을 맞추길 원하지 않고, 다른 사람의 이야기와는 상관없이 혹은 관련되어 있다해도 자신의 이야기를 원할 뿐이다. 이런 이야기들은 SNS나 블로그를 통해 계속적으로 생산되고 또 유통되고 있다.

물론 자본력을 동원하여 상업적인 이익을 추구하는 것과 오직 설교를 통해 청중의 마음을 끄는 일과는 비교할 수 없다. 그러나 중요한 것은 각종 스토리텔링에 노출되어 살아가는 성도들이 예배 가운데 설교를 듣는 청중의 한 사람으로 앉아 있다는 사실이다. 세상의 대중매체에 노출되어 있고, 다른 사람의 감동적인 이야기에 귀 기울이려 듣는 것도 좋아할 뿐만 아니라 또 이제는 자신의 이야기를 직접 만드는 일을 선호하는 삶의 방식에 익숙해진 사람들의 마음을 어떻게 하나님과 그분의 행위에게로 돌릴 것인지를 고민하는 것은 당연한 일이다.

사람들이 SNS에서 자신의 이야기에 몰입하는 이유는 의외로 인정 욕구에 있다. 자기만의 공간에 자신을 표현할 뿐이지만, 결국 그것이 타자에게 노출되는 구조이기 때문이다. 곧 자기 이야기는 한편으로는 자기애적인 경향에서 비롯하지만, 다른 한편으로는 타인과 소통하기 원하기 때문이다. 다시 말해서 자신의 삶의 일부를 타자와 공유하고 또 타인의 댓글이나 반응을 대하면서 자신과 자신의 관심을 타자로부터 인정받고 싶은 까닭이다.

사실 성도 개인의 이야기와 공적인 언어행위로서 설교 사이에서 상관관계를 찾는 일은 결코 쉽지 않아 보인다. 물론 이미 내러티브 설교[13, 14]를 통해 스토리텔링 기법을 도입하였고, 이것은 다양하게 분화되는 중이다. 그러나 청중이 자신의 이야기를 직접 만들려고 하는 경향에는 맞지 않다. 감동적인 이야기에 귀 기울이는 단계를 지나 이제는 자신의 이야기를 앞세우려는 시대적인 경향에 노출된 청중들의 관심을 끌기 위해 설교는 어떤 구조를 갖추고 어떤 방법을 실천해야 할까? 매우 어려운 문제이다. 설교는 결코 개인의 이야기를 하는 곳이 아니기 때문이다. 그렇다고 이 문제를 무시할 수는 없다. 청중의 기대와 바람이기 때문이다.

이런 문제에 반응할 때 설교에서 끌림의 요소로 잘못 사용하는 대표적인 방법은 예화를 사용하는 것과 스타를 동원하는 것이다. 예화는 확실한 근거 없이 떠도는 이야기인 경우가 많은데, 감동적인 이야기를 통해 조는 성도들을 깨우는 힘을 가지고 있다. 그러나 예화는 신앙의 현실과 거리가 먼 것이 많다. 감동을 줄 수 있지만, 결코 믿음을 줄 수는 없다. 그럼에도 불구하고 사람들이 듣기에 편하다는 이유 때문에 예화를 많이 사용하는데, 설교의 함정이라고 여겨질 정도로 설교의 본질을 해치는 치명적인 요소로 작용한다.

스타는 시대의 아이콘으로서 개인의 꿈이 구현된 형태로 받아들여진다. 개인의 이야기가 난무하더라도 스타 앞에서 개인은 사라지고

---

13 Haddon & Torrey W. Robinson, First-Person Narrative Message, 전광규 옮김, 『1인칭 내러티브 설교』(서울: 이레서원, 2004).

14 이상욱, "내러티브 설교의 평가와 전망", 영남신학대학교, 「신학과 목회」(2005. 11.), 259-284.

스타와 자신을 동일시한다. 교계에 잘 알려진 스타 목사들을 동원하여 설교하도록 하거나 혹은 스타 연예인을 동원하는 일은 흔한 경우이고, 특정 전문 분야에서 성공하여 스타로 알려진 사람들을 설교에서 하나의 모델로 사용하는 경우도 있다. 이런 설교가 성공담에 주목하게 하는 것은 당연한 수순이고, 결국 성공주의를 지향하는 설교가 될 수밖에 없다.

현대사회에서 개인의 이야기에 대한 필요가 많아지고 또 그런 것에 대한 요구가 강해질수록 설교자는 그들을 하나님 앞에 세우려 더욱 큰 노력을 기울여야 한다. 그것은 시대의 흐름일 뿐이기 때문이다. 인간은 하나님의 형상으로 만들어졌기 때문에 개인은 하나님에게서 비로소 자신의 본질을 발견할 수 있다. 개인화 경향은 서로 돕는 존재로 만든 하나님의 뜻을 거스르는 일이다. 자신의 이야기를 선호하는 개인이라도 하나님 앞에 서 있는 개인은 결코 개인으로 느끼지 않는다. 유기체적 공동체일 뿐이다. 그렇기 때문에 하나님의 충만함에 거하는 사람은 이웃사랑을 당연하게 받아들인다. 개인은 하나님 앞에 서 있게 될 때 보편적인 존재로서 자신을 발견하고, 이런 발견이 있을 때 타자를 향한 움직임이 가능해진다.

이제는 적극적으로 끌림이 있는 설교를 위해 갖추어야 할 기준으로 공명과 공감에 관해 살펴보도록 하자.

4. 공명과 공감을 주는 설교

현대 설교는 청중들의 감성을 자극하는 다양한 설교 형태를 고안해 내었다. 영상을 사용한 설교, 스킷 드라마를 통한 설교, 대화식 설교, 찬양을 통한 설교 등, 하나님과 그분의 행위에 집중하게 하고, 효과적인 메시지 전달을 위해 유익한 설교지만, 이런 설교를 매번 행할 수 있는 설교자는 그렇게 많지 않다. 일반적인 설교자를 고려할 때 설교에서 끌림의 요소를 증폭시킬 수 있는 방법을 찾는 것이 바람직하다. 그것의 한 가지를 소개하고자 한다.

필자는 이미 『제3의 설교론』에서 비록 세상에서와 같은 화려한 비주얼과 기술적인 신기루를 바탕으로 하는 끌림은 아니라도 청중에게 공명과 공감을 주는 설교의 한 방식으로 "현실로부터 본문을 향해 나아가는 설교"를 제안한 바 있다. 다음에 이어지는 글은 이 책의 일부를 요약해 놓은 것임을 밝힌다.

소설이나 영화를 통해 얻는 깊은 감동은 작가나 감독의 의도가 독자나 관객에 의해 읽혀졌기 때문만은 아니다. 낯선 이야기를 통해 연상되는 자신의 삶과 현실을 돌아보면서 공감할 때 사람들은 더욱 큰 감동을 받는다. 공감은 거리적으로 서로 떨어져 있지만 말하는 자와 듣는 자 사이에서 정서적인 상호반응이 일어나는 상태이다. 이것이 가능한 이유에는 거울 뉴런이라는 생리학적인 이유가 있지만, 이것을 촉발하는 것은 이야기에 감정적인 호소력이 있기 때문이다. 대개 삶의 현실들을 잘 반영한 시나리오와 치밀한 구성 그리고 뛰어난 영상 및 음향기술에 힘입어 예술적으로 표현되었을 때 감동을 받고 또 오래 기억된다. 내용과 형식 그리고 환경의 협업이 제대로 이뤄졌을 때를 말한다.

현실과 밀접한 관련을 갖는다는 말은 공명과 공감이 단순히 머리에서만 일어나지 않는다는 의미이다. 이야기는 정치한 이론으로부터 연역적으로 도출되기도 하지만, 이야기는 삶의 현장으로부터 나올 때 더 큰 공명과 공감을 준다. 현실은 서로 다른 몸들이 거하는 공동의 시간과 공동의 장소다. 들리고 보이는 것에 대해 함께 반응하고 함께 움직여지는 것은 몸과 몸의 부딪힘으로부터 그리고 온몸의 느낌을 통해 나타난다. 그렇기 때문에 공명과 공감은 논리의 정확성이나 시각적 화려함에 좌우되지 않는다. 소박함에 감탄을 자아낼 수도 있고 어눌함에 더욱 큰 감동을 받을 수도 있다. 듣거나 읽거나 보는 자들의 현실이 상황에 따라 때로는 어루만져지고, 때로는 파헤쳐지고, 때로는 미련으로 남겨 둘 때 촉촉한 감동을 일으킨다. 비판적인 현실인식도 필요하고, 삶을 관용적으로 바라보는 것도 필요하고, 때로는 높은 이상을 향한 용솟음칠 듯 힘찬 현실인식도 필요하다. 관건은 현실을 바로 볼 수 있게 해 주고 때로는 위로 가운데 현실을 인정하게 하며, 때로는 현실을 극복해 가도록 격려해 주고, 때로는 현실 앞에 눈을 감는 중요성을 인식시켜 주는 것이다.

그러나 현실을 단순히 본다고 해서 청중들이 만족을 얻지는 않는다. 청중들의 현실은 질문으로 가득 채워져 있기 때문이다. 관건은 현실을 얼마나 감응할 수 있도록 제시하느냐 하는 것이다. 설교자가 그들의 관심을 유발시켜 줄 뿐만 아니라, 한 걸음 더 나아가서 그들의 질문을 신학적으로 인지하고 또 그것에 신학적으로 대답해 줄 때 청중들은 충만함을 경험한다. 이런 설교를 가리켜 필자는 "공명과 공감을 주는 설교"라 말한다.

공명과 공감을 주는 설교에서 하나의 원칙을 말할 수 있다면, 단순한 정서적인 감동을 주는 것을 넘어 지성적인 깨달음과 의지적인 고백을 이끌어내야 한다는 것이다. 설교에서 공명과 공감은 아멘으로 이뤄지는 화답이 내적으로나 외적으로 자연스럽게 나타날 때 가능하다. 이 원칙은 최소한 성경과 설교의 관계가 분명해짐으로써 더욱 자세하게 이해될 수 있다.

성경은 하나님의 말씀과 하나님의 행위에 대한 인간들의 경험 그리고 그들의 고백을 성령의 영감에 따라 기록한 것이다. 성경의 저자들은 읽는 자나 듣는 자들이 비록 하나님 경험은 다양해도 동일한 하나님을 고백할 것을 기대하면서 성령의 감동으로 기록해 나갔다. 그렇다고 한다면 설교가 주석과 해석을 통한 본문이해으로부터 현실적용의 순서를 거치는 과정에서 성경을 이해시키는 일이 항상 출발점에 있어야 할 이유는 없다. 설교는 결코 주석이 아니기 때문이다. 주석과 해석 이후의 행위인 설교에서 성경의 위치는 처음이 아니라 마지막에 위치할 수도 있다. 왜냐하면 성경은 성경 저자들의 고백이면서 또한 우리의 고백이길 원하기 때문이다. 그 안에는 저자들의 하나님 경험이 들어 있다. 따라서 성경을 이해한다는 것은 저자들의 하나님 경험을 이해할 뿐만 아니라 하나님을 함께 고백할 수 있게 되는 것을 말한다. 설교는 성경에 함의된 저자들의 하나님 경험과 하나님에 대한 고백을 오늘 우리들의 경험과 고백이 되도록 하는 것, 곧 청중이 하나님 앞에 서 있도록 하는 것이다.

그렇지만 성경본문의 의미는 결코 어떤 한 주석가에 의헤서, 혹은 어떤 한 시대에 완전하게 파헤쳐지지 않는다. 누구도 그렇게 생각할 수 없다. 그것은 시대에 따라, 읽거나 듣는 사람들에 따라 늘 다양한 모습으로 다가온다. 그렇다면 본문은 적어도 하나님의 행위가 오늘 우리에게도 일어나고 또 하나님의 뜻이 오늘 우리에게도 이루어지길 기대하는 마음으로 읽을 수 있다. 본문은 하나님의 행위가 오늘 우리에게도 일어나고 하나님의 뜻이 오늘 우리에게도 이루어지며 또 청중들이 그 행위를 인식하는 공간을 마련해 준다. 특히 성경은 하나님의 약속으로 종말론적인 지평을 가지고 있다. 그러므로 청중들은 본문 안에서 비로소 확실한 신앙고백을 발견하며 또한 그것을 자신의 신앙고백으로 삼을 수 있다. 다시 말해서 본문의 의미는 현실인식으로부터 본문을 향해 나아가는 설교, 인간의 현실을 바로 보면서 하나님을 인정하며 고백하는 길로 나아가는 설교, 어둠 속에서부터 빛으로, 무지에서 하나님을 알게 되는 과정으로 나아가는 설교를 위한 기초를 제공해 준다.

설교를 준비하는 석의 과정에서는 성경이 출발점이 되겠지만, 설교는 결코 주석이 아니다. 설교의 메시지가 결론이라면, 관건은 메시지를 효율적으로 전할 수 있는 방식을 찾는 일이다. 이런 관점에서 볼 때 설교에서 출발점은 현실을 공감적으로 기술하는 일이다. 메시지와 현실 사이에는 다양한 관계가 존재한다. 도전적인 질문일 수 있고, 해결책을 제시하는 대답일 수 있다. 현실분석의 결과와 주석 및 해석의 결과로부터 얻은 본문의 의미와의 차이를 관찰하는 가운데 설교자는 질문을 발견하고 그것으로부터 문제를 제시하고 또 그것을 해결하거나 혹은 설명하는 과정을 거칠 때, 먼저는 성경적 진술에 충실할 수 있고, 그 다음에는 공동체의 공명과 공감을 얻을 수 있다. 이런 점에서 볼 때, 슐라이어마허(Friedrich Schleiermacher, 1768-1834)가 설교를 일종의 공동체적인 언어행위로 이해한 것은 매우 옳다고 생각한다. 그러나 설교자가 공동체의 보편적 감정을 설교를 통해 선포해야 한다는 것은 본말이 전도된 생각이다. 이것에 대해 바르트가 『설교학』에서 "… 그러나 말씀이 청중으로부터 오는 것인가, 오히려 말씀은 청중의 외부로부터 청중들에게 돌입해 들어오는 것으로 이해해야 하지 않은가 …."라고 말하면서 비판한 것은 정당하다고 생각한다. 공동체의 보편적 감정이 아니라 성경의 의미를 바탕으로 공동체의 경험이 분석되고 이해되어 결국 다시 성경의 의미, 곧 하나님의 행위를 인정하고 기대하는 고백으로 나아가야 한다.

한편, 청중들의 공명과 공감을 줄 수 있는 부분이 설교의 앞부분에 놓이느냐 아니면 뒷부분에 놓이느냐에 따라 설교에 대한 청중들의 집중도는 달라진다. 많은 설교들은 서론 부분에서 설교의 주제에 대한 관심을 유발시킨 후에 본론 부분에서는 본문에 대한 설명(핵심 구절에 대한 간단한 주석)과 더불어 적용의 단계로 이어진다. 청중들의 관심의 대상이 되는 적용 부분이 나중에 나오고 있다. 물론 시대에 따라 청중의 관심도 변한다. 과거에는 성경본문 자체에 대한 이해가 우선되는 관심의 대상이었지만, 이제는 '나'의 삶 속에서 '나의 문제'가 어떻게 이해되고 또 어떻게 해결될 수 있는지에 대한 관심이 커졌다. 박영재는 『설교가 전달되지 않는 18가지 이유』에서 챨스 스펄전(Charles Haddon Spurgeon, 1834-1892)이 했던 말인 "진정한 설교는 적용이 시작될 때 시작한다."를 인용하며, 그것을 "본문 설명이 끝나고 적용을 시작할 때부터 청중들은 설교에 귀를 기울이기 시작한다."고 이해하고 있는데 충분히 공감되는 부분이다. 이렇게 본다면 설교가 본문 설명으로 시작하지 않고 오히려 적용의 문제를 안고 있는 현실로부터 출발할 수 있는 충분한 이유가 있는 것이다.

공명과 공감은 단순히 공동체적인 언어를 사용한다고 해서 얻어지지 않는다. 설교에서 공명과 공감을 불러일으키는 요소는 하나님의 행위를 알게 되고 그것에 대한 언어적인 기술(記述) 그리고 듣는 자들의 동의, 곧 고백이 이뤄질 때 가능하다. 여기에는 감정적인 호소가 매우 중요한 작용을 한다. 설교에서 사용하는 언어는 청중이 감정적으로 반응할 수 있기에 충분할 정도로 감각적일 필요가 있다. 생각하게 하는 개념적인 언어보다는 생생한 느낌을 전해 주는 언어들을 말한다. 느낌의 전달은 단지 언어 선택에만 좌우되지 않는다. 설교자에게서 어떻게 나오느냐에 따라 달라진다. 아무리 음정이 고르다 해도 노랫말의 감정을 살려 노래하지 않으면 무미건조하듯이, 설교 역시 언어가 아무리 감각적이라 해도 그것을 전할 때 느낌을 담지 못하면 심심해진다. 이점에서 설교자는 연극배우들에게서 많은 것을 배울 수 있다. 대사와 관련해서 그들은 정확한 전달을 위해 발성을 고려하지만 세미한 느낌까지 전달하려고 노력한다. 심지어 내면 연기를 위해 배우들은 정신과 마음에서 일어나는 변화를 얼굴의 표정으로 혹은 대사로 표현하려고 애를 쓴다. 이를 위해 적절한 제스처를 사용하고 소리의 톤과 높낮이와 강도와 속도와 음량 등을 조절한다. 설교의 내용이 확정되고 설교문을 작성할 때, 설교자는 그것을 어떻게 전달할 것인지를 고민하되, 특히 감정적인 소통을 고려해서 언어를 선택하고, 설교를 행할 때는 감정적인 호소력이 있도록 한다.

본문의 의미가 되는 하나님의 행위로부터 시작하는 설교는 연역적이 되겠지만, 듣는 자들의 공감으로부터 출발해서 언어적인 혹은 영상적인 혹은 음악적인 표현을 매개로 해서 하나님의 행위를 분명하게 선포할 때는 귀납적이 된다. 설교의 공명과 공감이 이처럼 적어도 청중들 및 그들의 실존상황과 매우 밀접하게 연결되어 있다는 점을 생각해 볼 때, 여러 형태의 설교가 공명과 공감을 줄 수는 있지만 현실로부터 본문을 향해 나아가는 설교, 곧 청중이 현실인식으로부터 출발해서 하나님 앞에 서 있는 자신을 보고, 또 하나님에게서 말씀을 들으며 하나님과 그분의 행위를 기대하고 소망하는 방식으로 구성된 설교는 그 효과에 있어 뛰어나다. 스토리텔링을 넘어 '스토리 스케이핑' 시대로 접어든 현대 사회에서 '현실로부터 본문을 향해 나아가는 설교'는 청중들이 설교를 통해 자신의 이야기를 듣고 또 하나님이 고민을 해결해 주실 것을 기대할 수 있도록 돕는 설교가 될 수 있다.

끝으로 공명과 공감을 주는 설교를 위한 준비과정과 설교문 작성의 순서를 정리해 보면 이렇다.

준비과정(묵상과 주석 그리고 해석)

본문 묵상

- 본문을 여러 번 읽는다.
- 내게 와 닿는 단어나 문장이나 개념들을 주목하고 본문과 관련해서 의미를 파악한다.
- 본문의 내용과 관련해서 나의 관심을 끈 이유에 관해 생각한다.
- 본문에서 증거하는 하나님은 어떤 분인지 발견한다.
- 본문에서 특정 부분에 관심을 가진 이유와 관련해서 본문에서 나는 어떤 모습으로 서 있는가?
- 본문이 증거하는 하나님 앞에 나 자신을 세워 놓는다(종교적 상상력).
- 이때 하나님이 말씀하시는 소리에 귀를 기울인다(메시지).
  (하나님에게서 들은 말씀을 설교의 메시지로 삼기 이전에 묵상을 주석적으로 검증하는 다음의 단계가 필요하다.)

본문 주석 및 해석

- 주석 및 해석을 통해 본문의 의미를 파악한다.

- 본문의 의미와 묵상에서 발견한 메시지를 비교하면서 신학적으
  로 검토한다.

- 적용 포인트를 찾는다(메시지가 질문으로 작용하든가 혹은 대답이 되
  는 형태로).

- 설교 주제 및 제목을 결정한다.

- 설교문을 작성한다.

설교문 작성

서론

- 메시지를 통해 조명된 삶의 현실을 공감적으로 기술한다.

- 현실을 신학적인 주제에 따라 인식한다.

- 현실을 신학적 주제 안에서 조명하면서 하나님 앞에 서 있는 인
  간의 문제를 발견한다(질문의 형태로 문제 제기).

본론

- 본문을 현실의 문제와 관련해서 기술한다(본문의 신학적인 주제가
  이미 나와 있기 때문에 주제가 분명하게 드러나도록 한다).

- 문제 해결 과정에서 인간의 가능성과 한계를 제시한다(메시지가
  왜 삶의 현실에서 실천되지 않는 이유들을 발견한다).

- 앞서 제기한 문제를 해결할 수 있는 단서를 본문에서 찾는다(주
  석과 해석을 통해 이미 의미, 곧 하나님과 그분의 행위를 숙지하고 있기
  때문에 가능하다).

- 문제를 온전히 해결하는 주체는 하나님임을 제시한다(성경적인
증거들을 제시한다).

결론

- 문제 해결의 주체로 본문에 나와 있는 하나님, 곧 우리를 향하신
하나님의 뜻 혹은 우리에게 행하시는 하나님의 행위를 함께 고백
할 수 있는 이유들을 제시한다.
- 삶의 현장에서 성령 하나님이 인도하실 것을 기대하며 하나님을
신뢰하며 살 것을 다짐한다.